U0694042

一生气你就输了

【终身受益版】

连山 编著

中国华侨出版社

图书在版编目(CIP)数据

一生气你就输了：终身受益版 / 连山编著.—北京:中国华侨出版社，2015.1

ISBN 978-7-5113-5103-6

Ⅰ.①一… Ⅱ.①连… Ⅲ.①人生哲学—通俗读物 Ⅳ.①B821-49

中国版本图书馆CIP数据核字（2015）第007199号

一生气你就输了：终身受益版

编　　著：连　山
出 版 人：方　鸣
责任编辑：文　卿
封面设计：韩立强
文字编辑：胡宝林
美术编辑：李梦婷
经　　销：新华书店
开　　本：787mm×1092mm　1/16　印张：25　字数：650千字
印　　刷：北京华平博印刷有限公司
版　　次：2015年3月第1版　2017年5月第5次印刷
书　　号：ISBN 978-7-5113-5103-6
定　　价：29.80元

中国华侨出版社　北京市朝阳区静安里26号通成达大厦三层　邮编：100028
法律顾问：陈鹰律师事务所
发 行 部：（010）58815874　　　　　传真：（010）58815857
网　　址：www.oveaschin.com
E-mail：oveaschin@sina.com

如果发现印装质量问题，影响阅读，请与印刷厂联系调换。

# 前言

　　生活中，我们往往会为了一些人和事生气：当我们工作不顺心的时候，我们会生气；当我们被别人误解的时候，我们会生气；当我们看到不顺眼的做法的时候，我们会生气；当我们无法接受一些社会舆论时，我们会生气；此外还会为塞车、为天气、为股票、为别人的态度、为自己的遭遇等生出种种怒气、闷气、闲气、怨气、赌气、小气、窝囊气，仿佛我们的人生总有生不完的气。然而生了气之后，问题就消失了吗？不，生的气越大，局面反而会更加恶化，甚至一发不可收拾。因生活遭受磨难而生气的人，只会每天愁眉不展、更加穷困潦倒；因得不到升迁和重用而生气的人，只会牢骚满腹、惹得人人侧目，以致完全失去被扶起来的可能性；因与别人话不投机而生气的人，气的是自己，伤的同样是自己。生气让我们在工作、生活和待人接物上损失极大，不仅让我们变得烦躁，而且使我们的心胸越来越狭窄。生活的质量取决于我们对生活是否有平和的态度，而生气浪费了我们最宝贵的资本。

　　生气不但会扰乱我们的心境，恶化我们的人际关系，更为严重的是，生气还会摧残我们的身体健康。生气会加速我们的衰老，它是一种慢性的自杀方式。美国生理学家爱尔马曾做过一个实验，他收集了人们在不同情况下的"气水"，即把人在悲痛、悔恨、生气和心平气和时呼出的"气水"做对比实验。结果证实，生气对人体危害极大。他把心平气和时呼出的"气水"放入有关化验水中沉淀后，无杂质、无颜色，清澈透明；悲痛时呼出的"气水"沉淀后呈白色；悔恨时呼出的"气水"沉淀后则为蛋白色；而生气时呼出的"气水"沉淀后为紫色。把"生气水"注射到大白鼠体内，几分钟后大白鼠就死了。由此，爱尔马分析：人生气10分钟会耗费大量人体精力，其程度不亚于参加一次3000米赛跑；生气时的生理反应十分剧烈，分泌物比任何情绪的都复杂，都更具毒性。实验告诉我们：生气是一种极具破坏性的情绪，长期被这种情绪困扰就会导致身心疾病的发生。哲学家康德说"生气是拿别人的错误来惩罚自己"，这话一点儿不假。

　　人们常说："别动气，动气就损了精气；别生气，生气就坏了元气；别斗气，斗气就伤了和气；宜忍气，忍气便能神气。"其实，一切情绪都来源于我们自身，要知道，我们自己是一切情绪的创造者，没有你的同意，谁也别想让你生气。因此，与其让别

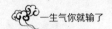

人的错误来惩罚自己，还不如给别人台阶下，或者就当是过眼云烟，一笑了之。这样，既不伤害自己的身体，又能保持良好的心境和人际关系，何乐而不为呢？在生气之际，如果我们能这样开导自己："我们不是为了生气而工作的"、"我们不是为了生气而结交朋友的"、"我们不是为了生气而谈情说爱的"、"我们不是为了生气而做夫妻的"、"我们不是为了生气而生儿育女的"、"我们不是为了生气而活着的"，那么我们就会为烦恼的心情辟出另一番安详。诚然，我们不可能像圣人那样做到完全无贪无嗔无痴，但是我们可以学习不生气的智慧，在人生低谷时奋起，在痛苦时不去计较，在愤怒时选择冷静，在执迷时敢于放弃，在贪婪时懂得节制，在受辱时能够宽容，在争执时懂得忍让，在遭遇死角时懂得变通，在失意时学会忘记，时时用感恩的心看待世界，用感恩的心做人做事，这样我们就能远离生气，不再让生气损害我们的身心，而以积极健康的心态面对人生。

目录

第三章 弥勒的"大肚"是笑出来的，不是憋出来的

第四章 人贵有自"制"之明，生气时忍一忍

第五章 靠天靠地，不如靠淡定

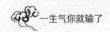

第六章

和气不生财，
也能生出情谊来

第七章

"气压"高时，
打开"气芯"减减压

第八章 合理发泄愤怒 也是一种排毒

第九章 人生没有绝对的公平， 别苛求完美

第十章 浑水才能养鱼，人生难得糊涂

第十一章 泥泞的路才能留下脚印，
笑对人生坎坷

第十二章 用刀剑去攻打，
不如用宽容去征服

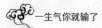一生气你就输了

第十五章 烦恼都是自找的，当放下时要放下

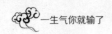

第十六章 将自己放得柔软，能忍才能成大事

第十七章 不做"一根筋"，人生要适时变通

第十八章 职场就是道场，像修行一样去工作

第十九章 经营婚姻，生气不如调气

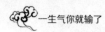

第二十章 不生气，不放弃，迎接人生好福气

第一章

煤气罐就是这样爆炸的，生气很危险

爆发的愤怒是地狱之火

愤怒是一座活火山，它爆发的时候，会将一切美好化为灰烬。

生活中，常有这样那样的事令我们心生愤怒，而在我们火冒三丈的时候，伤害的不仅是别人，更是我们自己。世间万物，危害健康最甚者，莫过于怒气，"气"乃一生之主宰，与人体健康关系甚密。若"心不爽，气不顺"，必将破坏机体平衡，导致各部分器官功能紊乱，从而诱发各种疾病和灾难。所以《黄帝内经》就明确指出："百病生于气矣。"

生气和发怒是身心健康的最大障碍。

控制自己的情绪，并冷静地应对一切，这是控制人性中不良因素的体现。为小事动怒、为小事发狂是我们很多人都会犯的毛病。遇事不能冷静思考，而是一味地发怒，并不能将问题很好地解决。

当你遇到不愉快的事情时，请先冷静下来。你必须承认生活中会有不公正的存在，任何人都不是完美的，任何事情都不会完全按照自己的意愿进行。

人经常不能控制自己的怒气，为了生活中大大小小的事情勃然大怒或者愤愤不平，愤怒由对客观现实某些方面不满而生成，比如，遭到失败、遇到不平、个人自由受限制、言论遭人反对、无端受人侮辱、隐私被人揭穿、上当受骗等多种情形下人都会产生愤怒情绪。表面看起来这是由于自己的利益受到侵害或者被人攻击和排斥而激发的自尊行为。其实，用愤怒的情绪困扰灵魂，乃是一种自我伤害。

对身体健康的伤害只是其中一个方面，愤怒对于灵魂的摧残尤为严重。由灵魂而生的愤怒情绪，又回过头来伤害灵魂本身，让灵魂变得躁动不安，失去原有的宁静和提升自己的精力和时间，这是灵魂的一种自戕。

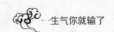

古代的皮索恩是一个品德高尚、受人尊敬的军事领袖。一次，一个士兵侦察回来，当皮索恩问到和他一起去的另一个士兵去哪儿了是，这个士兵吱吱呜呜说了半天，也没能说清楚另一个士兵的下落。皮索恩对此感到愤怒极了，当即决定处死这个士兵。

就在这个士兵被带到绞刑架前即将动刑时，那个失踪的士兵回来了。这本来是一件令人喜悦的事情，但这位受人尊敬的领袖却不这样认为，他认为这是不能容忍的事情，令他颜面扫地，羞愧让他更加暴怒，最终结果让人十分痛心，他竟处死了3个人。

在这位军事领袖的身上，令人遗憾和痛心地表现出了愤怒摧毁理智的现象。而理智正是灵魂的高贵所在，如果人们任由灵魂自我伤害而不进行干预，这种无动于衷该有多么地悲哀。

正如思想家蒲柏所说："愤怒是由于别人的过错而惩罚自己。"文学家托尔斯泰也说："愤怒对别人有害，但愤怒时受害最深者乃是本人。"

我们愤怒于别人的言行，让愤怒占据了大部分的灵魂空间，灵魂负载着重担，再无法关照自身，更不能得到任何形式的提升，反而在愤怒情绪的支配下更加容易丧失理智，甚至于越来越远离人的高贵，接近于动物的蒙昧和愚蠢。

结果，导致我们愤怒的人与事依然故我，他们继续做着想做的事，享受着愉悦的心情；

结果，因为愤怒，我们无法专注于眼前的工作，没能很好地履行自己的职责；

结果，我们只顾着愤怒，而无暇体验生命中原本存在的其他美和善。

折磨我们的是自己的愤怒情绪，而非别人的一些令人愤怒的行为。控制自己的愤怒情绪，从而避免让灵魂受到伤害，是完全在我们的力量范围之内的。

做人做事过于情绪化表明这个人心智还不够成熟。当你怒火中烧的时候，一定要克制自己的情绪。当你被愤怒控制，处于激动之中，会做出许多让你懊悔的事情。所以，为了避免被暴力、乖张、嫉妒、愤怒等不良情绪控制，我们要学会用感恩、知足、惭愧、反省、乐观等观念来控制情绪。

平和心灵助你平息愤怒情绪

生活中，我们通常会遇到一些令我们感到不能容忍的事情，比如遇到恶意的指控，无端的陷害，好心好意被人误解，等等。如果因为这些而大动肝火只会让事情越来越不可收拾。所以，生活中，只有能调控自己脾气的人才是真正的主人。然而，稍一放纵，你的脾气就可能战胜了你成为了真正的赢家。

在60年代早期的美国，有一位很有才华、曾经做过大学校长的人，竞选美国中西部某州的议会议员。此人资历很深，又精明能干、博学多识，看起来很有希望赢得选举的胜利。

但是，在选举的中期，有一个很小的谣言散布开来：三四年前，在该州首府举行的一次教育大会中，他跟一位年轻女教师"有那么一点儿暧昧的行为"。这实在是一个弥天大谎，这位候选人对此感到非常愤怒，并尽力想要为自己辩解。由于按捺不住对这一恶毒谣言的怒火，在以后的每一次集会中，他都要站起来极力澄清事实，证明自己的清白。

其实，大部分的选民根本没有听到过这件事，但是，现在人们却愈来愈相信有那么一回事，真是愈抹愈黑。公众们振振有词地反问："如果你真是无辜的，为什么要百般为自己狡辩呢？"如此火上加油导致这位候选人的情绪变得更坏，也让他更加气急败坏、声嘶力竭地在各种场合下为自己洗刷，谴责谣言的传播。然而，这却更使人们对谣言信以为真。最悲哀的是，连他的太太也开始转而相信谣言，夫妻之间的亲密关系被破坏殆尽。最后他失败了，从此一蹶不振。

曾经在战场所向披靡的拿破仑说过："我就是胜不了我的脾气。"可见，人往往很难战胜自己的脾气，在怒火中烧，一触即发的时刻，是否会想到"脾气来了，福气就没了"的道理。

由此我们看到脾气暴躁的人，容易迁怒周遭所有的人、事、物，这是自古而然的，所以孔子才会称赞颜回："不迁怒，不贰过！"

约翰·米尔顿说过这样一句话："一个人如果能够控制自己的激情、欲望和恐惧，那他就胜过国王。"是的，如果我们能控制住自己的情绪，事情或许就会有另外一种结果。

莱蒙是一个牛奶供应商。一天，店里的职员因为家里有事，需要请假，莱蒙只得自己负责外送牛奶。

忙碌了一天，莱蒙关上店门刚要离开，突然接到一个电话，是附近公寓的客人打来的，说要一箱巧克力味的牛奶，问还能不能送。莱蒙心想反正也没什么事，就答应了。

这是一栋老式公寓，没有电梯。莱蒙扛着一箱牛奶爬了6层楼，气喘吁吁地按响了客人家的门铃。开门的是一位老妇人。老妇人看着莱蒙问道："你来这里做什么呢？"莱蒙看了看手表，笑容可掬地回答："送牛奶，你在二十分钟前订了一箱巧克力味的牛奶。""哦，年轻人，你肯定是弄错了，我没有订过牛奶。"老妇人很肯定地回答。

莱蒙有些迷糊了，但他确信自己并没有记错，于是向老妇人说了一下具体地址，老妇人肯定了地址是没错，但是就是坚持着自己没要牛奶。莱蒙没有办法，又觉得没有必要和老人家有什么争辩。于是道了歉离开。

刚下楼，莱蒙的电话又响了，还是刚才的那个电话，还是要巧克力味的牛奶。这次，莱蒙很仔细地再三确定了客人的地址，他说道："请问您是布里特太太吗？""是的，我是。""那好，我现在马上给您送过去。"莱蒙挂了电话又一层一层地爬到了六楼，此时，他的衣服都已经被汗水湿透了。

莱蒙很有礼貌地按响了同一个门铃。老妇人笑着打开了门，说道："年轻人，我就是布里特太太，谢谢你肯再跑一趟。"

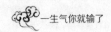

莱蒙并没有追究那个"再"字，而是很真诚地说道："应该的，是我的原因，如果我再确认一下，可能您就记起来了，不好意思，让您又打了一遍电话，还等了这么久。"

布里特太太感动极了，她说："我之前订过其他家的牛奶，他们都是来了一次就不愿再来了，因为楼层太高，实在是不方便。我刚才是为了考验一下你，请不要介意。"

莱蒙听了，立刻谅解了老人，他说："请您放心，我一定是随叫随到，如果您一时间喝不了这么多，我可以分几次给您送。"

就是因为莱蒙的这一句话，整个老年公寓的牛奶都由莱蒙专供了，赢利十分可观。

能够控制自我情绪是人与动物的最大区别之一。脾气的好坏，全在自己。只要懂得克制，脾气这匹烈马就会被紧紧牵住，无法脱缰招惹是非。但克制只是治标不治本的方法，真正的良药在于拥有一个平和的心灵，只有平和才是脾气最好的转换器。

学会调节自我情绪，不要等一切都无法挽回的时候，在懊恼自己当时的所作所为。

愤怒，是安宁生活的阴影

有一个重要的谈判正在等着你，可交通比平时还要拥挤，车子几乎走不动，你连等了6个红绿灯，终于，你要开过去了，突然一辆卡车闯到你的前面，你狂按喇叭，那个司机回敬你一丝嘲笑，然后加大油门，飞驰而去。

在超市排队结账时，一个女顾客推着装得满满的购物车插队在你前面，你跟她理论。她却对你不理不睬，紧接着，她强壮的男朋友出现了。

你为了一个至关重要的项目辛苦几个月，而你懒散的同事却得到了提升，你的同事不仅没有对你表示感谢，还在背后嘲笑你。

遇到这些情况，相信你一定会大为光火，如果是这样，就说明愤怒的情绪已经影响到了你的生活。

如果我们的心中存在不满，就总想找地方发泄出去，而最为直接的发泄方式就是发脾气。很多人认为，发脾气是最好的发泄方式，因为如果事情一直憋在心里，很容易憋出病来。可是宣泄出去了，心里就得到了放松，情绪上也会趋向平稳了。可是这样的说法是错误的。因为我们每个人都是相互影响的，一个人的怒火在发脾气中得到了释放，那么必定会有其他人受了这种不良情绪的影响，身心都受到了委屈。如果每个人都选择用发脾气的方式来宣泄自己，那么这个世界恐怕再无和平和安宁了。

一公司老板因急于赶时间去公司，结果闯了两个红灯，被警察扣了驾驶执照。他感到十分沮丧和愤怒。他抱怨说："今天活该倒霉！"

到了办公室，他把秘书叫进来问道："我给你的那五封信打好了没有？"她回答说："没有。我……"

老板立刻火冒三丈，指责秘书说："不要找任何借口！我要你赶快打好这些信。

如果你办不到，我就交给别人，虽然你在这儿干了3年，但并不表示你将终生受雇！"

秘书用力关上老板的门出来，抱怨说："真是糟透了！3年来，我一直尽力做好这份工作，经常加班加点，现在就因为我无法同时做好两件事，就恐吓要辞退我，真是过分！"

秘书回家后仍然在发怒。她进了屋，看到8岁的孩子正躺着看电视，短裤上破了一个大洞。愤怒之下，她嚷道："我告诉你多少次了，放学回家不要去乱跑，你就是不听。现在你给我回房间去，晚饭也别吃了。以后3个星期内不准你看电视！"

8岁的儿子一边走出客厅一边说："真是莫名其妙！妈妈也不给我机会解释到底发生了什么事，就冲我发火。"就在这时，他的猫走到面前。小孩狠狠地踢了猫一脚，骂道："给我滚出去！你这只该死的臭猫！"

从这个故事中我们看出：本来是一个人的愤怒，可是经过了多番的传递，最后竟然将怒气转嫁到了猫的身上。这只猫没有办法像人类一样发泄自己的不满，否则这样的情绪传递估计就没有尽头了。所以，在面对自己的不良情绪时，要尽可能地想办法控制，而不是直接发泄出去。

当然，这里说的"控制"，不是说让你有什么事情都不说，有什么委屈都不去反抗，而是将大事化小，小事化无。试想，我们每天都会面对很多人，经历很多事情，如果别人不小心踩了自己一下，就觉得受到了莫大的委屈，之后就要发脾气，那不是太不值得了吗？

既然我们每个人都能影响别人和受别人影响，那么我们何不放下心中的怒火，给别人一片安宁呢？这样，我们从别人那里得到的，也将是一种安宁。

冲动，是幸福的刽子手

在种种消极情绪中，冲动无疑是破坏力最强的情绪之一，它是低情商的表现，每个人在生活中都会遇到不合自己心意的事，这时候如果不保持冷静，不克制自己的冲动行为，就会为此付出代价。一个聪明的人，不应让坏情绪控制自己，而是应该自己去控制坏情绪，成为情绪的主宰者。

生活中许多人，往往控制不住自己的情绪，任性妄为，结果引火烧身，给自己和朋友带来不必要的麻烦。所以，你要学会控制自己的冲动。学会审时度势，千万不能放纵自己。每个人都有冲动的时候，尽管冲动是一种很难控制的情绪。

培根说："冲动就像地雷，碰到任何东西都一同毁灭。"如果你不注意培养自己冷静平和的性情，一旦碰到不如意的事就暴跳如雷，情绪失控，就会让自己陷入自我戕害的囹圄之中。

南南的爸爸妈妈大吵了一架，起因是妈妈放在自己外套里的300元钱不见了，妈

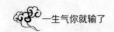

妈认定是爸爸拿的，但爸爸却不承认。下班后，爸爸直接去保姆家接南南，保姆一边帮南南穿衣服，一边说："昨天我给南南洗衣服，从她口袋里找出 300 元钱，都被我洗湿了，晾在　　"没等保姆把话说完，爸爸立刻就把南南拽了过去，狠狠打了她两个耳光，南南的嘴角立刻流血了。

"你竟敢偷钱！害得我和你妈妈大吵了一架，这样坏的孩子不要算了！"他丢下南南掉头就走了。

南南根本不知道发生了什么事，只觉得脸很痛就哭了起来。保姆对南南妈妈说："你家先生也太急躁了，不等我把话说完就打孩子，这么小的孩子怎么可能偷钱啊！100 元钱对她来说就是张花纸。一定是她拿着玩时顺手放到口袋里的。"南南被妈妈抱回家后，总是不停地哭闹，妈妈只好带她去医院做检查。

检查结果让夫妻俩完全呆住了：孩子的左耳完全失去听力，右耳只有一点儿听力，将来得戴助听器生活。由于失去听力，孩子的平衡感会很差，同时她的语言表达也将受到严重影响。

南南的爸爸简直痛不欲生，他一时冲动打出的两个巴掌竟然毁了女儿的一生，他永远也无法原谅自己，并将终生背负着对女儿的亏欠。

愚蠢的行为大多是在手脚转动得比大脑还快的时候产生的。每个父亲都是爱自己的孩子的，南南的爸爸也一定为女儿设想过前途，想过女儿美好的未来，但冲动却使他亲手毁了这一切。

在遇到与自己的主观意向发生冲突的事情时，若能冷静地想一想，不仓促行事，也就不会有冲动，更不会在事后懊悔了。

大多数成功者都是对情绪能够收放自如的人。这时，情绪已经不仅仅是一种感情的表达，更是一种重要的生存智慧。如果不注意控制自己的情绪，随心所欲，就可能带来毁灭性的灾难。情绪控制得好，则可以帮你化险为夷。

所以，作为情绪的主人，我们应该培养自我心理调节能力，这是一种理性的自我完善。这种心理调节能力，在实际行为上显示出强烈的意志力和自制力。它使人以平和的心态来面对人生中的起起落落，保持与他人交往时的淡定从容。

不要被怒火冲昏头脑

每个人都免不了动怒，对别人动怒必然会引起矛盾或冲突。而能不能消除愤怒情绪与你的情绪控制能力有关。

其实，并非人人都会不时地表露自己的愤怒情绪，愤怒这一习惯行为可能连你自己也不喜欢，更不用说他人感觉如何了。因此，你大可不必对它留恋不舍，它并不能帮助你解决任何问题。任何一个精神愉快、有所作为的人都不会让它跟随自己。

愤怒既是自主行为,又是一种习惯。它是你经历挫折的一种后天性反应。你以自己所不欣赏的方式消极地对待违背你主观意志的现实。事实上,极端愤怒是精神错乱——每当你不能控制自己的行为、失去理智时,你便有些精神错乱了。

愤怒是大脑思考后产生的一种结果,而不是无缘无故的。当你遇到不合意愿的事情时,你通常会认为事情不应该这样或那样,于是你感到沮丧、灰心,然后,你便会做出自己所熟悉的愤怒的反应,因为你认为这样会解决问题。

世界杯足球赛决赛中,法国球星齐达内,在加时赛的最后10分钟用头冲撞对方球员,用一张红牌为自己的足球生涯画上了句号,并导致整个球队把冠军拱手让给意大利。据说当时他是由于受到对手挑衅才情绪失控,一失足成千古恨。

愤怒就像是在喝酒,一旦你喝了第一杯,就会一杯接着一杯地喝下去,越喝越醉,愤怒就像酒瘾一样,让易怒的人控制不得,一旦陷入愤怒的情绪里就无法自拔。

如果你仍然决定保留心中愤怒的火种,你也可以不损害别人感情的方式来发泄愤怒。但是,请问问自己,是否可以在沮丧时以新的思维支配自己,且以一种更为健康的情感来取代使自己产生惰性的愤怒呢?虽然世界绝不会像你所期望的那样完美,你很可能会继续厌烦、生气或失望,但不管怎样,愤怒是完全可以清除的。

因此,你应当提高自己控制愤怒情绪的能力,时时提醒自己,有意识地控制自己情绪的波动。千万别动不动就指责别人,喜怒无常。改掉这些坏毛病,努力使自己成为一个容易接受别人和被人接受的性格随和的人。只有这样的人才能成大事。

在愤怒的情况下,人很难控制自己的情绪。你制造的漩涡最终会将他淹没。

愤怒容易让人失去理智,他们把一点儿小事看得像天一样大,过于认真让他们夸张了自身受到的伤害。他们以为愤怒可以让自己在别人眼中更具有权力,其实不是这样的。他不仅不会被认为拥有权力,反而会被认为缺乏理智,难成大气候。怒气会让你失去别人对你的敬意,他们会认为你缺乏自制力而更加轻视你。

抑制自己的愤怒并不能从根本上解决问题。你的能量会在这个过程中消耗殆尽,你的心理也会严重受挫。要想解决这一问题,最好的办法就是时刻保持冷静和宽容。面对别人的愤怒不要多想,可能他的愤怒并不是针对你,让自己的心情轻松一些。

缺乏忍耐,容易冲动

冲动是一种突发的,很难控制的情绪。但尽管如此,你也一定要牢牢控制住它。否则一点细小的疏忽,可能贻害无穷。

有一个富人脾气很暴躁,常常得罪人,而事后又懊恼不已,所以一直想将这暴躁的坏脾气改掉。后来,他决定好好修行,改变自己,于是花了许多钱,盖了一座庙,

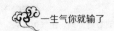

并且特地找人在庙门口写上"百忍寺"三个大字。

这个人为了显示自己修行的诚心，每天都站在庙门口，一一向前来参拜的香客说明自己改过向善的心意。香客们听了他的说明，都十分钦佩他的用心良苦，也纷纷称赞他改变自己的决心。

这一天，他一如往常站在庙门口，向香客解释他建造百忍寺的意义时，其中一位年纪大的香客因为不认识字，向这个修行者询问牌匾上到底写了些什么。修行者回答香客，牌匾上写的三个字是"百忍寺"。香客没听清楚，于是又问了一次。这次，修行者有些不耐烦地又回答了一遍。等到香客问第三次时，修行者已经按捺不住，很生气地回答："你是聋子啊？跟你说上面写的是'百忍寺'，你难道听不懂吗？"

香客听了，笑着说："你才不过说了三遍就忍受不了了，还建什么'百忍寺'呢？"

修行者无语。

修行者修的是心宁性平和，首要的就是要会忍，如果连忍都做不到，又如何称得上是修行者？因此，只有在生活中懂得控制自己的情绪，懂得平和地对待他人，才能做到百忍而不怒。

人们常说，"冲动是魔鬼"。日常生活中，许多人都会在情绪冲动时做出令自己后悔不已的事情来。因此，学会有效管理和调控自己的情绪，是一个人走向成熟的标志，也是职场上迈向成功的重要基础。

业绩优秀的员工和业绩一般的员工，在"情绪控制能力"方面有明显差异，心理特征甚至对能否胜任某一岗位起到了决定性作用。近两年，美国心理学界也在进行相关的"情绪管理"研究。研究表明，能够控制情绪是大多数工作的一项基本要求，尤其在管理、服务行业更是如此。同样，在中国这样一个自古讲究"君子之交"的社会中，学会自我调节，是保持良好人际关系，获取成功的一个重要条件。

《黄帝内经》中说，人有七情六欲，喜伤心，怒伤肝，忧伤肺，思伤脾，恐伤肾。可见，情绪反应是人们正常行为的一方面，但用情过度却会伤害身体。很少有人生来就能控制情绪，但日常生活中，人们应该学着去适应。首先，在遇到较强的情绪刺激时，应采取"缓兵之计"，强迫自己冷静下来，迅速分析一下事情的前因后果，再采取行动，尽量别让自己陷入冲动鲁莽、简单轻率的被动局面。

人不可能永远处在好情绪之中，生活中既然有挫折、有烦恼，就会有消极的情绪。一个心理成熟的人，不是没有消极情绪的人，而是善于调节和控制自己情绪的人。

冲动的情绪其实是最无力的情绪，也是最具破坏性的情绪。许多人都会在情绪冲动时做出使自己后悔不已的事情来，因此，应该采取一些积极有效的措施来控制自己冲动的情绪。

1.首先，调动理智控制自己的情绪，使自己冷静下来。在遇到较强的情绪刺激时应强迫自己冷静下来，迅速分析一下事情的前因后果，再采取表达情绪或消除冲动的"缓兵之计"，尽量使自己不陷入冲动鲁莽、简单轻率的被动局面。比如，当你被别人无聊地讽刺、嘲笑时，如果你顿显暴怒，反唇相讥，则很可能引起双方争执不下，怒火越烧越旺，自然于事无补。但如果此时你能提醒自己冷静一下，采取理智的对策，如用沉默为武器以示抗议，或只用寥寥数语正面表达自己受到的伤害，指责对方无聊，对方反而会感到尴尬。

2. 用暗示、转移注意法。使自己生气的事，一般都是触动了自己的尊严或切身利益，很难一下子冷静下来，所以当你察觉到自己的情绪非常激动，眼看控制不住时，可以及时采取暗示、转移注意力等方法自我放松，鼓励自己克制冲动。言语暗示如"不要做冲动的牺牲品""过一会儿再来应付这件事，没什么大不了的"等，或转而去做一些简单的事情，或去一个安静平和的环境，这些都很有效。人的情绪往往只需要几秒钟、几分钟就可以平息下来。但如果不良情绪不能及时转移，就会更加强烈。比如，忧愁者越是朝忧愁方面想，就越感到自己有许多值得忧虑的理由；发怒者越是想着发怒的事情，就越感到自己发怒完全应该。根据现代生理学的研究，人在遇到不满、恼怒、伤心的事情时，会将不愉快的信息传入大脑，逐渐形成神经系统的暂时性联系，形成一个优势中心，而且越想越巩固，日益加重；如果马上转移，想高兴的事，向大脑传送愉快的信息，争取建立愉快的兴奋中心，就会有效地抵御、避免不良情绪。

3. 在冷静下来后，思考有没有更好的解决方法。在遇到冲突、矛盾和不顺心的事时，不能一味地逃避，还必须学会处理矛盾的方法。

只要你领悟了人类情绪变化的奥秘，对于自己千变万化的个性，你不再听之任之。你已经知道，只有积极主动地控制情绪，才能掌握自己的命运。

你控制自己的情绪，你掌握自己的命运，你就能成为世界上最伟大的成功人士！

控制愤怒情绪

常言道：忍一忍，风平浪静；退一步，海阔天空。不必为一些小事而斤斤计较。人们不提倡无原则的让步，但有些事也没必要"火上浇油"，那只会使事情更糟，只会破坏你跟别人的感情。

有一家电脑公司，赶了一批货交给一家新开发的客户，交货之后，却迟迟不见客户将货款汇来。等了两个星期后，老板亲自到客户的公司拜访。老板在该公司等了很长一段时间之后，得到一张可立即兑现的现金支票。

老板拿着现金支票赶到银行，但是柜台小姐告诉他，这个账户内的存款不足，他的支票根本无法兑现。老板明白是那个客户故意要诈，想刁难他，原本他想立刻冲回客户的公司和他大吵一架。但是，这个老板一向秉持着"和气生财"的经营原则，所以他压下自己的怒气，向银行的柜台小姐询问这张支票之所以无法兑现，到底差了多少钱。由于老板的态度很诚恳，柜台小姐也很热心地帮他查询。查询的结果是，户头

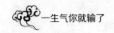

内只剩下 98000 元，跟他的支票金额只差 2000 元。

正如老板所料，这个客户是存心和他过不去。老板灵机一动，从身上拿出 2000 元，请柜台小姐帮他存到客户的账号里，补足支票的面额 10 万元后，再将支票轧进去。这样，他就顺利地领到货款了。

其实，这位老板完全可以理直气壮、怒气冲冲地跑到客户的公司去抱怨，但是他没有这么做。因为他知道，要是他这么做，不但浪费自己的时间，而且会因此永远失去这个客户。所以，他把时间花在解决问题上，而不用来制造新的问题，用理智而不是情绪去处理问题。

想要很好地控制自己的情绪，可以从以下几个方面入手：

1. 深呼吸

从生理上看，愤怒需要消耗大量的能量，你的头脑此时处于一种极度兴奋的状态，心跳加快，血液流动加速，这一切都要求有大量的氧气补充。深呼吸后，氧气的补充会使你的躯体处于一种平衡的状态，情绪会得到一定程度的抑制。虽然你仍然处于兴奋状态，但你已有了一定的自控能力，数次深呼吸可使你逐渐平静下来。

2. 理智分析

你将要发怒时，心里快速想一下：对方的目的何在？他也许是无意中说错了话，也许是存心想激怒别人。无论哪种情况，你都不能发怒。如果是前者，发怒会使你失去一位好朋友；如果是后者，发怒正是对方所希望的，他就是要故意毁坏你的形象，你偏不能让他得逞！这样稍加分析，你就会很快控制住自己。

3. 寻找共同点

虽然对方在这个问题上与你意见不同，但在别的方面你们是有共同点的。你们可搁置争议，先就共同点进行合作。

4. 回想美好时光

想一想你们过去亲密合作时的愉快时光，也可回忆自己的得意之事，使自己的心情放松下来。如果你仅仅是因为一个信仰上的差异而想动怒，你不妨把思绪带到一个令人快意的天地里：美丽的海滩、柔和的阳光、广阔的大海……你会觉得，人生是如此地美好，大自然是如此地包罗万象，人也应该有它那样地博大胸怀，不能执着于蝇头小利……想到这些，你就容易克制自己的怒气了。

在怒火中放纵，无异于燃烧自己有限的生命。人生苦短，值得我们用心去品尝的东西实在太多，耗费时间和精力去生气，可以算是真正的愚行。其实，人生多一点儿豁达，多一点儿宽容，多一点儿感悟，多一点儿理性，愤怒的情绪便会像一杯清净的水，倒地化为虚无。

杀人不见血的"气"

世间万事，危害健康最甚者，莫过于愤怒。诸如：咆哮如雷的"怒气"、暗自忧伤的"闷气"、牢骚满腹的"怨气"、有口难辩的"冤枉气"等。"气"与人体健康关系密切。若"心不爽，气不顺"，必将破坏机体平衡，导致各部分器官功能紊乱，从而诱发各种疾病。所以《黄帝内经》就明确指出："百病生于气矣。"

美国生理学家爱尔马为了研究情绪状态对人体健康的影响，设计了一个很简单的实验：把一支玻璃试管插在装有冰水混合物的容器里，然后收集人们在不同情绪状态下的"气水"。研究发现：当一个人心平气和时，他呼吸时水是澄清透明无杂的；悲痛时水中有白色沉淀；悔恨时有乳白色沉淀；生气时有紫色沉淀。爱尔马把人在生气时呼出的"气水"注射到大白鼠身上，12分钟后，大白鼠竟死了。由此爱尔马分析认为："人生气时的生理反应十分强烈，分泌物比任何情绪时都复杂，都更具有毒性。因此容易生气的人很难健康，更难长寿。"

震惊于实验结果的同时，我们更要清楚，我们每个人面对生活中的各种困惑、烦忧时，都应该学会宽容、学会理解、学会忍让、避免愤怒，牢记"气大伤身"，用宁静博爱的心态，对待世事是非，烦恼自会远离。哲人说：生气，其实就是拿别人的错来惩罚自己。

不错，何必为别人背沉重的情绪包袱？何必为别人犯下的错误承担责任？其实，人只要肯换个想法，调整一下态度，或者转移一下视角，就能让自己有一个新的心境。只要我们肯稍作改变，就能抛开坏心情，迎接新的处境。

我们不能让自己的情绪控制自己，我们必须学习"转念"、"少点积怨，多点包容"、"多洒香水，少吐苦水"，让愤怒情绪远离，而用乐观的思绪来迎接人生。

控制自己的愤怒的确是件非常不容易的事情，因为我们每个人的心中永远存在着理智与情感的斗争。如同所有的习惯一样，控制冲动也是一种经过训练而得到的能力。要具备这种能力，有两个基本方法：第一，你必须不断地分析你的行动可能带来的后果；第二，你必须让自己为了获得最大的利益而行动。

从前，有一名叫爱地巴的人，每次生气和人起争执的时候，就以很快的速度跑回家去，绕着自己的房子和土地跑三圈，然后坐在田地边喘气。

爱地巴工作非常勤劳努力，他的房子越来越大，土地也越来越广，但不管房地有多大多广，只要与人吵架生气，他还是会绕着房子和土地绕三圈。

爱地巴为何每次生气都绕着房子和土地绕三圈？所有认识他的人，心里都很疑惑，但是不管怎么问他，爱地巴都不愿意说明。

直到有一天，爱地巴很老了，他的房地也已经非常广大了，有一次他生气，拄着拐杖艰难地绕着土地和房子走，等他好不容易走完三圈，太阳都下山了，爱地巴独自

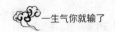

坐在田边喘气。

他的孙子在身边恳求他："阿公，您已经这么大年纪了，这附近地区的人也没有谁的土地比你更广大，您不能再像从前那样，一生气就绕着土地跑了！您可不可以告诉我这个秘密，为什么您一生气就要绕着土地跑三圈？"

爱地巴禁不起孙子恳求，终于说出隐藏在心中多年的秘密。

他说："年轻时，我一旦和人吵架、争论、生气，就绕着房地跑三圈，边跑边想，我的房子这么小，土地这么小，我哪有时间、哪有资格去跟人家生气？一想到这里，气就消了，于是就把所有时间用来努力工作。"

孙子问："阿公，你年纪老了，又变成最富有的人，为什么还要绕着房地走三圈？"

爱地巴笑着说："我现在还是会生气，生气时绕着房地走三圈，边走边想，我的房子这么大，土地这么多，我又何必跟人计较？一想到这，气就消了。"

现实生活中，我们要像爱地巴那样进行自我心理调整，用平易温和的方式，使自己能够在此情绪中抚慰自己。在愤怒的时候，安抚自己的内心远比找其他的人发泄来得高明。不生"气"难做到，但并不意味着没有解决的办法。

在不幸面前，应保持冷静的思考和稳定的情绪，遇事冷静，客观地做出分析和判断。

要多方面培养自己的兴趣与爱好，如书法、绘画、集邮、养花、下棋、听音乐、跳舞、打太极拳等，可以修身养性、陶冶情操。

要有自知之明，遇事要尽力而为，适可而止，不要好胜逞能而去做力所不能及的事。不要过于计较个人的得失，不要常为一些鸡毛蒜皮的事发火，愤怒要克制，怨恨要消除。保持和睦的家庭生活和良好的人际关系、邻里关系，这样在遇到问题时可以得到各方面的支持。

一个拥有平和心态的人，在各方面都会顺其自然，不必在意太多，并总能找到排解愤怒的渠道。

愤怒有信号，多加观察

有人这样说：如果你愤怒，就说明你遇到了麻烦，或者出现了问题；但也有人说：只要愤怒是事出有因的，就不会有什么问题。其实，愤怒情绪有迹象可循。不管愤怒的爆发是否意味着爆发者出现问题，只要留意愤怒爆发前的信号，并能对将要愤怒的反应和感觉保持高度敏感，就可能及早平息即将爆发的愤怒情绪。

因此，要随时留意愤怒的迹象，在愤怒的时候，人们的手往往会不知不觉地攥成拳头，不停地走来走去，或嘴里不停念叨、诅咒，或紧咬牙关，所以，我们应在平常多留心观察自己是否会流露出这些小动作。

吉姆的妻子希望丈夫可以变得更加善于表达自己的情感，以使他们的婚姻关系更加亲密。吉姆听从了妻子的建议，不久之后，他逐渐变得善于表达自己，他甚至把多年来压在心底的各种情绪都向妻子表达出来。

妻子对吉姆的做法感到非常不满，甚至愤怒。为此，二人前去咨询心理医生。妻子说："吉姆现在整天说我让他多么生气，我烦透了。""不是你希望他更善于表达自己吗？"医生反问说。吉姆的妻子解释说自己只是想听一些正面的情绪，而不是整天听丈夫说他自己有多生气，生气是他的问题，可以不要说出来。

医生说，其实，吉姆现在很难控制自己的情绪，特别是没有在愤怒初期就控制好它而导致大怒，他仍然不善于表达自己的情绪。医生建议他们努力去发现对方愤怒的信号，共同解决问题。在医生和妻子的帮助下，吉姆再也不会轻易地生气了。

像吉姆一样，留心捕捉愤怒的信号，才更有利于控制自己的情绪。俗话说："当断不断，必受其乱。"同样的道理，愤怒时应立即采取措施。当我们发现自己发怒的信号时，可以通过数数，从1数到10，先让自己平静下来。但是，90%的人在快要发怒时往往没有立即采取措施，以致愤怒很快就会升级到暴怒。不能任愤怒等情绪自然而然地发展，越早控制住自己的愤怒越好。

乔治和女朋友为一个周末共同制订了一些计划，但女朋友在未告知他的情况下擅自更改了计划，乔治为此感到闷闷不乐。他向一位心理专家咨询解决方法。专家听了他的诉说，说如果把生气的程度分为10个等级，问乔治当他听说女朋友改变主意时有多不高兴。乔治说大约4级。

专家把1到3级称为不高兴，把4到6级称为愤怒。那么，乔治的4级就是愤怒了。乔治当时也没有把那种生气的感觉告诉女朋友。他经常把怒火藏在心里。"接下来发生了什么？"专家问。

"后来我们一起出去吃饭，等了半天，餐厅的饭菜还没有上来，这时我越来越生气。"乔治说那时自己的生气程度已经达到6级或者7级，离暴怒只有一步之遥。"后来你怎么做？"专家又问。

乔治说他当时只想让自己平静下来，但并未采取任何措施。随后就和女朋友去看棒球比赛了。后来，他们就在车里吵了起来。乔治当时非常生气，愤怒地一拳打在汽车的通风口上，把它打碎了。乔治说那时他生气的程度肯定有9级或10级。

上述案例中，乔治没有注意到自己愤怒的信号，没有把自己生气的情绪告诉给他的女友，进而发生的一连串事情让他越来越生气，以致到最后完全爆发，情绪由愤怒变为暴怒。

在生气程度的10个等级中，"不悦"和暴怒分别处在等级序列的两端。通常情况下，你不必为自己的"不悦"而操心。感到不悦一般不是什么问题，但前提是这种感觉不会往前发展。那么，怎样才能抑制它的不断发展呢？不妨这样去做：不要把情况想得过分严重，用正确的眼光对待问题。不要把一些问题个人化。或许别人根本没有意识到给你带来的不快，你应该意识到这并不是针对你本人。不要只想着指责别人，应该

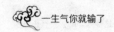

换位思考，从别人的角度看问题。不要总想着报复。把某事归咎于某人后，下一步往往就是报复对方。

遇到不开心的事，要去想想怎样做才能不让这种不悦的感觉升级为愤怒。千万不要让负面情绪进一步发展，这样只会让你变得愈加愤怒。要告诉自己：不要因为这些小事情让自己的心情变得糟糕，让自己怒不可遏。随时随地留意愤怒，关注愤怒，化解愤怒，才能保持快乐和幸福。

认为事情到了无法容忍的地步

许多人一遇到不合自己心意的事就觉得难以容忍，甚至动不动就开始发怒。但是只要你想成为一个理智的人，就必须做到控制住自己所有的情绪与行为，不能为一点儿小事就大发脾气。

美国研究应激反应的专家理查德·卡尔森说："我们的恼怒有80%是自己造成的。"这位加利福尼亚人在讨论会上教人们如何不生气。卡尔森把防止激动的方法归结为这样的话："请冷静下来！要承认生活是不公正的。任何人都不是完美的，任何事情都不会按计划进行。"也就是说，遇到不好的事情时，先冷静下来。只有内心平静了，才会发现事情没有你想象的那么糟。

从前有一个农夫，因为一件小事和邻居争吵起来，争论得面红耳赤，谁也不肯让谁。最后，那人只好气呼呼地去找牧师，因为牧师是当地最有智慧、最公道的人，他肯定能断定谁是谁非。

"牧师，您来帮我们评评理吧！我那邻居简直不可理喻！他竟然……"农夫怒气冲冲，一见到牧师就开始了他的抱怨和指责。但当他正要大肆讲述邻居的过错时，被牧师打断了。

牧师说："对不起，正巧我现在有事，麻烦你先回去，明天再说吧。"

第二天一大早，农夫又愤愤不平地来了，不过，显然没有昨天那么生气了。

"今天您一定要帮我评个是非对错，那个人简直是……"他又开始数落起邻居的恶劣。

牧师不快不慢地说："你的怒气还没有消退，等你心平气和后再说吧！正好我昨天的事情还没有办完。"

接下来的几天，农夫没有再来找牧师。有一天牧师在前往布道的路上遇到了他，他正在农地里忙碌着，心情显然平静了许多。

牧师问道："现在你还需要我来评理吗？"说完，微笑地看着对方。

农夫羞愧地笑了笑，说："我已经心平气和了！现在想来那也不是什么大事，不值得生那么大的气，只是给您添麻烦了。"

牧师仍然心平气和地说："这就对了，我不急于和你说这件事情就是想给你思考的时间让你消消气啊！记住不要在生气时说话或行动。"

很多时候怒气会自然消退，稍稍耐心等待一下，事情就会悄悄过去。

人是感情的动物，表达情绪是无可厚非的，但是，如果不加控制地任意表达愤怒情绪，我们就变成了情绪的傀儡。

古罗马诗人奥维德说："忍耐和坚持虽然痛苦，但却能渐渐为你带来好处。"的确，忍耐一下，三思而后行，冲动便消失得无影无踪。

学会控制愤怒情绪，是情绪掌控高手的一大秘籍。尽量做到不生气、少生气，性格开朗，心胸开阔，宽宏大量，宽厚待人，谦虚处世。这样不仅有益于身心健康，也利于提高自己的道德修养和思想水平，于人于己都有益而无害。

不要落入别人挖设的陷阱

人的情绪中有两大暴君，其中之一就是愤怒，它常常与单枪匹马的理性抗衡，然而人的激情远胜于人的理性。不去生气的人是聪明的，一个人必须学会自我调控，否则就会落入别人挖设的陷阱。

1809 年 1 月，拿破仑从西班牙战事中抽出身来匆忙赶回巴黎。他的间谍告诉他外交大臣塔里兰密谋造反。一抵达巴黎，他就立刻召集所有大臣开会。他坐立不安，含沙射影地点明塔里兰的密谋，但塔里兰却没有丝毫反应，这时候，拿破仑无法控制自己的情绪，忽然逼近塔里兰说："有些大臣希望我死掉！"但塔里兰依然不动声色，只是满脸疑惑地看着他，拿破仑终于忍无可忍了。

他对着塔里兰粗鲁地喊道："我赏赐你无数的财富，给你最高的荣誉，而你竟然如此伤害我，你这个忘恩负义的东西，你什么都不是，只不过是穿着丝袜的一只狗。"说完他转身离去了。其他大臣面面相觑，他们从来没有见过拿破仑如此暴怒。

塔里兰依然一副泰然自若的样子，他慢慢地站起来，转过身对其他大臣说："真遗憾，各位绅士，如此伟大的人物竟然这样没礼貌。"

皇帝的暴怒和塔里兰的镇静自若像瘟疫一样在人们中间传播开来，拿破仑的威望迅速降低了。

伟大的皇帝在盛怒下失去冷静，人们开始感觉到他已经走下坡路了，如同塔里兰事后预言："这是结束的开端。"

塔里兰激起了拿破仑的怒气，让他的情绪失控，这正是他的目的。人人都知道了拿破仑是一个容易发怒的人，他已经失去了作为一个领导的权威，这种负面效果影响了人民对他的支持。面对大臣企图密谋造反这样的事，焦躁和不安只能起到相反的作用，

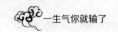

这说明他已经失去了主宰大局的绝对权力。

其实，在这种情况下，拿破仑如果采用不同的做法，那结果便会大相径庭。他首先应该思考：他们为什么会反对自己？他也可以私下探听，从手下的士兵身上了解自己的缺陷，更可以试着争取他们回心转意支持他，或者甚至干脆杀掉他们，将他们下狱或处死，杀一儆百。所有这些策略中，最不明智的就是激烈攻击和孩子气的愤怒。

愤怒起不到威吓效果，也不会鼓励忠诚，只会引发疑虑和不安，地位也因此摇摇欲坠，暴露出自己的弱点，这种狂风暴雨式的爆发，往往是崩溃的先声。谋略和战斗力也会在愤怒的情绪中消散，所以永远保持客观与冷静的态度至关重要。

愤怒容易让人失去理智，他们把一点儿小事看得像天一样大，过于认真让他们夸大了自身受到的伤害。他们以为愤怒可以让自己在别人眼中更具有权力，其实不是这样的。他们不仅不会被认为拥有权力，反而会被认为缺乏理智，难成大气候。怒气会让你失去别人对你的敬意，会认为你缺乏自制力而更加轻视你。

如果愤怒的情绪已经产生，要做的不是控制和压抑，而是转变一个角度去思考，想想发怒的严重后果，这样你就能让自己冷静下来了。

别为无谓的小事抓狂

在生活中，经常动怒生气的人气量狭隘，不讨人喜欢，而"泰山崩于前而色不变"的人则备受人们喜爱。事实上，多数让我们产生急躁情绪进而发怒的事情只是一些不足挂齿的小事。

但生活中，人们往往容易为一点儿小事而使情绪失控，继而发怒，也正因为这样，往往会因小失大。

有一场举世瞩目的赛事，台球世界冠军已走到卫冕的门口。他只要把最后那个8号球打进球门，凯歌就奏响了。就在这时，不知从什么地方飞来一只苍蝇。苍蝇第一次落在握杆的手臂上。有些痒，冠军停下来。苍蝇飞走了，这回竟飞落在了冠军锁着的眉头上。冠军只好不情愿地停下来，烦躁地去打那只苍蝇。苍蝇又轻捷地脱逃了。

冠军做了一番深呼吸再次准备击球。天啊！他发现那只苍蝇又回来了，像个幽灵似的落在了8号球上。冠军怒不可遏，拿起球杆对着苍蝇击去。苍蝇受到惊吓飞走了，可球杆触动了8号球，8号球当然也没有进洞。按照比赛规则，该轮到对手击球了。对手抓住机会死里逃生，一口气把自己该打的球全打进了。

卫冕失败，冠军恨死了那只苍蝇。在观众的喧哗声中，冠军不堪重负，不久就结束了自己的生命。临终时，他对那只苍蝇还耿耿于怀。

一只苍蝇和一个冠军的命运连在一起，也许是偶然的。倘若冠军能制怒，并静待那只苍蝇飞走，故事的结局或许可以重写。人们如果不能及时消除自己的愤怒情绪，必然也会被生活中的种种琐事困扰，为无谓的小事抓狂，甚至造成生命中的悲剧。

心智成熟的人必定能控制住自己的愤怒情绪与行为。当你在镜子前仔细地审思自己时，会发现自己既是你的最好朋友，也是你的最大敌人。

当你生气时，你要问自己：一年后生气的理由是否还那么重要？这会使你对许多事情得出正确的看法。

愤怒不能随心所欲

梁实秋说过："血气沸腾之际，理智不太清醒，言行容易逾分，于人于己都不宜。"富兰克林也曾说过："以愤怒开始，以羞愧告终。"《圣经》里也说："可以激动，但不可犯罪。可以愤怒，但不可含愤终日。"这就告诉我们要把握愤怒的度，愤怒要有底线，不可无顾忌地发怒，否则于人于己都不利。

我们都知道，愤怒往往是由于自己受到比较大的伤害，或者原本希望用理性的方式表达愿望，但在失望之后，才不得已采取了愤怒的方式。当然，社会允许你在一定范围内发泄情绪，也就是说愤怒是有底线的，因为极端的愤怒不是伤人就是伤己，有时还会造成两败俱伤的局面，它还会干扰人际关系，影响个人的思维判断，造成不可控制的后果。因而，正确理解愤怒的限度，才有可能把愤怒的苗头消灭在萌芽状态，特别是在愤怒发生时，正确地引导从而消解愤怒，解决矛盾，这才是最重要的。

伊凡四世是沙皇俄国的第一任沙皇，因为其残酷的执政手段，他被后人称为"恐怖的伊凡"，他同样也将这种恐怖的手段施之于平民。

在他用军队征服了诺夫格罗德市之后，诺夫格罗德的居民因留恋自己独立开放的文明，他们仍习惯性地与立陶宛人、瑞典人进行贸易。尤其是在城市被侵占之后，这里的居民反抗、逃亡和袭击禁卫军的事件屡屡发生。伊凡知道这个小城市的居民袭击自己的军队之后，异常愤怒。他将其视为挑衅，并不停地咒骂，而且发布讨伐的命令。

他亲率禁卫军和1500名特种常备军弓箭手，于1570年1月2日来到诺夫格罗德城下。他命令士兵们在城市周围筑起栅栏，防止有人逃跑。教堂上锁，任何人不准入内避难。

之后在伊凡所在的广场，每天，大约有1000位市民，包括贵族、商人或普通百姓，被带到伊凡面前，不听取其任何的辩护，不管这些人有罪没罪，只要是诺夫格罗德城的人他就对其用刑。鞭打、裂肢、割舌头等各种残酷的刑法他都用尽。很多居民还被扔入冰冷的水里，浮出水面的人，伊凡就命令士兵用长矛将其活活地刺死。这场恐怖的屠杀共持续了5个星期，诺夫格罗德城大概有两万多人被屠杀，这场残酷的屠杀在历史上是非常罕见的，也是令人发指和痛斥的。

伊凡的残暴不仁，是因为他手中有可怕的权力，这是一个比较极端的例子，但是也能说明不受控制，没有底线的愤怒，就像愈烧愈烈的火焰一样，直到把身边的一切

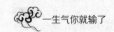

都烧毁。我们手中没有至高无上的权力，所以我们的愤怒不会大面积燃烧。但是，没有底线的愤怒还是会对我们身边的人造成伤害。

在愤怒的时候，人们往往容易冲动，大脑失去了理智的控制，造成不堪想象的后果。人们也常常用极端的方式来发泄自己的愤怒，以父母批评孩子为例，因为孩子的成绩不好或者表现不佳，父母有时对孩子大打出手，结果孩子不仅身体觉得疼痛，心理上也会受到伤害，他们可能会仇视父母，而且心理上还可能会埋藏下阴影，对其未来的发展非常不利。

因而，在"愤怒"的时候，要善于将愤怒的"冲动"变成"理性"的思考。当遇到不平的事情之后，可以愤怒，但是不能表现得太过激烈。激愤的时候要懂得控制自己的情绪，避免出现丑态，更不能恶语伤人，甚至出现暴力等过激行为。由于情绪失控而做出伤害别人的事情，日后要想弥补就很困难了。

愤怒还可以用理智予以控制，对一些不开心的小事，与其憋在心里，让自己生闷气，不如把它抛在脑后，以保持心境的平静。确立了这种意识，就可以逐步实现控制愤怒情绪的目标，并且能够提高自己的忍耐力和毅力。

主动抑制愤怒情绪

也许有人会问，为什么我们现在的人常常要发怒，而古人却不像我们这样？花几分钟时间，让我们好好思考一下其中的原因。

现在，愤怒似乎成了现代人的一种通病。

现代人的生活节奏比以往任何时期都快，于是形成了一种张力，好像小提琴上的琴弦不断拉紧以致最后断裂。预期的目标未能实现——不管是生活中的琐事，学校里的成绩排名，还是工作中的种种不如意，所有这些及其他诸如此类的烦恼引起失望，一旦它得不到解脱，就会产生愤怒。

我们把日程表安排得愈来愈满，直到有一天生气之后才问自己："我干吗发这么大的脾气？"这很简单——你在短短的时间内要做的事情太多了，但你没有做好，事情出了点意外，于是你觉得懊恼，并因此而感到惭愧，因为你肯定"有修养的人"是不发怒的，而你却动怒，你就因此而讨厌自己了。

愤怒是一种不良和有害的情绪。一个人经常发火，不仅会影响与朋友或同事之间的团结，影响工作，还容易把矛盾激化，无助于问题的解决。对此，你可以试试下面的方法，在愤怒处于萌芽状态就控制住它。

1. 容忍克制

俗话说："壶小易热，量小易怒。"动辄发脾气、动肝火是胸襟狭窄、气量狭小的表现。有一位心理学家忠告："气量大一点儿吧，如果我们每件事情都要计较，就无法在这大千世界里生活下去。"要做到克制怒气，就必须有很高的修养，有修养的人才是有克制力的人。一个胸怀坦荡的人，是绝不会为一些区区小事而随意发火的。即使遇到不顺心的事或受到不公正的待遇时，也能做到心平气和地讲道理，心态和平地解决矛盾和问题。

2. 保持沉默

有一位智者曾经这样说过："沉默是最安全的防御战略。"当意识到自己要发火时，最好的办法是约束自己的舌头，强迫自己不要讲话，采取沉默的方式，这样会有助于冷静头脑，让沉默成为一种保持身心平衡、抑制精神亢奋的灵丹妙药，不借外力而能化解怒气。

3. 及时回避

面对生活中可能刺激我们生气的人物和环境时，只要条件允许，不妨采取"三十六计，走为上策"。这样，眼不见，心不烦，火气就消了一半。

4. 自我提醒

快要发火时，只要自己还能自我控制，就要试着用意识驾驭自己的情感，警告自己："我这时一定不能发火，否则会影响团结，把事情搞砸。"心中默念："不要发火，息怒、息怒。"这样坚持下去，就会收到一定的效果。

5. 转移注意力

根据一项心理学研究，在受到令人发火的刺激时，大脑会产生强烈的兴奋灶，这时如果有意识地在大脑皮质里建立另外一个兴奋灶，用它去取代、抵消或削弱引起发火的兴奋灶，就会使火气逐渐缓解和平息。例如，转移话题、找些开心快乐的事情干，听让自己愉快的音乐、戏曲，阅读引人入胜的小说、诗歌，或出去走走，等等。

其实，做到不生气并不难。心理医学研究表明，一个人心情舒畅、精神愉快，中枢神经系统就处于最佳功能状态，这时内脏及内分泌活动在中枢神经系统调节下保持平衡，从而整个机体保持协调，充满活力，身体自然健康。

总之，生活中愤怒的情绪难以完全避免，但只要理智地对待，学会掌握各种制怒的方法，愤怒伤身的事是可以减少的。

及时停住你的愤怒冲动

人在紧张状况下，很难控制自己的情绪，一时心中生起千堆火，哪里还考虑事情的后果呢？这个时候的行为往往具有自伤和伤人的性质。而冲动情绪常常发生在与别人争吵或者受到批评的时候，是一瞬间爆发出来的怒气。冲动害人不浅，它给我们带来的负面影响远超过我们的想象。

王先生是国内某知名企业的一位高级主管。在决策时，由于自己一时疏忽，造成

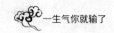

了该企业的利润直接下降了 7 个百分点。故障出现后，企业内部人心惶惶，唯恐老板把怒气发泄到自己的身上。王先生更是提心吊胆，做好了接受处罚的准备。

终于，秘书汇报说，老板让他过去一趟。"嗨，算了，该来的总会来，没必要紧张。"王某安慰着自己，但还是怀着忐忑的心情来到了老板的办公室。一进门，老板不但没有大发雷霆，反而让他坐下喝茶。王先生心里越发纳闷了。不知老板葫芦里卖的什么药。

"听到这个消息时，我整个人都要疯掉了。你知道你犯的错误有多严重吗！"老板开口说道。

"对不起，是我的失职。我请求惩处。"王先生立马起身赔罪。

"我本来是要重重处罚你。但是，做每件事情都要合情合理，不能冲动。于是，我考虑了一下，你曾经为咱们企业做出了很大的贡献。"老板拿出自己的笔记本，上面写满了王某的成绩。"每当我控制不住自己的冲动情绪，想要对某人发火时，我就强迫自己坐下来，拿出纸和笔，写出某人的好处。每当我完成这个清单时，自己的怒气也就消了，就能理智地看待问题了。"

听完老板的一席话，王先生豁然开朗。有这样的老板，自己以后必须要多多学习，努力工作。

冲动的情绪容易蔓延，如果这时的情绪不能在源头得到控制，那么你就会陷入愤怒的情绪无法自拔。所以，当你发现自己的情绪将要爆发起来，就要及时采取措施，抑制冲动情绪。否则，愤怒在你的胸口不断膨胀，最终你承受不了这巨大的压力，将会做出让自己后悔的事情。上例中的老板，虽然由于员工的错误让自己的企业受到了巨大的损失，但是他没有大发雷霆，严厉地斥责那位主管，而是先冷静分析该主管的成绩，然后做出判断。因此，只要采取正确的手段，冲动的情绪是可以遏制的。

首先，当某件事情让你感到无法控制自己的愤怒时，你可以立即转移注意力。迅速离开原来的场景。这不是一种逃避的方法，而是通常所说的"眼不见，心不烦"。你可以先把这件事情放下，做其他的事情。当你的怒气消了之后，再回过头来考虑这件事情。比如，你在做一份报表，但是你的下属交给你的数据一塌糊涂。这个时候，你可以先让下属核对一下，再交给你。或者，你先看另外一份资料。不仅能够及时避免冲动，也能给员工留下成熟稳重的好印象。

其次，当你感觉快要控制不住自己的冲动时，不妨坐下来。研究表明，人坐着的时候，血液循环和新陈代谢的速度都不如站着。这样，愤怒所需要的能量就无法源源不断地供应，从而切断了冲动的根源。这样，你的生理反应就会降到最低。这就是为什么坐着比站着更容易缓解情绪的原因。

再次，在你控制不住的时候，果断闭上嘴巴。愤怒是一种软弱的表现，真正强大的人是不会轻易动怒的。保持沉默是心灵真正强大的表现。愤怒只会让你既伤身又伤心。当你冲动的情绪实在难以控制了，不妨先给自己一分钟的深呼吸时间。管住你的嘴巴，不要让它到处惹祸。动不动就发脾气的人是不会受人欢迎的。

最后，在你的周围挂上醒目的"制怒"标志。这是心里暗示法的灵活运用。在你快要控制不住自己的冲动时，只要抬起头，看看这样的标语，相信你的怒气就消了一半。再加上周围同事的提醒，你的怒火就彻底扑灭了。所以，不妨写点座右铭或者让周围的人帮助你，改掉易怒的脾气，从根源上制止自己的冲动情绪。

当然，克制住自己的冲动情绪并不是一蹴而就的，需要你时时刻刻提醒自己。同样，克制住了冲动，还要想想自己冲动的原因，争取在遇到类似的事情时，能做到控制自己的情绪。

第二章

拿别人的错来惩罚自己，
你得有多傻

生气是拿别人的过错来惩罚自己

一位智者说过，生气是用别人的过错来惩罚自己的愚蠢行为。

从前，有一个妇人，常常为一些琐碎的小事生气。她也知道自己这样不好，便去求一位高僧为自己说禅解道，开阔心胸。

高僧听了她的讲述，一言不发地把她领到一座禅房中，落锁而去。妇人气得跳脚大骂，骂了许久，高僧也不理会。妇人又开始哀求，高僧仍置若罔闻。妇人终于沉默了。

高僧来到门外，问她："你还生气吗？"

妇人说："我在生自己的气，我怎么会到这地方来受这份罪？"

"连自己都不原谅的人怎么能心如止水？"高僧拂袖而去。

过了一会儿，高僧又来问她："还生气吗？"

"不生气了。"妇人说。

"为什么？"

"气也没有办法呀。"

"你的气并未消失，还压在心里，爆发后将会更加剧烈。"高僧又离开了。

高僧第三次来到门前，妇人告诉他："我不生气了，因为不值得生气。"

"还知道值不值得，可见心中还有衡量，还是有气根。"高僧笑道。

当高僧的身影迎着夕阳立在门外时，妇人问高僧："大师，什么是气？"高僧将手中的茶水倾洒于地。妇人视之良久，顿悟。叩谢而去。

何苦要气？气便是别人吐出而你却接到口里的那种东西，你吞下便会反胃，你不看它时，便会消散了。人生苦短，幸福和快乐尚且享受不尽，哪里还有时间去生气呢？人的一生难免会有不如意的事情，但不能动辄生气，将自己的精力耗费在不必要的事情上。

20世纪三四十年代，一直敏于行、讷于言的巴金先生，也曾受过无聊小报、社会小人的谣言攻击。巴金先生有一句斩钉截铁的话："我唯一的态度，就是不理！"因为受害者若起而反击，"小人"反倒高兴了，以为他们编造的谣言发生了作用。

学者胡适先生在给友人的一封信中写道："我受了十余年的骂，从来不怨恨骂我的人。有时他们骂得不中肯，我反替他们着急；有时他们骂得太过火，反损骂者自己的人格，我更替他们不安。如果骂我而使骂者有益，便是我间接于他有恩了，我自然很情愿挨骂。"

巴金、胡适面对他人的辱骂所表现出的平静、幽默、宽容，不失为排除心理困扰、享受慢生活的妙药良方。

操纵你的是隐蔽在内部的情绪

如果有人冒犯你，请先不要愤怒，愤怒是不能解决任何问题的，只会让自己过于激动，没有办法运用理性正确地看清问题，被愤怒蒙蔽了双眼、蒙蔽了心灵，从而不能正确地看清事物的本质、判断事物的好坏，这是毫无益处的。其实真正打扰我们的不是别人的行为，别人的行为不会直接作用于我们身上，真正打扰我们的是我们自己的意见，只有我们自己的意见才会对我们的行动产生影响。所以，先放弃你对一个行为的判断吧，尝试一下下面介绍的方法，也许可以让你回归理性。

第一，思考一下你和人类的关系。所有的人类都是被神明派到世上来相互合作的，而你的位置被放在他们之上，就像是牛群中领头的公牛、羊群中领头的公羊一样。如果万物都不只是原子的聚合，那么自然必定就是支配所有事物的力量。那样的话，低级的事物必然是为高级的事物而存在的，而高级的事物之间又是彼此依存的。

第二，思考一下别人在用餐时、在睡觉时、在别的场合都是怎样的？他们遵从怎样的思想支配？在他们冒犯别人的时候，是带着怎样的骄傲？

第三，如果别人正在做着他们所做的事情时，我们不必感到不快；而人们有时候会出于无知而不知不觉地在做着不正当的事情。但对于他自己来说，他只是在追求他的真理，因为没有一个灵魂是会放弃追求真理的。他也不愿意被剥夺宇宙赐予他的为人处世的能力，所以当他由于无知犯错而被人指责不正直、背信弃义、贪婪的时候，他是很痛苦的。

第四，要想到，你自己也和他们一样，犯了很多不自觉的错误。也许你已经纠正了这种错误，但难保你不会再犯。何况你戒除这些错误，很大程度上还是出于不纯的动机，比如出于怯懦，或者害怕失去名誉，或者其他的原因。

第五，当你断定别人在做着不正当的事情时，你也要想一想你的判断是否正确，

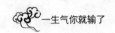

因为很多事情其中另有隐情。我们必须了解更多，才能对别人做出正确的判断。

第六，在你烦恼、愤怒和悲伤时，想一想生命是很短暂的，也许下一秒你就会死去。

第七，困扰我们的实际上并不是别人的行为，而是你对于这些行为的看法。那么消除这种看法，放弃那些认为某件事情是极恶的东西的判断，你的怒火就能够得到平息。那么怎么才能消除这种判断呢？只需要明白一个道理：就是别人的行为并不是你的耻辱，只有你自做的恶行才是你的耻辱。如果你为别人的行为也感到耻辱，那你就是在代替那些强盗或恶人受过了。

第八，要想一想，由于这种行为引起的烦恼和愤怒带给我们的痛苦，比这种行为本身带来的痛苦要多得多。

第九，保持一种和善的气质是令任何人都无法拒绝的，但要是真实的、发自内心的，而不是一种表面上故作的微笑。始终和善地对待他人，即使最暴躁无礼的人，也不会对你怎么样。在条件允许的情况下，你可以用一种温和的态度纠正他的错误，你要以这种语气说："孩子，不要这样，我们是被宙斯派到一起来共同合作的，他将不会让我受到伤害，而你却在伤害你自己。蜜蜂，还有其他的动物，都是这样，它们都不会像你这样伤害自己。"用这样的口吻，循循善诱地告诉他这些道理，不带着任何双重的意向，不带着任何斥责、怨恨的感情，亲切和善地关心他的感受，而不要做给旁人看。

按照上面的方法，你就会发现，只要自己恢复了平静和理性，那些打扰到我们内心的事物就几乎不存在了。可见，真正影响到我们的生活的，只是我们隐藏在自己内心深处的情绪。所以，只要能够控制住自己的内心，我们就掌握了人生的主动权。

火气太大，难免被打入恶者的行列

凡事不要冒火，不要记恨。看见公交车上年轻的小伙子旁边站着一个孕妇，可是那小伙子却丝毫没有让座的意思；看见恶人亨通，明明就没有好的品德，却能够吃好喝好……我们常常恼火，甚至于对自己的家人都不能心平气和地说话。可是，当我们心怀不平的时候，一定要把火气压下去。即便你认为你自己的理由很充分，但是发火并不是解决问题的最好方法。

罗斯福深得其子女的爱戴，这是众所周知的。有一次，罗斯福的一位老友垂头丧气地来找罗斯福，诉说他的小儿子居然离家出走，到姑母家去住了。这男孩本来就桀骜不驯，这位父亲把儿子说得一无是处，又指责他跟每个人都处不好。

罗斯福回答说："胡说，我一点儿都不认为你儿子有什么不对。不过，一个人如果在家里得不到合理的对待，他总会想办法由其他方面得到的。"

几天后，罗斯福无意中碰到那个男孩，就对他说："我听说你离家出走，是怎么回事？"男孩回答："是这样的，每次我有事找爸爸，他都会发火。他从不给我机会讲完我的事，反正我从来没有对过，我永远都是错的。"

罗斯福说："孩子，你现在也许不会相信，不过，你父亲才真正是你最好的朋友。对他来说，你是这世上最重要的人。"

"也许吧！不过我真的希望他能用另一种方式来表达。"

接着罗斯福去告诉那位老友，发现几乎令其惊讶的事实，他果然正如其儿子所形容地那样暴跳如雷。于是，罗斯福说："你看！如果你跟儿子说话就像刚才那样，我不奇怪他要离家出走，我还觉得奇怪他怎么现在才出走呢？你真是应该跟他好好谈一谈，心平气和地跟他沟通才是。"

跟孩子沟通需要的是耐性，因为孩子很少能理智地面对问题，如果我们强硬地表达自己的想法，那么等来的肯定是他们的不理解，并且很可能会加重他们的叛逆思想。当孩子对我们的不满越积越多的时候，在他们的眼里，我们也就成了恶人，再没有办法走入他们的世界了。

同理，在处理事情的时候，如果不能冷静地分析其中的缘由，提供解决问题的办法，而单单用呵斥和责骂来表达你的情绪时，很可能会招致对方的不满。尽管当时对方可能没有表达对你的恨意，可是时间久了，他们也可能对你的反感与日俱增。

火气越大的人越容易发怒，而愤怒常常让人失去了理智。如果长期被这种情绪所控制，不仅会损害我们的身体，还可能在心理上形成焦躁、恼恨、嫉妒、粗暴等情绪，让我们的生活从此失去谦和的香气。

试想，如果一个人总是粗暴地对待别人，经常嫉恨别人，那么还会有人愿意跟他相处吗？所以，我们要适时控制自己的火气，别因为一时的冲动将自己打入恶者的行列。

暴躁是发生不幸的导火索

一个人性格暴躁的最直接表现就是非常容易愤怒，因此，愤怒是一种很常见的情绪，特别是年轻人。比如，血气方刚的小伙子，他们往往三两句话不对，或为了一点儿芝麻绿豆大的事情就大打出手，造成十分严重的后果。

其实，愤怒是一种很正常的情绪。它本身不是什么问题，但如何表达愤怒则是个问题。有效地表达愤怒会提高我们的自尊感，使我们在自己的生存受到威胁的时候能勇敢地战斗。

脾气暴躁，经常发火，不仅是强化诱发心脏病的致病因素，而且会增加患其他病的可能性，它是一种典型的慢性自杀。因此为了确保自己的身心健康，必须学会控制自己，克服爱发脾气的坏毛病。

如何有效地抑制生气和不友好的情绪呢？这主要在于自己的修养和来自亲人及朋友的帮助与劝慰。实验证明，在行为方式有改善的人中，死亡率和心脏病复发率会大

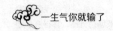

一生气你就输了

大下降。为了控制或减少发火的次数和强度，必须对自己进行意识控制。当愤愤不已的情绪即将爆发时，要用意识控制自己，提醒自己应当保持理性，还可进行自我暗示："别发火，发火会伤身体。"有涵养的人一般能控制住自己。同时，及时了解自己的情绪，还可向他人求得帮助，使自己遇事能够有效地克制愤怒。只要有决心和信心，再加上他人对你的支持、配合与监督，你的目标一定会达到。

一般来说，性格暴躁的人都有如下的一些表现：

（1）情绪不稳定。他们往往容易激动。别人的一点儿友好的表示，他们就会将其视为知己；而话不投机，就会怒不可遏。

（2）多疑，不信任他人。暴躁的人往往很敏感，对别人无意识的动作，或轻微的失误，都看成是对他们极大的冒犯。

（3）自尊心脆弱，怕被否定，以愤怒作为保护自己的方式。有的人希望和别人交朋友，而别人让他失望了，他就给人家强烈的羞辱，以挽回自己的自尊心。这同时也就永远失去了和这个人亲近的机会。

（4）没有安全感，怕失去。

（5）从小受娇惯，一贯任性，不受约束，随心所欲。

（6）以愤怒作为表达情感的方式。

有的人从小父母的教育模式就是打骂，所以他也学会了将拳头作为表达情绪的唯一方式。甚至有时候，愤怒是表达爱的一种方式。

（7）将别处受到的挫折和不满情绪发泄在无辜的人身上。

应当说，脾气是一个人文化素养的体现。大凡有文化、有知识、有修养者，往往待人彬彬有礼，遇事深思熟虑，冷静处置，依法依规行事，是不会轻易动肝火的。而大发脾气者，大多是缺乏文化底蕴的人，他们似干柴般的思想修养，遇火便着，任凭自己的脾气脱缰奔驰，直至撞墙碰壁，头破血流，惹出事端。

所以，情绪容易暴躁的人，提高自己的素质修养刻不容缓。

下面的八条措施将帮助你完成改变暴躁性格这一心理、生理转变过程，臻于性格的完善。

（1）承认自己存在的问题。请告诉你的配偶和亲朋好友，你承认自己以往爱发脾气，决心今后加以改进，希望他们对你支持、配合和督促，这样有利于你逐步达到目的。

（2）保持清醒。当愤愤不已的情绪在你脑海中翻腾时，要立刻提醒自己保持理性，你才能避免愤怒情绪的爆发，恢复清醒和理性。

（3）推己及人。把自己摆到别人的位置上，你也许就容易理解对方的观点与举动了。在大多数场合，一旦将心比心，你的满腔怒气就会烟消云散，至少觉得没有理由迁怒于人。

（4）诙谐自嘲。在那种很可能一触即发的危险关头，你还可以用自嘲解脱。"我怎么啦？像个3岁小孩，这么小肚鸡肠！"幽默是改掉发脾气的毛病的最好手段。

（5）训练信任。开始时不妨寻找信赖他人的机会。事实会证明，你不必设法控制

26

任何东西，也会生活得很顺当。这种认识不就是一种意外收获吗？

（6）反应得体。受到不公平对待时，任何正常的人都会怒火中烧。但是无论发生了什么事，都不可放肆地大骂出口。而该心平气和、不抱成见地让对方明白，他的言行错在哪儿，为何错了。这种办法给对方提供了一个机会，在不受伤害的情况下改弦更张。

（7）贵在宽容。学会宽容，放弃怨恨和报复，你随后就会发现，愤怒的包袱从双肩卸下来，显然会帮助你放弃错误的冲动。

（8）立即开始。爱发脾气的人常常说："我过去经常发火，自从得了心脏病，我认识到以前那些激怒我的理由，根本不值得大动肝火。"请不要等到患上心脏病才想到要克服爱发脾气的毛病吧，从今天开始修身养性不是更好吗？

一位哲人说："谁自诩为脾气暴躁，谁便承认了自己是一名言行粗野、不计后果者，亦是一名没有学识，缺乏修养之人。"细细品味，煞是有理。愿我们都能远离暴躁脾气，做一个有知识、有文化、有修养的人。

因此，能够自我控制是人与动物的最大区别之一。脾气虽与生俱来，但可以调控。多学习，用知识武装头脑，是调节脾气的最佳途径。知识丰富了，修养提高了，法纪观念增强了，脾气这匹烈马就会被紧紧牵住，无法脱缰招惹是非，甚至刚刚露头，即被"后果不良"的意识所制约，最终把上窜的脾气压下，把不良后果消灭在萌芽状态。

愤怒既摧残身体又摧残灵魂

人经常不能控制自己的怒气，为了生活中大大小小的事情勃然大怒或者愤愤不平，愤怒由对客观现实某些方面不满而生成。比如，遭到失败、遇到不平、个人自由受限制、言论遭人反对、无端受人侮辱、隐私被人揭穿、上当受骗等多种情形下人都会产生愤怒情绪。表面看起来这是由于自己的利益受到侵害或者被人攻击和排斥而激发的自尊行为，其实，用愤怒的情绪困扰灵魂，乃是一种自我伤害。

对身体健康的伤害只是其中一个方面，愤怒对于灵魂的摧残尤为严重。由灵魂而生的愤怒情绪，又回过头来伤害灵魂本身，让灵魂变得躁动不安，失去原有的宁静和提升自己的精力和时间，这是灵魂的一种自戕。

有一位得道高人曾在山中生活30年之久，他平静淡泊，兴趣高雅，不但喜欢参禅悟道，而且喜爱花草树木，尤其喜爱兰花。他的家中前庭后院栽满了各种各样的兰花，这些兰花来自四面八方，全是年复一年地积聚所得。大家都说，兰花就是高人的命根子。

这天高人有事要下山去，临行前当然忘不了嘱托弟子照看他的兰花。弟子也乐得其事，上午他一盆一盆地认认真真浇水，等到最后轮到那盆兰花中的珍品——君子兰了，弟子更加小心翼翼了，这可是师父的最爱啊！他也许浇了一上午有些累了，越是小心

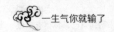

翼翼，手就越不听使唤，水壶滑下来砸在了花盆上，连花盆架也碰倒了，整盆兰花都摔在了地上。这回可把弟子给吓坏了，愣在那里不知该怎么办才好，心想："师父回来看到这番景象，肯定会大发雷霆！"他越想越害怕。

下午师父回来了，他知道了这件事后一点儿也没生气，而是平心静气地对弟子说了一句话："我并不是为了生气才种兰花的。"

弟子听了这句话，不仅放心了，也明白了。

不管经历任何事情，我们都要制怒，在脉搏加快跳动之前，凭借理智的伟力平静自己。

想一想，如果惹你生气的人犯了错误，是由于某种他们不可控的原因，我们为什么还要愤怒呢？

如果不是这样，那么他们犯错一定是由于善恶观的错误。我们看到了这一点，说明在善恶观的问题上，我们的灵魂比他们优越，比他们更理性，更能辨明是非黑白。对于他们，我们只有怜悯，不应有一丝愤怒。

对于犯了错误的人，尽己所能平静地劝诫他们，把他们当成理智生病的人一样医治，没有必要生气，心平气和地向他们展示他们的错误，然后继续做你该做的事，完成自己的职责。

用沉默来回应他人的无理

面对他人无理的对待，你不必硬碰硬，试着以巧妙圆融的智慧来处理，事情一样会有回转的余地，其实最大的智慧便是以沉默来回应。正如哲人所说，忍耐与智慧是抵御嘲辱的最佳盾牌，当你面对小人无理的羞辱和嘲弄，当场的硬碰硬也许只会得到更大的欺辱，尤其当你处于弱势的境地。此时何不忍耐一下，事后冷静思索，找到对方的致命弱点，攻其不备，这才是明智的处世哲学。

当然，这需要你当时的忍耐，不能忍一时之气的人，是无法领会这种智慧的高深。对于大多数人来说，逞一时口快，泄一时之愤，是最大快人心的事。但是有涵养的人是不会这么做的，今天也让自己做一回有涵养之人吧。

很简单，无论对方发出什么招，多难听的话，多过分的举动，都不要理会他，仿佛与己无关，专心做自己的事，不要因为对方的言行停下你手中的活，让对方以为，你根本对他不屑一顾，你根本不拿他的无理当挑衅。也就是说，你根本不拿他当对手，其实这才是对一个争强好胜的人的最大反击。

吵架有时候是种发泄，但是，如果碰到无理取闹的人，你说再多也是白费口舌，对自己的精神绝对是种折磨，还不如睁一只眼闭一只眼，不予理睬。这个人说话很不讲道理，让人恼火，你可能真的快沉不住气了，很想冲上前打骂一顿。但是这种无理取闹的人，他的目的就是想闹，惹恼你他才高兴，看着你气急败坏的样子他肯定在心里偷乐。其实，对付这种人最好的办法就是不理他，任其吵闹，你还是继续做自己手中的事，保持你脸上的微笑，这个微笑是留给自己的。慢慢地，对方也会觉得很无趣，或者会为你的豁达所折服。

当然，这样做也许很难，因为人都有血性，谁也做不了圣人。当别人真的很过分的时候，保持一颗平静的心就显得是多么的难能可贵。但是你要相信自己一定能做到，并在心里默默地鼓励自己，甚至还可以对吵闹的人说，你要不要坐下来慢慢说？或者干脆逃开，说我有事要先出去，你自己慢慢说吧！所谓眼不见，心不烦，走开了还落得个耳根清净。对方可能会大叫大嚷，故意拿话来激你，这个时候你尤其要沉住气，要知道一时的口舌之快只会带来更多的烦躁和气恼。除非你也不讲道理，跟对方展开大战，不顾形象地破口大骂，即使最后你在气势上压倒了对方，你也累得筋疲力尽，这样值不值呢？因此，碰到无理的人，最好的办法就是不要当场就出招，除非你有绝妙的反击策略，而且已经胸有成竹。但是，对于大多数人来说，愤怒和激动会让你失去理智，思维迟钝，这个时候往往是想不出什么好点子的。所以，不如用沉默换来冷静的时间，让头脑清醒一下，想想你的绝招吧。

卸下情绪的重负，对自己说"没关系"

接纳自己，欣赏自己，将所有的自卑全都抛到九霄云外，这是一个人保持快乐最重要的前提。一个以高标准来要求自己、不能容忍自己不完美的人，终其一生只能在对自己的哀叹中度过，是无法享受到生活的快乐的。他们给自己设计了太多的条条框框，强迫自己去遵守，以达到他们期望的目标，这使得他们的生活背负了太多的重担，负重的情绪必然无法去感受生活的轻松和快乐。

亨利是一个快乐的年轻人。他三岁时在和小朋友玩耍时不慎被高压电流击伤，因双臂坏死而截肢致残。在这之后，父母将他送到附近的一座残疾人孤儿院去，他在那里整整住了16年，父母很少去看他。在孤儿院没有人教他应当怎样做事情，一切都得自己摸索。开始亨利用嘴叼着笔写字，由于离纸太近眼睛疼痛，于是他改用脚写字，他在孤儿院上完了中学。

回到故乡后，亨利开始边工作边学习，他在一个师范学院学习文学专业。他并不想当老师，只是想完善自己，他和大学生们一样要做作业，通过各门测验和考试。亨利通过训练能够自己照顾自己的生活；他会用脚斟茶，拿小勺往茶里加糖，并灵巧地抓住小小的茶杯慢慢地品茶；电话铃声响了，他能够抓起听筒。他能够处理一些简单的家务。

他的妻子琼斯说："亨利很聪明，要是什么事情做不了，他就会琢磨该怎么办。

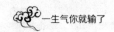一生气你就输了

他是一个优秀的绘图员，他会修各种电器，搞得懂所有的线路。例如电子表坏了，他就把它拆开修理，用小镊子灵巧地把零件一一装好。他的表总是挂在脖子上，他是用膝盖托起表来看时间的。他总是一刻不停地干这干那，他还改过裙子呢，又是量，又是画线，又是剪，最后用缝纫机做好。在家乡他挺知名的，一天到晚总是吹着口哨或哼着歌曲，是个无忧无虑的快乐人。"

亨利喜欢唱歌，参加过巡回演出团。他常常到孤儿院去义演。他和他16岁的儿子一起录制磁带送给朋友们。他靠600美元的退休金和妻子微薄的工资生活，十分清苦。但是，对于他来说，令他最开心的是他在生活，在唱歌，感觉他自己是一个自食其力的人。

亨利的故事告诉我们，只要一个人学会接纳自己，能够以一个平常的心态去接纳自己的不完美，他就能够拥有一个快乐的人生。如果总是让自己背负着沉重的负担，终日陷在悲观郁闷的情绪中，生活对他来说就只能是一场苦旅。所以，遭受困难时、悲伤失意时，多给自己说几声"没关系"，生活的希望永远存在，只要努力，一切困苦对我们来说都是没关系的。

做自己情绪的主人

调节好自己的情绪，永远保持好心情，可以让我们更轻松、更简单地享受生活。人活在世上总会遇到各种各样的事情，或忧或喜。当我们在生活中出现情绪问题时，如果我们能够通过自己的行动，及时调整好自己的情绪，那么我们就能更简单地面对自己的人生。

一位著名的心理专家说过，"我们生活中80%以上的情绪问题都是由自己造成的"。生活中随时可能出现的矛盾随时都会影响到我们的情绪。例如，你可以假想某一天，你站在一间珠宝店的柜台前，把一个装有几本书的纸袋放在柜台上。这时一个衣着讲究、仪表堂堂的男子进来，开始在柜台前看珠宝，你礼貌地将自己的纸袋移开。但这个人却愤怒地看着你，说他是个正直的人，绝对无意偷你的纸袋。他觉得受到了侮辱，重重地将门关上，走出了珠宝店。你感到十分惊讶，一个无心的动作，竟会引起他如此的愤怒。后来，你领悟到，这个人和你仿佛生活在两个不同的世界，但事实上世界是一样的，只是你和他对事物的看法相反而已。

第二天一大早醒来，你就觉得情绪不好，想起自己又要开始度过枯燥、乏味的一天，周围的一切都好像在和你作对。当你驾车挤在密密麻麻的车阵中，缓慢地向市中心前进时，你满腔怨气地想：为什么有那么多笨蛋也能拿到驾驶执照？他们开车不是太快就是太慢，根本没有资格在高峰时间开车，这些人的驾驶执照都该被吊销。后来，你和一辆大型卡车同时到达一个交叉路口时，你心想："这家伙一定会直冲过去的。"但就在这时，卡车司机将头伸出车窗外，向你招招手，给你一个开朗、愉快的微笑。

当你将车子驶离交叉路口时，你的愤怒突然完全消失，心胸豁然开朗起来。

由此可见，控制情绪的钥匙就掌握在我们自己手中。你可以采取下面的方法有效地控制自己的情绪，让自己度过平和快乐的每一天。

输入自我控制的意识是有效控制自己情绪的第一步。曾经有个初中生，不会控制自己的情绪，常常和同学争吵，老师批评他没有涵养，他还不服气，甚至和老师争执。老师没有动怒而是拿出词典逐字逐句解释给他听，并列举了身边大量的例子，他嘴上没说心中却早已心悦诚服。从此他有了自我控制的意识，经常提醒自己，主动调整情绪，自觉注意自己的言行。就在这种潜移默化中他拥有了健康情绪状态。

另外，在众多调整情绪的方法中，你也可以学一下"情绪转移法"，即暂时避开不良刺激，把注意力、精力和兴趣投入到另一项活动中去，以减轻不良情绪对自己的冲击。

情绪转移的第一个关键是积极参加社会交往活动，培养社交兴趣。人是社会的一员，必须生活在社会群体之中。一个人要逐渐学会理解和关心别人，一旦主动爱别人的能力提高了，就会感到生活在充满爱的世界里。如果一个人有许多知心朋友，就可以获得更多的社会支持，更重要的是可以感受到充足的社会安全感、信任感和激励感，从而增强生活、学习和工作的信心和力量，最大限度地减少心理应激和心理危机感。

情绪转移的第二个关键是多找朋友倾诉，以疏泄郁闷情绪。生活和工作中难免会遇到令人不愉快和烦闷的事情，如果有好友听你诉说苦闷，那么压抑的心境就可能得到缓解或减轻，失去平衡的心理可以恢复正常，并且可以得到来自朋友的情感支持和理解，获得新的思考，增强战胜困难的信心。还可向自然环境转移，郊游、爬山、游泳或在无人处高声叫喊、痛骂等。也可积极参加各种活动，尤其是将自己的情感以艺术的手段表达出来。

另外，营造一个温馨的家庭氛围也是转移不良情绪的一个有效途径。家庭可以说是整个生活的基础，温暖和谐的家是家庭成员快乐的源泉，是事业成功的保证。

如果我们在遭遇了不良情绪的袭击之后，能够及时地投入到温馨的家庭氛围中，让家人的关怀清洗我们内心的烦恼，那么我们就能保持一种平和快乐的心态。

别顺着怨气毁灭自己

如果你很容易发怒的话，那么就说明你可能有一些还难以解决的问题压在心头。你需要找出这些问题，然后设法解决它们，以便继续前进。有人说，生气是拿别人的错误惩罚自己。真正聪明的人，懂得从他人的怒火中寻找温暖，而不是顺着自己的怨气毁灭自己。

下面这个故事中，富兰克林的经历也向我们说明了克制怒气的重要性：

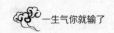

有一次，有位管理员为了显示他对富兰克林一个人在排版间工作的不满，把屋里的蜡烛全部收了起来。这种情况一连发生了好几次。

有一天，富兰克林到库房里赶排一篇准备发表的稿子，却怎么也找不到蜡烛了。

富兰克林知道是那个人干的，忍不住跳起来，奔向地下室，去找那个管理员。当他到那儿时，发现管理员正忙着烧锅炉，同时一面吹着口哨，仿佛什么事情也没发生。

富兰克林抑制不住愤怒，对着管理员就破口大骂，一直骂了足足有5分钟，他实在想不出什么骂人的语句了，只好停了下来。这时，管理员转过头来，脸上露出开朗的微笑，并以一种充满镇静与自制的声调说："呀，你今天有些激动，是吗？"

他的话就像一把锐利的短剑，一下子刺进了富兰克林的心里。

富兰克林的做法不但没有为自己挽回面子，反而增加了他的羞辱。他开始反省自己，认识到了自己的错误。

富兰克林知道，只有向那个人道歉，内心才能平静。他下定决心，来到地下室，把那位管理员叫到门边，说："我回来是为我的行为向你道歉，如果你愿意接受的话。"

管理员笑了，说："你不用向我道歉，没有别人听见你刚才说的话，我不会把它说出去的，我们就把它忘了吧。"

这句话对富兰克林的影响更甚于他先前所说的话。他向管理员走去，抓住他的手，使劲儿握了握。他明白，自己不是用手和他握手，而是用心和他握手。

在走回库房的路上，富兰克林的心情十分愉快，因为他鼓足了勇气，弥补了自己所犯的错误。

从此以后，富兰克林下定决心，决不再失去自制力，因为凡事以愤怒开始，必以耻辱告终。

你一旦失去自制之后，另一个人——不管是一名目不识丁的管理员，还是有教养的绅士，都能轻易将你打败。

在找回自制之后，富兰克林身上也很快发生了显著的变化，他的笔开始发挥更大的力量，他的话也更有分量，并且结交了许多朋友。这件事成为富兰克林一生当中最重要的一个转折点。后来，成功的富兰克林回忆说："一个人除非先控制自己，否则他将无法成功。"

众所周知，人与人之间的情绪是会相互感染的，有时自己控制得还不错的情绪，一下子就被别人破坏了，而别人的情绪也常常被自己"污染"。

如果你总是走不出过去的阴影，愤愤不平、牢骚满腹、自怨自艾，那么就很难保持良好的自我控制力，你最终想掌握自己命运的希望就会破灭。

情绪化常常让人丧失理智

一个成功的人必定是有良好控制能力的人，控制自我不是说不发泄情绪，也不是不发脾气，过度压抑只会适得其反。

新的一届竞选又开始了，一位准备参加参议员竞选的候选人向自己的参谋讨教如何获得多数人的选票。

其中一个参谋说："我可以教你些方法。但是我们要先定一个规则，如果你违反我教给你的方法，要罚款10元。"

候选人说："行，没问题。"

"那我们从现在就开始。"

"行，就现在开始。"

"我教你的第一个方法是：无论人家说你什么坏话，你都得忍受。无论人家怎么损你、骂你、指责你、批评你，你都不许发怒。"

"这个容易，人家批评我、说我坏话，正好给我敲个警钟，我不会记在心上。"候选人轻松地答应。

"你能这么认为最好。我希望你能记住这个戒条，要知道，这是我教给你的规则当中最重要的一条。不过，像你这种愚蠢的人，不知道什么时候才能记住。"

"什么！你居然说我……"候选人气急败坏地说。

"拿来，10块钱！"

虽然脸上的愤怒还没退去，但是候选人明白，自己确实是违反规则了。他无奈地把钱递给参谋，说："好吧，这次是我错了，你继续说其他的方法。"

"这条规则最重要，其余的规则也差不多。"

"你这个骗子……"

"对不起，又是10块钱。"参谋摊手道。

"你赚这20块钱也太简单了。"

"就是啊，你赶快拿出来，你自己答应的，你如果不给我，我就让你臭名远扬。"

"你真是只狡猾的狐狸。"

"又10块钱，对不起，拿来。"

"呀，又是一次，好了，我以后不再发脾气了！"

"算了吧，我并不是真要你的钱，你出身那么贫寒，父亲也因不还人家钱而声誉不佳！"

"你这个讨厌的恶棍，怎么可以侮辱我家人！"

"看到了吧，又是10块钱，这回可不让你抵赖了。"

看到候选人垂头丧气的样子，参谋说："现在你总该知道了吧，克制自己的愤怒

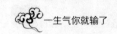

情绪并不容易，你要随时留心，时时在意。10块钱倒是小事，要是你每发一次脾气就丢掉一张选票，那损失可就大了。"

控制自己的情绪是件非常不容易的事情，因为我们每个人的心中都存在着理智与感情的斗争。为情所动时，不要有所行动，否则你会将事情搞得一团糟。人在不能自制时，会举止失常；激情总会使人丧失理智。此时应去咨询不为此情所动的第三方，因为当局者迷，旁观者清。当谨慎之人察觉到自己有冲动的情绪时，会即刻控制并使其消退，避免因热血沸腾而鲁莽行事。短暂的冲动情绪的爆发会使人不能自拔，甚至名誉扫地，更糟糕的则可能丢掉性命。

不斗气，不生气

世上有两种人，一种是开口便笑的人，一种是牢骚满腹的人；同样的一件事，有人埋头做事，有人破口大骂。埋头做事的并不一定是傻子，破口大骂的也不见得是聪明人，但是前者一定很快乐，后者则容易生气。一个让自己快乐工作的人，一定能将工作做好，这也是成功的前提。在我们斗气的时候，何不学着把看问题的角度稍稍修正，将自己从心魔中解脱出来，站在另一个角度看问题。要懂得缩小自己的不满，才能看见问题的另一个方面。任何斗气都是无济于事的，应勇敢地面对现实，接受现实，以一颗平常心看待已然无法改变的现实。

小薛和小刘是大学时的校友，同系不同班，毕业的时候一同进了一家电脑公司。高科技公司的特征就是高薪高压加高竞争，两人不由自主地成了对手，两年多的时间里不知交锋过多少次。后来，小薛参加一个新程式的开发项目，并被提为主要负责人。

开发很顺利，接近尾声的时候却出了问题，一家同行竞争公司抢先推出了类似的项目成果。开发顿时失去意义，项目立刻被停止。经公司主管研究发现，该推出软件是在本公司研究的核心程序基础上做出的，作为主要负责人的小薛受到技术泄露的牵连不可避免地被降了职。直到半年后小刘辞职跳槽到了那家公司，小薛才知道原来一切都是因为小刘嫉妒她过于锋芒毕露，认为她抢了自己的发展机会而暗中使的坏，而正是自己的信任和疏忽，无意中让小刘看到了自己所编的程式。知道了真相的小薛无法咽下这口恶气，于是也跳槽到了那家公司，处处与小刘对着干。结果是两败俱伤，那家公司的经理厌烦了两个人的明争暗斗，最终将她们都辞掉了。

生活中有些挫折可能是别人无意中附加给我们的，有些可能来自和我们敌对的一方，来自于那些准备冷眼旁观我们身陷窘境如何自处的对手。这就需要我们充分利用自己的智慧，低调处之，不和他人斗气，才能保持清醒的头脑。其实人与人之间，你对我不好，我也就对你不好。这样以恶制恶、以怨制恨、互相伤害，只能加深和激化矛盾、产生怨恨，丝毫解决不了根本问题。要知道，一个人与其意见相左的敌人越多，他的人际交往也就越失败，事业就越难以发展。多一个朋友多一条路，与其与人为敌，不如化敌为友，这样人生之路才会越走越宽，越走越顺。因此遇到矛盾时不管对方是对还是错，自己首先忍让一步，后退一步，心平心和地把问题说清楚。在善心善语面前，相信再不讲理的人也不好意思变本加厉，再大的矛盾都会化干戈为玉帛。

第三章

弥勒的"大肚"是笑出来的，
不是憋出来的

为人处世以容人为上策

古人曾说："得饶人处且饶人。"在生活中，如果我们一旦有争强好胜、锱铢必较的心理，就可能给自己招来不必要的烦恼、嫉妒甚至是仇恨。

可见，包容是做人、处世的大智慧，也是和谐人际关系的一种润滑剂。尤其是在双方产生针锋相对的矛盾时，如果以硬碰硬，无论胜负都会有所损失，倘若能够互相包容，就不仅会避免损伤，还能够将问题处理得很好。

清康熙年间，内阁大学士张英（张廷玉的父亲）收到一封家书。信上说他们家正打算修围墙，本来根据地契，墙可以一直修到邻居叶秀才家的墙根下，但是叶秀才不让，并且还到官府里把张家给告了。家人非常生气，就给张英写了这封信，让他处理这件事。家人很快就收到了回信，但上面只有一首诗："千里捎书只为墙，让他三尺又何妨？万里长城今犹在，不见当年秦始皇。"张英的家人接到信后，明白了他的意思，马上就把墙拆了，并且后退三尺才重建。叶秀才一看张家如此大度，也把自己家的墙拆了，后移了三尺。由于两家都退让了三尺，因此留出了一条长百余米、宽六尺的巷子，后被当地人赞誉为"六尺巷"。

本来根据地契约定，张家根本没有错，而张英又贵为大学士，并且父子二人同在朝中任要职，只要知会当地官府一声，叶秀才家肯定会妥协，而张家的权利和尊严也会得到保障，但是他没有这样做，而是选择了包容，宁愿自己吃亏，让了叶秀才三尺；而叶秀才则觉得张英"宰相肚里能撑船"，不与自己计较，而自己本就理亏，感动之余也让了三尺，两家的关系也因此由剑拔弩张转为互相敬重，和睦相处。

在此我们可以想象一下，假如张英当时给当地官府打了个招呼，以他的权势，叶秀才肯定会被法办。不过，虽然他有理，但是当地百姓依然会认为他仗势欺人，以大压小。

好在张英是一个宽宏大量的人，他主动使用了"包容"这一润滑剂，不仅解决了问题，还赢得了他人的敬重，并因一件小事而青史流芳，真可谓一举多得。

在生活和工作中，我们每个人都难免会遇到不如意的事情。如果因为一点儿小事情就闷闷不乐，甚至大动肝火，这不仅会影响自己、影响他人，可能还会招致更多的麻烦。所以，当我们在遇到不如意的事情时，一定要学会去适当地包容，不要与他人产生摩擦，而要以一种平和的态度来面对。

人生在世，本就是苦多于乐，如果再过多地与人计较，甚至与自己计较，总在为得失算计，那就失去了生活的乐趣。生活过得不快乐，还有什么意义呢？所以要转变态度，去包容他人。

为人处世，如果以严厉的态度、倨傲的性格对待别人，就会招致别人的怨恨，引来不满。如此，于人于己都不利，何必呢？正所谓：利人就是利己，亏人就是亏己，容人就是容己，害人就是害己。所以说：君子以容人为上策。

宽容是一种修养、一种德行、一种度量。如果人人都有宽容忍让的心态，那么这个社会肯定会变得更美好，人与人之间的关系也肯定会变得更和谐。

留有余地是一种理智的人生策略

我国古代有个叫李密庵的学者，写过一首《半半歌》，诗云："饮酒半酣正好，花开半时偏妍，半帆张扇免翻颠，马放半鞭稳便。半少却饶滋味，半多反厌纠缠。百年苦乐半相掺，会占便宜只半。"用现代的话来说，就是凡事要留有余地，不要不给自己和别人退路。

常留余地二三分，体现了人生的一种智慧。凡事留有余地，则自由度就增加。进也可、退也可，亲也可、疏也可，上也可、下也可，处于一种自由的境地，体现了一种立身处世的艺术。

常留余地二三分，这是因为，世界上的事变幻不定，常常有许多意想不到的不利因素产生作用。人外有人，天外有天。人不要总是赢人，要留一些给别人赢；不要老想占上风，要给别人一些尊严。这样，自己才能不断进步，人际关系才能更和谐。一句话，为人处世还是谦虚谨慎些的好。如果目中无人，骄傲自满，就容易碰壁、栽跟头。

唐朝时代，有一位德山大师，精研律藏，而且通达诸经，其中尤以讲《金刚般若波罗蜜经》最为得意。因俗姓周，故得了个"周金刚"的美称。

当时，禅宗在南方很盛行，德山大师就大不以为然地说："出家沙门，千劫学佛的威仪，万劫学佛的细行，都不一定能学成佛道，南方这些禅宗的子孙，竟敢诳说：'直指人心，见性成佛。'我一定要直捣他们的巢窟，灭掉这些孽种，来报答佛恩。"

于是德山大师挑着自己所写的《青龙疏钞》，浩浩荡荡地出了四川，走向湖南的澧阳。

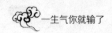

一日途中，突然觉得饥肠辘辘，看到前面有一家茶店，店里有位老婆婆正在卖烧饼，德山大师就想到店里买个饼充饥。老婆婆见德山大师挑着那一大担东西，便好奇地问道：

"这么大的担子，里面装的是什么东西？"

"是《青龙疏钞》。"

"《青龙疏钞》是什么？"

"是我为《金刚般若波罗蜜经》作的批注。"德山大师对于自己的著作，表现出很得意的神情。

"这么说，大师对于《金刚般若波罗蜜经》很有研究？"

"可以这么说！"

"那我有一个问题想请教您，您若能答得出来，我就供养您点心；若答不出来，对不起，请您赶快离开此地。"

德山大师心想："讲解《金刚般若波罗蜜经》是我最擅长的，任你一位老太婆，怎么可能轻易就难倒我！"随即毫不在意地说："有什么问题，你尽管提出来好了！"

老婆婆奉上了饼，说道："在《金刚般若波罗蜜经》中说：'过去心不可得，现在心不可得，未来心不可得。'不知大师您是要点哪一个心？"

德山大师经老婆婆这一问，呆立半晌，竟然答不出一句话来。他心中又惭愧又懊恼，只好挑起那一大担的《青龙疏钞》，怅然离去。

德山大师受到这次教训后，再也不敢轻视禅门中修行之人，后来来到龙潭，至诚参谒龙潭祖师，从此勇猛精进，最后大彻大悟。

世事无常，万事多留些余地，多些宽容，这是一条重要的做人准则。在你留有余地的同时，别人也会因此而受益匪浅。

待人对己都要留有余地。好朋友不要如影随形，如胶似漆，不妨保持一点儿距离，是冤家也不要把人说得全无是处，对崇拜的人不要说得完美无缺，对有错误的人不要以为一无是处，不要把自己看得像朵花，看别人都是豆腐渣，不要以为自己的判断绝对正确，宜常留一点儿余地。

一幅画上必须留有空白，有了空白才虚实相间，错落有致。有余地才更加符合实际，才更加充满希望。当然，留有余地不是一种立身处世的圆滑，不是有力不肯使，也不是逢人只说三分话，而是对世界、对自己抱一种知己知彼的理性态度，是对鉴于世界的复杂性和自身能力的有限性所采取的一种理智的人生策略。

忧他人之忧，乐他人之乐

宋代朱熹有一句话："体谓设以身，处其地而察以心也。"一语道出了将他人的处境纳入思考范畴的境界，这是需要具有很高的自身修养才能体会到的乐趣，而我们平时熟稔于心的是"己所不欲，勿施于人"，其实，无论怎样表达，都说明了设身处地地为他人着想是一种人生必修的课程，它阐释着宽容、忍让、体谅等很多美好的东西。

人不是单靠吃米面活着的动物，一生中会有很多美丽的邂逅，无论是擦肩而过还是结为金兰，我们都会永远深藏在心底。所以我们要珍惜每一次真挚的心跳，多为他人考虑一些，也好随着时间的推移，将尘封在心底的往事定格为最美的风景。

有人曾说："人世间最纯净的友情只存在于孩童时代。"让人感到每个字眼里都透露着悲凉，谁能否认自己不渴望真情？其实，真情永远存在于人们的心中。不同的年龄对感情的态度不同，体悟感情的方式也不尽一样，但这过程里始终有一个不变的真理，那就是，如果你能把别人的处境纳入思考的范畴，那么你就会得到恒久的真情。

人与人的相处需要忘我的精神，你可曾发觉很多人说话的时候主语经常是"我"，如果我们都把对方当成主要的，事情定会是另一番景象。人是社会的动物，都需要一份温暖、一份关心、一份慰藉，当对方成功时，我们为何不给予真诚的肯定，当对方偶有失误时我们为何不选择包容，多站在对方角度上考虑一下，这世界就不会再有嫉妒、责难，也不会有人再感到真情需要千呼万唤，它将弥漫在我们身边。

爱因斯坦说："对于我来说，生命的意义在于设身处地替人着想，忧他人之忧，乐他人之乐。"这是一种怎样宽广的胸怀，让他足以容纳他人的忧和乐，这本身就是一种慈悲，一种人生的大爱！

聪明的人遇事时为他人着想，因为他知道当心中只有自己的时候，也可能把麻烦留给了自己；当心中有他人的时候，他人也就为自己留出了一条宽敞的大道。他们往往从别人的角度出发，先考虑到别人的不方便之处；他们对自己要求很严格，却也有足够的涵养不苛责别人；他们把做人的哲理都赋予了行动。

人生就像春种秋收那样，随着四季的流转，不停地播种和收获。不一样的"播种"也将收获不一样的人生。你把目光投向大海，你将得到整个的海洋；你把目光投向天空，你将得到整个的天空；你用目光穿透黑暗，你也就会收获黎明；你用目光温暖众人，你也将得到众生的恩宠。

愿你在生命中播种美好与幸福，在美丽的深秋收获金色的黄昏。让人生的舞台像心胸那样海纳百川，收获整个天地间的温情。

律己宜严，待人宜宽

宽容，是胸襟博大者为人处世的一种人生态度。总是对别人吹毛求疵的人，一定不是个受欢迎的人。

能容天下者，方能为天下人所容。据此看来，你若要彩虹，你就得宽容雨点，若是在雨点滴到身上的那一刻便勃然大怒，又怎么能在彩虹出现的刹那拥有一种怡然自

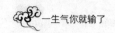

得的心情来观赏美丽的风景呢？

森林中有一条河流，河水湍急，不停地打着漩涡，奔向远方。河上有一座独木桥，窄得每次只能容一人通过。

某日，东山上的羊想到西山上去采草莓，而西山的羊想到东山上去采橡果，结果两只羊同时上了桥，到了桥中心，彼此碰到了，谁也走不过去。

东山的羊见僵持的时间已很长了，而西山的羊照样没有退让的意思，便冷冷地说道："喂，你长眼了没有，没见我要去西山吗？"

"我看是你自己没长眼吧，要不，怎么会挡我的道？"西山的羊反唇相讥。

于是，两只互不相让的羊开始了一场决斗。

"咔"——这是两只羊的犄角相碰撞的声音。

"扑通"——这是两只羊失足，同时落入河水中的声音。

森林里安静下来，两只羊跌入河心淹死了，尸体很快就被河水冲走了。

故事中的悲剧本来是可以避免的，只要有一只羊后退到桥头，等另一只过后再上桥，两只羊便都会平安无事。可悲的是，山羊们都固执地认为狭路相逢勇者胜，不肯宽容和忍让，最终都葬身河底。

"宽以待人"既是一种待人接物的态度，也是一种高尚的道德品质，它能够化解人和人之间的许多矛盾，增强人和人之间的友好情感。同时，一个人如果能够养成"宽以待人"的优良品德，就一定可以在同他人的相处中，严格要求自己，宽恕地善待他人，不断提高自己的思想境界，使自己成为一个道德高尚的人。

有人说，世上只要有人的地方就有纷争，尤其是有"我"有"你"再加个"他"，你、我、他之间的纷争就更多了。所以，若能秉持"你好他好我不好，你大他大我最小，你乐他乐我来苦，你有他有我没有"这四句偈语中所包含的精神，人与人必能和谐相处。

自我反省得到他人的尊敬

我们每个人都有必要学会自省，因为学会自省就可以少犯错误，使自己的道德品质日臻完善，使自己做人做事更加机智成熟，使自己能正确认识自身的不足，并能客观、公正地评价自己。

我国古代思想家孔子的弟子曾子提出著名的"吾一日三省吾身"的自省修养方法。另外一位大思想家孟子则提出"自反"、"反求诸己"，即经常反省自己的言行。《易传》把这称为"修省"的方法，以后的思想家进一步发展了这一思想，并提出"责己"的学说，相当于现在我们所说的"自我批评"。可见，我们要想成为一个有道德、有修养的人，就需要经常反省自己的思想和行为。

苏联文学家高尔基认为："自我批评是最严格的批评，而且也是最有益的。"所以，我们应善于辨察自我意识和言行中的善恶是非，严于自我批评，及时改正自己的过错，更要敢于公开承认自己的错误，勇于揭露自己的不足。就像闻一多先生所说的那样："我们倒不怕承认自身的'弱点'，愈知道自身弱在哪里，愈好在各人自己的岗位上来尽力加强它。"

"我的确时时解剖别人，然而更多的是更无情面地解剖我自己。"鲁迅先生的这句话，人们最熟悉不过了。它体现的是一种宽阔的胸怀，一种高尚的修养境界。

遗憾的是在生活中，很多人在遭遇损失或是遇到不顺心的事情时，从来不反省自己，从来不想问题的根源就在自己身上，总是喜欢责怪他人，当然，这样的人是不会获得好的人缘的，更不会受到别人的尊重。

有一个商场营业员，遇到一个中年女子来退一件衣服，那件衣服明显被洗过，按规定已不能退货。中年女子却粗声粗气地说："我回家试穿了一下，发现不合身，你再给我换一件！"营业员耐心解释，她却大吵大嚷，并且满口污言秽语，说什么"我来了你就得给我换，光卖不换算个什么玩意！"营业员虽然占理，但为了使争吵就此而止，便温和地对她说："这件衣服已经穿过一段时间了，又没有质量问题，按规定是不能退的。可是你执意要退，那就干脆卖给我好了。"就在她掏钱的时候，那个粗暴的女顾客脸红了，她终于停止了争吵，悄然离去。显然，营业员的宽容与自责起了良好作用。因为它反衬出对方的无理和低劣，从而从容地制止了事态的扩大。

事实上，自省的过程就是一个自我检讨、自我反思、自我监督、自我提高的过程。通过这个过程认识自己，打扫洗涤自己大脑中的"污垢"和"灰尘"。只有学会自省，才能静下心来客观公正地评价自己，从而清楚地认识到自己的缺点与不足，认识到自己的愚昧与无知，从而得到人们更崇高的尊重。

指责只会招来对方更多的不满

动物王国的某公司里，狮子经理上任的第一天，便把前任经理的秘书斑马小姐叫到办公室，说："你本身就够胖的，还成天穿着花条纹衣服，一点儿气质都没有，这样下去有损我们公司的形象。如果你还想当办公室秘书，就得换身衣服来上班。"

"可是，我……"斑马小姐刚开口解释，狮子经理便恼怒地一挥手，斑马小姐只好含泪离开了办公室。

狮子又叫来业务员黄鼠狼，并对它说："你是业务骨干，为了体面地面对客户，从今天起，你不准放臭屁。"

"可是，我……"黄鼠狼刚要解释，狮子经理不耐烦地一挥手，黄鼠狼只好委屈地离开了办公室。

狮子又叫来会计野猪，嫌它獠牙太长。

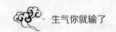

第二天，狮子刚走进公司大门，发现公司里冷冷清清，原来公司的员工集体辞职不干了。

狮子经理的无端指责，不但没有获得它所想象的效果，反而因树敌太多，大家都离开了它，使它成了"孤家寡人"。我们要记住狮子的教训，无论是在学校里还是在工作中，都不要轻易地指责他人。俗话说："多个朋友多条道，多个敌人多堵墙。"

人往往有这样一个特点，无论他多么不对，他都宁愿自责而不希望别人去指责他。绝大多数人都是如此。在你想要指责别人的时候，首先你得记住，指责就像放出的信鸽一样，它总要飞回来的。指责不仅会使你得罪对方，而且对方也必然会在一定的时候指责你。

学会接纳他人，容忍他人的缺点，是人生的一门重要课程，它有助于提高你的人格魅力。因此，树敌不如交友，批评不如赞扬，只要你不到处树敌，他人就乐于与你交往。懂得了这一点，对你成功做事、做人是很重要的。

迁怒是不负责任者的行为

不迁怒出自于孔子对其弟子颜回的评价。有一次，哀公问："弟子孰为好学？"子对曰："有颜回者好学，不迁怒，不贰过。不短命死矣，今也则亡，未闻有好学者也。"值得我们注意的是，孔子说颜回好学，并没有说他学习的成果，而是"不迁怒，不贰过"，既不迁怒别人，也不两次犯同样的错误，在我们看来原本是品德上的问题，孔子把它归为好学的标准，其实，在古代，德育也是人们需要学习的主要内容。不迁怒，这也是今天我们每个人都应好好学习的品质，它是一个人成熟与否的标志之一，是成大事者获得人心必备的修养，是家庭幸福、朋友合欢的必要条件。

"人有悲欢离合，月有阴晴圆缺，此事古难全。"生活中总免不了磕磕绊绊，不顺心的时候，很多人就会不自觉地迁怒于他人，自己受气或不如意时拿别人出气。倘若某个同伴有些缺点这时暴露出来，就更可能成被迁怒的对象。你可知道同伴是你朝夕相处、陪你欢乐悲伤的人，你们一路并进、一起承担，甚至利害攸关。你可知道，身为家人、朋友、同事，谁都有责任为对方分忧解难，无怨相伴，但无论自己的境况如何，我们都不应该迁怒于对方。迁怒，是用害别人为自己找出口，是对自身的逃避，是对别人的苛责，是无自制、不成熟的表现；迁怒，是阻碍成长的绊脚石，是冲动魔鬼的助手，却永远不会为你赢得摆脱不顺心的方法。

有这样一则寓言：

一只狐狸在跨越篱笆时，不小心被篱笆上的蔷薇的刺扎伤了，流了许多血。受伤的狐狸见到自己流血了，就非常生气，埋怨蔷薇说：我本是翻篱笆墙，你为何要刺伤我？蔷薇回答道：狐狸！我的本性就带刺，是你自己不小心，才被我刺到的啊！怎么会反

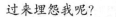

过来埋怨我呢？

在现实生活中，有很多类似于狐狸这样的人，遭遇挫折时不反躬自省，反而责怪或迁怒别人，他们抱怨老板太苛刻，抱怨公交车太挤，抱怨菜市场上的秩序太乱；同伴在场时就开始迁怒，他们迁怒于家人，迁怒于同事，迁怒于朋友，甚至连孩子都成了他们迁怒的对象。

仔细分析一下经常迁怒的人，你会发现他们很少躬身自省，一出现不顺心的事时就想从别人身上找缺点，从而发泄自己的情绪。其实，除了让自己显得更无修养，是无济于事的，倒不如躬身自省，也好"不贰过"。

不要迁怒于你的同伴了，作为朝夕相处的同伴，因为彼此很了解，缺点自然也很了解，然而，金无足赤，人无完人，你的迁怒，只会给同伴留下被否定的阴影。聪明的人，不会拿同伴来发泄自己情绪，他们会以他人为镜，提醒自己改正缺点。

尊重他人就是理解和包容他人

根据马斯洛的需求层次理论，尊重和自我实现的需要是人最高层次的需要。人们都有一种"身份"意识，希望得到他人的认可和尊重。更何况，照顾他人面子是中国的传统。只有尊重他人，才能赢得他人的尊重，别人才会跟你交朋友、做生意。

尊重他人将使我们变得更加宽容、乐观，与人更好地接触交流、精诚合作。相反，如果你自视甚高，目中无人，不顾及他人面子，总有一天会吃苦头。

小田和小方在同一单位工作，在工作能力上小田比小方稍胜一筹，这让小方生出一些嫉妒。

工作中，小田经常获得奖励，小方最喜欢对他说："脑袋那么好使，叫咱这样的笨蛋脸往哪儿搁呀？"在背后，小方好像开玩笑似的对其他同事说："小田拍马屁的功夫了不得，弄得领导们服服帖帖……"

在一次讨论方案的会议上，小田刚刚说完自己的设想，请大家发表意见，小方就用不阴不阳的口气说："你下了这么大的工夫，搞了这么一堆材料，一定很辛苦，我怎么一句也没听懂呢？是不是我的水平太低，需要小田给我再来一点儿启蒙教育？"

顿时，小田的脸就气红了，说："有意见可以提，你用这种口气是什么意思？"显然，小方的话太刺激人了。

小方如果不改掉这个不尊重人的毛病，恐怕以后还会得罪更多的人，更不用说跟人友好相处、紧密合作了。

美国诗人惠特曼说过："对人不尊敬，首先就是对自己的不尊敬。"你希望别人怎样对待你，你就应该怎样对待别人。你尊重人家，人家就会尊重你。不尊重别人就

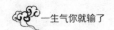

会深深地刺伤别人的自尊心，并且让别人恼羞成怒，这样对自己也没有什么好处。与其如此，为什么不让我们换一种眼光，站在对方的位置上想问题，给别人一点尊重呢？要知道，尊重是人际关系的润滑剂，它将使许多问题变得更加容易解决。

克洛里是纽约泰勒木材公司的推销员。他承认，多年来，他总是尖刻地指责那些大发脾气的木材检验人员的错误，他也赢得了辩论，可这一点好处也没有。因为那些检验人员和"棒球裁判"一样，一旦判决下去，他们绝不肯更改。

克洛里虽然在口舌上获胜，却使公司损失了成千上万的金钱。他决定改掉这种习惯，不再抬杠了。他说：

"有一天早上，我办公室的电话响了。一位愤怒的主顾在电话那头抱怨我们运去的一车木材完全不符合他们的要求。他的公司已经下令停止卸货，请我们立刻把木材运回去。因为在木材卸下25%后，他们的木材检验员报告说，55%的木材不合格。在这种情况下，他们拒绝接受。

"挂了电话，我立刻赶去对方的工厂。在途中，我一直在思考着一个解决问题的最佳办法。通常，在那种情形下，我会以我的工作经验和知识来说服检验员。然而，我又想，还是把在课堂上学到的为人处世原则运用一番看看。

"到了工厂，我见购料主任和检验员正闷闷不乐，一副等着抬杠的姿态。我走到卸货的卡车前面，要他们继续卸货，让我看看木材的情况。我请检验员继续把不合格的木料挑出来，把合格的放到另一边。

"看了一会儿，我才知道他们的检查太严格了，而且把检验规格也搞错了。那批木材是白松。虽然我知道那位检验员对硬木的知识很丰富，但检验白松却不够格，经验也不够，而白松碰巧是我最在行的。我能以此来指责对方检验员评定白松等级的方式吗？不行，绝对不能！我继续观看着，慢慢地开始问他某些木料不合格的理由是什么，我一点儿也没有暗示他检查错了。我强调，我请教他是希望以后送货时，能确实满足他们公司的要求。

"以一种非常友好而合作的语气请教，并且坚持把他们不满意的部分挑出来，使他们感到高兴。于是，我们之间剑拔弩张的气氛松弛消散了。偶尔，我小心地提问几句，让他自己觉得有些不能接受的木料可能是合格的，但是，我非常小心，不让他认为我是有意为难他。他的整个态度渐渐地改变了。他最后向我承认，他对白松的经验不多，而且问我有关白松的问题，我就对他解释为什么那些白松都是合格的，但是我仍然坚持：如果他们认为不合格，我们不要他收下。他终于到了每挑出一根不合格的木材就有一种罪过感的地步。最后他终于明白，错误在于他们自己没有指明他们所需要的是什么等级的木材。

"结果，在我走之后，他把卸下的木料又重新检验一遍，全部接受了，于是我们收到了一张全额支票。

"就这件事来说，讲究一点儿技巧，尽量控制自己对别人的指责，尊重别人的意见，就可以使我们的公司减少损失，而我们所获得的则非金钱所能衡量的。"

你看，解决问题的办法就是这么简单，只要少一点儿抱怨，多一分尊重，事情就变得简单了。在这里，尊重并不是一种谄媚，而是理解与包容，是一种高明的解决之道、一种自尊自爱的表现。因为只有你尊重别人了，别人才会尊重你，才会觉得你有解决问题的诚意，愿意跟你商谈合作。

面对别人的批评，我们要用诚恳的态度来接受；面对别人的过失，我们不妨多一些理解与宽容；面对别人的疑惑，我们不妨热情地伸出我们的双手。别人就是一面镜子，在尊重他人的言行里，我们可以照出自己的人格，也能照出自己的锦绣前程。

不要把别人的冒犯放在心上

与人交往，你的感受如何？在错综复杂的人际交往中，如果你要认真计较的话，每天你随便都可以找到四五件让人生气的事情，如被人诬陷、被连累、受人冷言讥讽等等。有人不便及时发作，便暗自把这些事情记在心里，伺机报复。但这种仇恨心理，对对方没有丝毫损害，却会影响自己的情绪，从而自食其果。

不管别人怎样冒犯你，或者你们之间产生什么矛盾，总之"得饶人处且饶人"。

年轻的洛克菲勒空闲的时间很少，所以他总是将一个可以收缩的运动器——就是一种手拉的弹簧，可以闲时挂在墙上用手拉扯的——放在随身的袋子里。有一天，他到自己的一个分行里去，这里的人都不认识他。他说要见经理。

有一个傲慢的职员见了这个衣着随便的年轻人，便回答说："经理很忙。"洛克菲勒便说，等一等不要紧。当时待客厅里没有别人，他看见墙上有一个适当的钩子，洛克菲勒便把那运动器拿出来，很起劲地拉着。弹簧的声音打搅了那个职员，于是他跳起来，气愤地瞪着他，冲着洛克菲勒大声吼道："喂，你以为这里是什么地方啊，健身房吗？这里不是健身房。赶快把东西收起来，否则就出去。懂了吗？"

"好，那我就收起来罢。"洛克菲勒和颜悦色地回答着，把他的东西收了起来。

5分钟后，经理来了，很客气地请洛克菲勒进去坐。那个职员马上蔫了，他觉得他在这里的前程肯定是断送了。洛克菲勒临走的时候，还客气地和他点了点头，而他则是一副不知所措的惶恐样子。他觉得洛克菲勒肯定会惩罚自己，于是便忐忑不安地等待着处罚。但是过了几天，什么也没有发生。又过了一星期，也没有事。过了三个月之后，他忐忑不安的心才慢慢平静下来。

不管洛克菲勒是否把这件事放在心上。至少他的行为说明，他对小职员的冒犯采取了宽容的态度。

生活中，我们不免会遭遇别人的伤害和冒犯，与其"以牙还牙"两败俱伤，倒不如保持宽容和冷静，不要轻易出手反击，这既是对别人的一种容忍，也是对自己的一种尊重。

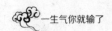

若要真正获得别人的尊敬与爱护，你要注意自己的表现，切勿盛气凌人，恃宠生骄，做出令人憎恶的事情。这里有几个方法可供参考：

第一，你要学习与每一个人融洽地相处，表现出你的随和与合作精神。面对别人的时候，不要忘记你的笑容与热忱的招呼，还要多与对方进行眼神接触，在适当的时机赞美一下他们的长处。

第二，假如你不得不对某人的表现予以批评，你的措辞也要十分小心。先把对方的优点说出来，令他对你产生好感后，他才会接受你的建议，还会视你为他的知己良朋。

第三，人人都会遇到情绪低落的时候，你要努力控制自己的脾气，切勿把心中的闷气发泄到别人的身上，这是自找麻烦的愚蠢行为。没有人会愿意跟一个情绪化的人相处，更不会对他期望过高。所以，替自己建立一个随和而善解人意的形象，这是成功的重要因素之一。

悦纳别人的与众不同

圣诞节临近，美国芝加哥西北郊的帕克里奇镇到处洋溢着喜庆、热闹的节日气氛。

正在读中学的谢丽拿着一叠不久前收到的圣诞贺卡，打算在好朋友希拉里面前炫耀一番。谁知希拉里却拿出了比她多10倍的圣诞贺卡，这令她羡慕不已。

"你怎么有这么多的朋友？这中间有什么诀窍吗？"谢丽惊奇地问。

希拉里给谢丽讲了自己两年前的一段经历：

"一个暖洋洋的中午，我和爸爸在郊区公园散步。在那儿，我看见一个很滑稽的老太太。天气那么暖和，她却紧裹着一件厚厚的羊绒大衣，脖子上围着一条毛皮围巾，仿佛正下着鹅毛大雪。我轻轻地拽了一下爸爸的胳膊说：'爸爸，你看那位老太太的样子多可笑呀！'

"当时爸爸的表情特别严肃。他沉默了一会儿说：'希拉里，我突然发现你缺少一种本领，你不会欣赏别人。这证明你在与别人的交往时少了一份真诚和友善。'

"爸爸接着说：'那位老太太穿着大衣，围着围巾，也许是生病初愈，身体还不太舒服。但你看她的表情，她注视着树枝上一朵清香、漂亮的丁香花，表情是那么生动，你不认为很可爱吗？她渴望春天，喜欢美好的大自然。我觉得这老太太令人感动！'

"爸爸领着我走到那位老太太面前，微笑着说：'夫人，您欣赏春天时的神情真的令人感动，您使春天变得更美好了！'

"那位老太太似乎很激动：'谢谢，谢谢您！先生。'她说着，便从提包里取出一小袋甜饼递给了我，'你真漂亮……'

"事后，爸爸对我说：'一定要学会真诚地欣赏别人，因为每个人都有值得我们欣赏的优点。当你这样做了，你就会获得很多朋友。'"

你可能会觉得别人与众不同，并觉得很诧异，但只要换种眼光去捕捉他们身上的这些闪光点，学会真诚地欣赏，你就会惊喜地发现你的周围有很多伙伴，好朋友也越来越多，生活也越来越丰富。

如何接纳别人的与众不同呢，不妨参考以下几点：

1. 虚心学习朋友的长处。

2. 不勉强别人做他们不愿意做的事。

3. 真诚对待周围的每一个人。

4. 在与别人的交谈中不要轻易说不喜欢谁。

5. 与人交往要态度温和，不要动不动就发脾气。

帮助曾经伤害过你的人

用宽广的胸怀去包容曾经伤害过自己的人，能够不计前嫌，给他以帮助与关怀，才是为人之大德。

从前有一个富翁，他有三个儿子，在他年事已高的时候，富翁决定把自己的财产全部留给三个儿子中的一个。可是，到底要把财产留给哪一个儿子呢？富翁想出了一个办法：他要三个儿子都花一年时间去周游世界，回来之后看谁做了最高尚的事情，谁就是财产的继承者。一年时间很快就过去了，三个儿子陆续回到家中，富翁要三个人都讲一讲自己的经历。大儿子得意地说："我在周游世界的时候，遇到了一个陌生人，他十分信任我，把一袋金币交给我保管，可是那个人却意外去世了，我就把那袋金币原封不动地交还给了他的家人。"二儿子自信地说："当我旅行到一个贫穷落后的村落时，看到一个可怜的小乞丐不幸掉到湖里了，我立即跳下马，从湖里把他救了起来，并留给他一笔钱。"三儿子犹豫地说："我，我没有遇到两个哥哥碰到的那种事，在我旅行的时候遇到了一个人，他很想得到我的钱袋，一路上千方百计地害我，我差点儿死在他手上。可是有一天我经过悬崖边，看到那个人正在悬崖边的一棵树下睡觉，当时我只要抬一抬脚就可以轻松地把他踢到悬崖下，但我想了想，觉得不能这么做，正打算走，又担心他一翻身掉下悬崖，就叫醒了他，然后继续赶路了。这实在算不了什么有意义的经历。"富翁听完三个儿子的话，点了点头说道："诚实、见义勇为是一个人应有的品质，称不上是高尚。有机会报仇却放弃，反而帮助自己的仇人脱离危险的宽容之心才是最高尚的。我的全部财产都是三儿子的了。"

宽容是一笔巨额的财富，是至善人性达到的一种境界，是人性之花历经沧桑之后依然盛开的那份通透与恬然。

活在仇恨里的人是愚蠢的。你在憎恨别人时，心里总是愤愤不平，希望别人遭到

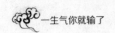

不幸、惩罚，却又往往不能如愿，失望、莫名地烦躁之后，你便失去了往日那轻松的心境和欢快的情绪，从而心理失衡；另一方面，在憎恨别人时，由于疏远别人，只看到别人的短处，在言语上贬低别人、在行动上敌视别人，结果使人际关系越来越僵，以致树敌为仇。宽容地帮助曾经伤害过你的人才不失为人生大智慧，以德化怨，春风化雨，是成熟人性臻至化境的象征，宽容的人生收获的必是满城桃李。

得理也要让三分

生活中总有一些人，得理不让人，就算无理也要争三分，总怕自己会吃亏；与之相反，还有一些人，真理在握也会让人三分，显得绰约柔顺，颇有君子风度。

前者，往往是生活中的不安定因素，后者则具有一种天然的向心力；一个活得叽叽喳喳，一个活得自然潇洒。有理、没理，饶人、不饶人，一般都是在是非场上、论辩之中。假如是重大的或重要的是非问题，自然应该不失原则地辩个是非曲直，甚至为追求真理而献身也值得。但日常生活中，也包括工作中，往往会因为一些非原则问题、皮毛问题争得不亦乐乎，谁也不肯甘拜下风，说着论着就较起真儿来，以至于非得决一雌雄才算罢休，结果严重到大打出手，或者闹个不欢而散、鸡飞狗跳的结局而影响了团结，而且越是这样的人越对甘拜下风的人瞧不顺眼。争强好胜者未必掌握真理，而谦下的人，原本就把出人头地看得很淡，更不消说一点儿小是小非的争论了。越是你有理，越表现得谦下，往往越能显示出一个人的胸襟之坦荡、修养之深厚。

在生活中，人都会有难堪的时候、做错事的时候、有求于人的时候，如果这时你处在评判的一方，尤其是他们的那些错处或什么事情牵涉到你的利益时，甚或他们与你有深仇大恨时，你会怎样做呢？不同的人可能有不同的做法。一般来说，愚昧的人或心胸狭窄的人爱为难别人，他们不愿意帮助人，不为人遮掩难堪，不包容或原谅人。他们甚至会乘人之危，鸡蛋里头挑骨头，抓住把柄不放，且扬扬自得。这种不良行为正是他们愚昧阴暗心理的下意识表露。至于和他们有深仇大恨的人，就更不可能息事宁人了。但是在生活中，你也会经常处在难堪、有错、有求于人的位置上，比如，你不巧弄脏了别人的衣裤，违反了交通规则，为讲义气与别人结了仇，等等。在这种情况下，你极需要他人的包容。将心比心，同情他人、宽容他人、不为难他人是一种美德。这种美德能够感化人，巩固人们之间的互助亲善关系，让社会形成一种宽厚的向善风气，小人就可能不会产生，阴暗的东西就会更少一些，自己有了不幸的时候，也更容易得到他人的帮助。

不要抓住他人的错误或缺点不放，得饶人处且饶人。这样不仅可以减少矛盾，也会提升自己谦卑善良的品质。这种与人为善的品德，正是人类生存所需要的美德。

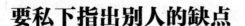

要私下指出别人的缺点

如果你想让自己的说话方式讨人喜欢，那么私下指出别人的缺点是采取行动的第一步。但有的人却常常要么容忍别人的缺点，要么就直接对外宣扬，让别人下不来台。这里的教训实在值得我们思考。

做人要拥有一颗宽容的心。"金无足赤，人无完人"，记得有位专家就说过，不要苛求别人的完美，宽容让你自己不断完美起来。在别人的某些缺点比较严重时，我们应该以私下谈心的方式委婉地指出，急风暴雨不如和风细雨，当场训斥不如私下平心静气、施以爱心。只有我们拥有了一颗宽容的心，别人才能感受到我们的真诚，在我们指出他们缺点的时候他们才能心悦诚服地接受。

在朋友之间，指出缺点总是要担负伤和气风险的，但作为朋友应该承担这种风险。风险有大有小，关键是用的方法适当与否。从小处说，就是在私底下指出别人的缺点。人总是要讲点面子的，指出缺点更应该顾及对方的面子，说话尽可能婉转一些，尤其不要当众给朋友生硬"挑刺"。即使在私下场合指出缺点和错误，也应充分考虑如何让对方愉快接受，最好先聊聊其他事情，以便在沟通感情、融洽气氛的基础上再婉转地指出问题。

指出缺点更多时候是发生在角色地位并不平等的人之间，比如上司对下属，老师对学生。这些情况下可以公开指出缺点吗？当然不应该，照样应该维护下属和学生的面子。当员工违背明确的规章制度时，当然应当众指出其过错，在让他认识到缺点错误的同时，也可对其他人起到警示作用。假若员工在工作上出现小小的失误，而且不是有意的行为，可在私下为其指出来，或以含蓄、暗示的方式使其意识到自己的缺点。这样既能维护他的面子，又能达到帮他改正缺点的目的。

要时常反问自己："处理这件事最合乎人性的方法是什么？"当员工因为某些缺点把事情弄糟了，有的领导者会把犯错误的员工当着其他员工甚至是这个员工的下属的面训斥一通。而人性化的领导者会在私下里跟员工谈心，指出缺点，并且帮助他们找出适当的方法去做好事情，并且会肯定他们已经做得很好的部分，以免让这些员工丧失信心。

所以作为上司，假如说下属真的有比较严重的缺点，一般应私下单个找他谈话，指出来，引导他今后如何正确处理类似的问题及注意事项，避免再犯同样的错误。只有这样，下属有问题才愿找上司反映或沟通谈心。这样一来，就会在员工中树立一个良好的形象。

作为老师，对学生的缺点也要有一些"春秋笔法"。

刘老师班上有个女生很优秀，一段时间看到别人比自己成绩好，心里有些不平衡。刘老师通过网上聊天工具和她聊天，直言不讳。这个女生很感激，情绪理顺了。对其他有缺点的学生，刘老师也尽量采取类似方法。学生们说："刘老师照顾我们的面子，

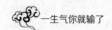

我们也尽力改正。"一位教育专家这样评价刘老师："刘老师这样做是讲策略，育人工程最艰深，关键要用心！"有一次，刘老师经过教室，听到一位同学用粗话骂老师，他装作没听见，事后私下把那同学请到办公室，告诉他老师已经听到他说的那句话，但不想当着全班人的面来批评，是为了尊重他。这样他很诚恳地承认了错误并向老师道歉，后来变得很有礼貌了。试想，如果刘老师当时走进教室狠批他一顿，有可能换来学生第二次更难听的粗话。

因此，面对别人的缺点，私下里指出而不是当面批评或宣扬，不仅会让他感受到你的修养，而且也会让他更加尊重你。

放大镜看人优点，缩微镜看人缺点

在现实生活中，不难发现很多人因为一些磕磕碰碰便和他人吵架斗嘴，甚至大打出手。很多人甚至认为，对于别人的冒犯就应该"以牙还牙，以血还血"。他们容不得别人对自己的一丁点儿侵犯。在与他人交往的过程中，他们把别人身上的缺点无限扩大，动不动就责怪他人。对于别人身上的优点呢？则以"这有什么了不起"为由来对其嗤之以鼻。这种现象其实是非常可悲的。因为当一个人以刻薄小气的胸襟为人处世时，他绝不可能有什么出息。一个用"缩微镜看人优点，放大镜看人缺点"的人，绝对不会获得美好的友谊和得到别人的帮助。

生活中，我们要善于发现别人身上的优点而不是缺点，努力学习别人的优点，这才是正确的行为。也只有以这种"放大镜看人优点，显微镜看人缺点"的心态，才能有宽广的胸襟，才能赢得别人的敬重和取得成功。

蔡元培先生就是一个有着大胸襟的人。在他担任北京大学校长时，曾有这么两个"另类"的教授。一个是"持复辟论者"和"主张一夫多妻制"的辜鸿铭。辜鸿铭当时应蔡元培先生之请来讲授英国文学。辜鸿铭的学问十分宽广而庞杂，他上课时，竟带一童仆为之装烟、倒茶，他自己则是"一会儿吸烟，一会儿喝茶"，学生焦急地等着他上课，他也不管，"摆架子，玩臭格"成了当时一些北大学生对辜鸿铭的印象。很快，就有人把这事反映到蔡元培那儿。然而蔡元培并不生气。他对前来反映情况的人解释说："辜鸿铭是通晓中西学问和多种外国语言的难得人才，他上课时展现的陋习固然不好，但这并不会给他的教授工作带来实质性的损害，所以他生活中的这些习惯我们应该宽容不较。"经过一段时间后，再也没有人来告状了，因为辜鸿铭的课堂里挤满了北大的学子。很多学生为他渊博的知识、学贯中西的见解而折服。辜鸿铭讲课从来不拘一格，天马行空的方式更是大受学生欢迎。

另一个人，则是受蔡元培先生的聘请，教《中国古代文学》的刘师培。根据冯友兰、周作人等人回忆，刘师培给学生上课时，"既不带书，也不带卡片，随便谈起来"，

50

且他的"字写得实在可怕，几乎像小孩描红相似，而且不讲笔顺"，"所以简直不成字样"，这种情况很快也被一些学生、老师反映到蔡元培那儿。然而蔡元培却微微一笑，说："刘师培讲课带不带书都一样啊，书都在他脑袋里装着，至于写字不好也没什么大碍啊。"后来学生们发现刘师培讲课是"头头是道，援引资料，都是随口背诵"，而且文章没有做不好的。

从蔡元培对辜鸿铭和刘师培两位教授的处理方法，我们可见蔡元培量用人才的胸怀是何等求实、豁达而又准确。他把对师生个性的尊重与宽容发挥到了一种极高明的地步。为了实现改革北大的办学理想，迅速壮大北大实力，他极善于抓住主要矛盾和解决问题的关键，把尊重人才个性选择与用人所长理智地结合起来。他曾精辟地解释道："对于教员，以学诣为主。在校讲授，以无悖于第一种之主张（循思想自由原则，取兼容并包主义）为界限。其在校外之言动，悉听自由，本校从不过问，亦不能代负责任。夫人才至为难得，若求全责备，则学校殆难成立。"

正是这种博大的胸襟，才使蔡元培能够发现真正的人才，也才使当时的北京大学有了长足的发展。美国著名的人际关系学家卡耐基和许多人都是朋友，其中包括若干被认为是孤僻、不好接近的人。有人很奇怪地问卡耐基："我真搞不懂，你怎么能忍受那些老怪物呢？他们的生活与我们的一点儿都不一样。"卡耐基回答道："他们的本性和我们是一样的，只是生活细节上难以一致罢了。但是，我们为什么要戴着放大镜去看这些细枝末节呢？难道一个不喜欢笑的人，他的过错就比一个受人欢迎的夸夸其谈者更大吗？只要他们是好人，我们不必如此苛求小处。"

在现实生活里，我们应该学会以一种大胸襟来对待别人的缺点和过错。学会"容人之长"，因为人各有所长，取人之长补己之短，才能相互促进，学习才能进步；学会"容人之短"，因为金无足赤，人无完人。人的短处是客观存在的，容不得别人的短处就只会成为"孤家寡人"；学会"容人之过"，因为"人非圣贤，孰能无过"。历史上凡是有所作为的伟人，都能容人之过。

朋友们，当我们拥有"以放大镜看人优点，以缩微镜看人缺点"的大胸襟时，我们便拥有了众多的朋友，拥有了无尽的帮助，也拥有了通向成功的门票。

第四章

人贵有自"制"之明，
生气时忍一忍

切莫感情用事

处世经典《增广贤文》上说："酒是穿肠毒药，色是剐骨钢刀，气是伤身隐患，钱是惹祸根苗。"愤怒就像决堤的洪水那样淹没人的理智，让人做出不可思议的蠢事，甚至招来杀身之祸。

张飞脾气暴躁，常常因为一点儿小事而大动肝火。当他得知关羽败走麦城而丧命时，旦夕号泣，血泪衣襟，愤恨不已，发誓定要血刃仇人。

张飞下令军中，限三日内置办白旗白甲，三军挂孝伐吴。次日，两员末将范疆和张达告诉张飞："白旗白甲，一时无可措置，须宽限时日。"

张飞大怒，喝道："我急着想报仇，恨不得明日便到逆贼之境，你们怎么敢违抗我的命令！"说罢，便让武士把二人绑在树上，每人在背上鞭抽了五十下。

打完之后，张飞余怒未消，用手指着两人说："明天一定要全部完备！若违了期限，就杀你们两人示众！"

被打得满口吐血的两人到帐中商议，范疆说："今日受了刑责，倒也无所谓，可我们怎能在短短一天内将装备筹措齐备？张飞性暴如火，如果明天置办不齐，你我皆有杀身之祸。"

张达说："张飞爱酒，每日必饮。如果我们两个不应当死，那么他就醉在床上；如果应当死，那么他就不醉好了。"当下商议停当。

当天晚上，张飞又哭又骂，喝得烂醉如泥，卧在帐中，鼾声如雷。范张二人探知消息，心中大喜。

初更时分，两人各怀利刃潜入帐中，摸到张飞床前，突见张飞双目圆睁，躺在床上。两人大惊，刚欲逃走，又听得张飞打起了鼾，但眼睛仍然睁着。原来张飞睡觉时眼睛是睁开的。

两人不再犹豫，斩下张飞的首级，骑快马星夜逃奔东吴去了。

西方有句经典谚语："上帝要想让他灭亡，必先使他疯狂！"忍字头上一把刀，忍耐会有痛苦；忍字下面一颗心，忍耐会受煎熬；忍耐就好似手刃自己的心，需要时间等待伤口慢慢愈合；忍得头上乌云散，拨开云雾见阳光。

某大公司老板巡视仓库，发现一个工人正坐在地上看连环画。老板最恨工人在工作时间偷懒，于是怒不可遏地问："你一个月挣多少钱？"

"1000元。"工人回答。老板立刻掏出1000元给他，并大叫："拿了钱给我滚！"事后，老板责问后勤主管："那工人是谁介绍来的？"主管说："那人不是公司员工啊，而是其他公司派来送货的。"

当然，这只不过是一个笑话，但也从一个侧面反映了人在愤怒状态下失去理智的情形。不分青红皂白，一时的冲动很有可能会断送自己的大好前程，造成严重的后果。据统计，怒火给人类造成的损失比全世界烧掉的煤炭还要多出成百上千倍。

哲学家康德说："生气，是用别人的错误惩罚自己。"的确，冲动就有这样的魔力，让人身不由己，敢做平时不敢做的事情，愿做平时不愿意做的事情，就好像失去理智的罪犯那样走上极端，亲手毁掉自身的幸福。

所以，每个人都不要轻易地冲动，学会忍耐，要把魔鬼赶得无影无踪，用平常、平淡的心理，理智地对待各种事情。

小事更要能忍

小不忍则乱大谋，小不忍难成大器，这是中华民族五千年来的浓缩智慧，是华夏子孙生生不息的古老传承。能承受者，不计较一城一池的得失，更不逞一时的口舌之快；笑到最后，才是笑得最好，能成功者，首先要能够付出，其次是能够承受，最重要的，是能够忍耐。

武则天是中国历史上唯一的一位女皇，对她的评判，历来毁誉参半。作为一名杰出的政治家，她固然有其奸诈、阴狠的一面，但是她的大气、豪迈，也令后来者为之赞叹。徐敬业在扬州造反时，骆宾王起草了讨武檄文，曰："昔充太宗下陈，常以更衣入侍，泊乎晚节，秽乱春宫，密隐先帝之私，阴图后庭之嬖，践元后于翚翟，陷吾君于聚麀。加以虺蜴为心，豺狼成性，近狎邪僻，残害忠良。杀姊屠兄，弑君鸩母。人神之所用嫉，天地之所不容。试看今日之域中，竟是谁家之天下！"

如此地谩骂攻击，连那些读檄文的大臣也为之色变，但是武则天非常欣赏为文者的文采，竟询问檄文的作者是何人。当她知道是骆宾王时，叹道："如此天才使之沦

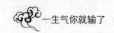

为叛逆，宰相的过错呀。"

没有如此的慨然大气，恐怕武则天无论有多少雄才伟略、阴谋诡计，也无法打破"女子不得干政"的天规铁律，将大唐江山牢牢握在手心。不与侮辱自己的敌人计较，并不是说要让自己毫无原则，而是要忘却侮辱带来的烦恼，化敌为友，展现自己的素养。

人与人的差别，有时在于如何对待受气，在于能不能承受"气"。

当你自己什么都不是时，有人挖苦你、踩贬你是很正常的。自己不争气是因，别人气你是果。不从自己身上找原因，不自强自胜，就改变不了受气的地位的。当你成功时，情况就会不一样。

不能忍者必然被焦虑、愤怒、抑郁等不良情绪困扰着，导致情绪失控，其实最后受伤害的是自己。对于理智的人而言，学会忍耐是必不可少的人生功课。俄国文学家屠格涅夫在"开口之前，先把舌头在嘴里转个圈"，即动怒之前先不讲话，以缓和不良情绪。当需求受阻或遭受挫折时，可以用满足另一种需求的方式来减弱自己的挫败感，以发挥自身的优势，激发自信心。

别跟自己过不去

英国著名剧作大师莎士比亚曾经说过："什么样的生活都有乐趣，什么样的体验都有幸福。"其实，人世间本没有过不去的坎，一切的逆境都可以旷达处置，所有的困难都可以忍耐对待，做人大可不必拘泥于缺陷，只有这样，方能逍遥一生。

一个边远的山区里，有两户人家的空处长着一棵枝繁叶茂的银杏树，这棵树不知道是属于两户人家中的哪户，没有人去争过。秋天的时候，成熟的果子落在地上。村里的孩子们捡回一些，却都不敢吃，老人们说银杏果子有毒。

这样的日子过了许多年。有一天，其中一户人家的主人去了一趟城里，不经意间知道银杏果可以卖钱。于是，他摘了一袋背到城里，换回一大沓花花绿绿的票子。

银杏果可以换钱的消息不胫而走。另一户人家的主人上门要求两家均分那些钱，他的要求当然被拒绝了。情急之下，他找出土地证，结果发现这棵银杏树划在他家的界线内。于是，他再次要求对方交出银杏果的钱，并且告诉对方这棵银杏树是他家的。对方当然不会认输，他也开始寻找证据，结果从一位老人处得知，这棵银杏树是他曾祖父当年种下的。

在谁也不肯让步的情况下，两家闹起纠纷，反目成仇。乡里也不能判断这棵树究竟应该属于谁，一个有土地证，白纸黑字，还盖着大红章；一个有证人、证言，前人栽树后人乘凉，自古使然。

于是，两人起诉到法院。法院也为难，建议庭外调解。

两人都不同意，他们认为这棵银杏树本应属于自己，为什么要共享呢？

案子便拖了下来。

这样的故事延续了10年。10年后，一条公路穿村而过，两户人家拆迁，银杏树被砍倒，这场历时10年的纠纷才画上了句号。奇怪的是，两户人家谁也不要那棵树，因为树干是空的，只能当柴烧。

处处算计的人看上去十分精明，为了银杏树的归属而大打出手，可到最后，什么也捞不着。这种精明，只是"世俗的精明"，却缺乏内心的积淀，必然要承受不可逆转的千疮百孔的伤害，随着时间的蹉跎，遗失了从容与淡定。只有能忍者，才能充分地享受自己的人生，理解幸福的含义。

人的生命何其短暂，我们可以做的事情那么多，为什么要和自己过不去呢？我们无法预知未来，但我们可以把握现在，凡事忍一忍，一切都可以过去了。刺猬一样的人，纵然能得到一时的小利，却难免失去长远的大利。只有能忍耐者，才因为暂时的不计较，而得到长久的安宁和幸福。

学会适应对方

贤德之人，总是能够忍受自己的种种不适，去适应别人。因此，他们往往受到人们的拥戴，成为流芳千古的英雄人物。

在美国印第安保护区有个原始部落，这个部落的人一直赤身裸体地活动，即使是集会也不例外。外界的文明自然无法容忍这种行为，因此，这个特别的风俗，让这个原始部落饱受外人的白眼与嘲笑，但即使如此，他们仍然不愿意改变这个传统。

有一年，这个原始部落不幸发生瘟疫，全部的族人几乎都被感染。为了活命，他们决定到邻近的城镇里，邀请一位当地有名的医生前来帮助他们治病。然而，这位医生一想到他们的传统，便感到相当为难。但是，这位医生心地善良，看着跪在地上的求助者，医生的使命感与责任感不断地被激起，最终他还是勉为其难答应了。

当这个使者回家告诉这个部落里的族人时，他们高兴的欢呼起来，但是接着，又出现了一件麻烦事，那就是他们那个奇怪的习俗。为了迎接医生的到来，原始部落的族人们紧急开会决议，为了尊重这位名医，他们决定破例穿上衣服。所以，这天所有人都特别穿上了衣服，有的人甚至打上了领带，聚集在教堂里，等待医生的到来。

悠扬的钟声响起，医生缓缓地走了进来，然而眼前的情景，却让在场的每一个人都愣住了，这也包括医生本人。因为，老医生背着沉重的医疗器材走进来时，身上居然一丝不挂！

有些人可能把这个故事当成了笑话，印第安人和医生都在做和对方背道而驰的事情，但你会被这些人的善良感动。一方为了外界的文明，一方为了部落里的习俗，

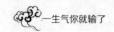

他们的心是向善的，他们的行为是高尚的。他们忍受住了自己的不适，为了对方，打破了心中对条条框框的束缚。有愉快、礼貌、谦和、诚恳的态度，又有忍耐精神的人，是一个幸运的人。因为他在适应对方的同时，也获得了对方的认可，获得了进步的阶梯。

忍耐是成功的手段，细看人生，何尝不是在忍中学习、忍中成长、忍中有得。可是，我们却往往忽略了"忍"的功用，于关键时刻，反而失掉了忍的功夫，铸成大错，一生悔痛，永难弥补。忍小为谋大，只有忍耐此时的艰辛，忍耐此时的落寞，才能成就彼时的成功。

不将侮辱放在心上

做大事的人面对敌人的侮辱从来就不放在心上。所以，对于别人的侮辱，我们没有必要大动肝火，欲置之死地而后快，因为立场的问题，难免有针锋相对、你死我活的纷争。如果此时，你能表现得大度，则更显你的气度。这是成熟人性的一种表现。面对敌人的污辱，最有效的办法还是诉诸比我们更强大的力量。如果我们可以忘记一切，侮辱也就无足轻重了。

齐达内是世界著名的足球健将，参加过四届世界杯比赛。这位让全世界球迷为之倾倒的球星在他的足球生涯中多次被评为"足球先生"。他的足球技术炉火纯青，脚下工夫犹如武术中的"七星剑法"，任何球在他的脚下都会服服帖帖、功力无比。他带领法国队取得了一系列辉煌战果，总是在关键的时候屡建奇功。

在告别足坛的比赛中，齐达内所在的法国队与意大利队在90分钟的比赛中战成1:1平，双方进入加时赛。这对于齐达内来说，也就是延长了他向全世界球迷精彩谢幕的机会。全世界的球迷也都在期待着齐达内最后的表演。

在万众瞩目，球迷期待中，比赛进行到110分钟，此时，齐达内却做出了让人们意想不到的举动。他在远离足球的地方愤怒地用头撞向意大利队后卫马特拉奇的胸口，后者应声倒地，阿根廷主裁判埃利松多在与助理裁判交换意见后，向齐达内掏出了红牌。

被球迷称为"齐祖"的一代大师就这样不太光彩地告别了自己的职业生涯，不仅令齐达内本人遗憾，而且更令全世界的球迷伤心。齐达内的下场对队友心理上的影响是不言而喻的，这张红牌在某种程度上断送了法国队最后的希望，在后来的点球大战中，意大利捧走了大力神杯。

当然，马特拉奇使用了辱骂这种不光彩的手段在先，但是马特拉奇骂了齐达内什么而让他如此愤怒，不是人们关注的焦点，最重要的，一个久经沙场的足球先生竟然在此关键时刻失去理智，做出鲁莽之举，实在是令球迷失望，也让一代英雄就此黯然失色。

每个人的一生都不可能没有敌手，很多人面对敌人的侮辱总是不能释怀，因此才在关键时刻丧失了尊严。要求自己去体谅一个自大、傲慢、尖酸、刻薄、自私、自傲或粗鲁的人，这确实是一个很大的考验。经受住考验的人，必然在阴霾的天气里也能享受到心灵的灿烂阳光。

当我们告别了怨恨时，也就拥有了一份愉悦的心情；当我们忘记侮辱，也就拥有了宽广的胸襟。

忍让获得好人缘

中华民族向来有礼让、谦让、忍让的优良传统：尧让位给舜，舜也让给禹，开启了礼让的先河，孔融让梨，有了传诵千古的佳话。"忍让"是我们泱泱中华传承千年的美德，也应该被我们这一辈人继续发扬光大。

然而，在这个资源匮乏，竞争激烈的年代，忍让常常被人们忽视，常见一些人，因争一块砖两块瓦三块煤而闹得面红耳赤，甚至大打出手，结果一方满脸是血，另一方满地找牙，两败俱伤！何苦呢？其实，忍让是一个人成熟的表现，更是睿智的展现。

俗话说：赠人玫瑰，手有余香。

凡遇事时都要让人几步，才算是高明的为人处世之道，因为让一步就等于是为以后的进一步留下了余地；应以宽厚的态度待人，因为给人家方便，同时也就是日后为自己的方便打下了基础。所以古人说："让之有余，争之不足。"

《菜根谭》中说："路径窄处，留一步与人行；滋味浓时，减三分让人尝。此是涉世一极乐法。"这话告诫人们在道路狭窄之处，应该停下来让别人先行一步，有好吃的东西不要自己独享，要拿出一部分与别人分享。如此，你的人生就会快乐安详。

在以竞争为动力的现代社会中，学会忍让对我们依然有着不可抗拒的魅力。一个处处忍让的人，其表现出的涵养必然受到别人的尊敬。你敬我一尺，我敬你一丈。你谦让三分，对方必会把你视为知己，而愿意与你为玉帛之交。

谦让成就"将相和"

对于"负荆请罪"的典故，我们每个人都耳熟能详，蔺相如以忍耐而获得了同样功绩卓越的廉颇的敬重，成为千古佳话。无独有偶，汉朝的陈平和周勃，这一文一武两位明臣，在历史上也曾经演绎了一出"将相和"。

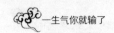

汉文帝是汉高祖的庶子，被封为代王。他为人仁慈宽厚，当残暴篡权的吕后死后，朝中拥戴文帝继位。

然而诸吕结党，欲谋叛乱，文帝尚未登基，在这个节骨眼上，丞相陈平与太尉周勃共商大计，终于灭掉诸吕夺回政权。周勃消灭吕氏集团，功劳卓越。但是陈平一直被尊为丞相。武将周勃心又不平，虽然没有具体表现出来，聪明的陈平却感觉到了，他于是寻找机会向皇上阐述周勃的功劳。

一天，汉文帝升殿，发现丞相陈平没上朝，他问道："丞相陈平为何不来？"站在下面的太尉周勃站出来说道："丞相陈平正在生病，体力不支，不能叩见皇上，请皇上原谅。"汉文帝心里纳闷，昨日还见他身体好好的，怎么今天就病了？不过他不动声色，只是说："好，知道了，退下。"

汉文帝退朝后便特意到陈平家去探视。陈平非常感动，同时他也觉得时机到了，对文帝讲了心里话："皇上太仁慈了，可我对不起皇上的一片爱臣之心，我犯了欺君之罪呀！"并借此机会欲把相位让给周勃的想法说了出来。汉文帝问："为什么？"

陈平诚恳地说："高祖在时，周勃的功劳不如我；诛灭诸吕时，我的功劳不如太尉（周勃）。所以我愿意把相位让给他，请皇上恩准。"

文帝本来不知消灭诸吕的细节，他是在诸吕倒台后，才被陈平和周勃接到长安的。听了陈平的解释，才知周勃立下了大功，便同意了陈平的请求，任命周勃为右丞相，位居第一，任陈平为左丞相，位居第二。周勃听闻陈平将相位让给自己之后，十分愧疚，便假称有病，向文帝提出辞呈。汉文帝非常理解周勃的心情，批准周勃的辞呈，任命陈平为丞相（不再设左丞相）。陈平辅佐文帝，励精图治，为汉朝兴盛打下了基础。

陈平和周勃两位老臣，都是汉朝开国元老，却"虚己盈人"，互让相位，光彩照人。他们不为己利，从国家社稷着想，谦虚相让，很值得今人学习。现在的社会，人们注重竞争，却往往忽略了谦让。于是，为一位之争，互相攻击揭短；为一己私利，互相倾轧排挤，浪费了精力，也误了才华施展。

做人境界之高低，往往体现在处理矛盾的不同方法上，有人善于化解矛盾，有人善于激化矛盾。大家同在一片蓝天下，难免时有矛盾发生。而矛盾最多也是最激烈的，往往是争利夺位，有时甚至是争得势不两立、不共戴天。其实这种人实在是钻了牛角尖，人生短短几十年，能够在一起，也是一种缘分，何必争来争去闹得大家都不愉快呢？即使要为合理的东西去争夺，也必须讲究策略。有些东西即使你费尽九牛二虎之力，也争夺不来的，反而两败俱伤，最重要的是误了你的"下一步"。

人生好比行路，总会遇到道路狭窄的地方。每当此时，最好停下来，让别人先行一步。如果心中常有这种想法，人生就不会有那么多争执了。忍让一步是一种智慧，是为了前进，通常，愈是不争的人，愈是可以赢得胜利。

有时不必太认真

妥协是人际交往中不可或缺的润滑剂，发挥着越来越重要的作用。妥协是要有一定分寸的。但一个不愿意有一点妥协的人终究要被这个社会的群体所淘汰，他只适合独处。妥协的分寸如果把握好了，一切问题都会迎刃而解。从这个角度来看，妥协就是一门做人的艺术，就像是在两个不同的数字之间去寻找一个公约数。做人做得好，是一种很强烈的和谐美感。理性的妥协是消除"应激反应"、适应社会环境的一种健康的心态，更是人际关系中的一种良好的合作行为。

日常生活中处处充满了妥协，没有妥协就没有和谐，没有妥协就没有共赢。比如在市场上，买家与卖家经过讨价还价，最终以双方的妥协而成立；在商场里，两家相互合作的公司只有相互妥协，让彼此都得到相应的利润，这样才能在共赢中建立良好的客户关系。

妥协并不意味着放弃原则，一味地让步。我们要区分明智的妥协和不明智妥协。明智的妥协是一种适当的交换。为了达到主要的目标，可以在次要的目标上做适当的让步。这种妥协并不是完全放弃原则，而是以退为进，通过适当地交换来确保自身要求的实现。相反，不明智的妥协，就是缺乏适当的权衡，或是坚持了次要目标而放弃了主要目标，或是妥协的代价过高遭受不必要的损失。

理性的妥协并不等于麻木、怠惰、迂腐和世俗，并非弃昨日而不思，避明日而不想，处今日而无虑，毫无忧患意识和危机感。也不是委曲求全，在一些大问题上，比如正确地教育子女、义务赡养老人、克服有害身心健康的不良嗜好等方面，就没法对无理的一方做出迁就和让步。不过即使这样，那也要晓之以理、动之以情、平心静气地商量、耐心地疏导，导之以行，尽可能取得共识，使问题得到解决。

善于妥协，是一种明智，也是一种美德。能够妥协，意味着对对方利益的尊重，意味着将对方的利益看得和自身利益同样重要。在个人权利日趋平等的现代生活中，人与人之间的尊重是相互的。只有尊重他人，才能获得他人的尊重。因此，善于妥协就会赢得别人更多的尊重，成为生活中的智者和强者。

让他比你更优越

法国哲学家罗西法古说："如果你要得到仇人，就表现得比你的朋友优越吧；如果你要得到朋友，就要让你的朋友表现得比你优越。"在人际交往的世界里，那些聪明、谦让而豁达的人总能赢得更多的朋友，相反，那些妄自尊大、高看自己、小看别人的人总会引起别人的反感，最终在交往中使自己走到孤立无援的地步。

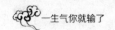

明朝的徐达，智勇兼备，是朱元璋手下的一员得力干将。几乎每逢重大战役他都要被委任为主帅。朱元璋在每次出征前总要对他说："将在外，君不御，将军认为该如何就如何好了。"话虽每次都这么说，但他却能随时随地控制徐达，他的心腹无时不在监视着徐达的一举一动。徐达深知其中机关，所以，并不因为朱元璋的那句话而任意妄为，而是每逢稍大一点儿的事都必然派亲信报给朱元璋，处处突出朱元璋的主体地位，让他有一个做"上司"的优越感，因而才一直没有遭贬甚至被加害的厄运，君臣关系相处得不错。

现代社会也不乏这样把优越感让给别人的事例，他们不但把优越感分给上司，还分给同事、下属。我们通常所见那些备受爱戴的领导人，通常都是为人十分低调，把工作的成绩能够分给每一个自己身边的人，他们在受到表彰和嘉奖时，通常会说："这不是我一个人的荣耀，这是整个集体的荣耀，是整个集体的功劳，我没什么可以炫耀的，要嘉奖就嘉奖在座的所有人吧，是他们创造了我们厂的奇迹！"而总是处处凸现自己的人，会遭到别人的冷落。

邱丽云是湖南某市人事局的一名职员。由于她近几年工作十分勤奋，取得了不错的成绩，于是人事局领导经过几番讨论研究，派她到市的某一区人事局做主任。

在她刚到区人事局当主任的几个月当中，她正春风得意，对自己的机遇和才能满意得不得了。她觉得自己高高在上，不可一世，在各种汇报中都大谈自己的成绩，如何拼搏取得，却很少言及朋友、下属甚至上司的功劳。他周围的人听了之后都非常不高兴，对她避之唯恐不及。这使她百思不得其解。过了一段时间，她发现虽然她仍是个主任，但是很少有员工买自己的账，甚至连上面的几位局长都不愿理她。她觉得自己活得很空虚、很孤独，每天坐在办公室里唉声叹气。

最后终于有一位朋友一语点破了她的处世原则，她这时才意识到自己的症结在于不能忍耐，不能把优越感让给别人。从此她开始很少谈自己而多听朋友说话，因为他们也有很多事情要说，把他们的成就说出来，远比听别人吹嘘更令他们兴奋。后来，每当她有时间与朋友闲聊的时候，她总是先请对方滔滔不绝地把他们的欢乐炫耀出来，与其分享，而只是在对方问她的时候，才谦虚地说一下自己的成就，慢慢地她的人缘又好了起来。

当我们的朋友表现得比我们优越时，他们就有了一种被尊为重要人物的感觉，但是当我们表现得比他们还优越，他们就会产生一种自卑感，羡慕和嫉妒的情绪便会产生。聪明人早已认识到了这一点，所以他们从来不自己独享荣耀，也不与朋友平分荣耀，他们做的只是把优越感让给别人。

日常工作中不难发现这样的人，其人虽然思路敏捷，口若悬河，但一说话令人感到他很狂妄，因此别人很难接受他的任何观点和建议。这种人总想让别人知道自己很有能力，处处想显示自己的优越感，从而能获得他人的敬佩和认可，结果却往往适得其反，失掉了在朋友中的威信。

如果你的目的只是与人争个高低，那么你可以继续你的头破血流的"事业"，如果你还有更高的目标，那么就赶快抛开这没有任何意义的竞争，学会忍耐，敢于低下头，把优越感让给别人，相反，你会因此而受益匪浅。

饶恕别人等于帮助自己

古人为人处世，总是为别人处处留有余地，人们信奉这样一句话："处事须留余地，责善切戒尽言。"留余地，就是不把事情做绝，不把事情做到极点，于情不偏激，于理不过头。这样，才会使自己得到最完美无损的保全。

战国时，楚庄王赏赐群臣饮酒，他的宠姬作陪。宴席一直延续到夜幕降临，庄王命人掌灯继续畅饮。正当酒喝得酣畅之际，灯烛被风吹灭了。这时有一个人因垂涎于楚庄王美姬的美貌，加之饮酒过多，有些失控，便趁烛灭混乱之机，抓住了美姬的衣袖。

美姬一惊，奋力挣脱，并顺势扯断了那人头上的系缨，私下对楚庄王说要查明此事，并严惩此人。庄王听后沉思片刻，心想："赏赐大家喝酒，让他们喝酒而失礼，这是我的过错，怎么能为女人的贞节而辱没将军呢？"于是命令左右的人说："今天大家和我一起喝酒，如果不扯断系缨，说明他没有尽欢。"于是群臣一百多人都扯断了帽子上的系缨，待掌灯之后，大家继续热情高涨地饮酒，一直饮到尽欢而散。

过了三年，楚国与晋国打仗，有一个臣子常常冲在最前边。楚庄王感到惊奇，忍不住问他："我平时对你并没有特别的恩惠，你打仗时为何这样卖力呢？"他回答说："我就是那天夜里被扯断了帽子上的系缨的人。"

人生就是这样，饶得人才助得己。不让别人为难，才会不让自己为难，让别人活得轻松，也会让自己活得自在，这就是留余地的妙处。给别人留有余地，他一定会感激你、协助你，这也就等于给了自己一次成功的机会。正因为楚庄王给臣子留了余地，才换来了下属的忠心耿耿。

而得理不饶人，让对方走投无路，则有可能激起对方"求生"的意志，而既然是"求生"就有可能是不择手段，一些严重的人身伤害也在所难免，好比老鼠关在房间内，不让其逃出，老鼠为了求全，将咬坏你家中的器物。放它一条生路，它"逃命"要紧，便不会对你造成伤害。而换作有思想的人类，还可能因为你的饶恕，而对你感激，并付出更多来报答你。

有位哲人说："把自己当成别人，把别人当成自己。那么，你就是一个快乐的人。"特别是当别人得罪了你时，你更要能站在他的位置进行换位思考，学会容忍别人，像容忍自己一样容忍他人，你不但会得到心灵的释放，同时还会获得珍贵的友谊。

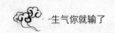

对友不必太较真

在大自然的食物链中，大鱼需要吃小鱼，小鱼需要吃更小的动物，最小的水生物需要吃水藻，而水藻类的微生物存在是不会让水非常清澈的，也就是说如果水非常清了，就没有水藻，就没有食物喂养上级食物链的鱼。中国古人早已对这种现象下过一个非常经典的论断："水至清则无鱼，人至察则无徒"。从现代社会学角度分析：不要追究你身边的每一个人是不是在你身前身后做的所有事都是对你有利的。每个人都会不同程度，有意的或无意的，伤害到你或你身边的人，这其实是人之常情，你如果要想和身边的朋友保持友情，对朋友就不必太较真。

人生，需要在无关紧要的地方装糊涂。一些无关紧要的小错误，放过去，无伤大局，那就没有必要去纠正。这样不但能保全对方的面子，维持正常的谈话气氛，还能使你有意外的收获——在对方和在场的人的心目中建立良好的印象。做人不能太较真，认死理。太认真了，就会对什么都看不惯，连一个朋友都容不下，把自己同社会隔绝开。

做人要有容人之心，要能容人所不能容，忍人所不能忍，团结大多数人。豁达而不拘小节，大处着眼而不会目光如豆，不斤斤计较，不纠缠于非原则的琐事，这样才能成大事、立大业，使自己成为不平凡的伟人。

我们在日常生活中，会发生许多的小错误，有的是在称呼上，如将经理称为科长，将小姐称为太太、夫人，甚至连姓氏有时也会搞错。有的是在谈话所表述的内容上，把"第二次世界大战"说成是"第一次世界大战"、"莫泊桑"说成了"巴尔扎克"等，如果此类错误与谈话主题没有多大关系，你就没有必要去纠正它，视而不见，听而不闻好了。

人生如此短暂和宝贵，要做的事情那么多，何必为这种不值一提的小事情浪费时间和精力呢？真正聪明的人，知道该干什么和不该干什么，知道什么事情应该认真，什么事情需要忍耐。要真正做到这一点是很不容易的，需要经过长期的修炼。如果我们明确了哪些事情可以不认真，可以敷衍了事，我们就能腾出时间和精力，全力以赴地去做该做的事，我们成功的机会和希望就会大大增加；与此同时，由于我们变得宽宏大量，人们就会乐于同我们交往，我们的朋友就会越来越多。

人非圣贤，孰能无过。与人相处就要互相谅解，求大同存小异，有度量，能容人，这样你才会有许多朋友，左右逢源；相反，眼里不揉半粒沙子，什么鸡毛蒜皮的小事都要论个是非曲直，容不得人，人家也会躲你远远的，最后，你只能关起门来"称孤道寡"。

理直也要气和

这是一家餐馆。

"小姐！你过来！你过来！"顾客粗鲁地高声喊，指着面前的杯子，满脸寒霜地说，"看看！你们的牛奶是坏的，把我一杯红茶都糟蹋了！"

"真对不起！"服务小姐微笑着赔不是，"我立刻给您换一杯。"

新红茶很快就准备好了，碟子上放的东西跟前一杯一样，放着新鲜的柠檬和牛乳。服务小姐礼貌地轻轻放在顾客面前，然后又轻声地说："我是不是能建议您，如果放柠檬，就不要加牛奶，因为有时柠檬酸会造成牛奶结块。"

顾客立刻明白了自己的错误，脸倏地红了，他匆匆喝完茶，走出去。有人笑问服务小姐："明明是他错了，你为什么不直说呢？他那么粗鲁地叫你，你为什么不还以颜色？"

"正因为他粗鲁，所以要用婉转的方法对待；正因为道理一说就明白，所以用不着大声！"服务小姐说，"理不直的人，常用气势来压人。理直的人，要用和气来交朋友！"

每个人都点头笑了，对这餐馆增加了许多好感。往后的日子，他们常看到那位曾经粗鲁的客人，和颜悦色，轻声细气地与服务小姐寒暄。

多么令人敬佩的"理直气和"，这位服务员能让一位粗鲁顾客变得和颜悦色，可以说"忍耐"的性格功不可没。没有她的忍耐，就没有对方的理智，忍耐而理直气和，则让人的性格更显张力，获得更多朋友的青睐。

现实生活中，让人生气、令人发怒的事是随时可能发生的，但作为一个有头脑的、冷静的人，为了更好地生活和工作，理智地处理各种不愉快，就需要忍住怒气，用平和对待挑剔。如果不忍，任意地放纵自己的怒气，首先伤害的就是自己。如果对方是你的对手、仇人，有意气你、激你，你不忍住怒气保持头脑清醒，就容易被人牵着鼻子走，中了人家的计。所以孔子云："一朝之忿，忘其身，以及其亲，非惑欤？"言下之意即因一时气愤不过，就胡作非为起来，这样做显然是很愚蠢的。只有用不气不恼的心胸去对待这些气恼的事情，才会产生好的效果。

林肯做总司令时，有一个叫胡克的下属。胡克曾经粗鲁、不公正地批评林肯，这使他的上司——林肯的好友伯恩赛德感到十分难堪。但林肯毫不计较，而是充分发挥胡克的优点，为自己所用。伯恩赛德退休以后，林肯提拔胡克，接替了伯恩赛德的职务。

但是误会依然存在，为了让被提拔的胡克得知真相，林肯以一种既不让他出丑，也不点燃怒火的方式告诉了他，他写了一封密信，用理智的方式化解了和胡克间的

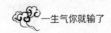

矛盾。

以下就是这封信的全文：

"少将：

我已任命了你为波托马克军的首领。我这样做当然有自己充分的理由，然而我依然认为你最好知道，我对你依然有很多不太满意的地方。

我相信你是一位勇敢又有才华的军人，当然，这是我喜欢的。

我也相信你不会把你的职业与政治倾向相混淆，这一点你是正确的。

你有充分的自信心。如果这不是必不可少的优点，至少是有价值的优点。

你雄心勃勃，在合情合理的范围内，它利大于弊。但是，我认为你在接受伯恩赛德将军统帅时，这种雄心曾经受到过挑战。在这一点上，你犯了一个大错误，不管是对国家，还是对那位战功卓著和值得尊敬的长官。

最近，我曾听你说过，无论是军队还是政府都需要一位最高统帅，我也相信你的观点。因为这方面的原因，但不仅仅因为如此，我给你下达了任命。只有那些赢得成功的将军才可以成为统帅。

我现在要求你的是取得军事上的成功，而我自己也冒着独断专行的危险。

政府将尽自己最大的能力来支持你，不会比以往的多，也不会比以往的少，而且对所有的司令官一视同仁。批评自己长官甚至使他丧失自信心，我担心这些由你带入军队的思想会发生在你自己的身上。我会尽我最大的努力来帮助你控制它。无论是你，还是拿破仑（如果他还活着），都无法从一个弥漫着这种情绪的军队里有所收获。

现在，请克服这种轻率，保持旺盛的精力，勇往直前，争取伟大的胜利。"

作为下级，胡克胡乱批评长官的行为是过分的，是轻率的。然而，对胡克的不公正的批评，林肯采取了忍耐，并提拔为己用，从而用"理直气和"获得了这位有敌对情绪的下属的尊重。

有理不在声音大，有理更应"让三分"。许多时候，常常是因为我们的"暴跳如雷"，而使我们由"有理"变得"无理"，不仅失去了朋友，也失去了礼貌，还失去了风度。而学会忍耐，在低姿态处理矛盾中，则彰显了个人的魅力。

理直气壮是人之常情，理直气和是为人处世的策略，是更高一筹的智慧。气和谐，心胸宽，则人际关系必广。

学会忍耐，磨难变财富

再怎么成功的人，也会有不顺心的时候，也会有徒劳无功的时候，也会经历磨难的侵扰，但这些人不会太在意这些逆境的信息，而是将其视为不完美的结果，坚持着忍耐下去，并且坦然面对，累积这些"结果"，达到最后的成功。

李嘉诚的亚洲首富不是凭空杜撰的，比尔·盖茨的几百亿美元更不是海风吹来的。他们都经过了生活的历练，都经过了不如意的侵扰。在漫长的忍耐中，厚积薄发，最后一鸣惊人。

　　比尔·盖茨刚刚离开哈佛与保罗·艾伦一起经营微软之初，处处不如意。因为公司很小，BASIC（英文 Beginners' Allpurpose Symbolic Instruction Code 的缩写，初学者的全方位符式指令代码）的发明并未引起轰动，当时的 IBM（英文 International Business Machines Corporation 的缩写，国际商业机器公司）与苹果公司甚至不屑与可怜的微软合作。这些不如意都没能让比尔·盖茨困惑，他在忍耐中不断探求。终于，在 Win95 推出后，比尔·盖茨让全世界的人认识了自己！

　　商业本身就充满了各种不确定因素，因此磨难必不可少，纵观千古成功的商人，忍耐几乎是必不可少的手段，经历过痛苦的磨炼，财运会随之而来。如果只是挣硬气、好面子，不懂得忍耐之道，不知晓伸缩之理，那么，你会看见钞票从眼前哗哗流过而自己一无所获。

　　事理相通，商场的忍耐推而广之，就是成功之道。磨难并不可怕，关键看你能否忍耐，有一颗"隐忍"的心，那么，成功唾手可得。

　　为什么拿破仑能够突破重重阻力而叱咤风云？为什么海伦·凯勒在双目失明的情况下，心中依然有光明之梦？一个共同之处就是他们都经历过一个又一个的磨难，并且在磨难的打击中迅速成长起来。也正因为如此，伟人们镇定自若，"泰山崩于前而色不变，猛虎趋于后而心不惊。"

　　"宝剑锋从磨砺出，梅花香自苦寒来。"磨难就是财富，受宫刑之辱的司马迁痛定思痛，写出了千古名篇："盖西伯拘而演《周易》；仲尼厄而作《春秋》；屈原放逐，乃赋《离骚》；左丘失明，厥有《国语》；孙子膑脚，《兵法》修列；不韦迁蜀，世传《吕览》；韩非囚秦，《说难》、《孤愤》。《诗》三百篇，大抵贤圣发愤之所为作也。此皆意有所郁结，不得通其道，故述往事，思来者。"

　　张海迪在轮椅上完成了一部外国名著《海边诊所》的翻译；贝多芬丧失听力后，写出了传世的《命运交响曲》；陈景润在极其困难的环境中，完成了哥德巴赫猜想的论证；海伦·凯勒是一个又盲又聋又哑的人，而她写出了鼓舞了千万人的《假如给我三天光明》。他们用自己的亲身经历，唤醒了许多对生活失去信心的人；他们用自己的奋斗经历，谱写了拼搏人生、战胜宿命的凯歌。

　　安逸舒适的环境容易消磨人的意志，最后导致人一无所成。接受命运的挑战是我们磨炼自己、施展抱负、实现梦想的最佳方法。

　　磨难能成就文人学者，同样会成就市井商人，只要你学会忍耐，磨难都是一笔财富。温州人能赚钱，一个重要原因就是特别能忍耐磨难。为了能赚钱，他们忍受种种痛苦：浪迹天涯、抛妻别子的思乡之苦；脏活累活苦活全干的身体之苦；屡遭白眼与冷嘲热讽的心理之苦……

　　任何一个成大事者必须具备忍耐挫折，忍耐成功前的艰辛的能力，更要具备忍耐

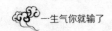

不如意的时时侵扰。假如你想赚钱、想创业、想成名，一定要先掂量掂量自己：面对从肉体到精神上的全面折磨，你有没有那样一种宠辱不惊的"定力"与"忍耐力"。因为，创业要比一般人承受更多的困难、挫折乃至痛苦和孤独。无论遇到什么事情，哪怕是违背自己本意的事情，都得控制自己的情绪，不得有过激的言行；否则，你很有可能会前功尽弃。

人生不可能一帆风顺，机会也不会总顺风而来，蕴藏在逆境中的机会有时更加巨大，足以改变人的一生，所以，对于逆境也应该抱着一种忍耐的态度。磨难虽苦，但却可以化为人生的财富。

忍耐让生命更具张力

人生如果是一场表演的话，那么只有让她更具张力，你的表演才更具内涵。因为有了张力，水珠会变得晶莹剔透、饱满圆润；有了张力，人生就会不鸣则已，一鸣惊人。

生命是一张上帝签发的支票，就看你怎样去用。如果你善于忍耐，敢于用暂时的屈服，来处理不利的境遇，那么，你的人生就会更具张力，那么你的这张支票也就实现了价值的最大化。

台湾著名作家柏杨曾经是一个"火爆浪子"，他尖锐、激进。而如今，他已成为"谦谦君子"，变得理性、温和。就连周围的人都感到惊奇："现在的柏杨很有同情心，也知道替别人留余地，不像从前，总是那么火辣辣的。"

生活发生改变之后，他坦然地面对一切，开始大量阅读历史书籍，光是《资治通鉴》前后就读了三遍。这些书籍给了他宝贵的精神食粮，他从这些书籍中领悟到：历史是一条长河，个人只不过是非常渺小的一滴水。他明白了一个道理：生命的本质原本就是苦多于乐，每个人都在成功、失败、欢乐、忧伤中反反复复，只要心中常保持爱心、美感与理想，挫折反而是使人向上的动力，使人的生命更具张力。

当柏杨忍耐下来后，他发现心境变得平和，思路也越来越开阔，后来，他完成了三部史学巨著。

英雄等待出头之日，必须要忍耐。在无尽的忍耐中，让心灵得到磨砺，让生命更有张力。生命是否有张力，完全取决于你自己。上帝用心良苦，让你通过另一种方式来获取幸福人生，你要有悟性，放下悲痛，坦然面对，幸福就在那顿悟的瞬间开始。

人的一生不可能一帆风顺，遇到挫折和困难是难免的。当你人生走到了"山"的顶峰，必然会走下坡路，但如果你能做到坦然面对、心态放平稳，在忍耐中让自己变得更加坚强，让生命更具张力，那么你就有可能会在难言的忍耐之后，获得爆发的机会。

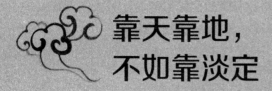

第五章

靠天靠地，
不如靠淡定

世上本无事，庸人自扰之

一个年轻人四处寻找解脱烦恼的秘诀。他见山脚下绿草丛中一个牧童在那里悠闲地吹着笛子，十分逍遥自在。

年轻人便上前询问："你那么快活，难道没有烦恼吗？"

牧童说："骑在牛背上，笛子一吹，什么烦恼都没有了。"

年轻人试了试，烦恼仍在。

于是他只好继续寻找。

他来到一条小河边，见一老翁正专注地钓鱼，神情怡然，面带喜色，于是便上前问道："你能如此投入地钓鱼，难道心中没有什么烦恼吗？"

老翁笑着说："静下心来钓鱼，什么烦恼都忘记了。"

年轻人试了试，却总是放不下心中的烦恼，静不下心来。

于是他又往前走。他在山洞中遇见一位面带笑容的长者，便又向他讨教解脱烦恼的秘诀。

老年人笑着问道："有谁捆住你没有？"

年轻人答道："没有啊？"

老年人说："既然没人捆住你，又何谈解脱呢？"

年轻人想了想，恍然大悟，原来是被自己设置的心理牢笼束缚住了。

世上本无事，庸人自扰之。其实很多时候，烦恼都是自找的，要想从烦恼的牢笼中解脱，首先要做到"心无一物"，放下心中的一切杂念，不为外物的悲喜所侵扰，才能够抛却一切的烦恼，得到内心的安宁。

萧伯纳曾经说过："痛苦的秘诀在于有闲工夫担心自己是否幸福。"故事中的年轻人，

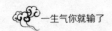

四处寻找解脱烦恼的秘诀，却不知道这其实将带来更多的烦恼。许多烦恼和忧愁源于外物，却是发自内心，如果心灵没有受到束缚，外界再多的侵扰都无法动摇你宁谧的心灵；反之，如果内心波澜起伏，汲汲于功利，汲汲于悲喜，那么即便是再安逸的环境，都无法洗脱你心灵上的尘埃。正所谓"菩提本无树，明镜亦非台，本来无一物，何处染尘埃"，一切的杂念与烦忧，都源自动摇的心旌所激荡起的涟漪，只要带着牧童牛背吹笛、老翁临渊钓鱼的心绪，而不去自寻烦忧，那么，烦扰自当远离。

世上没有任何事情是值得忧虑的

忧虑是一种过度忧愁和伤感的情绪体验。正常人也会有忧虑的时候，但如果是毫无原因地忧虑，或虽有原因，但不能自控，显得心事重重、愁眉苦脸，就属于心理性的忧虑了。

如果一个人不及时调整，一味地忧虑下去，那么他只是在折磨自己，事情也不会发生任何的改变。

一个商人的妻子不停地劝慰着她那在床上翻来覆去、折腾了足有几百次的丈夫："睡吧，别再胡思乱想了。"

"嗨，老婆啊，"丈夫说，"几个月前，我借了一笔钱，明天就到还钱的日子了。可你知道，咱家哪儿有钱啊！你也知道，借给我钱的那些邻居们比蝎子还毒，我要是还不上钱，他们能饶得了我吗？为了这个，我能睡得着吗？"他接着又在床上继续翻来覆去。

妻子试图劝他，让他宽心："睡吧，等到明天，总会有办法的，我们说不定能弄到钱还债的。"

"不行了，一点儿办法都没有啦！"

最后，妻子忍耐不住了，她爬上房顶，对着邻居家高声喊道："你们知道，我丈夫欠你们的债明天就要到期了。现在我告诉你们：我丈夫明天没有钱还债！"她跑回卧室，对丈夫说："这回睡不着觉的不是你，而是他们了。"

可能凌晨三四点的时候，你还在忧虑，似乎全世界的重担都压在你肩膀上：到哪里去找一间合适的房子？找一份好一点儿的工作？怎样可以使那个啰唆的主管对你有好印象？儿子的健康、女儿的行为、明天的伙食、孩子们的学费……你的脑子里有许多烦恼、问题和亟待要做的事在那里滚转翻腾。

深呼吸，睁开眼睛，再轻松地闭起来，告诉自己："不要怕。"仔细想想这些有魔力的字句，而且要真正相信，不要让你的心仍彷徨在恐惧和烦恼之中。

我们不能将忧虑与计划安排混为一谈，虽然二者都是对未来的一种考虑。未来的计划有助于你现实中的活动，使你对未来有自己的具体想法与行动指南。而忧虑只是因今后可能发生的事情而产生惰性。忧虑是一种流行的社会通病，几乎每个人都要花费大量的时间为未来担忧。忧虑消极而无益，既然你是在为毫无积极效果的行为浪费自己宝贵的时光，那么你就必须改变这一缺点。

请记住，世上没有任何事情是值得忧虑的。你可以让自己的一生在对未来的忧虑中度过，然而无论你多么忧虑，甚至抑郁而死，你也无法改变现实。

把生活当情人，允许他发个小脾气

在生活中，有些人因为阅历不够，常常会碰到一些无法改变的事情。遇到这些事情，不要去硬拼，没必要非弄个鱼死网破，因为鱼死了网也未必会破；也不必弄个玉碎瓦全，因为碎了的玉和瓦没多大区别，不如去顺应、去配合，把自己磨得圆滑一些。

生活中发生的很多事情也许将我们磨得失去了耐性，可是没有办法改变，又能怎么办呢？最好的办法，就是把生活当成自己的小情人吧，在经受挫折时，就当是他在发脾气，不要与他计较，哄哄他也是一种生活的情调。

小张是一所名牌大学的高才生，他不仅成绩出众，还是校学生会的主席，大学毕业后，他如愿以偿来到一家外资企业工作。可是不久他就发现，自己在公司干的都是些打杂的事情。

从名牌大学的高材生到别人的"助理"，这样的现实让小张很难接受，特别是别人动不动就使唤他，让小张觉得尊严受到了挑战。他有时咬牙切齿地干完某事，又要笑容可掬地向有关人员汇报说："已经做好了！"如此违心的两面派角色，他自己都感到恶心。有几次，他还与同事争吵起来。

时间一长，小张的日子就不好过了，同事们几乎没人理他，孤傲的小张更加孤独了。

生活就是这样，当你没办法改变世界时，唯一的方法就是改变自己。还有另一个故事：

许多年前，一个妙龄少女来到东京酒店当服务员。这是她的第一份工作，因此她很激动，暗下决心：一定要好好干！她想不到：上司安排她洗厕所！洗厕所，说实话没人爱干，何况她从未干过粗重的活儿，细皮嫩肉、喜爱洁净的她干得了吗？她陷入了困惑、苦恼之中，也哭过鼻子。

这时，她面临着人生的一大抉择：是继续干下去，还是另谋职业？继续干下去——太难了！另谋职业——知难而退？她不甘心就这样败下阵来，因为她曾下过决心：人生第一步一定要走好，马虎不得！这时，同单位一位前辈及时出现在她面前，帮她摆脱了困惑、苦恼，帮她迈好了人生的第一步，更重要的是帮她认清了人生之路应该如

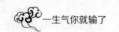

何走。他并没有用空洞的理论去说教，只是亲自做给她看了一遍。

首先，他一遍遍地擦洗着马桶，直到光洁如新；然后，他从马桶里盛了一杯水，一饮而尽，竟然毫不勉强。实际行动胜过万语千言，他不用一言一语就告诉了少女一个极为朴素、极为简单的真理：光洁如新，要点在于"新"，新则不脏，因为不会有人认为新马桶脏，也因为马桶中的水是不脏的，所以是可以喝的；反过来讲，只有马桶中的水达到可以喝的洁净程度，才算是把马桶擦洗得"光洁如新"了，而这一点已被证明可以办得到。

同时，他送给她一个含蓄的、富有深意的微笑，送给她关注的、鼓励的目光。这已经够用了，因为她早已激动得几乎不能自持，从身体到灵魂都在震颤。她目瞪口呆，热泪盈眶，恍然大悟，如梦初醒！她痛下决心："就算一生洗厕所，也要做一名洗厕所洗得最出色的人！"

从此，她成为一个全新的、振奋的人，她的工作质量也达到了那位前辈的高水平。当然，她也多次喝过马桶水，为了检验自己的自信心，为了证实自己的工作质量，也为了强化自己的敬业心。

在生活和工作中，我们会遇到许多的不如意。比如，你是一个刚毕业的学生，很喜欢编辑的工作，可是放在你面前的就只有文员的角色；你正处于事业的爬坡期，你以为升职的名单里会有你，可是另一个你认为不如你的人却代替你升了职……既然改变不了事实，那么我们何不顺应环境，理清思绪，让自己重新开始呢？

生命短促，不要过于顾忌小事

事事计较、精于算计的人，不但容易损害人际关系，从医学的观点看，也对自己的身体极其有害。《红楼梦》里的林黛玉，虽有闭月羞花、沉鱼落雁的美丽容貌，可总是患得患失，别人一句无意的话都会让她辗转反侧，难以入眠，抑郁不已，再加上情感上的打击，终于落得个"红颜薄命"的悲惨结局。

世上有许多类似的情节，皆为一句话、一个小举动弄得反目成仇，到头来失去朋友、断了交情，可谓得不偿失。古语有云"小不忍则乱大谋"，一点儿不假。

人生之事，只要不是原则性的大事，得过且过又何妨？人活在世上，理应开朗、豁达，活得超脱一些；凡事斤斤计较，只是徒增烦恼罢了。

我们活在这个世上只有短短的几十年，而浪费很多不可能再补回来的时间去忧愁一些很快就会被所有人忘了的小事，值得吗？请把时间只用在值得做的事情上，去经历真正的感情，去做必须做的事情。生命太短促了，不该再顾忌那些小事。

人生的快乐不在于拥有的多，而在于计较的少

为人处世，不免有形形色色的矛盾、烦恼，如果斤斤计较于每一件事，那生命无疑是一桩累赘，且充斥着悲剧色彩。

1945 年 3 月，罗勒·摩尔和其他 87 位军人在贝雅 S·S318 号潜艇上。当时雷达发现有一个驱逐舰队正往他们的方向开来，于是他们就向其中的一艘驱逐舰发射了 3 枚鱼雷，但都没有击中。这艘舰也没有发现。但当他们准备攻击另一艘布雷舰的时候，它突然掉头向潜艇开来，可能是一架日本飞机看见这艘位于 60 英尺水深处的潜艇，用无线电告诉这艘布雷舰。

他们立刻潜到 150 英尺地方，以免被日方探测到，同时也准备应付深水炸弹。他们在所有的船盖上多加了几层栓子。3 分钟之后，突然天崩地裂。6 枚深水炸弹在他们的四周爆炸，他们直往水底——深达 276 英尺的地方下沉，他们都吓坏了。

按常识，如果潜水艇在不到 500 英尺的地方受到攻击，深水炸弹在离它 17 英尺之内爆炸的话，差不多是在劫难逃。罗勒·摩尔吓得不敢呼吸，他在想："这回完蛋了。"在电扇和空调系统关闭之后，潜艇的温度升到近 40 度，但摩尔却全身发冷，牙齿打战，身冒冷汗。15 小时之后，攻击停止了，显然那艘布雷舰的炸弹用光以后就离开了。

这 15 小时的攻击，对摩尔来说，就像有 1500 年。他过去所有的生活一一浮现在眼前，他想到了以前所干的坏事，所有他曾担心过的一些很无聊的小事。他曾经为工作时间长、薪水太少、没有多少机会升迁而发愁；他也曾经为没有办法买自己的房子、没有钱买部新车子、没有钱给妻子买好衣服而忧虑；他非常讨厌自己的老板，因为这位老板常给他制造麻烦；他还记得每晚回家的时候，自己总感到非常疲倦和难过，常常跟自己的妻子为一点儿小事吵架；他也为自己额头上的一块小疤发愁过。

摩尔说："多年以来，那些令人发愁的事看来都是大事，可是在深水炸弹威胁着要把我送上西天的时候，这些事情又是多么地荒唐、渺小。"就在那时候，他向自己发誓，如果他还有机会见到太阳和星星的话，就永远永远不会再忧虑。在潜艇里那可怕的 15 小时，对于生活所学到的，比他在大学读了 4 年书所学到的要多得多。

我们可以相信一句话：人生中总是有很多的琐事纠缠着我们，但是我们不能与它斤斤计较，因为心胸狭窄是幸福的天敌。

生活中，将许多人击垮的有时并不是那些看似灭顶之灾的挑战，而是一些微不足道的、鸡毛蒜皮的小事。人们的大部分时间和精力无休止地消耗在这些鸡毛蒜皮的小事之中，最终让大部分人一生一事无成。

大家都知道在法律上的一条格言："法律不会去管那些小事情。"一个人总不该为一些小事斤斤计较、忧心忡忡，如果他希望求得心理上的平静和快乐的话。

很多时候，要想克服由一些小事情所引起的困扰，只需将你的注意力的重点转移

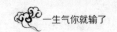

开来，给自己设定一个新的、能使你开心一点儿的看问题的角度与方法就可以了，这样你会重新收获生活的快乐。

放开自己，不纠结于已失去的事物

生活中有一种痛苦叫错过。人生中一些极美、极珍贵的东西，常常与我们失之交臂，这时的我们总会因为错过美好而感到遗憾和痛苦。其实喜欢一样东西不一定非要得到它，当你为一份美好而心醉时，远远地欣赏它或许是最明智的选择，错过它或许还会给你带来意想不到的收获。

美国的哈佛大学要在中国招一名学生，这名学生的所有费用由美国政府全额提供。初试结束了，有30名学生成为候选人。

考试结束后的第10天，是面试的日子。30名学生及其家长云集锦江饭店等待面试。当主考官劳伦斯·金出现在饭店的大厅时，一下子被大家围了起来，他们用流利的英语向他问候，有的甚至还迫不及待地向他作自我介绍。这时，只有一名学生，由于起身晚了一步，没来得及围上去，等他想接近主考官时，主考官的周围已经是水泄不通了，根本没有插空而入的可能。

他错过了接近主考官的大好机会于是有些懊丧起来。正在这时，他看见一个异国女人有些落寞地站在大厅一角，目光茫然地望着窗外，他想：身在异国的她是不是遇到了什么麻烦，不知自己能不能帮上忙？于是他走过去，彬彬有礼地和她打招呼，然后向她做了自我介绍，最后他问道："夫人，您有什么需要我帮助的吗？"接下来两个人聊得非常投机。

后来这名学生被劳伦斯·金选中了，在30名候选人中，他的成绩并不是最好的，而且面试之前他错过了跟主考官套近乎、加深自己在主考官心目中印象的最佳机会，但是他却无心插柳柳成荫。原来，那位异国女子正是劳伦斯·金的夫人。

这件事曾经引起很多人的震动：原来错过了美丽，收获的并不一定是遗憾，有时甚至可能是圆满。

许多的心情，可能只有经历过之后才会懂得，如感情，痛过了之后才会懂得如何保护自己，傻过了之后才会懂得适时地坚持与放弃。在得到与失去的过程中，我们慢慢认识自己，其实生活并不需要这么多无谓的执着，没有什么真的不能割舍的，学会放弃，生活才会更容易！

因此，在你感觉到人生处于最困顿的时刻，也不要为错过而惋惜。失去的折磨会带给你意想不到的收获。花朵虽美，但毕竟有凋谢的一天，请不要再对花长叹了，因为可能在接下来的时间里，你将收获雨滴的温馨和浪漫。

睁一眼闭一眼，对小事不予计较

美国著名的成功学大师戴尔·卡耐基是一位处理人际关系的"老手"，然而早年时，也曾犯过小错误。

有一天晚上，卡耐基和自己的一个朋友应邀去参加一个宴会。宴席中，坐在他右边的一位先生讲了一段幽默故事，并引用了一句话，意思是"谋事在人，成事在天"。那位健谈的先生提到，他所引用的那句话出自《圣经》。然而，卡耐基发现他说错了，他很肯定地知道出处，一点儿疑问也没有。

出于一种认真的态度，卡耐基又很小心地纠正了过来。那位先生立刻反唇相讥："什么？出自莎士比亚？不可能！绝对不可能！"那位先生一时下不来台，不禁有些恼怒。当时卡耐基的老朋友弗兰克就坐在他的身边。弗兰克研究莎士比亚的著作已有多年，于是卡耐基就向他求证。弗兰克在桌下踢了卡耐基一脚，然后说："戴尔，你错了，这位先生是对的。这句话出自《圣经》。"

那晚回家的路上，卡耐基对弗兰克说："弗兰克，你明明知道那句话出自莎士比亚。""是的，当然。"弗兰克回答，"在《哈姆雷特》第五幕第二场。可是亲爱的戴尔，我们是宴会上的客人，为什么要证明他错了？那样会使他喜欢你吗？他并没有征求你的意见，为什么不圆滑一些，保留他的脸面，非要说出实话而得罪他呢？"

一些无关紧要的小错误，放过去，无伤大局，那就没有必要去纠正它。这不仅是为了自己避免不必要的烦恼和人事纠纷，也顾到了别人的名誉，不致给别人带来无谓的烦恼。这样做，并非只是明哲保身，更体现了你处世的度量。

一件事情是否该认真，这要视场合而定。钻研学问更要讲究认真，面对大是大非的问题要讲究认真。但是，在不忘大原则的同时，我们要做适时的变通，对于一些无关大局的琐事，不必太认真。不看对象，不分地点刻板地认真，往往使自己处于一种尴尬的境地，处处被动受阻。每当在这种时候，如果能理智地后退一步，淡然处之，不失为一种追求至简生活的处世之道。

且咽一口气，内心的格局便开朗了

人生之所以多烦恼，皆因遇事不肯让他人一步，总觉得咽不下这口气。其实，这是很愚蠢的做法。

善于放弃是一种境界，是历尽跌宕起伏之后对世俗的一种轻视，是饱经人间沧桑之后对财富的一种感悟，是运筹帷幄、成竹在胸、充满自信的一种流露。只有在了如

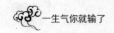

指掌之后才会懂得放弃并善于放弃，只有在懂得放弃并善于放弃之后才会获得无尽的财富。

杨玢是宋朝时期的一个尚书，年纪大了便退休在家，安度晚年。他家住宅宽敞、舒适，家族人丁兴旺。有一天，他在书桌旁，正要拿起《庄子》来读，他的几个侄子跑进来，大声说："不好了，我们家的旧宅被邻居侵占了一大半，不能饶他！"

杨玢听后，问："不要急，慢慢说，他们家侵占了我们家的旧宅地？"

"是的。"侄子们回答。

杨玢又问："他们家的宅子大还是我们家的宅子大？"侄子们不知其意，说："当然是我们家宅子大。"

杨玢又问："他们占些我们家的旧宅地，于我们有何影响？"侄子们说："没有什么大影响，虽然如此，但他们不讲理，就不应该放过他们！"杨玢笑了。

过了一会儿，杨玢指着窗外落叶，问他们："树叶长在树上时，那枝条是属于它的，秋天树叶枯黄了落在地上，这时树叶怎么想？"他们不明白含义。杨玢干脆说："我这么大岁数，总有一天要死的，你们也有老的一天，也有要死的一天，争那一点点宅地对你们有什么用？"侄子们现在明白了杨玢讲的道理，说："我们原本要告他的，状子都写好了。"

侄子呈上状子，他看后，拿起笔在状子上写了四句话："四邻侵我我从伊，毕竟须思未有时。试上含元殿基望，秋风秋草正离离。"

写罢，他再次对侄子们说："我的意思是在私利上要看透一些，遇事都要退一步，不要斤斤计较。"

人的一生，不可能事事如意、样样顺心，生活的路上总有沟沟坎坎。你的奋斗、你的付出，也许没有预期的回报；你的理想、你的目标，也许永远难以实现。如果抱着一份怀才不遇之心而愤愤不平，如果抱着一腔委屈怨天尤人，难免让自己心力交瘁。

生活中，难免与人磕磕碰碰，难免遭别人误会猜疑。你的一念之差、你的一时之言，也许别人会加以放大和责难，你的认真、你的真诚，也许会被别人误解和中伤。如果非得以牙还牙拼个你死我活，如果非得为自己辩驳澄清，可能会导致两败俱伤。

适时地咽下一口气，潇洒地甩甩头发，悠然地轻轻一笑，甩去烦恼，笑去恩怨，你会发现，内心的格局开朗了，天仍然很蓝，生活依然很美好。

不要为了无聊的事小题大做

我们每天都会经历这样或那样的事。每件事的重要性也不尽相同，有的事情至关重要，而有的则无关紧要。重要的事情固然应当认真对待，然而如果小题大做，成天为无聊的小事而发愁的话，是无法成就大事的。当然，一些在无聊的细节之处过于较真的人，在社交中也是令人讨厌的。

布莱恩有一次在一家小旅馆住宿。

午夜时分，忽然听到浴室中有一种奇怪的声音。过了一会儿，布莱恩看见一只老鼠跳上镜台，然后又跳下地，在地板上做了些怪异的老鼠"体操"，后来它又跑回浴室，使布莱恩一夜都没睡好觉。

第二天早晨，他对打扫房间的女侍说："这间房里有老鼠，夜里出来，吵了我一夜。"女侍说："这旅馆里没有老鼠。这是头等旅馆，而且所有的房间都刚刚刷过漆。"

布莱恩下楼时对电梯司机说："你们的女侍倒真忠心。我告诉她说昨天晚上有只老鼠吵了我一夜，她说那是我的幻觉。"

没想到，电梯司机说："她说得对。这里绝对没有老鼠！"

布莱恩的话被他们传开了。柜台服务员和门口看门的在他走过时都用怪异的眼光看他。

第二天早晨，他到店里买了只老鼠笼和一包咸肉。他把这两件东西包好，偷偷带进旅馆，不让当时值班的员工看见。望日早晨他起床时，看到老鼠在笼里，既是活的，又没有受伤。他心想，我将证据摆在他们面前，他们还怎样说我无中生有！

但在他准备走出房门时，忽然间意识到，如此做法，是否有些小题大做，岂不是显得自己太无聊，而且很讨厌？

于是布莱恩赶快轻轻走回房间，把老鼠放出，让它从窗外宽阔的窗台跑到邻屋的屋顶上去了。

半小时后，布莱恩退掉房间，离开旅馆，出门时把空老鼠笼递给侍者。他发现，厅中的人都向他微笑点头，目送着他推门而去。

如果布莱恩真的将老鼠带给前台，诚然能够证明他并没有说错，但同时他也证明了自己是多么地惹人讨厌。如果他真的这么做，那么他并不是赢家，而只是一个无聊而又可笑的失败者。人生在世，有时往往会过于较真，为了证明自己是对的，而在一些无伤大雅的细节之处过分纠缠，然而花费了不少气力和心思之后，不仅不能得到他人的认同，还可能惹人生厌。反之，如能像布莱恩一样，明智地选择放下心中的执念，不再执着于使人们信服旅馆中确实有老鼠，那么他失去的，仅仅是证明自己的正确之后所获得的转瞬即逝的满足感，然而却收获了他人的认同以及发自内心的赞许。在这里，布莱恩显示出了自己的智慧，同时也告诉我们，不要为无聊的小事小题大做，这样无知、无谓亦无聊，放下对无谓的细节的纠缠，方能获得内心的畅快与释然。

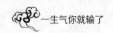

不要让小事情牵着鼻子走

在非洲草原上，有一种不起眼的动物叫吸血蝙蝠，它的身体极小，却是野马的天敌。这种蝙蝠靠吸动物的血生存。在攻击野马时，它常附在野马腿上，用锋利的牙齿迅速、敏捷地刺入野马腿，然后用尖尖的嘴吸食血液。无论野马怎么狂奔、暴跳，都无法驱逐这种蝙蝠，蝙蝠可以从容地吸附在野马身上，直到吸饱才满意而去。野马往往是在暴怒、狂奔、流血中无奈地死去。

动物学家们百思不得其解，小小的吸血蝙蝠怎么会让庞大的野马毙命呢？于是，他们进行了一次实验，观察野马死亡的整个过程。结果发现，吸血蝙蝠所吸的血量是微不足道的，远远不会使野马毙命。他们一致认为野马的死亡是它暴躁的习性和狂奔所致，而不是因为蝙蝠吸血致死。

一个理智的人，必定能控制住自己所有的情绪与行为，不会像野马那样为一点儿小事抓狂。当你在镜子前仔细地审视自己时，你会发现自己既是你最好的朋友，也是你最大的敌人。

上班时堵车堵得厉害，交通指挥灯仍然亮着红灯，而时间很紧，你烦躁地看着手表的秒针。终于亮起了绿灯，可是你前面的车子迟迟不启动，因为开车的人思想不集中，你愤怒地按响了喇叭，那个似乎在打瞌睡的人终于惊醒了，仓促地挂上了挡，而你却在几秒钟里把自己置于紧张而不愉快的情绪之中。

美国研究应激反应的专家理查德·卡尔森说："我们的恼怒有80%是自己造成的。"这位加利福尼亚人在讨论会上教人们如何不生气。卡尔森把防止激动的方法归结为这样的话："请冷静下来！要承认生活是不公正的。任何人都不是完美的，任何事情都不会按计划进行。""应激反应"这个词从20世纪50年代起才被医务人员用来说明身体和精神对极端刺激（噪音、时间压力和冲突）的防卫反应。

应激反应是在头脑中产生的，在即使是非常轻微的恼怒情绪中，大脑也会命令分泌出更多的应激激素。这时呼吸道扩张，使大脑、心脏和肌肉系统吸入更多的氧气，血管扩大，心脏加快跳动，血糖水平升高。

埃森医学心理学研究所所长曼弗雷德·舍德洛夫斯基说："短时间的应激反应是无害的。"他说，"使人感受到压力的是长时间的应激反应。"他的研究所的调查结果表明：61%的人感到在工作中不能胜任；有30%的人因为觉得不能处理好工作和家庭的关系而有压力；20%的人抱怨同上级关系紧张；16%的人说在路途中精神紧张。

理查德·卡尔森的一条黄金规则是："不要让小事情牵着鼻子走。"他说："要冷静，要理解别人。"他的建议是：表现出感激之情，别人会感觉到高兴，你的自我感觉会更好。

学会倾听别人的意见，这样不仅会使你的生活更加有意思，而且别人也会更喜欢你；每天至少对一个人说，你为什么赏识他，不要试图把一切都弄得滴水不漏。不要顽固地坚持自己的权利，这会花费许多不必要的精力。不要老是纠正别人，常给陌生人一个微笑，不要打断别人的讲话，不要让别人为你的不顺利负责。要接受事情不成功的事实，天不会因此而塌下来；请忘记事事都必须完美的想法，你自己也不是完美的。这样生活会突然变得轻松许多。当你抑制不住自己的情绪时，你要学会问自己：一年前抓狂时的事情到现在来看还是那么重要吗？不为小事抓狂，你就可以对许多事情得出正确的看法。

现在，把你曾经为一些小事抓狂的经历写下来，然后把你现在对这些事的看法也写下来，对比之下，相信你会有更深的认识，这也正是我们所要传递的精神所在。

抛开烦恼，别跟自己较劲

生活中不顺心的事十有八九，要做到事事顺心，就要做到放得下，不愉快的事让它过去，不放在心上。有一句话说的是：生气是拿别人的错误惩罚自己。如果你总是念念不忘别人的坏处，实际上深受其害的是自己的心灵，搞得自己狼狈不堪，不值得。既往不咎的人，才可能甩掉沉重的包袱，大踏步前进。

有一位企业老总，当有人问起他的成功之路时，他讲了自己的一段切身经历：

"这几年来我一直采用忘却来调整自己的心态。我本来是一个情绪化的人，一遇到不开心的事，心情就糟糕不已，不知道该怎么做好。我知道这是自己性格的弱点，可我找不到更好的办法来化解。直到后来，遇到一位老专家。

"大学刚毕业那段时间，是我心情最灰暗的时候。当时我在一家公司做文员，工资低得可怜，而且同事间还充满着排斥和竞争，我有些适应不了那里的工作环境。更令人难过的是，相爱三年的女友也执意要离开我，我没有想到多年的爱情竟然经不起现实的考验，我的心在一点一点地破碎。朋友的劝慰似乎都起不到作用，我一味地让自己沉沦下去。除了伤悲，我又能做些什么呢？到最后，朋友建议我去找一位知名的心理专家咨询一下，以便摆脱自己的困境。

"当那位老专家听完我的诉说后，他把我带到一间很小的办公室，室内唯一的桌上放着一杯水。老专家微笑着说：'你看这只杯子，它已经放在这里很久了，几乎每天都有灰尘落入里面，但它依然澄澈透明，你知道是为什么吗？'

"我认真思索，像是要看穿这杯子，是的，这到底是为什么呢？这杯水有这么多杂质，但最终却为什么很清澈呢？对了，我知道了，我跳起来说：'我懂了，所有的灰尘都沉淀到杯子底下了。'老专家赞同地点点头：'年轻人，生活中烦心的事很多，有些是越想忘掉越不易忘掉，那就记住它好了。就像这杯水，如果你厌恶它，使劲儿摇晃它，就会使整杯水都不得安宁，浑浊一片，这是多么愚蠢的行为。如果你愿意慢慢地、静静地让它们沉淀下来，用宽广的胸怀去容纳它们，这样，心灵并未因此受到

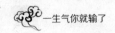

感染，反而更加纯净了。'

"我记住了这位老专家睿智的话，以后，当我再遇到不如意的事时，就试着把所有的烦恼都沉入心底，不要与那些不顺的事纠缠。当它们慢慢沉淀下来时，我的生活就马上阴转晴了，变得快乐和明媚起来。"

遗憾的是在生活中，很多人有时候太在意自己的感觉了。比如，你在路上不小心摔了一跤，惹得路人哈哈大笑。你当时一定很尴尬，认为全天下的人都在看着你。但是你如果站在别人的角度考虑一下，就会发现，其实这件事只是他们生活中的一个小插曲，甚至有时连插曲都算不上，他们哈哈一笑，然后就把这件事忘记了。

人生路上，我们只是别人眼中的一道风景，对于一次挫折、一次失败，完全可以一笑了之，不要过多地纠缠于失落的情绪中。你的抱怨只能提醒人们重新注意到你曾经的失败。你笑了，别人也就忘记了。有句话说："20岁时，我们顾虑别人对我们的想法；40岁时，我们不理会别人对我们的想法；60岁时，我们发现别人根本就没有想到我们。"这并非消极，而是一种人生哲学——学会看轻你自己，才能做到轻装上阵。

生活中难免会遇到来自外界的一些伤害，经历多了，自然有了提防。可是，我们却往往没有意识到，有一种伤害并不是来自外部，而是我们自己造成的：为了一个小小的职位、一份微薄的奖金，甚至是为了一些他人的闲言碎语，我们发愁、发怒，认真计较，纠缠其中。一旦久了，我们的心灵就被折磨得千疮百孔，对生活失去热情，对周围的人也冷淡了很多。

假如我们能不被那么一点点的功利所左右，我们就会显得坦然多了，能平静地面对各种荣辱得失和恩恩怨怨，使我们永久地持有对生活的美好认识与执着追求。这是一种修养，是对自己人格与性情的冶炼，从而使自己的心胸趋向博大，视野变得深远。那么，我们在人生旅途上，即使是遇到了凄风苦雨的日子，碰到困苦与挫折，我们也都能坦然地走过。

生活在现在，面向着未来，过去的一切都被时间之水冲得一去不复返。我们没有必要念念不忘那些不愉快，那些人间的仇怨。念念不忘，只能被它腐蚀，而变得憎恨和怨艾，甚至导致精神崩溃，陷自己于疯狂。

学习忘记之道，让许多愤恨的往事烟消云散，日子久了，激动的情绪也就越来越少，心灵和精神的活力就会得以再生，从而恢复了原有的喜悦和自在。

不计较他人的毁誉

生活中，当别人讥讽、辱骂甚至毁谤你时，最高明的态度就是漠视它，就是不闻不问。这样就可以使自己处于主动的位置，尽管对手既惊恐又恼怒，但是无法靠近，纵然有天大的本事也无济于事。

有一位武功高强的武士。在年纪很大以后，武士开始全身心地向年轻人传授禅宗。虽然他年岁已高，据说仍然所向无敌。

有一天，一位年轻武士前来拜访。这位年轻武士以胆大妄为著称，也以技巧高超而闻名。他会等对方先出手，然后利用自己高超的才智来评估对手的错误，再以迅雷不及掩耳的速度进行反击。

这位年轻气盛的武士还从来没有打过败仗，因久仰老武士的声名，前来挑战，想借此提高自己的名望。

老武士不顾弟子们的反对，接下了挑战书。

大家都来到市区的大广场上，年轻武士开始侮辱老武士，对他扔了几块砖头，往他脸上吐口水，用尽所有脏话辱骂他的祖宗八代。年轻武士花了好几个小时，费尽了心机，想以此激怒老武士。不过，老武士仍然不为所动。直到最后，年轻气盛的武士缩手了，精疲力竭又倍感羞辱。

老武士的弟子看到自己的师父受辱而不反击，非常失望，就忍不住问他："他那么过分，师父怎么能忍受？尽管真正动起手来可能会吃败仗，至少也不会让我们这些做弟子的看到您懦弱的一面啊！"

"假设有人带着礼物来见你，你不收下礼物的话，礼物应该归谁？"老武士问众弟子。

"归送礼的人。"弟子们回答。

"嫉妒、愤怒与侮辱也是同样的道理。"老武士说，"如果这些东西你都拒收的话，它们还是归对方所有。"

在这个世界上，没有比漠视更好的惩罚手段了，把那些人埋藏在他们愚昧的灰烬中；让他们自己的唾沫淹没他们自己；让他们的耳光都回应到他们自己身上。化解各种风波和平息流言飞语的不二法门就是对其置之不理。指责他们只会给自己带来侮辱，对他们反唇相讥只会使自己的荣誉受损。

受辱时，漠视他人，不计较他人的毁誉，那么，受辱者就是对方了。

下次，当你面对他人的打击或厄运时，你要做的第一件事是调整心态，然后做出正确的选择，在实际行为上显示出自己强烈的意志力和自控力，这样才是一种理性的自我完善。

如果没有坏消息，受点儿欺骗也不算什么

阿根廷著名的高尔夫球手罗伯特·德·温森多有一次赢得一场锦标赛。领到支票后，他微笑着从记者的重围中出来，到停车场准备回俱乐部。这时候一个年轻的女子向他走来。她向温森多表示祝贺后又说她可怜的孩子病得很重——也许会死掉——而她却

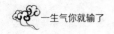

不知如何才能支付起昂贵的医药费和住院费。

这位年轻的女子泪流满面。她看着温森多，眼里充满了祈求和希望。看起来她很爱自己的孩子，正在为也许会离开人世的孩子而感到绝望。温森多被她深深打动了。他二话没说，掏出笔在刚赢得的支票上飞快地签了名，然后塞给那个女子。

"这是这次比赛的奖金，祝可怜的孩子好运。"他说道。接着他便驾车离去，甚至没有问那位女子的姓名。

一个星期后，温森多正在一家俱乐部进午餐，一位职业高尔夫球联合会的官员走过来，神色颇为凝重。他问温森多一周前在停车场是不是遇到一位自称孩子病得很重的年轻女子。

"是停车场的孩子们告诉我的。"官员说。

温森多点了点头，感觉这其中出了什么事情。

"哦，对你来说这是个坏消息，"官员说道，"那个女人是个骗子，她根本就没有什么病得很重的孩子。她甚至还没有结婚哩！温森多，你让人给骗了！我的朋友。"

"你是说根本就没有一个小孩子病得快死了？"温森多的脸显得异常的明亮。

"是这样的，根本就没有。"官员答道。

温森多长吁了一口气。"这真是我一个星期来听到的最好的消息。"温森多说。

对生活不要计较太多，我们或许该对生活充满感恩，每天在清晨醒来应该庆幸自己还好好地活着，如果有人关爱我们，就要更加懂得珍惜眼前的一切。舍弃一些看起来无关紧要的东西，你的人生会走得更加洒脱，而你也会得到比失去之前更加真实的快乐。对温森多而言，好消息——"根本就没有一个小孩子病得快死了"和一笔可观的财富——锦标赛冠军奖金之间，哪一样是他真正的快乐源泉？显然是前者。他放弃与骗子计较寻回奖金，而在人性的大关爱中得到了快乐，这是以舍为得的境界。如果斤斤计较于小利之"失"，你便有可能错过一场与你的生命而言最大的"得"。

想开了是天堂，想不开就是地狱

生活在凡尘俗世中的人，注定逃不脱世俗的牵绊，与其为外境所困，不如用一颗宁静淡泊的心平和对待。

若能得到宽心这般的智慧，定能够成为驾驭完美生活的熟练舵手，驾驶生命之舟纵情畅游。

有一个弟子打坐之时，总觉得有一只五彩斑斓的蜘蛛在自己身上爬来爬去，他常常被惊吓得无法入定，于是他便将这事告诉了禅师。

老禅师递给他一支笔，说："下次这只蜘蛛再出现时，你把它出现的位置画下来，这样才可以知道它从何而来，才能想办法驱逐。"

当这名弟子再次打坐时，蜘蛛又出现了，他标下蜘蛛的位置，急匆匆地找到禅师。

老禅师指着弟子画的圈，问道："难道你还不知它从何而来？"

弟子低头一看，只见这个圈正画在自己心的位置。

五色蜘蛛，不在别处，只是源于自己内心的妄念，因而由心所生。佛经上说，"心净则国土净"，心中澄明，则处处是净土，心中有碍，则处处是炼狱。

日本明治时代有一位著名的南隐禅师，他境界很高，常常能用一两句话给人以深刻的点拨，很多人慕名而至，前来问佛参禅。

有一天，有一位官员前来拜访，请南隐禅师为他讲解何谓天堂、何谓地狱，并希望禅师能够带他到天堂和地狱去看一看。

南隐禅师面露鄙夷之色，细细打量了他一番，然后问道："你是何人？"

官员说："在下是一员武将。"

南隐禅师哈哈大笑，并用很刻薄的语言嘲笑道："就你这一副模样，居然也敢称自己是一名将军！真是笑死人了！"

官员大怒，立刻让身边的差役棒打南隐禅师。南隐禅师跑到佛像之后，露出头来对着官员喊："你不是让我带你参观地狱吗？看，这就是地狱！"

官员顿时明白了南隐禅师所指，心生愧疚，并被南隐禅师的智慧所折服，于是走到禅师面前，恭恭敬敬地低头道歉。

南隐禅师笑着说："看啊，这不就是天堂了吗？"

在听到南隐禅师的辱骂之后，这名官员尚未思考禅师的用意便勃然大怒，一念之间，便坠入了地狱；反之，当他以坦然平和的心境对待所发生的事情时，天堂也就在眼前了。这正是一念天堂，一念地狱。

天堂与地狱只在一念之间，可以海阔天空，也可以在愁闷中度日，可以心境自在，也可以终日闷闷不乐，完全在于自己的选择，而这种选择也决定了一个人将成为快乐生活的主人还是忧愁烦恼的奴隶。

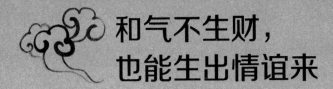

第六章

和气不生财，也能生出情谊来

为了使自己快乐，请先宽容别人

宽容是一种博大，它能包容人世间的喜怒哀乐；宽容是一种境界，它能使人生跃上新的台阶。送人玫瑰，手有余香，宽容别人，善待别人，其实就是宽容和善待自己。

法国19世纪的文学大师雨果曾说过这样一句话："世界上最宽阔的是海洋，比海洋宽阔的是天空，比天空更宽阔的是人的胸怀。"在生活中学会宽容，你便能明白很多道理。

"处处绿杨堪系马，家家有路到长安。"宽厚待人，容纳非议，是事业成功、家庭幸福美满之道。事事斤斤计较、患得患失，活得也累，难得人世走一遭，潇洒最重要。因此说，宽容就是潇洒。

世界由矛盾组成，任何人或事都不会尽善尽美。无论是"患难之交"、"亲朋好友"，还是"金玉良缘"、"模范丈夫"，都是相对而言。他们的矛盾、苦恼常被掩饰在成功的光环下，而掩盖的工具恰恰是宽容。不必羡慕别人，更不要苛求自己，常用宽容的眼光看世界，事业、家庭和友谊才能稳固和长久。

同事的批评、朋友的误解，过多的争辩和"反击"实不足取，唯有冷静、忍耐、谅解最重要。相信这句名言："宽容是在荆棘丛中长出来的谷粒。"能退一步，天地自然宽。因此说，宽容就是忍耐。

人人都有痛苦，都有伤疤，动辄去揭，便添新伤，旧痕新伤难愈合。忘记昨日的是非，忘记别人先前对自己的指责和谩骂，时间是良好的止痛剂。学会忘却，生活才有阳光，才有欢乐。因此说，宽容就是忘却。

"小不忍，致大灾"；"忍一时之气，免百日之忧"。古往今来，人世间多少憾事、多少不幸、多少悲剧、多少恐怖都是因为人与人之间争强斗气，不能相互宽容而发生的。

很久以前，有一个老禅师夜晚出房门巡夜时，发现墙边有一把椅子，他一看就知道有小和尚违背寺规私自溜出去了。老禅师没有声张，走到墙边，移开椅子，就地蹲在那里。过了一会儿，一个小和尚在黑暗中踩着老禅师的脊梁跳进了院子。当他双脚着地时，惊觉刚才踏的不是原来放的那把椅子，而是自己的师父。小和尚顿时惊慌失措，张口结舌。出乎意料的是师父并没有厉声责备他，只是很关怀地说："夜深天凉，多穿件衣服，别冻着。"听了师父的话，小和尚很惭愧，他扪心自问，决心改过自新，以后再没有犯过类似的错误。小和尚没因所犯的错误受到严厉的惩罚，却被老禅师的宽容态度感动了。

一个人的胸怀能容下多少人，就能赢得多少人的尊重和喜爱。"忍人之所不能忍，方能为人所不能为"；"大肚能容，容天下难容之事；开口常笑，笑天下可笑之人"，弥勒佛之所以能日进万金，全仗他宽容功夫练到家了，用宏大的气量去感受那一笑泯恩仇的快乐。智者总会用宽容这把智慧之剑去斩断冤冤相报这扯不完的长线。

生活中，常常会发现这样的事情：有的同学总在抱怨没有朋友，总在抱怨别人对自己的不友好。其实，你有没有想到，如果你以一颗宽容博爱的心去对待别人，是否会有意想不到的收获呢？善待别人，就是善待自己。就如一本书上说的，我们的心如同一个容器，当爱越来越多的时候，烦恼就会被挤出去。我们学会了让他人快乐就是让自己快乐，学会了善待他人就是善待自己。生活就是一幅画，当我们把思想的调色板用心的画笔勾出每一道风景时，爱是最美丽的一笔。

把自己的聪明才智，用在有价值的事情上面。集中自己的智力，去进行有益的思考；集中自己的体力，去进行有益的工作。不要总是企图论证自己的优秀，别人的拙劣；自己正确，别人错误。不要事事、时时、处处总是唯我独尊、固执己见。在非原则的问题和无关大局的事情上，善于沟通和理解，善于体谅和包涵，善于妥协和让步，既有助于保持心境的安宁与平静，也有利于人际关系的和谐和社会环境的稳定。

宽容不仅产生和谐，而且产生凝聚力。宽容的前提，是宽广的胸怀。所谓海纳百川，首先就是有了大海那样的胸怀，这才能够百川并蓄。人人需要宽容这一可贵的品格。

那些所谓的厄运，只是因为对他人一时的狭隘和刻薄，而在自己前进的路上自设的一块绊脚石罢了；而那些所谓的幸运，也是因为无意中对他人一时的恩惠和帮助，而拓宽了自己的道路。

交好朋友走好路

"近朱者赤，近墨者黑。"这个道理古今贯通。交友不可不慎，人的一生如果交上好的朋友，不仅可以得到情感上的慰藉，而且朋友之间可以相互砥砺，相互激发，共同进步。

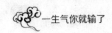

孔子曰："益者三友，损者三友。友直，友谅，友多闻，益矣。友便辟，友善柔，友便佞，损矣。"这句话的意思是："有益的交友有三种，有害的交友也有三种。同正直的人交友，同诚信的人交友，同见闻广博的人交友，是有益的。同惯于走邪道的人交朋友，同善于阿谀奉承的人交朋友，同惯于花言巧语的人交朋友，是有害的。"

曹雪芹在《红楼梦》中说得好："万两黄金容易得，知心一个也难求。"所以有人就有这样的感叹：人生得一知己足矣！没有朋友的人是世界上最为可怜的孤独者。交好朋友一定要结交那些能和你同甘共苦的人做朋友。只有交好朋友，你才不会孤独，才能走好人生之路。"在家靠父母，出门靠朋友"。可见朋友在每一个人生活中的重要位置。

在友谊的问题上，马克思和恩格斯这两位无产阶级的导师堪称是典范。马克思及其家庭很是穷困，为了不让马克思中断科学巨著《资本论》的写作，恩格斯进了他父亲的商店，从事他最为痛恨的资本家的"该死的商业"。所以，从某种意义上说，马克思之所以能在无产阶级解放事业上有如此大的发展，与恩格斯的无私帮助是连在一起的。所以，当《资本论》第一卷问世之后，马克思在给恩格斯的信中这样说："这件事之所以成为可能，我只能归功于你，没有你对我的牺牲精神，我绝不可能完成我的巨著。"

为此，革命导师列宁做了如下的评价："古老的传说中有各种非常动人的友谊的故事。欧洲无产阶级可以说，它的科学是由两位学者和战士创造的，他们的关系超过了古人关于人类友谊的一切最动人的传说。"伟大的物理学家爱因斯坦也说："世间最美好的东西，莫过于有几个有头脑和心地都很正直的朋友。"

朋友之间，无论志趣上，还是品德上、事业上，总是互相影响的。我们观察一个人一生的道德与事业，都不可避免地受到身边人的影响。从这个意义上，可以说选择朋友就是选择命运。

那么，应该选择什么样的人作为自己的朋友呢？

1. 选择能共患难的人作为自己的朋友。英国大诗人莎士比亚说："朋友间必须是患难相济，那才能说得上是真正的友谊。"有的人则是有福可以同享，有难时却不能同当。在现实生活中不乏这样的人：当昔日的朋友失意、落难时，不是近之、帮之，而是躲之、远之，这样的人是不能作为真正的朋友的。

2. 选择能互相帮助的人作为自己的朋友。人，总有失意、危难时，若在你最需要的时候伸出援助之手，有时甚至不顾自己的利益得失尽朋友之责，那么，这样的朋友是值得信赖的，人生就要交这样的朋友。

3. 选择志同道合的人作为自己的朋友。有一个共同的目标，可托生死，便可天地长久；而以利相合者，如酒肉朋友，可以一时凑合在一起，然而却留下无穷的祸患，最后必拼个你死我活。

4. 选择能交心的人作为自己的朋友。作为朋友，就要坦诚、直言，就要有什么说什么，绝不要躲躲闪闪、藏藏匿匿，那些当着你的面尽说好话，而背后说你坏话的人，决不能作为你的朋友。甚至可以这样说：虚假的朋友比公开反对你的人还要危险。

朋友之间建立的感情是友谊。友谊是人生最重要的东西，所以英国伟大学者达尔文说："谈到名声、荣誉、快乐、财富这些东西，如果同友谊相比，它们都是尘土……"一个人要获得真正的友谊，并非是一件容易的事。

诚如俄国诗人普希金所说的："不论是多情的诗句、漂亮的文章，不论是闲暇的欢乐，什么都不能代替无比亲密的友情。"总之，当一个人对友谊采取认真、投入、热诚、参与的态度后，就会有真正的友谊。

耐心倾听比说话更重要

西方有一句名言：雄辩是银，倾听是金。所以在人际交往中，尽可能少说多听。要想营造和谐的人际关系，必须学会耐心地倾听。

一个时时带着耳朵的人，总是比一个只长着嘴巴的人讨人喜欢。与人沟通时，如果只顾自己喋喋不休，根本不管对方是否有兴趣听。这是很不礼貌的事情，也极易让人产生反感。

倾听有时比说话更重要。能成大事的人最重要的特质之一，就是在人际交往中善于倾听别人的谈话，他们知道，为了使自己的话语为人重视又不惹人讨厌，唯一的办法是在别人说话时少说话，安静地、耐心地倾听。

在我们身边，经常会有这样的人，他们喜欢多说话，总是喜欢显示自己怎么样，好像他博古通今似的。这样的人，以为别人会很佩服他，其实，只要有点社会阅历的人，都会不以为然。更聪明的人，或者说智慧的人，往往会根据自己的经验，知道自己要是多说，必然会说得多错得也就多，所以不到需要时，总是少说或者不说。当然，到了说比不说更有效时，我们一定要说。

倾听是一种礼貌，是一种尊敬讲话者的表现，是对讲话者的一种高度的赞美，更是对讲话者最好的恭维。倾听能使对方喜欢你，信赖你。每个人都希望获得别人的尊重，受到别人的重视。当我们专心致志地听对方讲，努力地听，甚至是全神贯注地听时，对方一定会有一种被尊重和重视的感觉，双方之间的距离必然会拉近。

倾听并不只是单纯地听，而是应该真诚地去听，并且不时地表达自己的认同或赞扬。倾听的时候，要面带微笑，最好别做其他的事情，应适时地以表情、手势或点头表示认可，以免给人敷衍的印象。

经朋友介绍，重型汽车推销员乔治去拜访一位曾经买过他们公司汽车的商人。见面时，乔治照例先递上自己的名片："您好，我是重型汽车公司的推销员，我叫　　　"

才说了不到几个字，该顾客就以十分严厉的口气打断了乔治的话，并开始抱怨当初买车时的种种不快，例如服务态度不好、报价不实、内装及配备不对、交接车等待

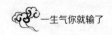

得过久等等。

顾客在喋喋不休地数落着乔治的公司及当初提供汽车的推销员，乔治只好静静地站在一旁，认真地听着，一句话也不敢说。

终于，那位顾客把以前所有的怨气都一股脑地吐光了。当他稍微喘息了一下时，方才发现，眼前的这个推销员好像很陌生。于是，他便有点儿不好意思地对乔治说："小伙子，你贵姓呀，现在有没有一些好一点的车种，拿一份目录来给我看看，给我介绍介绍吧。"

当乔治离开时，已经兴奋得几乎想跳起来，因为他的手上拿着两台重型汽车的订单。

从乔治拿出产品目录到那位顾客决定购买的整个过程中，乔治说的话加起来都不超过10句。重型汽车交易拍板的关键，由那位顾客道出来了，他说："我是看到你非常实在、有诚意又很尊重我，所以我才向你买车的。"

因此，在适当的时候，让我们的嘴巴休息一下吧，多听听对方的话。当我们满足了对方被尊重的心理需求时，我们也会因此而获益的。在倾听对方说话的同时，我们还有几个方面需要努力避免：

1. 别提太多的问题。问题提得太多，容易致使对方思维混乱，难以集中精力。

2. 集中注意力。有的人听别人说话时，习惯想些无关的事情，对方的话其实一句也没听进去，这样做不利于沟通和交往。

3. 别匆忙下结论。不少人喜欢急于对谈话的主题做出判断和评价，往往迫使谈话者陷入防御地位，为交往制造障碍。

倾听让我们不必费心思考又能赢得人心，我们何乐而不为呢？当对方的不满需要发泄时，倾听可以缓解他人的敌对情绪。很多人气愤地诉说，并不一定需要得到什么合理的解释或补偿，而是需要把自己的不满发泄出来。这时候，倾听远比提供建议有用得多。如果真有解释的必要，也要避免正面冲突，而应在对方的怒气缓和后再进行。凡是能成就大事的人，总是能在倾听的过程中抓住对方的心。可见，用心的倾听有时比你与别人认真的交谈重要得多，也有效得多。

与邻居和睦相处

邻里关系是一种人们不可脱离的社会关系，互相尊重、体谅、关心是搞好这一关系不可缺少的要素。总之，"邻里好，赛金宝"，让我们共同创造出一个令人愉快的居住环境。

邻里关系是一种以社会道德为基础，包括文化、价值观念等的社会关系，它不同于亲缘或血缘关系。邻里关系是每一个人都会碰到的一种普遍关系，好的邻里关系等于为自己添了左膀右臂，在困难的时候可以得到邻里的帮助，日常生活中也可以使思想得到沟通。反之，邻里关系如果不融洽会招来许多麻烦。

尊重，这是处好邻里关系最起码的一条。邻居的职业有不同，年龄有长幼，地位有高低，文化有深浅，不能"看人下菜碟"，应该一律以平等的态度去对待。早晚相见，要热情打招呼；唠起家常，要推心置腹。就是对待邻家的孩子，说话也要和气，如果他们做错了什么，不能随意呵斥，否则会引起家长之间的不愉快。邻里之间的尊重要发自内心，绝不能当面一副面孔，背后另一副面孔。特别要注意的是，不能在邻居间扯"长舌"，说闲话，以免引起无原则的纠纷，影响邻里团结。

和睦相处的邻里关系，是现代社会文明的一种表现，也是每个市民的基本素质要求。俗话说："低头不见抬头见"，道出了邻里关系的密切程度。要正确处理好邻里关系必须注意以下几点：

首先，居住环境要保持宁静，在使用音响等设备时，要掌握好音量，以免影响上夜班的邻居休息。平时要教育好自己的孩子不要任意打闹。提倡互谅、互让，发扬友爱精神。

其次，居住地的公共部位要共同爱护，保持整洁，不要乱抛垃圾杂物；住在楼上的居民，不可随意向楼下倾倒污水、杂物；平时浇花、晒衣服时注意不要让水滴到楼下晒的被子上，不要随意拍打衣物，以免弄得灰尘飞扬；要固定好放在阳台上的花盆等物品，以免被大风刮落，发生意外事故。

最后，邻里间要加强团结，互相帮助，谁家有困难，应伸出援助之手。如发生矛盾，应讲清道理，以理服人，又要讲究方式方法。平时应严以律己，宽以待人。

邻里间还要做到互相体谅。人们的兴趣爱好不一样，生活习惯也就会不同。邻居中起来早的可能会惊动起来晚的，睡得晚的又可能会影响睡得早的。但是，只要能处处为别人考虑，体谅别人的困难，就会少给别人添麻烦，也不会因别人给自己带来的一点干扰而不满。尤其是公共用地，尽量要少占用、多清扫。不要人家放个罐，你就觉得吃了亏，非得放个缸不可；也不要你扫了一次，觉得不合算，要求人家也得扫一次。俗话说："人敬我一尺，我敬人一丈。"体谅所得到的回报，必然也是体谅。斤斤计较的后果，必然是让人看不起，造成邻里关系紧张。

邻居是人们生活中接触最多的人，相处时间较长，少则几年，多则十几年，甚至几十年，应该建立起深厚的友谊和感情。邻居家有了困难，应当积极地无私地予以帮助；邻居家有了病人，应当尽力地热情地给予关照。长辈要关怀爱护邻居家的孩子，孩子们更应当尊敬邻居家的长者。只有这样，邻里之情才能胜过"远亲"，甚至"亲如一家"。

面带微笑谈话更能拉近彼此的距离

笑对别人，别人会认为你尊重他，对他友好，而"投之以李，报之以桃"。微笑可以给自己、给他人带来快乐，是赢得良好人际关系的基础。

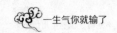一生气你就输了

　　微笑的力量是不可抗拒的，它是协调人际关系的一朵绮丽的鲜花。人人都希望别人喜欢自己，重视自己。微笑能缩短人与人之间的距离，融化人与人之间的矛盾，生活中没有人拒绝微笑这一"贿赂"。

　　在人际交往中，微笑已成为友好、热情的象征。它既有助于克服羞怯的情绪和困窘的感情，同时又有助于人们之间的交往和友谊。

　　杰克是美国一家小有名气的公司总裁，他还十分年轻，就几乎具备了成功男人应该具备的所有优点，有明确的人生目标，又有不断克服困难、超越自己和别人的毅力与信心；他雷厉风行、办事干脆利索，从不拖沓；他的嗓音深沉圆润，讲话切中要害；而且杰克总是显得雄心勃勃，富于朝气。他对于生活的认真与投入是有口皆碑的，而且，它对于同事们也很真诚，讲求公平对待，与他深交的人都为拥有这样的好朋友而自豪。

　　但是，初次见到杰克的人却很少对它有好感。这令熟知他的人大为吃惊。为什么呢？仔细观察后发现，原来他几乎没有笑容。

　　杰克深沉严峻的脸上永远是炯炯的目光，紧闭的嘴唇和紧咬的牙关。即便在轻松的社交场合也是如此，他在舞池中优美的舞姿几乎令所有的女士动心，但是却很少有人同他跳舞。公司女员工见了他更是畏如虎豹，男员工对他的支持与认同也不是很多。而事实上他只缺少了一样东西，一样足以致命的东西——一副动人的、微笑的面孔。

　　在对交际比较成功的人士的调查中有人发现，几乎所有的人都懂得微笑，而且是将微笑纳入了日常学习中，通过学习提高微笑的魅力。一位成功的社交家说："无论你有多高超的交际艺术，如果缺乏了微笑就像是一朵即将枯萎的玫瑰花，黯然失色。"

　　因为微笑是一种宽容，更是一种接纳，它缩短了人与人之间的距离，使彼此之间心心相通。喜欢微笑着面对他人的人，往往更容易走入对方的天地。始终能以微笑待人的人，在交际方面往往容易被社会所选中和喜爱。

　　在社会竞争越来越激烈的今天，物竞天择、适者生存的规律所产生的作用，就往往有利于那些能用微笑来表达愉快兴奋状态的人。公关小姐一个重要的条件就是学会微笑。假如你留心奥运会的入场仪式，你就会发现，不同的国家和民族，不同的肤色和脸孔，不同的服装，不同的文化传统，都有一个共同之处——大家的脸上都挂着微笑。在人类进化的整个过程中，微笑已经在整个人类中牢固生根。

　　用微笑与人交流，是心与心的沟通。微笑是心灵之间沟通的桥梁，如果我们对别人的笑是一种机械的、假意的、甚至是很勉强的，别人就会感到不舒服，甚至会厌恶或反对，因此我们的微笑应是一种真实、热忱、发自内心的微笑，那将会给人一种温暖、舒适的感觉。

　　一个人的面部表情亲切、温和、充满喜气，远比他穿着一套高档、华丽的衣服更吸引人的注意，也更容易受人欢迎。微笑是无声的行动，它所表示的是："我很满意你，你使我快乐，我很高兴同你共事。"所以说，要想取得与同事交往的成功，不能缺少微笑。

　　"笑是人类的特权"，微笑是人的宝贵财富。微笑是自信的标志，也是礼貌的象

征。人们往往会依据你的微笑来获取对你的印象，从而决定对你所需要办的事情的态度。只要我们都献出一份微笑，人与人之间的关系将会更加融洽，人与人之间的沟通也将会变得更加容易。不要吝啬你的微笑，它能使我们快乐，彼此之间产生好感，在朋友中产生真诚。沟通从"心"开始，让我们用心与心交流，让微笑无处不在、真诚随处可寻。

播种美丽，收获幸福

当你有了美好和幸福，不要独自一个人享受，而是与大家共同分享。把美好和幸福分送给每一个人，自己拥有的看似减少了，实际上是增加了许多许多。

给别人一杯水，自己会感觉有一桶水，而为了保持自己的一桶水，我们就必须时刻努力，这成为自己前进的不竭动力。其实，你给别人的愈多，自己的收获也就愈大，不是吗？当你种下几粒花种，却收获了整个春天。

在去美国西部的旅途中，一位老妇人时不时地从敞开的窗户中探出身去，从一个瓶子中把一些粗大的种子似的东西撒在路上，当她撒完了一个瓶子以后，又在手提包里把瓶子灌满，接着继续撒。原来这位老妇人非常喜欢鲜花，并且一贯遵守一个信念：请在你旅途所经之处撒播鲜花的种子，因为你可能永远都不会在同样的路上再次旅行。通过在自己旅途中撒播鲜花的种子，这位老妇人大大增添了原野的美丽。正是由于她热爱美、传播美，使得许多道路两侧鲜花缤纷，生机盎然，令寂寞的旅人感到温暖。

收获是一种幸福，播种也是一种幸福。播种的过程其实就是不断创造新的喜悦的过程。收获的幸福，一半来源于收获果实本身的幸福，一半则来源于自己的辛勤耕耘终于有了回报的幸福。播种的幸福是永恒的幸福。播种时间就能收获希望；播种种子就能收获果实；播种真心能够收获真情；播种爱心就能够收获整个世界。

一日，禅师外出采回一棵野菊种于院中，三年之后满院菊香。花香怡人引来山下村民，待征得禅师同意后，山下村民接连不断来此采挖菊花，数日之间无一株留存。徒弟们满脸不悦，但禅师笑道："三年后可是一村菊香。"

学会把美好的事物与人共享，让每一个人都能感受到这种幸福。只有大家都拥有幸福，才是自己最大的幸福。不要总为自己着想，殊不知，在看到别人脸上洋溢幸福的笑容时，自己也会深深感受到，原来与人分享幸福比自己独占幸福更幸福。

施比受更幸福，因为那代表你有能力帮助别人，只要在我们能力范围之内，对他人多一分的关心和付出，整个社会就会焕然一新，即使你的一个浅浅的微笑，都会让周围的人们感到很温馨，不信就从现在开始吧！你会觉得人生还是多姿多彩充满希望的！

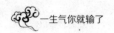

以感恩之心善待每一个人

感恩，是人生的一大智慧；感恩，是人性的一大美德。常怀感恩之心，我们便能时刻感受到家庭的幸福和生活的快乐。感恩是爱和善的基础，我们虽然不可能成为完人，但常怀感恩的情怀，至少可以让自己活得更美丽、更充实。

俗话说："滴水之恩，当涌泉相报。""感恩"，是一种生活态度，是一个内心独白，是一片肺腑之言，是一份铭心之谢。每个人都应学会"感恩"。

生活中，我们经常可以见到一些不停埋怨的人，"真不幸，今天的天气怎么这样不好"、"今天真倒霉，碰见一个乞丐"、"真惨啊，丢了钱包，自行车又坏了"、"唉，股票又被套上了"……

人生在世，不可能一帆风顺，种种失败、无奈都需要我们勇敢地面对、豁达地处理。这时，是一味地埋怨生活，从此变得消沉、萎靡不振？还是对生活满怀感恩，跌倒了再爬起来？感恩不纯粹是一种心理安慰，也不是对现实的逃避，更不是阿 Q 的精神胜利法。感恩，是一种歌唱生活的方式，它来自对生活的爱与希望。感恩是一种处世哲学，是生活中的大智慧。

美国的罗斯福总统常怀感恩之心。一次，他家被人偷去了很多东西。朋友闻讯后，写信安慰他，劝他不必太在意。罗斯福回信说："亲爱的朋友，谢谢你来信安慰我，我现在很平安。感谢上帝：因为第一，贼偷去的是我的东西，而没有伤害我的生命；第二，贼只偷去我部分东西，而不是全部；第三，最值得庆幸的是，做贼的是他，而不是我。"对失盗这样一件不幸的事，罗斯福却找出了感恩的三条理由，倒像是因祸得福呢。

生活赐予了我们灿烂的阳光，为我们过滤掉生命中的浮躁、不安、不满与不幸。只要我们像罗斯福那样，换一种角度去看待人生的失意与不幸，时时对生活怀一份感恩的心情，对生活永远充满爱与希望，我们就能保持健康的心态、完美的人格和进取的信念，快乐地生活。

有些人把太多事情视为理所当然，因此心中毫无感恩之念。既然是当然的，何必感恩？一切都是如此，我们应该有权利得到。其实，正是因为有这样的心态，这些人才会过得一点也不快乐。

如果你是一个苦恼的人，你应该学会感恩，因为感恩是驱除你苦恼的一剂良方妙药；如果你是一个对生活心灰意冷的人，你应学会感恩，因为感恩的时候就是你的身心得到温暖的时候；如果你是一个郁郁不得志的人，你应学会感恩，因为感恩会使你的心情舒畅，渐渐平和；如果你是一个被生活压得喘不过气来的人，你应学会感恩，因为感恩会使你逐步释放重负、放松身心；如果你是一个只知道索取的人，你更应学会感恩，因为感恩会使你变得会适当地给予；如果你是一个快乐的人，你也应学会感恩，这样，你的快乐就会取之不尽……对别人感恩，相应会得到他人对你的感恩，所以你得到了两份好心情。

在水中放进一块小小的明矾，就能沉淀所有的渣滓；如果在我们的心中培植一种感恩的思想，则可以沉淀许多的浮躁、不安，消融许多的不满与不幸。只有心怀感恩，我们才会生活得更加美好。拥有一颗感恩的心，善于发现事物的美好，感受平凡中的美丽，那么我们就会以坦荡的心境、开阔的胸怀来应对生活中的酸甜苦辣，让原本平淡的生活焕发出迷人的光彩。

人们常常只记得感谢给予自己关心、帮助过的人，在他们需要的时候助一臂之力。但是很少有人去感激伤害、欺骗、打击过自己的人，常常对他们报以怨恨。其实，对那些伤害过我们、带给我们痛苦的人，我们也应该感谢：正是他们让我们对这个世界有了一个更深刻的认识。我们不仅要学会用一颗感恩的心去体会真情，更要学会用一颗感恩的心去驱逐伤害。

一个人如果没有一颗感恩的心，只是一味地索取着，享受着，那么，即使再多的爱也有消失殆尽的时候。以感恩的心态，观察自然，感激生活的馈赠。就会发现大自然四季轮回，周而复始，信守最单纯最简单的平衡法则，顺应自然、从容有常。学习、工作再苦再累，能干就是福；从失意处觅希望，随遇而安便是福；顺其自然，有容乃大。

因为活着，所以我们应该感恩，如果没有感恩，活着等于死去。要在感恩中活着，感恩于赋予我们生命的父母，感恩于给我们知识的老师，感恩于提供实现自我价值的企业，感恩于帮助、关心和爱护我们的那些人，感恩于我们的祖国，感恩于大自然，感谢这一切的存在让我们体验到了真实的美好。让我们以感恩的心态来面对生活中的一切幸福和苦难，享受真实的生活吧！

做人不要太较真

做人固然不能玩世不恭，游戏人生，但也不能太较真，认死理。"水至清则无鱼，人至察则无徒"，太认真了，就会对万事都看不惯，连一个朋友都容不下，把自己与社会隔绝开。

生活中不少场合，不能认真，更不能较真。相反，你不认真，不计较，你避开风头和锋芒或反其道而行之，矛盾反而迎刃而解，气氛一下就完全改变，达到了新的和谐。做人不要太较真，也不要太认死理，这正是有人活得潇洒的原因。

人非圣贤，孰能无过。与人相处就要互相谅解，经常以"难得糊涂"自勉，求大同存小异。有肚量，能容人，你就会有许多朋友，而且能够左右逢源；相反，"明察秋毫"，眼里不揉半点沙子，过分挑剔，什么鸡毛蒜皮的小事都要争个是非曲直的人，人家也会躲你远远的，最后，你只能关起门来"称孤道寡"，成为人人避之唯恐不及

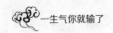

的异己之徒。

孔子周游列国，有一天看到两个猎人在指手画脚，好像为了一件事而争论得面红耳赤，唾沫星横飞。

孔子便询问他们在争论什么，原来他们是为了一道算术题。矮个儿说三八等于二十四，高个儿坚持说三八二十三，各持己见，争论不休，以至于几乎动起手来。

最后，二人打赌请一个圣贤做裁定，如果谁的答案正确，对方将一天的猎物给胜者。

这时，孔子来到他们的跟前。二人请圣人裁定。

孔子竟然叫认为三八等于二十四的矮个儿将猎物交给说三八等于二十三的高个儿猎人。高个儿拿着猎物走了。这种裁决矮个儿当然不能答应。

他气愤地说："三八二十四，这是连小孩子都不争论的真理，你是圣人却认为三八等于二十三，看样子也是徒有虚名啊！"

孔子笑道："你说得没错，三八等于二十四是小孩子都懂的真理，你坚持真理就行了，干吗还要与一个根本就不值得认真对待的人，讨论这种不用讨论也再明显不过的问题呢？"

矮个儿猎人似有所醒，孔子拍拍他的肩膀，说道："那个人虽然得到了你的猎物，但他却失去了真理；你是失去了猎物，但得到了深刻的教训！"

矮个儿猎人听了孔圣人的话点了点头。

很多时候，我们不妨睁一只眼闭一只眼做人。要做到"傻"确实不容易，这不仅需要有一定的修养，还需要有一定的雅量。

镜子很平，但在高倍放大镜下，就成了凹凸不平的山峦；肉眼看着很干净的东西，拿到显微镜下，满目都是细菌。试想，假如我们"戴"着放大镜、显微镜生活，恐怕连饭都不敢吃了，如果再用放大镜去看别人的毛病，恐怕那家伙罪不容诛、无可救药了。

难得糊涂与不明事理的真糊涂截然相反，它是人们屡经世事沧桑之后的成熟和从容，是人生大彻大悟之后的宁静心态的写照。

很多时候，不是所有的伤都可以被看到，但看不到的伤不一定就不痛；不是所有的痛都可以说出口，但不说出口的痛不一定不折磨人；不是所有折磨人的事情都要被别人知道，若不被别人知道，就必须要装糊涂。想来那应该是一种"打掉门牙往肚子里咽，而脸上却是一种幸福的微笑"的感觉。这个时候最疼的不是掉了牙的地方，而是流血的心。

难得糊涂是一种很高的精神境，谈笑间淡泊名利和恩怨，把苦痛伤害深埋在心中，在夜深人静、远离人群的时候自己悄悄舔流血的伤口。当太阳再次升起的时候，人们看到的仍然是那张灿烂的笑脸，一如既往，不曾改变。

生活中少些多余的认真和计较，多些自信和信任，多些聪明的糊涂，多些理解和谅解，生活就一定多些开心、快乐和和谐。所以说，"难得糊涂"是良训，做人不要太较真。

帮助别人就是善待自己

帮助别人就是善待自己，人生路途遥远，相识的不相识的，一个善意的举手之劳，也许可以成就自己。

人不是万能的，帮助了别人，就是善待了自己。做人之道并非秘不可解，就拿"助人即助己"来说，在成功的道路上，每一个事业有成的人，都曾经得到别人的许多帮助。因此，我们应该帮助别人作为回报，这是公平的规则。所以做人一定要抛开自私，不能心中只有一个自己，应该主动帮助别人并从别人那里求得有益的帮助，开启自己的心智。

有这样一个故事：一个人死了，天国的导游为了让他深切明白天堂与地狱的区别，就带着那个人去两地参观。

首先参观的是地狱，那人看到地狱与人间一模一样。就是明显的比人瘦小很多，面黄肌瘦，骨瘦如柴。到他们餐厅一看，一口大锅，围着的地狱人，和人间不一样的是他们每人手里使用的是一米长的筷子，锅内是美味佳肴，那为何这般模样，探究原因，原来是他们用这么长的筷子无法把美味佳肴放到自己的嘴里。

然后参观天堂。天堂与地狱的餐厅是一模一样，一口大锅，里面美味佳肴。也是使用一米长的筷子，观察后发现每人肥头大耳，红光满面。一样的设施为什么两地有天壤之别呢？

原来天堂的人不像地狱的人那么自私，用筷子夹在自己嘴里，而是用长筷子，相互夹在对方嘴里，你夹给我，我夹给你，都有饭吃！

天堂和地狱的区别在于帮助别人，帮助别人就是善待自己！

付出爱心，就是种下一片希望。对别人施予善行，往往能得到更加丰厚的回报。而为别人付出的时候，本身就可以体验到生命的快乐与富足。

任何一种真诚而博大的爱都会在现实中得到应有的回报。在我们进行换位思考的时候，当我们真诚地考虑到对方的感受和需求的时候，意想不到的回报便会悄然而至。

古时候，有两兄弟各自带着一只行李箱出远门，一路上，重重的行李箱将两兄弟压得喘不过气来。他们只好左手累了换右手，右手累了换左手。后来，大哥停了下来，在路边买了一根扁担，将两个行李箱一左一右挂在扁担上。他挑起两个箱子上路，反倒觉得轻松了许多。

帮助别人不仅利人，同时也提升了自己生命的价值。不论对方是否接受你的帮助，或是否感激你，想想看，如果每一个人都帮助另外一个人，世界将变得多么和谐与美好！当然，我们每一个人也都会得到别人的帮助。

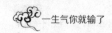

在帮助别人的同时，你会收获一种十分难得的强者的感觉，正是这种感觉激励着你奋发图强，走向成功。在帮助了他人之后，你就会发现，最快乐的是你自己，并且，你从中还会增强自己处理问题的能力。

当我们遇到麻烦时，那些主动伸出援助之手的人们总能得到我们的好感，并留下深刻的印象。其实，你希望看到笑脸，你的脸上就要先有笑容。不要抱怨别人，更不要埋怨周围的环境，而应该首先主动去关心别人，主动为他人做一些事情。人总是会"投之以桃，抱之以李"的，主动关心别人的人总会得到大家的喜欢。只有付出真诚，才能得到真诚，那些不过分计较自己，总是为别人着想、主动帮助别人的人，总会受到大家的尊重。

幸福并不取决于财富、权力和容貌，而是取决于你和周围人的相处。想做个幸福、快乐的人吗？那么就从善待他人开始吧！对他人多一分理解和宽容，其实就是支持和帮助自己，善待他人就是善待自己。如同那句古语说的：授人玫瑰，手留余香。让我们每个人都去体会一下这余香带给自己的快乐吧！让我们微笑地度过每一天吧！

朋友多联系，急事有人帮

"人非草木，孰能无情"，但感情来自于交流。获得感情的好方法，就在于平时要多加联系。

人的一生会有很多朋友，这些朋友有的会成为你的至交，有的会持续交往，而有的会中断。在人际交往的过程中，一个重要的原则就是：对已经建立起来的关系，千万不要失去联络。不要等到有事时才去想到别人，"关系"就像一把刀，经常磨才不会生锈。若是半年以上不联系，你就有可能已经失去这位朋友了。

东汉末年的刘备有这样一个小故事。那时刘备还在读私塾，由于刘备讲义气、聪明，因此成了同学中的"首领"，在这几年中，他经常帮助其他同学，与他们的关系相处得非常好。后来长大了，大家都有自己的路要走，刘备与这些要好的同学也就各奔东西了。

虽然大家分开了，刘备却很注重经常与同学保持联系。其中有一位名叫石全的人，是刘备读书时最要好的朋友，他不读书后，仍回家继续侍奉自己的老母亲，以尽孝道，靠打柴卖字画为生。刘备不嫌其家贫，经常邀请石全到他家做客，并适当给以周济，这样的聚会每次都很成功，刘备与石全的关系也不断在加强，情若手足。

后来，刘备为了实现自己心中宏伟的目标，就带起了一支队伍参加了东汉末年的大混战。初时，刘备军事势力很小，不得不依附他人，在一次交战中，刘备所带的军队被全部歼灭，只他一人逃脱，被石全给隐藏了起来，逃过一劫。

由此可见，朋友有时在危急关头能帮上大忙，起到排忧解难的作用。但是，一定要记住的一点是，这中间的好处是来自于自己的努力，如果你在与朋友分开之后并没有经常联系，关系之好从何谈起，从中受益则更是一纸空文了。所以，只要你有这份心、这份情，真诚地维持分开之后的朋友关系，你的人际面会更加广泛，路子也会比别人多出几条。

"常来常往是朋友"，人与人之间的关系会随着见面次数的增加而加深感情，而久不见面的朋友时间长了自然会日渐疏远。实际上，只要有时间到朋友家里走一走，也许只是随意的寒暄几句，也许进行一次长谈。总之，让他们认为我们越来越熟悉，这样深入下去，人与人之间的关系就会越来越融洽。我们不要一味地去追求个性，而忽视团体，要让自己融入到生活当中去，多与人接触就是避免这种"独行"的好办法之一。

人们为了生活而四处奔波，都在忙自己的事，没有过多的时间在一起聊天、谈心，但是，要想拥有良好的人际关系，就必须多与身边的人联系、接触。冷若冰霜、"老死不相往来"的人是不可能拥有属于自己的一个朋友圈的。只有朋友之间不断地往来，才能促进彼此之间信息的传递，感情的交流，彼此更深入地了解。

美国前任总统克林顿回答记者如何保持其政治关系网时说："每天晚上睡觉前，我会在一张卡片上列出我当天联系的每一个人，注明重要细节、时间、会晤地点以及与此相关的一些信息，然后输入秘书为我建立的关系网数据库中。这些年来，朋友们帮了我不少的忙。"

友情是需要维护的。在朋友遇到困难时，助一臂之力无疑是至关重要的。但是，给朋友打生日电话等表面看起来是不足挂齿的小事，却是保持友谊必不可少的行为。

有人用笔记本，有人用名片，有人则用电脑建立了朋友档案，这些方法各有益处，而不管用什么方法，只要你记住了朋友的联系方式，并坚信它们对你有用，每个都不放弃，而且还需要保持一定的联系，那么你在找人办事情的时候，就不会有"人到用时方恨少"的感觉了。

生活因付出而快乐

即使你拥有金钱、爱情、荣誉、成功和刺激，你可能还是不会觉得快乐。快乐是人生的至高追求，只有给予和付出，才能实现这一追求。

付出本身就是快乐，付出的人也是最幸福的人。成人之美，善待别人，你才会觉得自己原来也很伟大。学会付出是光辉灿烂人性的体现，同时也是一种处世智慧和快乐之道。

有一个生性吝啬的富翁，衣食富足，而且还有一大群人供他使唤，但他总觉得生

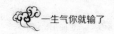

活缺少了点什么，一点也快乐不起来。他每天醒来总是心情低落，不知道该跟谁诉说自己的心事？

于是有一天，他专程去庙里请教禅师说："我有这么多钱，要什么有什么，每个人都对我低声下气的，为什么还是觉得不快乐呢？"禅师请他站在窗子前面，问他看到了什么？富翁回答说："我看到了路上匆忙来往的人群。"禅师又请他站在镜子前面，再问他看到了什么？富翁不解地回答说："看到我自己。"禅师说："窗子是玻璃做的，镜子也是玻璃做的。透过窗子可以看到他人，而镜子因为涂抹了一层水银，所以只能看见自己。当你慢慢擦拭掉属于你身上的那层水银，可以看到别人时，你就会拥有快乐了。"

快乐和幸福不能靠外来的物质和虚荣，而是要靠自己内心的高贵与善良，善良是生命中稀有的珍珠，善良的人才能真正伟大。从一个表情、一句问候、一个眼神、一件小事开始，学会付出，善意地看待这个世界，一句善言，万两黄金难求。心存善念，学会给予和付出，快乐、幸福和丰收就会时时与我们相伴。

忙碌的我们，似乎是越来越不快乐了，忧郁紧张充斥在我们身边，让我们几乎难以透气。为什么会忧郁？为什么会绷紧神经？因为，追求功名利禄，已经将我们有限的小小的心占满了，腾不出一方小角落来容纳他人，容纳清风明月进驻心中。只要我们愿意停下脚步，仔细看看身边的人、身边的事，静下心倾听身旁的声音，关注他人的存在，进而乐于付出善意，我们就可以轻易找回遗失的快乐。

如果你慷慨大方，你所收获的总会比付出的多。当别人遇到到困难时，你付出一点点你力所能及的力量，得到的回报是在帮助过程中所获得的快乐，受帮助的人快乐，自己也快乐，何乐而不为呢？

付出比得到更快乐，相信懂得付出的人会有同感。因为，快乐是有传染性的，你只有使别人快乐，才能使自己快乐。相反，你如果只活在自己的世界里，那你只会抱怨这个世界没有使你开心。

人生永远都是有失才有得的，没有付出的人将一无所得，只要有所付出，哪怕只是微不足道的，得到的也会是付出的好几倍。希望快乐的人，千万不要吝啬自己小小的一点付出，而让快乐离你而去，因为付出是快乐的前提。

美国作家欧·亨利的著名短篇小说《麦琪的礼物》中的那对年轻夫妇，一个剪掉了头发，换来了一个表链；一个卖掉了金表，买了一套发卡。他们互赠的礼物都变成了最无用的东西，但他们却得到了世界上最珍贵的爱，这就足够了。因为付出，他们快乐着。

付出是一生的基石，学着去付出吧。当每个人都将付出变为自己的座右铭时，就会惊喜地发现自己正如流经山涧的泉水，付出并快乐着。生命因为付出而精彩；生活因为付出而快乐。

和陌生人接触有好处

一个从来没有见过的人，可以帮助我们认识自己。因为我们可以对一个陌生人说出我们时常想说、但又不敢向亲友开口的心里话，因此他们便成为我们认识自己的一面镜子。

你完全可以在出租车上主动与司机聊天；为买东西没有钱的陌生人出零钱；更不要介意陌生人在街口不小心与你相撞……因为，在陌生人的世界里，有着许多淳朴善良的心。一分善意，会换来十二分的感动。

美国总统罗斯福是一个交际能手。在还没有被选为总统时，一次宴会上，他看见席间有许多不认识的人。如何才能使这些陌生人成为自己的朋友？罗斯福找到自己熟悉的记者，从他那里把自己想认识的人的姓名、情况打听清楚后，再主动叫出他们的名字，谈一些他们感兴趣的事情。此举大获成功，这些人很快成为罗斯福竞选时的有力支持者。

和陌生人接触可以使彼此心灵相通，意气相投，一次邂逅会成为你以后生命的一部分。在社交场合，我们经常会遇到和陌生人打交道的时候。你会发现，有的人很容易就能和你打成一片，而有的人却始终自己在一个角落里，不知所措。这就如同，这世界上有各种各样的人，有的人相处几年你也难以了解他，而有的人刚一见面就能一见如故，这种人总是有它的绝招的，留神一下他们的方法，你一定会有所收获的。那么，我们应如何与陌生人交往呢？

1. "性情豪爽"不等于"态度随便"。

2. 学习去爱、去尊敬别人，你对他总是怀有敬意，就可以使你们都感到快乐。

3. 注意小节，尊重对方。

4. 关怀备至，体贴入微。

5. 保持谦逊，摒弃虚荣心理。

6. 尽量找机会与跟自己毫无利害关系的人相处。

7. 改变在人际交往方面的消极态度。

8. 战胜害羞心理。

9. 记住对方的名字。

10. 有效拉近彼此的心理距离。

11. 为自己树立良好的第一印象，良好的第一印象是打开交往大门的一把无形的钥匙。

12. 抓住交际的最初 4 分钟。

13. 为自己打造"成功的外表"。

14. 培养有助于建立良好关系的能力：组织能力、协调能力、人际联系、分析能力。

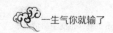

15. 调整好人际交往中的"期望值"。（1）事前要有成功与不成功的两种思想准备；（2）事先不妨将不利因素估计得严重一点；（3）在求人办事的过程中适时地调整好"期望值"；（4）对自己本身有个正确的评价；（5）对自己所想或所做的事以及与之相关的方方面面也须有个全面、客观的分析。

16. 不要把"世故"当作"成熟"。它们之间的区别有以下几点：（1）玩世不恭与直面现实；（2）沉沦与奋进；（3）虚伪与真诚；（4）利用和互助；（5）见风使舵与坚持原则。

与陌生人接触是搞活关系最关键的一步，朋友都是从陌生到熟悉一步一步过来的。这种能力会让你结交更多的朋友，还会让你的交际能力大为提高。一个和陌生人都能相见如故的人，那和朋友的关系就一定不会差。

学会用幽默化解尴尬

幽默是一种理解和默契，是人与人友好相处的桥梁和纽带，会让我们的事业走向辉煌。幽默是美丽的，欢乐的，是智慧树上最耀眼的一抹绿色。

在人际交往中，难免会遇上尴尬，如果能运用幽默，即使是绝境也会获得新生，既给自己一个台阶，也给对方一份安慰的赠礼。

处在物欲横流的滚滚红尘之中的人不能没有幽默，没有幽默就会让我们本来丰富多彩的生活变得枯燥无味。生活中人们离不开幽默，以幽默诙谐的姿态面对生活和人生对于现今的人们来说，是极为重要的，更是不可或缺的。

学会幽默，善于幽默，才能拥有豁达的人生。欣赏幽默是人生的一种享受，欣赏卓别林的幽默表演，会让人笑得前仰后合，忘记一切烦恼。

在一辆人员拥挤的公交车上，有人说"挤什么？着什么急？想奔丧去啊！"这话让全车人心里都很反感，还照样的拥挤不堪；又有个人说了："别挤了，我都成了相片了。"大家一笑，马上不再挤了；这时司机的紧急刹车让一个小伙子的身躯猛地撞到一个姑娘身上，姑娘误会了，以为是小伙子故意使坏，骂了句："瞧你那点儿德性！"在当时那种场合，小伙子是无论如何也解释不清的，但聪明的小伙子却大声说："姑娘，您错了，这不是我的德性，是车的惯性。"全车的大笑缓解了紧张的空气，聪明的小伙子用幽默语言说明了眼前发生的事情，既让自己摆脱了窘态，也让别人明白了真相，避免了一场意外的误会，还成全了姑娘的面子。

生活中有很多幽默的事情，它能让人走出无奈的窘境，摆脱因意外给自己造成的失态，让人们的生活充满了欢乐与和谐。幽默是一个人能在生活中发现快乐的特殊的品质。具有幽默感的人可以从容应付许多令人不快、烦恼，甚至痛苦悲哀的事情。

生活中出现了冲突与困境时，除了合理使用幽默以外，几乎再也找不到更合适的方法解决了。那么，我们怎样才能学会幽默呢？

第一，要具有语言艺术和表达能力。可以多浏览一些有关语言艺术方面的书籍，并在实际中加以揣摩，只要坚持，就能收到成效。

第二，要有宽广的胸怀和乐观的情趣。不能气量狭小，报复心强，一旦出了丑便恼羞成怒。宽广的胸怀，可以使对方如释重负，紧张的气氛顿时消失了。

第三，要有良好的文化素养和丰富的联想力。一个人如果文化素养高，阅历丰富，自然就会有较强的联想力，从而说起话来就会妙趣横生。

学会幽默吧，你的生活将会充满阳光！

微笑如花开放

哲人说："微笑是成功者的先锋。"微笑缩短了人们的距离，使彼此之间心心相通。无论走到哪里，微笑都是最美的礼物。

真诚的微笑是一种万能剂，它可以传达宽容、爱与信任；它可以消除融化人与人之间的冷漠之墙，对峙之冰；它是一种令人会意的情感，可以作为我们与别人沟通互动的桥梁。

一位可爱的女孩打开门时，发现一个持刀的男人正恶狠狠地看着自己。

她心中一惊，微笑着说："朋友，你真会开玩笑！是推销菜刀吧？我喜欢，我要一把。"

她边说边让男人进屋，接着说："你很像我过去一位好心的邻居，看到你真的好高兴，你要咖啡还是茶……"

本来脸带杀气的歹徒渐渐腼腆起来。

他有点儿结巴地说："谢谢，哦，谢谢！"

最后，女孩真的"买"下那把明晃晃的菜刀。陌生男人拿着钱迟疑了一会儿，在转身离去的时候，他说："小姐，你将改变我的一生！"

你知道微笑的价值吗？

在美国，发生过这样一件事情：有一根电线断了，电触到了一个小孩的脸，虽然没有致命，可是把左边的脸颊烧坏了，因而引起了一场官司。在法院里，原告的辩护律师要小孩把脸转向陪审团笑一笑，结果只有右脸颊能笑，左脸颊因神经烧坏，根本笑不起来。只花了12分钟，陪审团就一致通过，小孩可获得两万美元的赔偿金，这就是微笑在法律上的价值。

其实，微笑的价值还远不止此，它应该是无价的，没有人会愿意出卖它。

奇宾·当斯是底特律地区最受欢迎的节目主持人之一，他的受欢迎几乎遍及整个美国。有的听众写信给这位主持人，说他们通过听他主持的节目听到了他的声音，并且告诉奇宾·当斯说，他们透过他的声音看到了他的微笑。

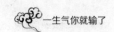

观众经常说："当斯，你的微笑跟我听你的广播时所想象的完全一样。我本来害怕会失去你的微笑，但是并没有。"

有人问当斯总是那么高兴的原因，他说他的秘诀是从来不把烦恼摆在脸上，而是深藏在心中。因为，他的工作是娱乐别人，他说："为别人创造一个愉快的生活，这要从微笑开始，但必须是出自内心的微笑。"

就这样，奇宾·当斯用微笑，走进了千万人的心灵深处。

对于微笑的价值，曾有一则精彩广告如是说：

它不花什么，但创造了很多成果。

它使接受它的人满足，而又不会使给予它的人贫乏。

它在一刹那间发生，却会给人永远的记忆。

它为家庭创造了快乐，同时在外界建立了好感，并使朋友间感到了亲切关爱。

它使疲劳者得到休息，使沮丧者看到光明，给悲观者带来希望。

但它却无处可买，无处可求，无处可偷，因为在你给予别人之前，它没有实用价值。

生活中，微笑是一种含义深远的无声语言，可以鼓励对方树起信心，可以融化人们之间的陌生和隔阂，可以使别人刚见到你，就自然而然地产生一种亲切、信任的感觉。

无论我们周围的世界是怎样的令人痛苦不堪，无论我们心灵的天空如何阴霾密布，我们都应当微笑。平凡的生活中，一抹笑就是一道阳光，它不仅能够照亮自身阴暗的心空，还能温暖周围潮湿的心灵！

没有人会喜欢和信任那些整天愁苦满面、不会微笑的人。一个有真诚的微笑面孔的人，总会有希望。因为他的笑容是他善意的信使，可以照亮所有看到他的人。

赞美是最好的通行证

赞美是拂面的春风，是需要精心呵护的鲜花，是心灵的交流和碰撞，运用好赞美能改变你的一生。

大音乐家勃拉姆斯出生于汉堡。他家境贫寒，少年时便为生活所迫混迹于酒吧。他酷爱音乐，却由于出身农家，无法得到教育的机会，所以，他对自己的未来毫无信心。然而，在他第一次敲开舒曼家大门的时候，根本没有想到，他一生的命运就在这一刻决定了。

当勃拉姆斯取出他最早创作的一首C大调钢琴奏鸣曲草稿，弹完后站起来时，舒曼热情地张开双臂抱住了他，兴奋地喊道："天才啊！年轻人，天才！"这出自内心的由衷赞美，使勃拉姆斯的自卑消失得无影无踪。从此，他便如同换了一个人，不断地把他心底的才智和激情宣泄到五线谱上，终于成为音乐史上一位卓越的艺术家。

美国总统罗斯福有一种本领，对任何人都能给予恰当的赞誉。

林肯也是一个善于使用赞誉的高手。韦伯这样评价林肯："拣出一件使人足以自矜并引起兴趣的事情，再说一些真诚又能满足他自矜和兴趣的话，这是林肯日常必有的作为。"

林肯曾说："一滴蜜比一加仑胆汁能吸引到更多的苍蝇。"

真诚地赞美别人，是洛克菲勒获得成功的秘诀之一。曾经，他的一个合作伙伴在一宗大生意中，使公司蒙受了几百万的损失。洛克菲勒并未责备他，反而称赞说，你能保住投资的 60% 已很不容易了。合作伙伴大为感动，在下一次合作中，他获得了极大的利润，并挽回了上次的损失。

人类最渴望的就是精神上的满足——被了解、被肯定和赏识。对我们来说，赞美就如同温暖的阳光，缺少阳光，花朵就无法开放。

赞扬别人是一种给予。许多人总是记得，在沮丧、绝望、萎靡不振时，别人的赞赏曾经给予他们多么大的快乐，多么大的帮助；赞扬，曾经多么神奇地帮助自己克服了自卑情结。他们认识到，周围的人，谁都渴望别人的欣赏和赞扬。所以，聪明的人从不吝惜自己对别人真诚的赞美。

人们对于赞扬和认可总是不设防的，往往一句简单又看似无心的赞扬，或一个认可的表情就是良好关系的开端，人与人的距离由此拉近。

某公司的一位清洁工，本来是一个最被人忽略的角色，但他在一天晚上，与偷窃公司钱财的窃贼进行了殊死搏斗。在颁奖大会上，主持人问他的动机是什么时，他的回答让人们大吃一惊。他说："公司总经理经过我身边时，总会赞美一句'你打扫得真干净'。"

学会真诚地赞美符合时代的要求，同时它也是衡量现代人素质和交际水平的一个标准。学会真诚地赞美是性情修养的需要，有助于使自己达到更高的人生境界。同时，你赞美别人就意味着你肯定了他人的优点与成绩，相对应的是，你也能逐渐意识到自己的缺点与不足。人只有不断地发现自己的缺点与不足，才能更好地完善自己，取得更大的进步。

有一位成功学大师根据他多年社交经验总结了以下几点赞美技巧：

1. 借别人之口转达赞美。

2. 赞美要真诚、公正。

3. 赞美要得体。

4. 赞美要及时而不失时机。

5. 寻找对方最希望被赞美的地方。

6. 赞美忌俗套、空洞。

朋友，学会真诚地赞美，在何时何地你都将畅通无阻，如鱼得水。它不是虚假地溜须拍马、奉承恭维，它是浇在玫瑰上的水，是博取好感、维系感情最有效的法宝，

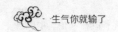

是促使人努力奋进的最神奇的兴奋剂。假如每个人都吐露内心深处的愿望，那肯定是：受到别人的赞美。

对批评鞠个躬

我们进寺庙中，会发现佛像的耳朵通常都很大。人们常讲："耳大有福。"耳大之所以有福分，是因为这样的人善于听取别人的批评、意见。请牢记：良药苦口利于病，忠言逆耳利于行。

唐朝的魏徵，在短短的十几年里，曾给唐太宗提出批评、建议二百多次，而唐太宗大多虚心接纳。在唐太宗执政的年代，出现了历史上有名的"贞观之治"。魏徵去世后，唐太宗对百官慨叹道："以铜为镜，可以照见衣帽是否端正；以历史为镜，可以看到国家兴亡的原因；以人为镜，可以发现自己的得失。如今魏徵去世，我就少了一面明察得失的镜子。"李世民对于批评的态度令后人盛赞不绝。

历史上成大业的人物常虚怀若谷，善于听取他人的批评、意见，以弥补自身不足。

一位政治家在演讲时，当地某个妇女组织代表站起来指责他说：

"你作为一个政治家，应该考虑到国家的形象，可是听说你竟和两个女人发生了关系，这到底是怎么回事呢？"

顿时，所有在场的人都一齐盯着政治家，等着听他如何解释这一起桃色新闻。

政治家并没有感到窘迫，反而十分轻松地说道：

"还不止两个女人，现在我还和5个女人发生关系。"

这句话，使代表和群众如坠雾中，迷惑不解。

政治家继续说：

"这5位女士，在年轻时曾照顾我，现在她们都已老态龙钟，我当然要在经济上照顾她们，精神上安慰她们。"

台下顿时掌声如雷。

金无足赤，人无完人。当别人批评你时，你应该感谢他，有则改之，无则加勉，你将不断获得成功。古人云："闻过则喜。"人因为不完美而需要批评，这正是批评的价值所在。

历史上许多著名人物都被人骂过。法国思想家卢梭被人讽刺为："他有一点儿像哲学家，正如猴子有一点儿像人类。"英国作家王尔德曾批评肖伯纳："他没有敌人，但他的朋友都深深地恨他。"美国的国父乔治·华盛顿曾经被人骂作"伪君子"、"大骗子"和"只比谋杀犯好一点"。

《独立宣言》的撰写人、美国第三任总统托马斯·杰斐逊曾被人骂道："如果他成为总统，那么我们就会看见我们的妻女，成为合法卖淫的牺牲者；我们会大受羞辱，受到严重的损害；我们的自尊和德行都会消失殆尽，使人神共愤。"威廉·布慈将军被人诬告侵占了某个女人募捐而来救济穷人的800万元捐款。他们不但没有被批评、辱骂所吓倒，反而更加乐观和自信，做出了影响深远的成就。

林肯也曾多次被责难、批评，但他坦坦荡荡，从来不以他的好恶来批判别人。在他所任命的高职位的人物中，就有不少是曾经批评过他的人。

生活中，狗看见你怕它，便愈加追赶你，恐吓你。批评如狗，如果某种批评把你吓住了，你便日夜都痛苦不安。但是如果你回转头来对着狗，狗便不再吠叫了，反而摇着尾巴，让你来抚摸。只要你正面迎击对你的批评，到头来，它反而会为你所融化、克服。

我们怕批评，是因为批评中会有真的事实，愈真实我们就愈害怕而去逃避。然而批评之所以可贵，就是因为里面包含着真实的缘故。回避批评实际上是回避自身成长中潜藏的矛盾，对我们修养的提高、品格的历练、人身的完善毫无益处。

如果我们时时努力改进缺点，便没有空闲时间对那些细枝末节过于斤斤计较了。

善意的批评是朋友，而对于那些恶意的责难，我们可以置之不理，也可针锋相对，巧妙化解。

爱他人，就是爱自己

爱人者，人必从而爱之；利人者，人必从而利之。

有一对夫妇开了一家小饭店。

刚开张时，生意冷清，全靠朋友和街坊照顾，但两个月后，夫妇俩便以待人热忱、收费公道而赢得了大批的"回头客"。小饭店的生意也一天一天地好起来。

几乎每到吃饭时间，这座小城里的大小乞丐，都会成群结队地到处行乞。他们去的最多的地方是各家饭店。人们从未见过小城里其他店主，能够像这夫妇俩一样宽容平和地对待这些乞丐。其他店主，一见到乞丐上门，就会拉下脸来严厉地呵斥辱骂，而这夫妇俩则每次都会笑呵呵地给这些肮脏邋遢的乞丐高举到面前来的那些锅碗瓢盆里，盛满热饭热菜。而且这些饭菜，都是从厨房里盛来的新鲜饭菜，并不是顾客用过的残汤剩饭。在施舍乞丐的时候，他们没有丝毫的做作之态，表情和神态十分自然，就像他们所做的这一切原本就是分内的事情。

一天深夜，街上一家经营丝绸的店铺，由于老板过分沉迷麻将而忘了将烧水的煤炉熄灭，引发了一场大火，殃及了该饭店。

这一天，恰巧丈夫去外地进货，一无力气二无帮手的女店主，眼看辛苦张罗起来的饭店就要被熊熊大火所吞没。情急万分之时，只见那帮平常天天上门乞讨的乞丐，不知从哪里钻了出来，在老乞丐的率领下，冒着生命危险将一个个笨重的液化气罐及

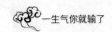

时搬运到了安全地段。紧接着，他们又冲进店内，将那些易燃物品也全都搬了出来。消防车很快来到，饭店由于抢救及时，虽然也遭受了一点儿损失，但大部分都给保住了。而周围的那些店铺，却因为得不到及时的救助，货物早已烧得精光。

火灾过后，人们都感叹说是夫妇俩平时的善行得到了回报。

正所谓：爱人者，人恒爱之。

春秋时，晋公子重耳在外逃亡，所经之处，有些国君看不起这个落难公子，待他很不礼貌。在曹国时，曹共公听人说重耳生有重叠的两排肋骨，顿生好奇，本不想接待重耳，却让他留下，趁他沐浴时，与夫人偷窥他，把重耳当作奇物观玩。重耳知道了怀恨在心。曹大夫僖负羁对共公说："晋公子贤，又同姓，穷来过我，奈何不礼！"共公不听，也不招待饮食。负羁便派人送给重耳及其随从饭肴，放玉璧于其中。重耳受其饭肴，送还玉璧。后来重耳回国即位，是为晋文公。他改革内政，整顿军旅，国力大盛。后来，他跟楚国争霸时，起兵先攻楚国的盟国曹国，俘虏曹共公，责骂其非礼之行，并下令三军不要进入僖负羁家，以报其德，因此负羁一族得保平安。

这真是辱人者害己，爱人者利己。

印度谚语说："帮助你的兄弟划船过河吧！瞧！你自己不也过河了？"人与人之间的互相关怀是可以互利互惠的。

有一位盲人，走夜路时经常打着灯笼。

人们十分奇怪地问："你本人双目失明，灯笼对你一点儿用处也没有，你为什么要打灯笼呢？不怕浪费灯油吗？"

盲人慢条斯理地回答道："我打灯笼并不是为给自己照路，而是因为在黑暗中行走，别人往往看不见我，我便很容易被撞倒。我提着灯笼走路，灯光虽不能帮我看清前面的路，却能让别人看见我。这样，我就不会被别人撞倒了。"

这位盲人用灯火为他人照亮了本是漆黑的路，为他人带来了方便，同时也因此保护了自己。任何一种真诚的爱都会在现实中得到应有的回报。学会敞开心扉去爱他人，别人也会喜欢你。付出一点点，你将收获更大的快乐和满足。

爱自己，也爱别人，才能活出生命的最大价值。

要给别人留有尊严

给别人尊严的人，将获益匪浅。

滑铁卢战役后，英国政府为打败拿破仑的英雄威灵顿举办了一场祝捷酒会。除上层人士之外，主办方还特意邀请了一批作战勇敢的士兵，酒会自然是热烈隆重的。不想，一位从乡下入伍的士兵不懂酒席上的一些规矩，捧着面前的一碗供洗手用的水就喝，顿时引来达官贵人的一片讥笑声。那士兵一下子面红耳赤，无地自容。此时，威灵顿将军慢慢地站起来，端起自己面前的那碗洗手水，面向全场贵宾，真诚说道："我提议，为我们这些英勇杀敌，舍身报国的士兵们干了这一碗。"说完，他一饮而尽，全场的嘉宾肃然起敬，人人均仰脖而干。此时，这位士兵已是泪流满面。

可见，适时地给人一个台阶下，保住他的尊严，能消除尴尬，融洽气氛。

南朝时，齐高帝曾与当时的书法家王僧虔一起研习书法。有一次，高帝突然问王僧虔说："你和我谁的字更好？"

这问题比较难回答，说高帝的字比自己的好，是违心之言；说高帝的字不如自己，又会使高帝的面子搁不住，弄不好还会将君臣关系弄得很糟糕。

王僧虔的回答很巧妙："我的字臣中最好，您的字君中最好。"

高帝领悟了其中的涵义，哈哈一笑，也没有再多问了。

给人尊严，也是给自己尊严，它既悦人又利己。

生活中，谁都可能有失误或犯错，谁都有可能陷入尴尬的境地。所以，给别人尊严，是宽容的体现，能显示出一个人的良好修养。

良好的人际关系是一个人立足于社会的重要资本，更是一个人走向成功所不可或缺的重要因素。当他人处于尴尬地时，我们给一个"台阶"，维护他的尊严，他一定会对你产生非同一般的好感。而你的举手之劳，也许会对你未来的人生产生积极影响。

当然，一切以尊严为重，养成死顾尊严不讲原则的人生态度也是要不得的。

第七章

"气压"高时，
打开"气芯"减减压

善待自己，给压力一个出口

人生苦短，不要被各种烦琐的事物所劳累，要把身边的俗事抛开，把眼前的角逐看淡点。身体是自己的，心情更是自己的，不要让自己的心理背上沉重的负担。善待自己，给压力一个出口。

人就这么短短的一辈子，干干净净地来，干干净净地走。来时与世无挂，走时却牵肠挂肚，甚至死不瞑目，是因为活得太累的缘故。

紧张的工作、生活、学习和人际交往等形成的各种压力，也许会让你防不胜防。人们正遭受着前所未有的来自各方面的压力的摧残，常常听见身旁的人们在喊累。人确实活得累，为父母累，为子女累，为朋友累……这种心理上的累，比身体上的累更让人难以承受，也很难得到彻底的解脱。

为什么要这样折磨自己？希望别人都认为你很能干？希望自己变成工作狂？还是希望赚更多钱改善生活？……事实上，正是因为这些希望已使你变得更加疲惫不堪。那么，不妨反思一下你的希望。

希望别人都认为你很能干？这种希望只是为了面子好看、心里舒服罢了。要知道工作的目的应是为社会作贡献，而不是为了表现自己什么。

希望自己变成工作狂？对工作以外的人和事你全没兴趣吗？要知道工作只是生活的一部分，不应是你全部的人生。只知道拼命工作，身体垮了，怎能去奢谈工作和人生？

希望赚更多的钱改善生活？谁不希望有钱？但是赚钱是为了改善生活，拼命地工作使身体已经垮了，还有赚钱的资本吗？幸福的生活并非只靠钱财来营造。

凡是憧憬美好生活的人，都应学会善待自己。只有善待自己，才会有健康的身体，有工作的保证，有幸福美好的生活。可见，善待自己不容忽视。

学会善待自己，就要自己给自己营造快乐。不怕小人的流长飞短，不怕"常戚戚"

者的明枪暗箭，"走自己的路，让别人去说吧"，我还是我——清晨踱步户外，望一轮朝日冉冉东升；傍晚踏碎浓浓夜色，任清风从颜面拂过。爽悦的一定是心情，收获的一定是快乐。

学会善待自己，就要把功名利禄看作身外之物，心胸要宽广。要始终相信是自己的别人拿不走，不是自己的拿到手也是一只"烫手的山芋"。

学会善待自己，就是我们一直都在生活着，不是觉得有能力过好日子的时候，生活才开始。你必须马上改变过去一成不变的生活模式，从休闲中调整自己，陶冶自己，感受生活的幸福。想学绘画吗？赶紧拿起画笔；想学舞蹈吗？赶紧换上舞鞋；想去旅游吗？那就赶紧背起背包吧！不要压抑太多喜好，也不要收藏太多期盼，最终使自己临终时徒增遗憾。自己和自己过不去。"人生苦短，来日无多"——活着不该扭扭捏捏，活着就该扬眉吐气，洒洒脱脱，不必为鸡毛蒜皮的琐事愁眉紧锁；也不必为只言片语的不和谐而耿耿于怀。

学会善待自己，就不要让自己活得太假太累太辛苦。少一点儿做作，多一点儿真诚；少一点儿包装，多一点儿真实。只有真实了，才没有心累的感慨，才会活得轻松愉快。自己欣赏自己，生活才自信、才充满盎然生机。

学会善待自己，就要学会在各种压力面前为自己减压，卸去那些无形的枷锁。在工作、学习和生活中，要善于把压力变成动力，要为自己创造一个良好的心理环境，不要把压力变为自己的心理负担。为自己减压，要把工作看成是一件乐事，把学习当作一件有趣的事情，把生活看作是一件很平常的事。心情烦恼之时停下来歇一歇，心情快乐之时，各方面都加把劲。人活着就这么一辈子，苦也是过，乐也是过，劳累也过，轻松也过，不要为自己增压，要给压力一个出口。

克服紧张情绪，学会放松自己

生活节奏太快，大脑神经绷得紧紧的，不敢有半点儿松懈，害怕自己松懈时，会被别人超过。但无谓的精神过度紧张不但于事无补，反而容易使人在紧张中做出错误的决定。

生活在一个竞争激烈、快节奏、高效率的社会，不可避免会给人带来许多紧张和压力。精神紧张一般分为弱的、适度的和过度的三种。

适度的精神紧张，是人们解决问题的必要条件。但是，过度的精神紧张却不利于问题的解决。从生理学的角度来看，人若长期、反复地处于超生理强度的紧张状态中，就容易急躁、激动、恼怒，严重者会导致大脑神经功能紊乱，有损于身体健康。

因此，我们要克服紧张的心理，设法把自己从紧张的情绪中解脱出来。下面介绍几点帮你摆脱紧张：

1. 对别人要宽容。有些人对别人期望太高，达不到自己的期望时，便感到灰心、失望。因此，切记不要过分苛求别人的行为，而应发现其优点，并协助其发扬优点。

2. 给别人超过自己的机会。竞争是有感染性的，你给别人超过自己的机会，不但不会妨碍你的前进，而且还会在别人的带动下不断地前进。

3. 谦让。你可以坚持自己认为正确的事情，但应该静静地去做，切记不要和别人一争高低。

4. 为他人做些事情。如果你感到紧张、烦恼时，试一试为他人做些事情，你会发现，这种使人紧张、烦恼的情绪会转化为精力，让你有一种做好事的愉快感。

5. 使自己变得"有用"。很多人都有这样的感觉：认为自己被人看不起。实际上，这不过是自己的想象，是自己看不起自己，也许别人正渴望你有突出的表现。因此，你要主动一些，而不要等着别人向你提出要求。

6. 一次做一件事。在繁忙的情况下，最可靠的办法就是先做最迫切的事，把全部精力投入其中，一次只做一件，把其余的事暂时搁到一边。

7. 不要乱发脾气。如果你感到自己想要发脾气，要尽量克制一点儿，并用抑制下来的精力做一些有意义的事情，比如清洁居室、打球或者是散步，以平息自己的怒气。

8. 学会调整生活节奏，有劳有逸。在日常生活中要注意调整好节奏。工作学习时要思想集中，玩时要痛快。要保证充足的睡眠时间，适当安排一些文娱、体育活动。做到有张有弛，劳逸结合。

9. 降低对自己的要求。一个人如果十分争强好胜，事事都力求完善，事事都要争先，自然就会经常感到时间紧迫，匆匆忙忙。而如果能够认清自己能力和精力的限制，放低对自己的要求，凡事从长远和整体考虑，不在乎一时的得失，不在乎别人对自己的看法和评价，自然就会使心境松弛一些。

生活中，如果我们能够做到有张有弛，就可以减轻紧张对人们身心造成的危害，这是一门科学，也是生活的艺术。

给"活得累"开个新药方

你太累了，也该歇歇了，不要为这些所谓的世俗封阻了前进的道路。给自己一点儿时间和空间休息，听歌、听感人的故事、出去远行等等，相信你会笑着面对一切的。

现代社会中，工作和生活的节奏不断加快，竞争也日渐激烈，如果人们不注意调整自己的心态，就很容易感到身心疲劳，即人们常说的"活得累"。

有位医生在给一位企业家进行诊疗时，劝他多多休息。这位企业家愤怒地抗议说："我每天承担巨大的工作量，没有一个人可以分担一丁点儿的业务。大夫，您知道吗？

我每天都得提一个沉重的手提包回家，里面装的是满满的文件呀！"

"为什么晚上还要批那么多文件呢？"医生惊讶地问道。

"那些都是必须处理的急件。"企业家不耐烦地回答。

"难道没有人可以帮你忙吗？助手呢？"医生问。

"不行呀！只有我才能正确地批示呀！而且我还必须尽快处理完，要不然公司怎么办呢？"

"这样吧！现在我开一个处方给你，你能否照着做呢？"医生有所决定地说道。

企业家听完医生的话，读一读处方的规定——每天散步两小时，每星期空出半天的时间到墓地一次。企业家怪异地问道："为什么要我去墓地呢？"

"因为……"医生不慌不忙地问答："我是希望你四处走一走，瞧一瞧那些与世长辞的人的墓碑。你仔细思考一下，他们生前也与你一样，认为全世界的事都得扛在双肩，如今他们全都永眠于黄土之中，也许将来有一天你也会加入他们的行列，然而整个地球的活动还是永恒不断地进行着。而其他世人们仍是如你一般继续工作。我建议你站在墓碑前好好地想一想这些摆在眼前的事实。"

医生这番苦口婆心的劝说终于敲醒了企业家，他依照医生的指示，放慢生活的步调，并且转移一部分职责，他知道生命的真义不在急躁或焦虑，他的心已经得到平和，也可以说他比以前活得更好，当然事业也蒸蒸日上。

"生活太累了！"经常听见有人喊出这样的一句话。其实，生活本身并不累，它只是按照自然规律，按照本身的规律在运转。说生活太累的人是他本人活得太累了。心理学家认为：有"活得累"想法的人，大多数得的是"心病"，也就是他们的心理失去平衡或发生障碍。

心累与身累的最大不同是，身累睡眠状况特好，往往一入睡就睡得很沉，被人抬走了都醒不过来，一旦醒来，便觉浑身轻松，精神百倍；而心累虽然十分疲乏，但睡眠相当不好，常常失眠，越命令自己不考虑事儿越是接二连三地考虑，甚至上下五千年纵横八万里的事情全都涌向心头。好不容易入睡了，却不是被一点儿小声音弄醒，就是被梦魇惊醒，醒来后头晕目眩，跟大病了一场似的，而且很难再次入睡，往往形成恶性循环。

生活在不缺吃不少穿的小康社会里，为什么有些人还会感觉活得太累呢？究其原因有以下几点：

1. 志大运背，怀才不遇。这种人天生清高孤傲，不愿随波逐流，虽才高八斗学富五车，然偏偏遇不到赏识千里马的伯乐，致使其怨气冲天，常常发出"龙卧浅滩遭虾戏，虎落平原被犬欺；得志蠢猪充大象，落魄凤凰不如鸡"的慨叹。

2. 喜洁成癖，自讨苦吃。这种人容不得半点儿灰尘和一点儿污垢，满眼都是脏乱不堪的惨状，恨不得把所有的人和物都扔到清水中。把所有的休息时间消耗在清洁上了，甚至在梦里都忙个不停。

3. "忧国忧民"，事事操心。此类人智商不比别人高，但考虑事儿却远比别人多，

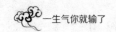

比如世界局势将会有什么新的变化等，整天把自己搞得疲惫不堪。

4.心高命薄，事与愿违。这些人对生活期望过高，然而现实与理想相差却甚远，故时时被失望的痛苦所折磨。

5.在位谋政，诚惶诚恐。有些人把"说你行你就行不行也行，说不行就不行行也不行。不服不行"这副对联当成了座右铭，不能得罪了下属，更不敢迁怒了上司。尤其逢年遇节不知如何打理，真像过鬼门关似的，愁啊！

活得累的人，应该认真分析一下自己究竟累在什么地方，心病还需心药医，确确实实地对症下药。这样，才能使自己从"活得累"中解脱出来，从而使自己生活得更加充实和快乐。给活得累的人开的药方只有4个字：修身养性。就是指面对困难和挫折鼓起勇气，树立信心；努力寻找自己在生活中的恰当位置，脚踏实地地为社会、为他人做事，以充实自己；遇事要拿得起，放得下，不要为一些个人和家庭小事斤斤计较。至于那些因为与充满竞争的社会环境及快节奏的生活不适应，而感到"活得累"的人，就应该锻炼身心、磨炼自己的意志，以增强社会心理的适应能力。另外，心理调整法也是治疗"活得累"的良方，就是要做到不断纠正自己因循守旧的意识和固步自封的想法及做法，树立自信心，增强尝试新事物的勇气；怡然处世为人，树立人际关系的新观念。

人生苦短，拼搏之余学会放松自己，给自己一点儿时间去休息，才可谓是享受人生。累了，当然要歇一会儿，但愿所有人都会善待自己，留下每一个歇息的足迹！

摆脱压力，轻松生活

如果工作和生活的压力太大，无法去做一些想做的事情，那么就在自己的脑海中想象一下那些你所喜爱的地方，如高山、草原、海边等，以达到放松大脑、轻松精神的目的。

放松有助于减轻生活造成的压力，带给你安详平和的心境。抛开一切事情，什么也不干，把自己从混乱无章的感觉中解救出来，让头脑得到彻底的净化，放松一下，你的生活将会得到很大的改善。

有一位雄心勃勃的私企老总，企盼公司能够更加迅速地发展壮大，并为此拼命工作。他对下属和自己都制定了严格的要求。他每天工作超过14个小时，公司、家里都有办公室。一段时间之后，他发现自己的脾气变得挑剔，经常莫名其妙地发火，而且记忆力明显减退。随后他又发现自己的身体状况开始下降，变得瘦弱。但是他仍然一如既往地工作。终于有一天，在他洗澡的时候，他躺在浴缸里爬不起来了，他的一条腿不能动了。这时他才意识到自己在不知不觉中被压力击垮了！

压力有两种：一种对你有益；另一种对你则有害。当你对某件事情感兴趣的时候，那就是有益的压力。此时，你会心跳加速、血压稍微升高、体内释放出肾上腺素，而且呼吸变得急促。有害的压力也会产生同样的心理反应，但这些反应对你的身体并没有好处。

由于财务不稳定、上司不够体恤、工作能力不足等其他类似原因所产生的有害压力，会导致愤怒、挫折、精疲力竭、沮丧、头痛、高度紧张、失眠、注意力无法集中、消化不良、厌食、喜怒无常、高血压、中风、心脏病，或是因为免疫系统的失调而导致无法抵抗感冒和病毒，甚至会虐待配偶和小孩。因此，必须控制这种压力，具体可采用以下方法：

1. 让自己彻底放松一下。比如：读一篇小说，唱歌或者干脆什么也不干，坐在窗前发呆。这时候关键是你内心的体会，一种宁静，一种放松。

2. 至少记住今天发生的一件好事情。不管你今天多辛苦或是多不开心，回到家里，都应该把今天的一件好事情同家人分享。

3. 一次只担心一件事情。女人的焦虑往往超过男人。哈佛大学的研究人员对166名已婚夫妇进行了6个星期的研究，发现因为女人更爱方方面面地考虑问题，所以比男人更经常感到压力。她们会考虑自己的工作、体重，还有每个家庭成员的健康等等。

4. 享受按摩的乐趣。不仅包括传统的全身按摩，还有足底按摩、修指甲或美容等，这些都能让你的精神松弛下来。

5. 放慢你的速度。也许你每天的桌上摆满了要看的文件，你的右手在接听电话，左手还要翻看资料。你要应付形形色色的人，说各种各样的话。那么你一定要记住，尽量保持乐观的态度，放慢你的速度。

6. 不要太严肃。建议你和朋友一起说个小笑话，大家哈哈一笑，气氛活跃了，自己也放松了。研究表明，笑不仅能减轻紧张，还有增进人体免疫力的功能。

7. 不要让否定的声音围绕自己，而把自己逼疯。别人也许会说你这不行那不行，实际上自己也是有着许多优点的，只是他们没发现而已。

8. 每天集中精力几分钟。比如现在的工作就是把这份报告打好，其他的事情一概抛在脑后，不去想。在工作的间隙，你也可以花上20分钟的时间放松一下，仅仅是散步而不考虑你的工作，仅仅专注于你周围的一切，比如你看见什么，听见什么，感觉到什么，闻到什么气味，等等。

9. 说出或写出你的担忧。写下来或是与朋友一起谈一谈，至少你不会感觉孤独而且无助。

10. 不管你有多忙碌，一定要锻炼。研究人员发现，经过30分钟的踏脚踏车的锻炼后，被测试者的压力水平下降了25%，或者到健身房快走30分钟，或者在起床时进行一些伸展练习都行。

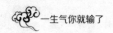

放下，更轻松

放下自己多余的担心，放下自己过多的忧虑，放下自己的不良情绪，以一种轻松的心态、愉快的心境来面对工作，对待爱情，追求未来。放下，更轻松。从现在做起，对自己说：Take it easy！

生活中，时时刻刻在取与舍中选择，我们又总是渴望着取，渴望着占有，常常忽略了舍，忽略了占有的反面：放弃。懂得了放弃的真意也就理解了"失之东隅，收之桑榆"的妙谛。

有的时候，你明明知道有些东西不属于你，可你偏要强求。或许可能出于对自己盲目的自信，或是过于相信所谓的"精诚所至，金石为开"，结果，不断的努力换来的却是不断的挫折，到头来弄得自己苦不堪言。

在变化快速的环境里，问题不断地接踵而来，许多问题往往超出我们过去的处理经验。这些新的问题，容易让我们陷入泥沼之中。此时，不妨让自己先脱离当时问题的环境，隔一段时间再处理，这样会让我们有更多新的思考角度。

世界上有很多事不是我们努力就能够实现的，有的靠缘分，有的靠机遇，有的我们只能以看山看水的心情来欣赏，不是自己的不强求，无法得到的就需要我们放弃。懂得放弃，才会有快乐，背着包袱走路总是会很辛苦的。

放弃，对每一个人来说，都有一个痛苦的过程，因为放弃意味着永远不再拥有，但是，不会放弃，想拥有一切，最终你将一无所有，这是生命的无奈之处。如果你不放弃眼前的利益，就无法享受到花前月下的温馨。生活给予我们每个人的都是一座丰富的宝库，但你必须学会放弃，选择适合你自己应该拥有的，否则，生命将难以承受！

仔细想想在生活或者是工作上，会不会有这种情形：萦绕已久的问题，百思不得其解，却往往在身心放松的时刻，灵光不断地涌现。因此，当遇到难题时，不妨先暂时把问题抛开，放松一下，喝杯咖啡或者去散散步，反而能找到更好的灵感或看法。

有位教授向他的听众讲述如何正确对待压力。他举起一杯水，问道："这杯水有多重？"从20克到500克，回答各异。"其实具体多重并非关键，关键在于你举杯的时间。如果你举了一分钟，即便杯子重500克也不是问题，如果你举杯一个小时，20克的杯子也会让你手臂酸痛；如果举杯一天，恐怕就需叫救护车了。同一个杯子，举的时间越长，它会变得越重。倘若我们总是将压力扛在肩上，压力就像水杯一样，会变得越来越重。早晚有一天，我们将不堪其重。正确的做法是，放下水杯，休息一下，以便再次举起它。"

为了明天，时时刻刻背负着所面临的压力，一个人就会垮掉，如果适时地善待一下自己，把所面临的压力放下来，让自己轻松一下，然后再背负起压力去奋斗，相信你的精力会更充沛。

不要让自己的思想负担过重，没必要把没用的东西存在脑海。不断给自己的灵魂加以清理扫除，学习发现寻找适于自我生存的一切资源；利用把握适合体现自我价值的一切生存方式，把握今天，展望明天，过好每一天，放下便是轻松。

在通常情况下，"放得下"主要体现于以下几方面：

1. 放得下名。据专家分析，高智商、思维型的人，患心理障碍的比率相对较高。其主要原因在于他们一般都喜欢争强好胜，对名看得较重，有的甚至爱"名"如命，累得死去活来。倘若能对"名"放得下，就称得上是超脱的"放"。

2. 放得下情。人世间最说不清道不明的就是一个情字。凡是陷入感情纠葛的人，往往会理智失控，剪不断，理还乱。若能在情方面放得下，可称是理智的"放"。

3. 放得下财。李白在《将进酒》诗中写道："天生我材必有用，千金散尽还复来。"如能在这方面放得下，可称是非常潇洒的"放"。

4. 放得下忧愁。现实生活中令人忧愁的事实在太多了，就像宋朝女词人李清照所说的："才下眉头，却上心头。"狄更斯也说过："苦苦地去做根本就办不到的事情，会带来混乱和苦恼。"如果能对忧愁放得下，那就可称是幸福的"放"，因为没有忧愁的确是一种幸福。

人的欲望是最难满足的，所以常常这山望见那山高。要想活得轻松自在，就必须不停地去奋斗和追求，来实现人生价值。因为我们所追求的往往是把握不住的东西，得到了很快就会失去，所以永远处在一种希望和失望的交替矛盾当中，谁也不会满足。所谓的满足，其实只是暂时的。

能够及早放下，就能及早得到心灵上的满足和精神上的享受，也就不会为物欲所驱使，过着表面上愉快，而内心紧张的生活。心里得到了满足，人自然也就清闲自在了。与其在衰老时悲哀地死亡，还不如在未老时就明了这一点，顺着生活的自然，及时放下心里的一切重负，这样就必定能够品尝到真正快乐的滋味。

生活中，当你遇到复杂而且具有挑战性的问题时，一时难以找到解决的方法，不要恐惧，也不要沮丧，因为最好的策略往往需要时间去孕育。一味仓促地做出决定，往往得不偿失，暂时把问题放下来，把压力降低，可以让我们许多平常没有想到的想法与做法浮现出来，不仅让思考更清楚、更周密，也更具有创造力。心灵需要偶尔的掏空，身体也需要常常把重担放下。当你学会放下、再放下，生命会更轻松，身体也才会更放松。

旅游，让你的心快乐飞翔

旅行最大的快乐在于"逃"。逃离压力沉重的工作环境，逃开围绕身旁不断催促你结婚的家人长辈，成为一个无拘无束、自由自在、游山玩水的闲云野鹤。旅行的个

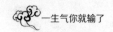

中滋味，得要亲自试过才能体会得到。

生活太疲惫了，很多问题纠缠在一起，理不清头绪。你必须走开，旅行，就成为一个很好脱逃的借口。从沉重的工作、复杂的人际关系，甚至最亲密的家人朋友当中，解脱出来，给自己一个喘口气的机会。出去走一趟，至少可以把这些人和事都抛在脑后，回来再做一个新人。

明代有个浪漫的旅行家叫徐霞客，他用自己的双脚丈量着青山绿水，将毕生的心血用于旅行和探险，写下了一本奇书——《徐霞客游记》，让后人艳羡不已。古人旅游，是很让人遐想的。富人揽马，贫者骑驴，或携一壶酒，或捧一卷诗，走走停停，随处行吟赋歌，且歌且乐走天涯。登山远望则直抒胸臆，临水遐思则缱绻徘徊，爱花爱草，羡鸥羡鸬，中秋月下伤远游，山中鹧鸪感离家。途中遇友，四海皆兄弟，把酒言欢，不亦乐乎！

我们现代人旅游也要有古人的情怀，学学人家的情致，仿仿人家的潇洒，力求一个"风雅高格调"——不是让你出格，而是让你追求独特的品味。

当你的生活始终在一成不变的状况下，不如暂时脱离现有的困境出去走走。有时，并不是非得出国不可，到户外去走走，或者是到度假中心去度个假，也是不错的选择。你会感悟到旅行的确是一剂消烦解忧的良方。

也许你只想借着一趟旅行的冒险，来制造一点点生活的刺激与浪漫，不论是哪一种情况，每一个想要旅行的人，出门前的动机是不会相同的，即使坐在同一架飞机里，飞往同一地点的人，他们的旅行目的也决不会相同。所以，每一个人的内心里都潜藏着一份对生活、生命的渴求，是在现实生活中往往无法获得的心灵企盼，却希望在一段又一段的旅行过程中，获得暂时的舒解和治疗。旅行是记忆的收藏，也是美的收藏。

5 年前，李立去欧洲旅行。

她说在离开香港之前，身兼两份工作，回家还要翻译和写企划方案，每天工作16小时是正常的。

一方面不堪忍受超时的工作压力，一方面也为了实现年少时环游世界的梦想，她向老板请了两个月的假，便踏出她的世界之旅的一小步。

当时她是抱着不惜辞职的心情，准备去探索世界奥秘的。

她说，在香港的生活太紧张，发现欧洲的闲散，一时让人难以适应。

欧洲人的步调适中，总透露着一份富裕之后的从容，在负荷一天16小时的工作之后，她从身边缓步而过的欧洲人身上，看到自己紧绷的神经。

走过街边的咖啡座，下午的太阳暖烘烘的，伸长了腿，细细打量着来往的行人，一坐几个钟头，动也不动，就这样悠闲地等着日影西斜。

入夜，巴黎的香榭大道上，灯火辉煌，人群摩肩接踵，喝一杯鸡尾酒，吃一个冰淇淋，聆听一首小曲，全然无视于夜色转墨。

旅行的一个月，李立开始体会到欧洲人舒缓的生活情调，把懒散的心留在欧洲。

踏足的地方多了，漂泊的经验丰富了，那些个别国家与民族的色彩，却反而淡淡散去。最后，留下的是一个性格活泼、思想开阔、胸怀世界的成熟面貌。每一次旅行回来，都感觉自己的心灵被洗涤得清清爽爽。

即使有天大的事情，也要等回来以后再说，旅行，是一个喘息的空间。出去走走固然是一种心灵的出走，但也不是逃避，唯有了解自己的目的，才不会有过度的期待和想象。

在旅途中挥洒情意，感悟人生。从旅途中汲取快乐，才是真正的旅游。这种快乐，不是肤浅的感官之乐，而是打动心灵，从心灵深处荡漾开来的真乐。有谁不渴望真乐，有谁不渴望真正的心灵熨帖？让我们开始吧！旅游是快乐的飞翔！

常给心灵做按摩

现实生活中，人们常常会被一些不愉快的事情所困扰，面临物质、精神上的各种压力。适时地让身体放松、为心灵按摩不失为一种有效的手段。

如今，人们讲究生活质量和生活品位，注重外部形体和容颜，而当心理疲惫时，你是否对它进行了必要的呵护？请不要忽视这种问题，这种呵护是对心理的支撑、养护和保健。经常进行心理"按摩"，是驱走不快、解决困扰的良好方法，会使你容光焕发，青春常驻。

幽默能驱走烦恼，幽默可以让烦恼变成欢畅，让痛苦变成欢乐，将尴尬变成融洽。家庭中有了幽默，便有了欢乐和幸福；夫妻间有了幽默，便能相知相契。幽默是生活的味精，心理健康不可缺少幽默。

笑是心理健康的润滑剂，是生活的一种艺术，它不仅有利于消除心理疲劳，而且可以活跃生活气氛。生活中有了笑声，就有了美的呼吸。在亲友们心情不快时，你不妨逗他一笑；自身产生苦恼，你不妨想件亲历的趣事引发一笑。

音乐可以陶冶情操，人可从音乐中获得力量。听歌不仅是一种美的享受，它还能调节人的情绪。当心情沮丧时，不妨听一曲你所喜爱的歌，它会把你带入另一片天地。

置身花木之中，以花为伴，与花交友，可以使人心舒气爽，忘却心中不快，心中仿佛也会开出五彩鲜花来。为了赏花之便，不妨在阳台或室内育几株花，视它们为伙伴。

运动的好处不言而喻。喜动者可跑步、爬山、打拳、练剑等，喜静者可饱览群书、习字绘画、养花钓鱼、下棋打牌。凭你的兴趣，找一种适合自己的活动方式，学会休闲，适度放松，才能拥有健康的身心。

你会发现另一方洞天，就是阅读。古书典籍、力作精品，都是古今中外名人、伟人和涵养高深之人的智慧积淀与结晶。与书为伍，同这些人交友谈心，可使你变得更加睿智、大度和富有才情，还会使你热爱生活，更加珍惜现在拥有的一切。

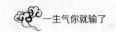

写作是一种提神益脑的健康生活方式。当你感到有话说而无听众时，当你感到心理压力大又不愿向他人诉说时，不妨就说给自己"听"。把你的痛苦、不满、感慨和心声，诉诸笔头，记录成文。这样可以缓解心理压力，调节心理情绪。

倾诉是一种自我心理调节术。生活不会一帆风顺，向亲朋好友吐露郁积在心头的苦闷，是排解不良情绪的好办法。在"心理梗塞"时，若能及时向值得信任的亲朋好友倾诉，可以在别人的理解中，使自己受挫的心灵得到安抚与慰藉。

在游戏中放松自己。游戏不只属于孩童，它应该陪伴我们走过整个人生。哪里有开心的游戏，哪里就一定充满笑声，少有忧愁。能游戏者，肯定是一个内心有着愉快感的人。游戏还可以丰富家庭生活，密切家庭成员之间的关系。

对痛苦的遗忘是必要的，沉湎于旧日的失意是脆弱的，迷失在痛苦的记忆里是可悲的。遗忘不是简单地抹去记忆，而是一种振作、一种成熟和超脱。忘记生活曾经给自己造成的种种不幸和苦痛，充分享受生活的各种乐趣，让心灵沉浸在现实的快乐之中。

每天抽二三十分钟或更长的时间，盘腿而坐，双目、双唇自然闭合，全身肌肉放松，呼吸均匀，逐渐入静，使纷乱活跃的思维转为平静，并逐步进入若有若无的超觉形态。由于入静后人的脑电图清晰有序，大脑皮层处于保护性抑制状态，同时，皮层与皮层下神经的功能协调统一，使整个机体的指挥系统——大脑的活动显得稳定而有节律，因此你会感到身体与内在精神的空前和谐，并油然而生一种难以言传的愉悦。一旦睁眼重返日常状态，顿觉头脑清醒、精力充沛。

为自己减刑

舒一舒眉，为自己减刑吧。除了自己，没有人能让你恢复自由。上帝是精明的，他在每个人的人生道路上都设满深浅不一的坎坷，并且还故意让某些人遇见极深的坎坷，以此来判别人类的坚强与怯懦，明智与愚蠢。

世界上最恐怖的监狱并没有铁窗和围墙。对有的人来说，一个仇人也是一座监狱，那人的一举一动都成了层层铁窗，天天为之而郁闷忿恨、担惊受怕。有人干脆扩而大之，把自己的嫉妒对象也当作了监狱，人家的每项成果都成了自己无法忍受的刑罚，白天黑夜独自煎熬。人类的智慧可以在不自由中寻找自由，也可以在自由中设置不自由。环顾四周多少匆忙的行人，眉眼带着一座座监狱在奔走。老生长谈，苦叹一声，依稀有银铛之音在叹息声中盘旋。

有一位商人，因欠巨债无能偿还而进了监狱。但他并没有因此抱怨、伤心，而是借此机会做自己以往无暇做的事——学习外语。开始学习外语后，他发现自己并不像生活在人们所说的"恐怖"的监狱里，他感觉日子过得飞快，而且过得非常开心。在他出狱那一天，他带出来一部 60 万字的译稿，并准备出版。

"坐牢"在这位商人的人生道路上该是一个多深的坎坷啊！然而，他是坚强的、明智的，他虽然刑满才释放，但是他为自己大大地减了刑。茨威格在《象棋的故事》里写一个被囚禁的人无所事事度日如年，而获得一本棋谱后日子过得飞快。外语就是这位商人的棋谱，轻松愉快地几乎把他的牢狱之灾全部赦免。他把"恐怖"的监狱当成自己发展的另一美好天地，继续奋斗着，他在为自己减刑。

找到生活的心灵"棋谱"，紧张充实有意义并且充满快乐的生活，一定可以使我们忘掉所谓的"牢狱之灾"。真正进监狱的人毕竟不多，但有的人却像真正的囚徒一样把自己关在心造的监狱里，不肯自我减刑、自我赦免。

公交车上，一个年轻的售票员，懒洋洋地招呼着上车的乘客，很不耐烦地回答着乘客提出的到站问题，爱理不理地售票，时不时地抬起手腕看看表，然后无聊地看着窗外，一眼就能看出他并不喜欢这个职业，因为他并未让旁人感到他从这项工作中获得的乐趣。相反，带给大家的是厌烦与种种的无奈。他给人的感觉就是他似乎成了这辆公交车里的囚徒，这辆车感觉就像是他心灵里的监狱，只是他却不知道刑期有多长。其实，他为何不让自己愉悦地融入工作，满心欢喜地把自己释放出来呢？那样，这辆公交车自然会变成它实现自己价值的美好天地。

世界上最恐怖的监狱并没有铁窗和围墙，那就是我们自己的心为自己所造的心灵监狱。走在路上，看到那么多匆忙的行人，眉眼间带着生活的种种疲惫。舒一舒眉，让我们为自己减刑吧！除了自己释放自己，为自己减压，为自己找一个出口，还有谁能让你从心灵里真正恢复自由呢？

现实社会也是一个大监狱，我们谁也逃不了困境、痛苦等严刑拷打。但如果我们能把这些严刑当作是对自己的一次次磨练，学会为自己减刑，那么，我们的人生将会是出色和潇洒的。正如一位作家所说的那样：面对人生的境遇，我们应选择拥抱与品味，浸泡在痛苦中却能体味出甘甜，面对致命的打击仍能乐观面对；那么我们就是坚强而明智的，我们的人生是快乐而多彩的。生活对每一个人来说都是很琐碎、很具体、很现实的。用心感受每一个生活的点滴，都会从中得到收获。

善待压力从自制开始

要经常锻炼自己，面临压力不管大小，我们都要有自控能力。只有控制自己，才能控制住压力，让压力在你面前屈服。有人说，人最难战胜的是自己，这句话的含义是：一个不善待自己的人最大的障碍不是来自于外界，而是自身，除了力所不能及的事情做不好外，自身能做的事不做或做不好，那就是自身的问题，是自制力的问题。

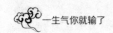

自我控制是一个人成长过程中最重要的个性品质之一，是衡量一个人心理成熟的重要标志。它代表着人对自己与周围环境关系的洞察，对自己适应能力的评价，对自身弱点的关注，并且能够积极地采取措施进行疏导，以适应环境对自己的要求。

要学会善待自己，就应学会控制自己，因为只有这样，你才会始终占据上风，由自己支配自己的情绪。自制就是要克制欲望，不要因为有点压力就心浮气躁，遇到一点不称心的事就大发脾气。自制力包括两方面：自我激励，以提高活动效率；战胜弱点和消极情绪，实现活动的目的。有人说，一个人要想在事业上取得成功，应该面临许多的压力，才能锻炼自己。

一个善待自己的人，其自制力表现在：大家都做在情理上不能做的事，他自制而不去做；大家都不做在情理上应该做的事，他强制自己去做。做与不做，克制与强制，超乎常人性情之外，就是善待自己的要素。

自制力是我们达到预期目的有效途径，有了自制力，规划事情才有实施下去的动力，否则将无从谈起。当然，培养较强自制力是一个循序渐进的过程，需要在日常学习中、生活中积累，从小事做起，时时刻刻约束自己的不良行为。提高自制力，可采用以下几种方法：

首先，要培养良好的品德修养。品德高尚的人才能理性地分析解决问题，才能不被外界的诱惑误导，头脑保持清醒，遇到诱惑能够克制住自己。

其次，要树立远大的人生目标并付诸实践，战国时期苏秦"锥刺骨"的故事，应该不会有人陌生，他的成功只凭借自己的一份决心，不断鞭策自己，最后功成名就。这不正是自制力的驱使吗？

最后，要广交好友，拓宽人际关系。可以学习并吸收别人的优点，不断充实提高自己，通过对不良事物的认知能力和抵制能力，在潜移默化中远离不良诱惑。

自制力对于增进生理和心理健康，也有重大作用，不能进行情绪控制和行为控制的人，是不会有健康的身体和健康的心理的。增强自制力，可以使你收获快乐，可以使你更加理智，要想成为有作为的人，那么请你铭记：自制力将是你走向成功的有利保障。所以，善待自己，就要学会控制自己。

自由自在每一天

如果人生就像登山，别忘了时常停下脚步，赏赏花草，望望云彩。自由自在地度过每一天，也不枉此生了。

英国哲学家、诗人泰瑞说得好："忙碌，是无所事事的人制造的假象；忙碌，是一无所有的人骗人的伎俩。"忙碌烦躁，是多数人生活的写照。每天总是忙忙忙，越忙碌，就越觉得生活茫然。不知为何要这么忙，却又是忙忙忙。于是，盲目、忙碌、茫然，整天游来荡去，累了烦了，却还是摆脱不了。

　　一位著名的演员曾很得意地说："我经常同时录制十几个节目！除此之外，还要剪彩、赶秀、开店！"可到头来呢，她的家庭、财务、健康都出了问题，过分的忙碌化为一场空。真正茫然了一场。一名企业老总也曾在受访中说道："我每天工作超过18个小时！常常是连吃饭、睡觉的时间都在工作！"而得到的结果呢，竟是吃几场官司、坐了一次牢狱，并英年早逝。虽然累积了几亿财富，但在世时他得到的似乎仅仅是忙碌烦躁。

　　忙碌不是一种状况，而成了一种病态。没人乐意忙碌，但不忙碌又感觉空虚，就怕自己会落伍，会被这个社会淘汰。

　　放缓行动静下心来想想，是该把目标定得过高，每天每年忙于追求呢？还是应自在地度过每一天，细细品味个中的甘苦？喜欢登山的人都知道，登山的目的不全在于登顶，而着重在于攀登中的观赏、感受与互动。但是竟有不少登山者的目的就是登顶，而忽略了沿途的风光。一旦因故登不了顶，前者的收获仍是满满的，而后者就只有惆怅。

　　自由自在地面对生活，只要我们有了基本的生活保障后，就应该多一些精神上的享受，少一些物质上的烦恼；多一些亲情，少一些抱怨；多一些宽容，少一些记恨；多一些思考，少一些浮躁。只有这样，才能在这个芸芸众生的大千世界里，让自己的生活多一些色彩，少一些后悔；多一些朋友，少一些对立；多一些温馨，少一些孤独，对待生活期望值不要太高，这样你才能时时开心，天天快乐。

每天抽出 5 分钟做做"白日梦"

　　白日梦是一种自然的自我催眠，这种自我催眠状态经过短暂的时间后，就会自然终止，重新回到现实世界。但这短暂的状态也是缓解心理压力的良药。

　　日常生活中，常会看到有些人眼神呆滞，一副茫茫然、仿佛与现实脱节的样子，这时如果有人让他受到惊扰，他会有如惊醒的表情，这就是白日梦，也称为自然催眠，是一种入神状态。

　　心理学观点上的"白日梦"，是指人们在清醒状态下出现的带有幻想情节的心理活动，是一种有效的松弛方法。心理学家弗洛伊德说过，白日梦的内容大都是在实现不满足的欲望，及其相反的不安现象。因为大多数人在现实生活中都不能达到完全的满足，所以会借由白日梦的幻想而暂时脱离现实，让心思呈现一种分离状态，以缓解一些心理上的压力或满足一些欲望。

　　贫穷的人可以幻想自己有一天会有奇遇而"麻雀变凤凰"；或者是社会残酷、竞争现象，让自己回忆起童年无忧无虑的生活，因而透过白日梦让自己沉浸在可以为所欲为的童年世界里，忘却现实生活的苦闷。这都是透过白日梦自我催眠，来暂时实现

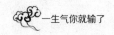

自己的梦想，得到心理上的平衡与满足。

例如：职员对老板觉得实在受不了，可是又不得不低头，这时可以在心里想象着要让他出糗，或者是要如何如何，虽然他并没有真的付诸行动，可是透过这种做白日梦的想象，会暂时缓解掉一些心理上的不满，让他回去面对老板和工作。

做白日梦有利于身心放松，有益于左右脑平衡使用，给人的机体健康"充电"。这种运动对免疫系统的生化物质起着良性的促进作用；另一方面，沉思冥想能让大脑的左侧从语言活动中解脱并处于休息状态，让右脑充分发挥其直观的形象思维能力，从而使善于语言思维和用右手劳作者容易发生的左脑疲劳获得消除。

人们一般都比较关注白日梦的危害，认为那纯粹是浪费时间。研究发现，白日梦是人的本能的休息和放松机制。这就是说，白日梦是健康的、安全的，不需要担忧，更不必有意抑制。

白日做梦还可以培养人的想象力和创造力。19世纪德国气象学家魏格纳病中凝视世界轮廓图，陷入白日梦中，突然想象世界大陆原是一个整体，后产生漂移，所以美洲和欧洲、非洲大陆轮廓才可以如此吻合。

美国明尼苏达大学心理学家朴克杰说，白日梦题材多属个人关心的切身事情，由于脑筋不受传统思维形式限制，问题经过深思熟虑，而答案则反复推敲，往往会激发出自己意想不到而觉得欣喜的解决方案。另一位心理学家比利保飞顿博士指出：白日梦虽然是虚幻的遐想，但对人的精神心理有积极作用。人们每天从事刻板枯燥的工作，需要暂时从乏味的现实中游离出来，徜徉于白日梦境中，情绪能获得松弛，有助于消除生活与工作中的不悦。

白日梦不但有益于人们的身心健康，而且还会给人带来挑战困难的旺盛精力。在繁忙之余，一个人坐下来，放飞一下思绪，任其东西南北中地飘荡一番，你也许还可以发现人生的另一片绿洲。况且，人生原来就是如梦如幻的。

丰富自己的兴趣爱好

丰富才能多彩，减压才能轻松，我们都需要不同的方式去缓解压力。广泛的兴趣爱好是善待压力的好方式。

一个人的业余爱好往往可以开辟另一片天地。在每天忙碌的工作之余，做做自己喜欢的事情，有助于放松身心，恢复精力，使生活变得更有情趣，生命更有意义。它可以缓解人在生意场上的压力，也能锻炼自己的思考力和创造力。

写写画画就是一种极好的快乐方法，说不定还会有意外的收获。

读书是一种休息，读书是一种需要，读书更是一种寻求快乐的方式。读自己喜欢的书，是最大的快乐。因为读一本自己喜欢的书，就相当于在和知心朋友谈话，书中的话就是我们正苦于无法表达的话，书中人的喜怒哀乐正是我们的喜怒哀乐。

如果你喜欢旅游，那么你一定有几个旅友，大家可以在一起聊聊哪里的风景比较漂亮？哪里的山峰适合攀登？哪里的湖水最适于泛舟畅游？天气好的时候，就可以一起走出去亲近大自然。轻松的氛围可以让人的心理有更大的放松，你不仅心情愉悦，还会同时增长见识，何乐而不为呢？

在舒缓悠扬的音乐中，潇洒地翩翩起舞，不知不觉你就用肢体语言宣泄了自己的感受和内心的冲突，随着轻松愉快的音乐伴奏，跳一段舞，你一样会得到快乐和放松。

如果你具有运动细胞，就需要把自己的时间多分点儿给这样的业余活动。运动可以让一个人充满活力，在一天的劳动工作之后，挑一个时间，约上几个志同道合的朋友一起做运动。你可以参加俱乐部，也可以去健身中心，或者到公园跑跑步、打打球，都可以让你一天的疲劳得到有效的缓解，心情格外舒畅。

总之，只要你愿意，快乐就在你的身边，在你的一切时间和空间里……

戒除忧虑，开开心心过好每一天

把心胸放宽一些，养成豁达开朗的性格，正视自己所面对的忧虑，并且想方设法改变和战胜这种忧虑心理，随时随地使自己快乐起来。

忧虑是一种不良情绪，其突出表现是什么事情总往坏处想，往难处想。有一种前怕狼后怕虎的感觉，如孩子出去玩，总是担心摔着；做生意投资又担心亏本；工作干坏了，怕领导批评；干好了，又怕同事嫉妒；等等。

有时候自己也觉得忧虑是荒谬可笑的，立即否定了它，但这种忧虑会固执地再次出现。内心充满矛盾、抱怨，不能自拔，常常抑郁、焦虑，吃不香、睡不甜，使人陷入痛苦之中，造成恶劣的心境，并诱发多种疾病影响身心健康，如消化性溃疡、高血压、甲亢、糖尿病等。由此可见，消除忧虑是心理保健课的重要课题，无忧无虑是不存在的，但总有些办法可以让你暂时放下忧虑，轻装前进。应从下列几方面去努力：

1. 承受不可避免的事实。在日常生活中，不可能任何时候都一帆风顺，困难、挫折、失意等等是难免的。如何对待这些不可避免的情况呢？从对待困难的角度上讲，应树立信心，勇敢面对，并奋斗到底。但对于棘手的问题，能设法解决的就去做。要是解决不了的，就干脆把它忘却，不要为未来担心。

2. 自觉理清思路，保持乐观的心境。心境是一种较弱但持久的情绪状态，还可以在很长一段时间内影响人的情绪和言行。要想保持乐观的心境，必须发挥主观能动性，清除消极思想。

3. 宽恕自己。宽恕是坚韧的特征。当自己做错了某件事，或说错了话时，不要总是抓住自己不放，应该告诉自己，下次注意就是了。

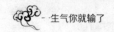

4.用概率战胜忧虑。如果我们用概率认真分析，就会发现绝大多数事情发生的结果并不像忧虑时所想象的那种情况，许多忧虑完全是多余的。

5.忘却。给人们造成精神压力的，并不是今天的现实，而是对昨天所发生事情的悔恨，以及对明天将发生的忧虑。为了事业，为了健康，为了长寿，我们必须命令忧虑滚开，而唯一的方法就是看你是否能够忘掉它。

6.从最坏的角度做打算。忧虑使人的精神无法集中，思想到处乱转，而人在丧失决断能力，精神上接受最坏的情况以后，就能够面对所有可能的情形，而集中精力，镇定地想办法改善最坏的情况，减少所受的损失。

仔细想想，忧虑是自己伤害自己。一个人在忧虑时，体内的机能就会失调，导致内脏的功能紊乱而得病。过度的忧愁悲伤会使肺气消耗，使人出现气短、喘息等疾病。而长时间的苦思、焦虑会使人心有所存，神有所归，气滞而不畅，时间一长，造成伤血、耗气、损神以及心悸、失眠、心痛、食少等症状。这样便会使机体的功能退化、加速人的衰老。

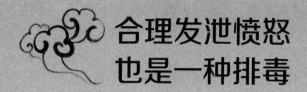

第八章

合理发泄愤怒
也是一种排毒

给郁闷一个自然出口

郁闷是不良情绪积压造成的，不仅伤心，而且伤身，我们应该给郁闷一个自然的出口。

郁闷不是件好事情，它会搅乱我们的生活，损害我们的健康。当你郁闷时，请千万不要闷着忍受，要给郁闷一个自然的出口，让其如洪水一样泄去。

要让郁闷自然排解，我们就要学会跟着自己的感觉走。跟着自己的感觉走，就是该笑的时候笑，该哭的时候哭，该发泄时就发泄。科学研究证明：适当发泄对身体有好处。所以，在心情不好的时候，你可以尽情地发泄出来，发泄之后你会好受得多，而且有利于身体健康。

在生活中，不会发泄的人总是会有麻烦。比如，某个人的家人和朋友都知道他是易怒的人，因此他们都尽量不惹火他。万一他有什么不顺心，大家便有意无意地避开他。在他供职的公司，他一般还是会忍耐一些，不过，如果那些他本身就很讨厌的人惹到他，那他决不会善罢甘休。他很可能非常生气地骂几句莫名其妙的话，但也可能把矛头指向对方，连讥讽带谩骂。这种情况下，要是对方是个耐性稍差的人，他们就只好硬碰硬相互指责、争吵，甚至干脆以拳头解决问题。

那么问题在哪里呢？其实，问题就在于他无法控制自己的情绪。于是，同事们都害怕接近他，甚至连上司都不愿招惹他。情况严重时，他还可能因打人而被告到法庭上，而且可能经常受伤，却没人同情。在这种情况下，他其实应该好好考虑适当发泄一下他的情绪了。

无论碰到什么问题，首先要做的是先理智地分析一下情况，心平气和地把意见不和的地方拿出来同大家讨论。那种既伤人又伤己的发泄无助于解决分歧，反而会遗留下许多令你头痛的难题，所以应尽量避免。如果是在公司遇到的问题，可以向理解你、

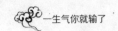

愿意听你倾诉的人寻求帮助，让他们为你拿主意。与同事产生了矛盾和摩擦，可以找第三者来调停。这样更容易让你察觉并改正自己个性上的弱点，以后就不会再出现这些问题了。

给郁闷一个自然出口，就是要学会适当发泄。适当发泄应取决于你的具体情况。比如，你是个很冲动的人，那就不妨在家里悬挂一个沙包，以方便自己的发泄。适当发泄的目的在于让郁闷自然地排解，所以我们首先要明确发泄是否有利于达到目的，然后判断发泄是不是达到目的的最好方法，最后还要决定采取什么样的应对方式，这样才能恰到好处地让自己得以发泄，又不至于让这种不佳情绪因过度表现而影响了人际关系。

当然，为了尽量减少产生不佳情绪的可能性，我们要学会体谅，学会宽以待人，学会恬静，但有时候，认认真真地发泄一次也是极有必要的。毕竟谁也不希望让郁闷破坏了自己的生活和工作，甚至是健康。

尖叫也是一种发泄

很多人，把尖叫视为一种疯狂的行为，特别是女士那超高的分贝会让人心惊胆战。其实，只要不影响到他人，大声尖叫并非是一无是处，比如说，它能缓解人的精神压力，给人一个释放的空间。

许多心理治疗师认为：一切形态的不快乐与健康不良都起源于情绪得不到表达。他们主张，只要感受到情绪就要表达出来，完全抒发，不要作任何迟疑和保留。这样，人会变得心平气和，不受任何"包袱"拖累。你可曾留意，好好哭一场、捧腹大笑一阵，或者跟一个朋友或家人作了一席澄清疑猜、化解张力的谈话之后，你会感到多么舒坦！

在你心情不好的时候，尖叫也是一种发泄。你需要做的就是打开所有使你能抒发各种情绪的管道：你的心智、你的呼吸、你的声音。此事看起来复杂，其实很简单。你只要尖叫就行，或者吼叫也行。

海伦是一个普通的白领。已经午夜2点了，她却无法入睡，几小时前和老公争吵的一切依然清晰地浮在眼前，老公那带有人身攻击性的言语深深刺伤了她。共同经营了20年的感情破碎于一场暴风骤雨的争吵之后，老公毅然提出离婚，海伦感到委屈、恐惧和不安。

凌晨5点，海伦坐上第一班大巴赶去上班，长途奔波，疲惫袭面而来，昏昏入睡。仓促间下车，手提袋就狠狠地撞了下车门，这下子，移动硬盘被撞坏了，熬夜赶出的策划也无法在公司讨论会上展示。因为无法展示部门的成绩，部门经理与海伦吵了起来。海伦内心充满了无限的委屈与无奈，一瞬间对生活失去了信心。

其实，如果你就是海伦的话，不妨拎个软软的枕头，走进一个你能独处几分钟的房间。先做个很深很深的呼吸，用枕头盖住了脸，然后尽你所能大声尖叫或高吼。再深呼吸，然后再用枕头盖住脸尖叫。如此一而再，再而三。一直到你觉得自己所有情绪都已透过肺呼吸、声带的声音释放出去时，才停止。

你可以尽可能想出生活中，甚至世界上，你反对的一切事物，然后对着枕头大叫"不对"；如果你觉得疲惫、沮丧和懊恼，就大喊"我厌透了疲倦、沮丧和懊恼"；如果你感觉到幸福快乐，就喊"呀噢"；想出你生气的每个人，大叫"气死人了"；想出你爱的所有人、所有事物，大叫"好"或"我爱你"。

如果你感到胃中灼热或背上疼痛，喊出来；如果你感到颈部僵硬或胸腔紧收，喊出来。直到你身体里最后一个细胞说："我喊完了，再无怨言了。"这时候，静静安坐片刻，你将感受到解脱压抑情绪的滋味。在日常生活中，要抒发你的情绪，就要培养这种解脱感，这就是发泄之道。

所以说，尖叫也是一种情绪的释放，是发泄的一种方式。而它对准的目标人群是现代都市里的工作一族，这些人有着太多的压力，比如就业的压力、住房的压力、生存的压力，各式各样的压力，让他们喘不气来，于是他们的情绪也变得不太稳定，不良情绪经常使他们无法正常有效地工作和生活。也许，你就是他们中的一员，这些情况也在你身上发生着，那么你选择了尖叫作为你的发泄方式了吗？

大哭一场解千愁

哭作为一种常见的情绪反应，对人的心理恰恰起着一种有效的保护作用。哭会使心中的压抑与委屈得到不同程度的缓解和发泄，从而减轻精神上的负担，对健康有积极的作用。

人有很多减压的方式，比如打哈欠是睡前紧张情绪的释放，叹气是人主动地缓解压力。人在不开心时，常得到的劝慰大多是笑一笑，很少有人会劝其哭一哭。哭在人们的脑海中被定格为一种对身体有害的情绪反应，往往被人们视之与不好的事情联系在一起。其实，哭也是一种很好的解压方式，有助于个体达到暂时的平衡。

从医学角度来看，眼泪是泪腺分泌出来的一种液体，泪腺位于眼球的外上方。一般人平均每分钟眨眼13次左右，这是人的一种自我保护方式。每眨一次眼，眼睑便从泪腺带出一些泪水来，泪水不仅可以湿润眼球，与污染物混合后，还能从眼角把污物清除掉。

美国圣保罗·雷姆塞医学中心精神病实验室专家对眼泪做过相关的研究，他们发现，眼泪可以缓解人的压抑感。他们通过对眼泪进行化学分析发现，泪水中含有两种重要的化学物质，即亮氨酸与脑啡肽复合物及催乳素。有趣的是，这两种化学物质仅存在于受情绪影响而流出的眼泪中，在受洋葱等刺激流出的眼泪中则测不到这两种化学物质。

研究人员认为人体排出眼泪，可以把体内积蓄的导致忧郁的化学物质清除掉，从

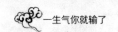

而减轻心理压力，保持心绪舒坦轻松。这个实验室的研究人员曾对 200 多名男女进行过为期一个月的"哭泣试验"，结果有 85% 的女性和 73% 的男性说他们在大哭一场以后心里舒坦了许多，压抑感测定平均减轻 40% 左右。

哭是人们情感的流露，哭往往是由于内心感到委屈或精神受到了重大刺激。面对外界环境的压力，人总是会先选择用积极的手段去消灭它，但是人的忍受力是有限度的，有时候也需要寻找一些途径来发泄。该哭不哭，一味地忍，闷在心里时间久了，心中的压抑就会越积越重，精神负担也就越来越大，进而出现精神萎靡、情绪低落，叹息不止，导致失眠，影响食欲，出现悲观厌世甚至轻生的念头，抑郁症往往就是这样造成的。

实际上，哭是人类常用来排泄悲伤和苦恼最自然的方法。在悲伤时人们经常会哭，妇女和儿童更是如此。所以说哭不是坏事情，哭有助于缓解悲伤、苦恼等情绪状态而引起的心理反应。

婴儿用哭泣来促进肺的成长，女人也因为比男人更擅哭泣而较男人长寿。哭泣是造物者赐予我们的天生本领，自有它的奥妙所在。但长期以来，根深蒂固的观念都一直教导我们，哭泣是软弱的表现，尤其对男人更是如此。这样的枷锁，让我们压抑了哭泣的本能。当我们任凭痛苦和悲伤啃噬身体的同时，也同时拒绝了一种健康的宣泄模式。

很久以前，有一名身负重伤的士兵从战场上归来后发现，迎接他的比战场还要残酷，家园被毁，爱人也背叛了他。他想哭，但是想起自己是男人，于是硬把眼泪忍了回去。大家都翘起了大拇指：男儿有泪不轻弹，你是个真正的英雄。

一天，国王要为女儿举行一次比武招亲大赛，许多人踊跃参加，这位战士也报名参加了。在比武中，他击败了所有敌手，取得了第一名的好成绩。为此，他又负了伤，但他咬紧牙关没有哭，一滴眼泪都没流。

他被带到公主面前时，身上还在流血。他满以为公主会把他当成首选，想不到公主却直接排除了他，公主说："我怎么可能选一个不会哭的人做我的夫婿呢？"士兵答道："哭是弱者的行为，真的勇士是从来不哭的。"

公主说："你错了，只有坚强的人懂得哭，哭维护了他心灵中至纯至美的地方。你不会哭，并不说明你坚强和快乐，恰恰相反，它说明你已经衰老和麻木。会哭的人还有希望与爱，而不会哭的人却没有。连哭的勇气都没有，说明你还不是一个真正的勇士，而是一个懦夫。不会为自己哭的人，也不会为别人哭；不会为痛苦哭的人，也不会为幸福哭。而一个不会哭的人，跟冷血动物还有什么区别呢？"

所以，男人应该摒弃那种"男儿有泪不轻弹"的观念。很多时候，为了回避在他们看来是非常荒谬的眼泪，他们便用快速行动来表达情感：构思新东西、打架、喝酒或逃避。人应该生活在一个快乐的社会中，眼泪能够让男人发泄，减少暴力冲动欲望，因此，男人想哭的时候，就要哭个痛快。每一个男人都应该记住：哭并不是女人的专利。

哭是一种最好的发泄的方式。哭能排除人情绪紧张时所产生的化学物质，从而把身体恢复到放松的状态，缓和紧张的情绪。在该哭的时候就要哭，这样才能得到快乐和幸福。人在极度痛苦或过于悲痛时，痛哭一场，往往能产生积极的心理效应，可以防止痛苦越陷越深而不能自拔。

总之，人在情绪很不佳时不哭是有害于健康的，很多时候哭比笑好，哭是有益健康的。无论何种情感变化引起的哭都是机体自然反应的过程，不必克制，尤其是当你心情抑郁时，大声地哭出来，你就会获得一份好心情。既然哭是有益的，那么，让我们"大哭一场解千愁"吧！

千万不要堆积情绪

坏情绪就像毒素，累积得越多毒性就越大，也许一开始它还毒不死一只"蚂蚁"，可是到后来，你会惊恐地发现它能轻而易举地毒死一头"大象"。所以，请尽早地解决这些坏情绪，不要让它们堆积成山。

你常有这样的感受吗？只要遇到一件倒霉事，一系列的倒霉事都会接踵而至。你一整天的心情都被搞得乱七八糟。而管理情绪的诀窍在于不要让坏情绪堆积起来。

我们先来看看雷纳德一天的遭遇：

早晨：下着小雨。雷纳德最讨厌下雨了，刚上了油的皮鞋会沾水，裤腿也会带上泥；穿西裤吧，刚买的名牌，舍不得在雨中穿；穿休闲裤吧，白色的很快就变脏。像这种毛毛雨又懒得打伞，坐出租车都要排队。接女朋友也不方便，要是晚去一会儿，塞丽娜就会噘着嘴巴气跑了，然后几天不理他。雷纳德躲在被窝里烦躁了一会儿，一看表，快迟到了，雷纳德一阵心慌。

上班途中：公车站牌下雨伞林立，伞下一张张脸翘首以待。雷纳德看看自己的名牌西服，决定坐出租车。好不容易一辆空车过来，立刻有人蜂拥而上，根本就挤不上去。如此三番，雷纳德还没坐上，心里只恨自己没有车。终于等到机会，找到一辆车，但上车刚一落座，一股凉意沁入屁股，扭身一看："天哪，你这车上怎么有水啊！"

司机回头说："下雨天能不有水吗？"

"那也不能有这么多啊！"

"噢，可能是刚才的乘客把伞放在车座上了吧。"

雷纳德憋了一肚子火，没好气地说："早知道还不如坐公车，白白糟蹋了我的新西裤。"

"要怪只能怪这鬼天气。"

"坐你的车就怪你！"雷纳德拿纸巾去蘸屁股上的水，湿漉漉的纸巾立刻粉身碎骨，雷纳德甩着手，碎纸屑却粘着手不肯掉。他嘴里嘟囔着："真倒霉！"

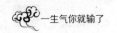

司机回他说："别人放在车座上，我哪看得见！"……

就这样，雷纳德和司机打了一路的嘴巴官司，窝了一肚子火，车一到站赶紧买单下车。走到办公室才发现，司机竟没找零！坐了一屁股水，还白送司机10块钱。雷纳德气得不行！

办公室：刚进办公室，同事就通知雷纳德，策划方案没通过，退回修改。那份策划可是雷纳德熬夜后的心血，全企划室也只有雷纳德能拿得出这种像样的方案来，再修改，说得轻巧！坚决不改！雷纳德心里又委屈又气愤，决定搁到一边等经理来找他。可是等了一天，经理也没来。

下班：雨依然淅淅沥沥，天依然阴着，雷纳德依然打不起精神来。突然间，他想起下午忘了给塞丽娜打电话，他们约好了下午打电话决定晚上到哪里吃饭的。一看表，糟了，6点了，雷纳德赶紧打电话过去，但办公室没人听，估计塞丽娜早下班了。打她手机，半天才接，手机里传来塞丽娜尖利的声音："你怎么回事啊！现在才睡醒吗？我已经跟别人约了！"啪的一声，塞丽娜就挂了电话。都怪这鬼天气！雷纳德半天没回过神来。

瞧，坏情绪就是这样堆积起来的。当我们遇到一件倒霉事，坏心情就开始进入我们内心，如果没有及时地解决，又带着坏心情去处理其他的事情，自然会起连锁反应。心理学家研究表明，当一个人处于坏情绪之中时，下丘脑就会分泌出一种叫"多巴胺"的物质，这位"多先生"会让你的情绪越来越糟糕；而当一个人高兴的时候，下丘脑就会分泌出一种叫"去甲肾上腺素"的物质，而这位"去先生"会让你的心情越来越舒畅。

所以，心理学家建议：当坏情绪刚刚冒头时，就立刻把它消灭掉，千万不要让坏情绪堆积起来，不要让你的心情在"多先生"的感染中越来越糟。这样的处理方法就好像一路走一路丢掉身上的包袱，你会越走越轻松。

现在，让我们全面解析雷纳德的情绪，运用心理学家简易的方法帮他逐个丢掉身上的包袱。你会发现，是要"多先生"还是"去先生"，关键看自己的选择。

早晨：谁说阴雨天会带来坏心情？雷纳德已经有了一个思维定势：一下雨就会有坏心情。按照这样的路线走下去，心情能好得起来吗？这种行为在心理学上叫"自我暗示"。雷纳德不断地暗示自己，只要下雨，自己就会倒霉。好像失眠的人总说自己会失眠一样，所以总是失眠。雷纳德可以去做一个调查：还有很多人特别喜欢下雨呢！下雨，可以听着雨打玻璃的声音安然入睡；下雨可以滤掉马路上的灰尘、噪音，让空气清新起来；下雨，可以给女朋友送伞讨好她，还可以和她共撑一把伞，在雨中漫步，然后趁机搂住她的肩　所以，换个角度看问题，阴雨天也会有晴朗的心情。

上班途中：不就是坐了一屁股水吗，庆幸的是没坐一个烟头、一摊油。要有同事问你屁股上是什么东西，你正好幽他一默："我返老还童了。"倘若是女同事，还指不定怎么乐呢？能博红颜一笑，不亦乐乎？

办公室：别人都做不出来的策划案，唯独你能做出来，这不正好证明你比别人强？重要的方案不可能一次通过，退回来修改很正常，再说又不是让你重新做一份。积极的做法是，站起来，主动去敲经理的门，问问清楚，究竟是哪些地方欠缺，怎样修改。主动和上司沟通，会让你心情舒畅、信心十足。

下班：整个一天的坏情绪已经一一被化解了，那就不会和忘记女朋友的约会；即使忘记了也不要紧，打一个电话过去，潇洒地告诉她："我马上过去买单！"不把她乐死才怪！

所以，只要按这种逐个击破的方法，那么我们的坏情绪并非是不可化解的。这种方法的关键在于你要在坏情绪刚出现苗头时就将它们扼杀在摇篮里，不要等它们暗暗堆积起来，最后形成一股巨大的力量一起向你攻来，到时，即便你想反抗，也为之晚也！

脾气可以被转移

发脾气大多是不必要的，这就给了你转移脾气的可能性。懂得转移脾气的人，才是真正懂得控制自己的人。

古时候，人们都利用脚力极佳的骡子来驮运笨重的货物。骡子的体力虽然很好，但却有一个令人烦恼的缺点，那就是骡子的脾气非常不好。

如果一头骡子使了性子，它的四只脚便会像上了钉子一样，固定在地面，一动也不动；无论主人怎样使劲儿鞭打，骡子就是不动，一步也不会向前走。

一天，一位老和尚和小和尚在运东西的途中就遇到了这样的情况。小和尚面对着不肯迈步的骡子，又急又气，于是就举起了鞭子准备打它。

老和尚赶忙制止了他："慢！慢！每当骡子闹脾气时，有经验的主人，不会拿鞭子打它，那样只会让情况更加严重。"

小和尚忙问："那该怎么办呢？"

老和尚指指脑袋说："你可以运用智慧。"说着，老和尚很快地从地上抓起一把泥土，塞进骡子的嘴巴里。

小和尚好奇地问："难道骡子吃了泥土，就会乖乖地继续往前走了？"

老和尚摇头道："当然不是，骡子不吃土，它会很快地去吐嘴里的泥沙；此时，主人只要驱赶它一下，它就会往前走了。"

小和尚诧异地问："怎么会这样呢？"

老和尚微笑着解释道："原因很简单，只要骡子忙着处理口中的泥土，便会忘了自己刚刚生气的原因。这种塞泥土的做法，就是一种转移法。这个方法不仅在骡子身上有效，同样在人发脾气的时候也有效。"

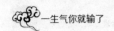

是啊，我们人有时候会像故事中的骡子一样不时地发些莫名其妙的脾气。我们发了脾气后自己痛快了，但却往往伤害了别人，然后自己又因这种伤害而感到内疚，所以发脾气只会造成对自己和他人的伤害。要避免这种伤害，就要及时地"转移脾气"。

转移脾气有很多方法，比如上面的故事中老和尚采用的转移注意力的方法，除此之外，你还可以将脾气转移到小事上去。

美国名人之一毕林斯先生，曾任全美煤气公司总经理达 30 年之久。他在任总经理期间，给人留下最深刻的印象，就是他对于许多小事常常会大发脾气，对于那些重大事情却反而镇静异常。

有一次，他乘车回家，下车时，把一盒雪茄遗落在车里了，不久他记起来，于是立刻返身去找，但雪茄早已不见了。这包雪茄的价值，不过是 5 美分，对他而言真可算是微乎其微的损失。但他竟因此而气得面红耳赤、暴跳如雷，以致旁观者都以为他失去的是一件什么价值珍贵的宝物。

在全世界闹经济恐慌的那段时期，毕林斯先生有好几天因为卧病在床，没有去公司办公。就在这几天里，有一家银行倒闭了，他凑巧在这家银行里有几万美元的存款，结果竟然成了"呆账"。等到他病愈后，听到这个消息，却只伸手搔了搔头发，然后沉思了一会儿，便说："算了，算了。"这次的损失可以说是上次掉盒雪茄的 10 万倍，但毕林斯却反而镇定得若无其事，这全靠他平时就将脾气发泄到了小事上，所以遇大事时就能更冷静。

实际上，遇到一些感觉不快的小事时，你可以尽情地发脾气，直到你的心境完全恢复平静为止。因为这样可以使你永远保持开朗镇定的情绪，使你一旦遇到大事，就可以用全副精神从容地应付。否则，不论事情大小，遇到怒气便积在心里，等到面临更大的打击时，你堆积了很久的怒气便会如气球一样爆裂，这种爆裂将会冲破了理智约束，使你变得毫无自制能力。

除了将脾气转移到小事上，你当然还可以将脾气转移到其他方面，有时甚至可以转化成好心情。

温德尔密太太正在教她 5 岁的儿子奥斯卡使用剪草机，母子俩剪得正高兴时，家里的电话铃响了，母亲进去接电话。不一会儿，温德尔密太太出来后看到一幕惨剧：奥斯卡把剪草机推向她最心爱的郁金香花园，不一会儿，已经有两米长的花圃被剪掉了。

温德尔密太太看到这一切，青了脸。眼看她的巴掌已经高高地举起　忽然，温德尔密太太的丈夫沃尔德出来了，他看见满地狼藉的花圃，马上明白发生了什么事。沃尔德小声、温柔地对太太笑道："亲爱的，我们现在最大的幸福是养孩子，不是在养郁金香，你说对吗？"两秒钟后，他们交换了一个微笑，看着活泼的儿子，心里感觉很幸福。

事实上，转移怒火只是轻而易举的事，可以轻轻松松地做到，只要你有这样的积极态度，再加上你对生活的细心体验，你就不难发现转移怒火的方法，并将它轻松地付诸实践。

给自己备个情绪"垃圾桶"

人人都应该有自己的"情绪垃圾桶"，我们可以把所有的不开心、坏心情和烦恼、哀愁统统都扔进去，从此这些精神垃圾就与我们绝缘。广告说得好：排除毒素，一身轻松！

你可曾为平时不屑一顾的小事而痛哭流涕，或是毫无理由地想朝某人大发雷霆？如果答案是肯定的话，那么你很可能正处于情绪低潮期和彻底的坏情绪中。当然，很多人都有如你一样的经历。加里弗尼亚大学的一项调查表明，日常生活中，人们有3/10的时间会脾气古怪、爱发牢骚、易怒，却不知道原因何在。

其实，虽然表面上看来你的恶劣情绪似乎属于没有根由的突发事件，但实际上坏心情差不多总是归因于一些烦心事儿，比如跟配偶吵架或是跟升职失之交臂等。紧张时刻，甚至突然响起的刺耳的电话铃声或是隔壁孩子的吵闹声都可能让你烦躁不安。

关注健康的人都知道，心情不快却闷在心里不说会闷出病来，所以当你情绪糟糕时，你要找一个合适的"情绪垃圾桶"，并且要学会很好地利用它。这种"情绪垃圾桶"可以是人，也可以是事，还可以是物。当然，我们的首选仍然是人。

一般来说，人有了苦闷后，心里就会产生一种非常想向人倾诉的需要，这种"情绪垃圾桶"就是要满足人的这种需要。那么，首先你可以向朋友倾诉，如果能把心中的苦楚和盘倒给知心人，或者能安慰你的人，甚至能为你出谋划策的人，你的心胸自然会像打开了一扇门一样明朗。除此之外，你还可以向亲人倾诉，把心中的委屈和不快倾诉给他们，也会使心境立即由阴转晴。

另外，你还可以试着把坏情绪用一件简单的事来替换掉。一旦你心情很坏，你就可以立刻去做那件事。慢慢地，你会收到意想不到的效果。

有一个男孩有着很坏的脾气，于是他的父亲就给了他一袋钉子，并且告诉他，每当他发脾气的时候就钉一根钉子在后院的木桩上。第一天，这个男孩钉下了29根钉子。慢慢地，他每天钉下的数量减少了。他发现控制自己的脾气要比钉下那些钉子来得容易些。

终于有一天这个男孩再也不会乱发脾气了，他告诉他的父亲这件事，父亲告诉他，现在开始每当他能控制自己的脾气的时候，就拔出一根钉子。一天天地过去了，最后男孩告诉他的父亲，他终于把所有钉子都拔出来了。父亲握着他的手高兴地说："你做得很好，我的好孩子。你终于克服了自己的坏脾气。"

像这个男孩一样，你也可以在心情不好的时候，找一件事来做，比如有的人选择

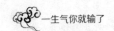

锯木头，有的人选择数小棍，等等。只要你能持之以恒地做下去，你就会收到好的效果。

但是，找到了我们各自的"情绪垃圾桶"还只是第一步，不要以为一切就已万事大吉了。如果你的"情绪垃圾桶"是你身边的人的话，那你还要学会如何正确的使用它。

大家都明白，在你出现坏情绪时，你的朋友和亲人的确应该豁出时间陪伴与倾听。从小我们就被告知，这是亲情和友情的责任。但是，当你在任何时候，任何地方都把他们视为你的"情绪垃圾桶"时，那就会变得很可怕。

据科学研究发现，坏情绪和细菌病毒一样具有传染性，而且传染起来很快，少则几分钟就能完成。美国洛杉矶大学医学院的心理学家加利·斯梅尔经过长期研究发现，如果一个心情开朗、舒畅的人与一个成天愁眉苦脸、抑郁难解的人相处，不久也会变得情绪沮丧起来。而且，如果一个人敏感性和同情心越强，也越容易感染上坏情绪，并且坏情绪的传染往往是在不知不觉中完成的。

比如早上我们每个人都会遇到堵车，但进了办公室，大家多半会忘掉它。这时，你却开始详细描述几点起来：车怎么与大公交别来别去、又遇到了什么糟糕的人、红灯又专找你经过的时候亮起。于是，每个人都回忆起可怕的堵车，然后情绪在一大早跌入谷底。如果大家跟着你一起抱怨，你也许就会立刻更上一层楼，很快把话题转移到公司分配不公，公积金比别的公司少很多，老板永远先想到自己，云云。于是，大家渐渐觉得天昏地暗，永无出头之日……至此，大家恨不得立刻回家，工作还有什么意义，所有的努力都显得如此滑稽。

当你抱怨完毕，也许你就好过多了，但你的"垃圾桶"们却开始了郁闷。虽然倾听者总会安慰自己，虽然他们晴朗的天空被你这个朋友污染了，但帮你宣泄了怨气和烦恼，你的心情好些了，这对他们来说也是个安慰。殊不知，他们这样做不但纵容了你不分时间场合乱发泄一通的坏习惯，甚至自己也会慢慢沾染上这个毛病。这样的结果是：每天大家都在互相抱怨人性恶和社会脏的一面。

我们应该知道，虽然糟糕的环境令人无奈，工作不是很理想，收入不是很拔尖，但部分人的阿Q精神会使周围变得和谐一点儿，也会让自己开心一点儿。没了这样的心态，长此以往，你和你的"垃圾桶"必定会陷入恶性循环。

因此，坏情绪需要被扔进垃圾桶里，但你不仅要找到合适的"垃圾桶"，而且要学会在合适的时间、合适的场合使用它，不然倾听者就会成为你的受害人。

告别不良情绪

人总是会有情绪。告别不良情绪，最好的办法是给这股"流水"建筑一个"闸门"，调节水情，控制水势，趋利避害，让正常健康的情绪主宰自己，避免劣性情绪的困扰，达到身心健康的目的。

现实生活中，我们常常会遇到一些引起不良情绪的事情，比如：当你几经奔波，终于找到了一份工作，可以放手大干充分施展你的聪明才智的时候，却突然发现，你的工资比别人少了一些；当你领导的一项改革计划被社会实践证明是有益的，而且正在节节推进的时候，却突然听到人群里有几声闲言碎语；当你和你的爱人携手建起了美好家园，甜甜蜜蜜共度人生的时候，你们之间发生了一点儿小小的龃龉。这些情况都会让你心情大糟。

除了影响你的心情以外，不良情绪还会导致人们产生某种身心疾病，如高血压、糖尿病、冠心病、消化性溃疡、过敏性结肠炎、癌症等。对已患了某种疾病的人会进一步加剧生理功能紊乱，降低对疾病的抵抗力，加速原有疾病的进一步恶化。

西汉时的政论家和思想家贾谊，18 岁时以诵诗属文而闻名，后为河南太守吴公招到门下。文帝即位之初，听说吴公曾经师事李斯，号称治政天下第一，遂征为廷尉。吴廷尉上书推荐贾谊，言贾生年少，颇通诸子百家之书，故文帝召贾谊为博士。当时贾生年方二十余，每次参议诏令，众人尚未能言，贾谊即尽为之对答，诸生以为不能及，于是一日间连升三级，超迁为太中大夫。

文帝对贾谊颇为赏识，拟任其为公卿，但遭到周勃、灌婴等重臣反对，诬其"年少初学，专欲擅权，纷乱诸事"，故天子与其疏远，不用其议，遂贬为长沙王太傅。

长沙在古时属于"卑湿远地"，贾谊忧汉室而贬天涯，过湘水时作赋以吊屈原，借"彼寻常之污渎兮，岂能容吞舟之鱼"感怀意不自得，他心中盘结着满腹忧郁苦闷，心情激荡不安，流露出远走退隐的想法，再后来更是自伤不幸而哭泣不止，最后中年夭折，时年 33 岁。

贾谊英年早逝，其实就是因不良情绪郁积在胸，一直没有得到发泄，结果诱发疾病，然后病情又因为情绪低落而不断加重造成的。

一个人早上心情好的时候，可能会爱他的妻子、他的工作和他的车子。他对前途可能感到乐观，对过去也心存感激。可是，到了下午，如果心情不佳，他就会说他痛恨自己的工作，讨厌自己的太太，觉得他的车子是垃圾，而且相信他的事业没有前途。

所以说，除了影响你的身体健康外，不良情绪还会影响你的事业。你可以设想，当你情绪不良，心理灰暗时，你就不会有与人交往的欲望和兴趣，很容易自我封闭，性情孤僻。但实际上，你不可能不与别人接触和相处，那么不良情绪会使你的言谈、神态、举止不对头，有意无意地给别人以不良的信息刺激。这怎么不影响你的事业成功呢？

不良情绪还会破坏人生效率。人们常说，祸不单行，福无双至，这主要也是不良情绪在作祟。各种不如意的事情，如丢失财物、环境变化、亲友别离、家庭不和、工作挫折等等，都会打破当事人原先的心理平衡，使人处于悲观、消沉、烦恼、抑郁的心理状态。人在这种不良心态下生活与工作，便会心不在焉，注意力分散，引发又一

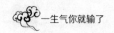

次"倒霉事件"。

所以，祸不单行，并非是命运和你作对，主要是因为你情绪不良，心理失衡造成的。我们每个人总是生活在矛盾的世界中，心理平衡时常有被打破的可能，一旦平衡被打破，就有可能连续出错。这样一来，我们怎么能正常有效地生活、工作呢？

所以说，不良情绪不容我们小觑，如果对不良情绪不加以及时调节疏导与释放，就会影响人的工作、学习和正常生活，继而导致身心疾病，危及人的健康。那么，怎样来排解生活中遇到的不良情绪呢？以下便给你介绍几个小方法：

一、写日记。写下哭和笑、爱和恨，写完后会有痛快淋漓的感觉。也可以写信给较好的朋友，把烦恼写在纸上，写完后也能使人感到心情畅快，即使信不寄出，烦恼也好似随信抛在脑后了。

二、高歌释放。音乐对治疗心理疾病具有特殊的作用，而音乐疗法主要是通过听不同的乐曲把人们从不同的病理情绪中解脱出来。殊不知，除了听以外，自己唱也能起同样的作用。尤其高声歌唱，是排除紧张、激动情绪的有效手段。当我们的不满情绪积压在心中时，不妨自己唱唱歌，歌的旋律、词的激励，唱歌时有节律的呼吸与运动，都可以缓解不良情绪。

三、学会倾诉。人们有了烦恼总希望对信得过又能给自己安慰的人诉说，这样的确可以起到调节心理和情绪的作用。当心中不快时，可以邀朋友们聚一聚，一壶清茶，一杯咖啡，就事论事倾诉一番，把自己积郁的消极情绪倾吐出来，以便得到别人的同情、开导和安慰。

四、以静制动。当人的心情不好，产生不良情绪时，内心都会十分激动、烦躁、坐立不安，此时，我们可以默默地侍花弄草，观赏鸟语花香，或挥毫书画，垂钓河边，这种看似与排除不良情绪无关的行为恰是一种以静制动的独特宣泄方式，它能以清静雅致的态度平息心头怒气，从而排除沉重的压抑。

其实，宣泄不良情绪的方法还有很多，从小小的一声叹气，到大笑、疾呼、怒吼以及打球、散步、购物等都可以起到宣泄作用。人与人因个体差异和所处环境、条件的差异，采用宣泄的方式也不同，所以我们要选择适合自己的宣泄方式。

找到合适的宣泄方式

人人都有坏情绪，但发泄的方法各不相同，找到一个最适合你的发泄方法，从此就可以将它作为你的常备武器来抗击郁闷的进攻了。

现代社会的人们一面充分享受着时代进步的恩惠，一面却又被人生固有的烦恼和时代变革带来的种种困惑所深深困扰。快节奏的工作和生活、情感的伤害、追求的失落、疾病的纠缠等等，给人们造成了种种不良情绪，让我们的心情越来越郁闷了。这些坏情绪时常无情地啃噬人们的心，同时又妨碍人们正常的学习、生活和工作。既然心灵不可能是一泓永远宁静的湖水，那么当翻涌混浊的波澜时，我们需要的就是正确的疏导与宣泄。

宣泄的方式有很多，但不一定每一个都适合我们。人与人的性格、体质、环境和条件等的不同，使得适合大家宣泄的方式也不同。比如说有的人性子急、易怒、好动，那么它会觉得一些激烈的发泄方式比较适合他，比如说打沙包、跑步、怒吼等。而有的人性子比较软，不喜欢比较夸张的发泄方式，他可能会觉得散散步，和朋友谈谈心比较适合他。所以说，我们每一个人要根据自己的具体情况来选择适合自己的宣泄方式。如果方法不适合自己，那就很难达到好的效果，甚至还会有反作用。

下面就为你介绍一些简便、实用，而且普遍适合大众的发泄方法供你参考。

有道是"一唱解千愁"，高歌一曲可以泄尽心头烦恼。唱歌从来就是解除紧张、激愤情绪的有效手段。

民间有句俗话说"黑夜过坟地唱歌——自己给自己壮胆"，便是对歌唱能缓解紧张情绪的最好注释。电视剧《北京人在纽约》中的王起明面临破产的威胁、失败、失望一齐袭来之际，边驾车边唱："太阳最红……"以求得暂时的放松。

所以情绪不佳时，细腻的人可以回家关上门，扭开音响，哼几声"好人一生平安"；豪放者可以在大街上吼几句不成调的"妹妹你大胆地往前走"；更可以邀约三五好友去KTV欢唱，在包厢中大唱一首"风雨中这点痛算什么，擦干泪，不要怕，至少我们还有梦"，或点唱那首似乎已参透过去、未来人间万象的《潇洒走一回》。

当然，如果你比较幽默，那就可以采用一些绝妙而滑稽的宣泄方法。当然，这需要一定的想像力，比如说：

一名公司职员气冲冲地冲进经理办公室，大拍桌子、指责经理处理事务不公平、要求增加工资，一旁有人问他："经理不在，你凶给谁看？"职员嘿嘿一笑说："就是要趁他不在啊！"吼完之后，他的怒气已经消了。

对于宁静的人来说，清静、无言也可以是宣泄。这种人以清静、雅致的态度平息心头的怒气、排解沉重的压抑，他们往往是知识型的社会成员。当他们情绪不佳时，既不高歌、也不与任何人说起，只是默默地写毛笔字，或培弄花草，或垂钓……他们采取这类独到的宣泄方式，是因为他们即便在散步时都能悟出人生的许多道理来。比如，一位散文家曾谈起自己的生活体验说："每当情绪起伏不平时，我就到阳台上看星星、瞧月亮，夜空在闪烁的星光背后显得格外幽深，那时，我会觉得个人的成败、荣辱在宇宙面前实在不值得耿耿于怀。如若遇上流星，更是给我一份惊喜、一份启迪……"

当然，对于普通人来说，生活的哲理不是那么简单就能悟出来的，恼了、闷了，如果不想对谁说，又不甘心毫无表示，便可选择更独特的宣泄方式，比如近年来风行一时的"T恤文化"，便是在胸前或后背鲜亮地印上醒目的大字，例如："别理我，烦

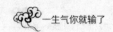

着呢！"、"别爱我，我没钱！"等等，言简意赅，生动形象。这样把不想别人来打扰和坏情绪印在 T 恤衫上，心中的怒气、怨气就逐渐在人们惊讶的目光中消散。不过，这主要是年轻人的专利。

年轻人在选择宣泄方式方面有更多的优势，比如他们还可以选择和心上人相约在黄昏后，花前月下窃窃私语，既解除了烦闷，又增进了相互的了解。爱情大概是年轻人克服不良情绪无与伦比的良药。而且，当年轻人遇到情绪不好时，还可以一个人去球场跑跑，边跑边仔细地思考一番，往往这么做之后，通常就没有什么事了，而且同时还锻炼了身体，可以说是一举两得。

我们还可以求助于专门的宣泄渠道。因为有效地排除人们的不良情绪，让每个人都能轻松地工作、生活，已越来越引起当今社会学家、心理学家的重视，所以为了帮助人们顺利地宣泄不良情绪，社会有关方面同样做出了很大努力，为人们宣泄不良情绪提供了更多的选择。比如为数不少的电台或心理咨询机构开通了咨询热线，亮出动听而耐人寻味的节目名称，或叫作《午夜心桥》，或称为《今夜不设防》，等等，心绪不佳的人们可以于夜深人静之时拨通一个奇妙的号码，然后尽情地一吐胸怀，连对最亲近的朋友也不愿说的隐衷可以毫无顾虑地和盘托出，或者尽情地听接线员悦耳的声调，痛快地侃上一通人生的哲理，然后舒出一口气，便心平气和了，这无疑是一种极佳的解脱。

把你心中的郁闷说出来

当你感到郁闷焦躁的时候，你的内心一定犹如翻江倒海一样的不安。我们都会碰到这样不安的情绪，它不仅会影响我们的心情，还会影响到我们的生活。面对这种境地，你会选择怎样的方式来化解这种坏情绪呢？

张明山是一个中学老师，前几天他遇到了一件奇特而又有点儿可笑的事：

那天晚上，他已经快睡着了，突然接到一个陌生妇女打来的电话，对方的第一句话就是："我恨透他了！""他是谁？"张明山奇怪地问。"他是我的丈夫！"张明山想，噢，她是打错电话了，就礼貌地告诉她："你打错电话了。"

然而，这个女人好像没听见似的，继续说个不停："我一天到晚照顾孩子和生病的老人，他还以为我在家里享福。有时候，我想出去散散心，他都不让，而他自己天天晚上出去，说是有应酬，谁会相信……"

尽管这中间张明山一再打断她的话，告诉她，他并不认识她，可她还是坚持把话说完了。最后，她对张明山说："您当然不认识我，可是这些话已被我压了很久，现在我终于说出来了，舒服多了。谢谢您，打扰您了。"

这个事情似乎比较可笑，其实也有辛酸的一面。这个女人因为积压了过多的焦虑，已经到了非发泄不可的程度。为了自己心理的健康，她只好急不择人，随便找人发泄一气了。还好，张明山的倾听让她暂时得到了情绪的缓解。

这个女人是让人同情的，如果她不及时发泄，也许会出现精神错乱，甚至更可怕的恶果。每个人的一生都会产生数不清的意愿、情绪，但最终能实现、能满足的却并不多。一旦这样的情绪和意愿被压制，就会产生一种心理上的能量，这种能量只有通过其他的途径才能释放出去，它自身不会丝毫地减少，这就好像物理学中的"能量守恒定律"，即使你在压抑、克制阶段意识不到它的存在，也只说明它从"显意识层"，转移到了"潜意识层"，对你的影响仍然存在，而且一直在找机会真正发泄出去。

老王是某单位副总，与上司关系处理得很不好，工作起来不愉快，想换其他部门又不可能，是继续与上司对抗还是妥协，或寻求和解？老王觉得自己根本找不到办法，就开始逃避。

由于有了这种逃避心理，老王对工作也有了畏缩心理。平时遇到需要他处理的事情，他一般都会采取不表态、不提建议的方式，以进行消极对抗。而且，从前烟酒不沾的他开始喝酒，业务上也开始不求上进，喜欢回家看电视。因为不知如何应付与上司的人际关系，老王长期失眠，情绪焦虑，胃口不好，常在家中发脾气，甚至迁怒于妻儿。对此，他非常苦恼。

其实，老王之所以这样苦恼，是因为他没有给自己的坏情绪找对发泄的渠道。压制自己的坏情绪，并不见得是件好事，就像是吹气球，不停地吹，它终究会爆掉。情绪也是如此，不停地给它施压，它就会爆发。所以，要学会倾诉，理智的缓解不良情绪，不要把它压在心里，这样做只会给坏情绪施压，等到我们再也压制不住的时候，它就会像开关坏掉的水龙头一样，一发不可收拾。

找对你的出气筒

宣泄情绪需要找到你的正确方式，不要盲目地宣泄你的不良情绪，因为很多时候，采取的方式不当，不仅伤人还会伤己。

任何事情都不像你想象的那样，那么值得耿耿于怀，让你生气和懊恼的不过是你自己罢了。不为小事烦恼，如此，才有充沛的精力去做更多有意义的事。面对自己始料不及的情况时，很多人往往会失去理智并迁怒于人，但这样只会把事情弄得更糟。如果我们把生气的时间花在解决问题上，那么事情就会变得顺利多了。

林肯说过这样一句话："无论你怎样表示愤怒，都不要做出任何无法挽回的事情来。"

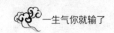

有一天，陆军部长斯坦顿怒气冲冲地来到林肯面前，抱怨一位少校公开指责他偏袒下属。林肯建议史坦顿立即写一封信回敬那位少校。

"可以狠狠地骂他一顿。"林肯说。

史坦顿立刻写了一封措辞激烈的信，然后拿给总统看。

"对了，对了。"林肯高声叫好，"要的就是这个！好好地教训他一顿，真写绝了，斯坦顿。"但是当史坦顿把信叠好装进信封里时，林肯却叫住他，问道："你要干什么？"

"寄出去呀。"史坦顿有些摸不着头脑了。

"不要胡闹。"林肯大声说，"这封信不能发，快把它扔到炉子里。凡是生气时写的信，我都是这么处理的。这封信写得好，写的时候你已经解了气，现在感觉好多了吧，那么就请你把它烧掉，再写第二封信吧。"

和别人生气的时候，要注意控制自己的情绪，既不要把自己的愤怒压抑在心底，也不要将愤怒向别人发泄，而是找出一个缓解愤怒情绪的合理步骤。让自己的情绪缓一缓，等自己的内心平静了再做决定。

许多心情不快的人使自己陷于一种含有敌意的沉默中。其实，如果你能把这种不快表达出来，你就会感到某种轻松和真正的愉快。我们不妨学习一下林肯的做法，把自己的不好的情绪，或者是憎恨的人写在一张纸上，然后投进火炉里，让所有影响到你的坏情绪和不利因素都付之一炬。这样，不但我们的情绪得到了发泄，还不会危及到他人。

找对自己的出气筒，不要一味的压抑胸中的怒火，不然，它会像一颗定时炸弹，会在适当的时候爆炸。如果不让它平息下来，便会毁灭一切。

哭，也是缓解不良情绪的方式

心理郁结需要发泄，内心悲哀也需要发泄，这时就要运用到另一手段：哭泣。

悲伤是每个人都会经历的情绪，流泪乃至放声大哭，是很正常的情感流露。然而在实际生活中要做到这一点，并不是一件容易的事，因为"有泪不轻弹"的传统文化习俗，往往把中国人的眼泪压到了肚子里。

医学证明，眼泪不仅是物质毒素的载体，也可以冲刷掉心理毒素。流泪可以缓解人的压抑感。有关专家通过对眼泪进行化学分析发现，泪水中含有两种重要的化学物质，即亮氨酸—脑啡肽复合物及催乳素。有趣的是，这两种化学物质仅存于受情绪影响而流出的眼泪中，在受洋葱或风沙刺激后流出的眼泪中则不含有这两种物质。研究发现，它们分别与人的紧张情感和体内痛感的麻痹有关。这些物质随着泪水被排出体外，可以起到缓和紧张情绪的作用。所以，人在极度痛苦或过于悲伤时，痛哭一场，往往会收到积极的心理效应。

通过哭来发泄自己内心的痛苦，可以缓解不良情绪带给自己的压力。

有个女孩子，在高考中发挥失利，没有考上理想的大学。因为这次打击，原本开朗的她情绪开始低落，长时间的郁郁寡欢，引发了癔症。

女孩的父母想尽办法来开解她，为此还组织一家人出去旅游，但是却起不到任何作用。女孩依旧是走不出高考失利的阴影，终日沉默不语，常常发呆。父母怕她继续这样下去会有心病，便找了个心理医生为她医治。

医生了解了女孩的遭遇之后，只轻轻地说了一句话——"哭出来吧！"

女孩子就像是被施了法一样，眼泪唰地就流了出来，之后一发不可收拾，越哭声音越大。她的父母听见了，还以为孩子要想不开了，跑进去就朝着医生一通埋怨。医生并没有为自己辩护，等到女孩的父母发泄完了，女孩也停止哭喊，她低着头走到父母面前，内疚地说道："对不起，让你们担心了，我觉得现在好多了。"

医生这时才走过去，说道："你不该压抑着自己的情绪，想哭就哭出来，这样，那些坏情绪才能找到发泄的出口。"

心理医生让女孩哭喊，就是为了让她把心中的抑郁和伤心发泄出来，这样才能使气血通顺，身心舒畅。很多时候，人处在极其痛苦的状态下，特别是在丧失了亲人的时候，大哭一场可以把自己的悲痛宣泄出来。

当然，哭的时候也要讲究时间、地点和条件，最好在没有人的地方大哭一场，以减轻心中的压力。一个人学会笑和哭都很重要。当然，学会笑更加重要，让笑伴随自己终生，常笑的人天天自信，天天乐观，天天开心，天天得意，对自己的心理健康来说无疑是随身的法宝。

但学会哭也很重要。当然，我们不能像笑那样天天哭，但是在人的一生中不可能不遇到挫折，特别是在遇到自己的亲人亡故那些非常痛苦的时候，哭也会给人带来内心痛苦的减轻，释放内心的压力，对改善人的情绪起着很重要的作用。

但是，不幸的是，我们的文化似乎并不鼓励以哭泣来宣泄情绪。每当孩子在受到委屈时，便会不由自主地哭，此时大人就会说："不哭，不哭。"尤其大家更会取笑爱哭的小男生。最不可取的教育方式是，在打完孩子后说："不准哭，哭的话再打喔！"孩子在压抑不哭下，已种下将来情绪失控的种子。

我们都知道，孩子是不容易有精神疾病的，他们之所以这样，除了因为他们未受到太多压力外，还因为他们爱哭的本事。这正保护了他们免于承受太大的委屈，而大人容易出现心理问题，也正是他们开始习得压抑情绪所致。因此，当心情不佳或情绪不稳时，应找各种渠道说出你郁闷心情所受的委屈。如果有机会的话，要尽情地哭，很多人都有哭过后很舒坦的感觉。

喊叫和哭泣的权利是上天赐予给人体的宣泄情感毒素的渠道。抑郁就大声喊，悲痛就放声哭。我们每个人都应当大胆地使用这个上帝赐予的排毒方法。

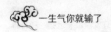

疏导压抑情绪，走出封闭心理

压抑情绪就好像一条无形的绳索，将人们的精神紧紧抓牢，让人们每时每刻都觉得痛苦、压抑、无法释放自己。它存在于社会各年龄阶段的人群中，它与个体的挫折、失意有关，继而产生自卑、沮丧、自我封闭、孤僻等病态心理行为。挫折与压抑感之间互为因果，形成一个恶性循环。那么怎样才能疏导压抑，为自己的当下解绑呢？具体方法如下：

1. 运动法

压抑情绪能量的发泄的确是来势汹汹，好像不可阻挡。实际上，在一定控制范围内的适当宣泄，可以改善自己的情绪健康状态。比如，当你感到压抑时，不妨赶快跑到其他地方宣泄一下，干脆出去跑一圈，或做一些能消耗体力又能转移自己思想的体育运动，踢足球或打篮球都是不错的选择。特别是在活动中与人的合作和接触，又让我们有了新的交流。当你累得满头大汗气喘吁吁时，你会感到精疲力竭，相信这时你的压抑情绪已经基本被抚平了。

2. 眼泪法

对于压抑情绪的能量发泄，还有一种方法，就是在我们感到十分压抑时不妨大哭一场。哭，也是释放积聚能量、调整机体平衡的一种方式。在亲人面前的痛哭，是一次纯真的感情爆发，如同夏天的暴风雨，越是倾盆大雨越是晴得快。许多人在痛哭一场之后，觉得畅快淋漓，压抑的心情也会随着泪水的流落而减少许多。为什么会这样呢？人们经过研究，发现奥秘在于眼泪。美国生物学家曾挑选了一批志愿者，组织他们观看一些令人悲痛欲绝的电影或戏剧，并要求他们在痛哭时把事先发放的试管放在眼睛下面，将眼泪收集起来。他们发现，一个正常的人在哭泣的时候，流出的眼泪有100～200微升，即使一场号啕大哭，眼泪也只有1～2毫升。在哭泣以后，心动过速、血压偏高者症状均有不同程度的减轻。经过化学分析得知，原来在这些流出的眼泪中，含有一些生物化学物质，正是这些生化物质能引起血压升高、消化不良或心率加剧。把这些物质排出体外，对身体当然是有利的。

3. 倾诉法

倾诉，是缓解压抑情绪的重要手段。当一个人被心理负担压得透不过气来的时候，如果有人真诚而耐心地来听他的倾诉，他就会有一种如释重负的感觉。所谓"一吐为快"正是这个道理。对此，现代心理学中有"心理呕吐"的说法。美国心理学家罗杰斯认为，倾听不仅能使听者真正理解一个人，对于倾诉者来说，也有奇特的效果，心理上会出现一系列的变化。他会感觉到他终于被人理解了，内心有一种欣慰之感进而使压抑情绪得到缓解，心理上似乎感到一种解脱，还会产生某种感激之情，愿意谈出更多心里话，这便是转变的开始。一个人如能从混乱的思绪中走出来，换一个角度去思考问题，重新审视自己的内心世界，那些原来以为无法解决的问题，就会迎刃而解。

4. 宣泄法

如果以上三种方法对你均没有产生效果，那么你就必须寻求心理医生的帮助了。心理医生会引导人们把自己心中的积郁倾吐出来，这称为宣泄疗法。宣泄疗法在现实表现中有一定的功效。当人们把自己的压抑情绪体验宣泄出来时，不仅能减轻宣泄者心理上的压力，也能减轻或消除他们的紧张情绪，容易使发泄者恢复到平静的心情。我们经常可以看到有些心胸开阔、性情爽朗的人，他们心直口快地把自己的压抑情绪诉说出来，便不再愁眉苦脸了。所以，这种人的心理矛盾往往能获得及时解决。可是我们也常看到一些心胸狭窄的人，爱生气，心中总是闷闷不乐，由于心理压抑长期得不到解决而容易发生心理疾病。

大多数人常以某种方式来压抑情绪。当被困在不安、伤心、伤害、与拒绝的强烈恐惧中，情绪就好像是地雷一样，必须小心翼翼地处理，以免感情受到伤害。出现这种强烈情绪反应的征兆是人们裹足不前，以避免有高度情绪性冲突的情况出现，比如：不愿与挚爱的人有激烈的争论，不愿去看患病的熟人，或不愿与意志消沉的朋友在一起。为了不使自己受到伤害，这些人尽可能避免与他人接触，也不愿与工作上的伙伴有所牵连，以防自己因意外的打击而跌倒。就因为这样，他们不愿扩大生活圈，不敢看恐怖电影，因此也失去了许多体验生命价值的机会。因此，疏导压抑情绪就显得尤为重要。

消极暗示会左右你的情绪

在心理学上，自我暗示指通过主观想象或相信某种特殊的事、物、人的存在来进行自我刺激，达到改变行为和主观经验的目的。消极的自我暗示可误导个人的判断和自信，使人生活在幻觉当中不能自拔，并做出脱离实际的事情来。消极的自我暗示还可使人对外界事物的认知形成某种心理定式，为人处世比较偏执，凭直觉办事。

生活中你有没有过这样的情况：到超市买东西，回到家一清点，发现有一些是可有可无的，连自己都不知道为何会买这些小东西；我们本来对某个人没有什么印象，等过了一段时间后却觉得他面目可憎；早晨到了办公室，本来精力充沛，心情愉快，过了一会儿却变得烦得要命。

蒋先生下午要出差，他看着时间还早，就去公司取了一个今天刚到的邮件，结果，时间有些紧。为了准时赶上火车，他心急跑了一段路，结果由于心情过于紧张，再加上剧烈运动，引起了心跳过速，胸部发闷，最后导致昏厥。

在医院经过检查，医生告知他因为神经过于紧张引起的休克，他的身体没有什么问题。这本来不是什么大不了的事情，可蒋先生却不这样认为，因为昏厥的情绪记忆，让他不知不觉地陷进了情绪的假象中，这种情绪记忆一旦受到几次刺激，就会自动冒

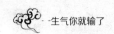

出来，提醒他自己一定是心脏不好。从此以后，他做事总是小心翼翼的，再也不敢单独出门，总把自己当病人。

之后，他只要感觉自己的身体不舒服，就觉得一定是什么病症引起的，就这样，他的症状越来越多，越来越重，以至到了最后，他真的身患重病，卧床不起了。

蒋先生的例子是典型的消极暗示造成的恶果。人一旦处在紧张情绪中，是很难对事态做出正确分析的。

受暗示性是人的心理特性，它是人在漫长的进化过程中，形成的一种无意识的自我保护能力，当人处于陌生、危险的境地时，人会根据以往形成的经验，捕捉环境中的蛛丝马迹，来迅速做出判断。这种捕捉的过程，也是受暗示的过程。因此，人的受暗示性的高低不能以好坏来判断，它是人的一种本能。

人们为了追求成功和逃避痛苦，会不自觉地使用各种暗示的方法，比如困难临头时，人们会相互安慰："快过去了，快过去了。"从而减少忍耐的痛苦。人们在追求成功时，会设想目标实现时非常美好、激动人心的情景。这个美景就对人构成一种暗示，它为人们提供动力，提高挫折耐受能力，保持积极向上的精神状态。

在生活中，我们无时不在接受着外界的暗示，比如，电视广告对购物心理的暗示作用。广告的影像、声音都具有强烈的暗示性。人们看电视时，都是东看看西看看，是一种无意的行为。在无意中，人们缺乏警觉性，这些广告信息会悄悄地进入人们的潜意识。这些信息反复重播，在人的潜意识中积累下来。当人们购物时，人的意识就受到潜意识中这些广告信息的影响，左右你的购买倾向。比如，当你对两个品牌的东西拿不定主意时，多半会选择那经进入潜意识中的品牌，所以当我们回到家，再注意到当初的选择时，感到莫名其妙。这就是我们经常会乱买东西的一个原因。

在生活与工作中，懂得使用积极的暗示，可以让事情更美好。而习惯使用消极的暗示，往往把事情弄糟。比如，有的女孩儿老是觉得"人家不喜欢我"，到头来发现，大家果然不再喜欢她了。因为她老是这样暗示自己，大脑的意识就停留在她那些不好的方面，她的行为就难以逃出这些不好的方面。

还有的人老是觉得自己的工作做不好，能力差，到头来，他真的差了，因为这样的暗示令他减少了努力尝试的机会。一个总是暗示自己失败的人，最后的结果只能是失败。因此，我们要警惕自己的内心的消极自我暗示，不要被它所左右，而否定了自己真实的能力。

常见的一项研究证明，当你在生气的时候，可以找一面镜子，对着镜子努力做出笑容来，持续几分钟之后，你的心情会变得好起来。不信你回家试试。彻底改变脾气不好的办法还是你将你已经明白的道理付诸实施，不要一味地希望环境或社会能够完全顺自己的意。通过情绪控制训练的方法来尽可能地控制消极情绪或将消极情绪尽快转化为积极情绪。因为消极的情绪可以给人带来较大的伤害。首先，健康的积极情绪有利于人的身体健康，而消极情绪则会给人的机体带来损害。

好好生活吧，生活其实有很多美丽之处，只是当我们忙于我们追求的一切时，忽略了很多东西，不能静下心来欣赏。别让生活中那些无谓的小事影响我们自己的心情，学会控制自己的情绪，成为情绪的主人，别让坏情绪影响自己的生活。

如何宣泄坏情绪

"宣泄"即是把情绪通过疏导而释放出去。宣泄只是处理情绪问题的一种方法，处理情绪问题还有许多其他方法，所以不能把宣泄看作是处理情绪问题的唯一方法。实际上在不少情况下它不能彻底地解决问题，但是不良情绪有害于人的身心健康，我们只有通过宣泄来减少、排除它们，才能不受到它们的伤害，这就是我们通常所说的"情绪宜宣不宜堵"。

情绪宣泄就是直接针对引发情绪的刺激来表达情绪，当直接发泄对于别人或自己不利时，则可以用间接发泄，如自我倾诉、文娱活动等，使紧张的情绪得以缓解。但宣泄一定要注意场合、身份，注意适度，要把握"放松自我，不妨碍别人"，利己利人的原则。

网络传播的出现，使话语权从少数精英手中回归到大众，再不是大众被动接受的年代了，对于信息的发布，不再有固定的监管渠道，真的假的各种信息充斥网络。所以，在传统媒介时代不能充分发表看法的网民们，正在利用网络的随意性宣泄着自己的感情。这是媒介为人们提供的抒发情感的新方式，它有它存在而且必须存在的道理。为什么网络的宣泄成为必须，这是个个性张扬的时代，每个人都有自己独特的情感和主张，都需要一个出口让人们了解他的主张和想法，报纸可以吗？电视呢？在传统的媒介中，大众不能随心所欲的参与和互动，所以网络上的宣泄发展迅猛。

但与此同时，很多专家都在担忧网络上的无度宣泄会对社会造成坏的影响。情绪宣泄是对自身的一种保护，但是宣泄也讲究方式方法，如果因为宣泄自己的坏情绪而影响到他人，这就是不应该的了。

英格索尔说："愤怒将理智的灯吹熄，所以在考虑解决一个重大问题时，你必须心平气和，头脑冷静。"

很多时候，一些人为了一些无关紧要的事情，在一些不大可能发火的情况下，竟然大发雷霆。这意味着，这些人不了解他们自己面对引起这种局面的真正原因。而是把火气都发泄在"替罪羊"身上。

有一个年轻的女教师，因其经常暴跳如雷而闻名全校，学生们都害怕她。经过心理检查才弄明白，她的举动是由于神经质造成的，因为她不得不侍候她行为古怪的老父亲。她的三个哥哥以她是个未婚女子为借口，把照顾父亲的负担全部压到她的身上。在弄清楚了她的问题并与她的哥哥们再次商量后，他们同意承担部分责任。从那以后，她在工作上振作起来了。

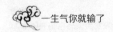

　　每个人都会发火，但是，由于个人的处理方式不同，这种心理上的反应会改变人们的举止。也就是说，会引起毛病，会限制人们行动的能力，会使个人陷于悲观失望。同时，下意识或者压抑怒火不仅会给个人而且会给周围的人带来害处。选择正确的方式宣泄自己的不良情绪，理智的分析问题的成因，才是我们最应该做的事情。

用笑容点燃好情绪

　　微笑具有很强的情绪感染力，它是一个非常主动的信号，这比应别人情绪要求，而做出的反应要有力得多。因此，微笑还传达了这样一个信息：你是一位能接受我的微笑的人。

　　尼尔森是一位优秀的飞行员，他曾经有一段不寻常的经历。在参加打击法西斯的一次战争中，他不幸被停入狱。在狱中，尼尔森学会了抽烟。有一次，他摸出一根香烟，但是没有找到火柴。没办法，尼尔森鼓足勇气向看守借火。看守气势汹汹地打量他一眼，冷漠地拿出火柴。当看守走过来帮尼尔森点火时，两人的眼光无意中接触了，尼尔森下意识地冲着看守微笑一下。

　　尼尔森也不知道自己为何要对他微笑，也许是显示友好吧。然而，就在这一刹那，这抹微笑打破了两人心灵之间的隔阂。好像是受到了微笑的感染，看守的脸上也露出了一抹不易觉察的微笑。他点完火后并没有立刻离开牢房，眼睛和善地看着尼尔森，眼神也少了当初的凶气，脸上仍然带着微笑。尼尔森也以微笑回应，仿佛他是个朋友。

　　"你有小孩吗？"看守先开口问。"有，你看。"尼尔森拿出皮夹，手忙脚乱地翻出了全家福照片。看守也掏出照片，并且开始讲述他与家人的故事。此时，尼尔森的眼中充满泪水，说他害怕再也见不到家人，怕没有机会看到孩子长大……看守听了以后也流下了两行眼泪，突然，他打开牢门，悄悄带尼尔森从后面的小路逃离监狱。他示意尼尔森尽快离去，之后便转身走了，不曾留下一句话。

　　若干年后，尼尔森回忆说，如果不是那一个微笑，他不知能不能活着离开监狱。微笑竟然救了他一命。真诚的微笑如春风化雨，润人心扉。微笑的人给人的印象是热情、富于同情心和善解人意。你在出门前对镜子笑一下，自己就会获得好心情和动力。微笑其实很简单，对于微笑的理解是：没有人富到对它不需要；没有人穷到给不出一个微笑。

　　我们要记住：笑容是好情商的信使，你的笑容能照亮所有看到它的人。对那些整天都皱眉头、愁容满面、视若无睹的人来说，你的笑容就像穿过乌云的太阳。尤其对那些受到上司、客户、老师、父母或子女的压力的人，一个笑容能使他们了解到，一切都是有希望的，世界上是有欢乐的。

　　我们从心底发出的微笑，能传达出许多情绪信息，它似乎在对人说：我喜欢你，我是你的朋友，也请你喜欢我。微笑具有很强的情绪感染力，是一种主动接纳他人的方式，这比应别人情绪要求而做出的反应要有力得多。

　　心理学家分析后认为，如果你对他人微笑，对方也会回报以友好的笑脸，但在这回应式的微笑背后，有一层更深的意义，那便是对方想用微笑告诉你，你让他体会到了幸福。由于我们的微笑，使对方感觉到自己是一个值得他人表示好感的人，从而有一种被肯定的幸福感。所以他也会快乐地对你微笑，这便是为什么微笑那么容易感染人。

　　密西根大学心理学教授米柯纳的研究表明，面带笑容的人，比起紧绷脸孔的人，在经营、推销以及教育方面更容易取得成效。笑脸比紧绷的面孔，藏有更丰富的情报，因而更有感染力，更有可能在人际互动中占据主动。师生之间、夫妻之间、亲子之间、上下级之间莫不如此。研究表明，彼此相互微笑的人，他们的动作也协调。动作与生理反应协调，彼此之间越觉得融洽、愉快而且情绪高昂，相处十分自在。

　　微笑就是有这么大的魅力，它会使你的事业飞黄腾达。如果你能时刻保持微笑，说不定，它就会给你带来极大的财富和成功。既然微笑有这么大的魅力，那么，我们何不经常保持微笑，让微笑来提升我们的影响力，帮助我们成就美好人生？

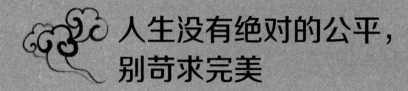

第九章

人生没有绝对的公平，别苛求完美

生活难免会有不公平，看开就好

生活中，不公平处处可见，有人为的不公平，也有因人们的习惯因素所导致的不公平。例如：相貌美丽的人往往比相貌丑陋的人更容易受到好运的青睐。所以，公平只是相对而言的，若想要公平，首先就要适应不公平。

如果你比别人高，那么或许别人比你漂亮；如果你比别人聪明，那么别人的情商或许比你高。这世界上到处都是不公平，有一些只是你没注意到，有时你甚至是站在有利的那一端的。

对待生活中存在的不公平的地方，你也没有必要愤愤不平，最聪明的做法是：想办法把这种不公平争取到自己这边，把不利变为有利，化危机为生机。生活中从来没有绝对的公平，也没有绝对意义上的不公平。看起来公平的规则往往潜藏着一些不公平，我们只有利用自己能制造某些不公平因素的条件去争取公平。

正因为这个世界上到处都充满不公平的事情，所以在某种程度上来讲，不公平也是一种公平。我们生活的地球本身就是不平的，一不小心还会平地里摔跟头，更不用说错综复杂的人际关系和危机四伏的社会陷阱，要想在生活中获得快乐的体验，没有一点儿看得开的眼力和智慧是不行的。

比尔·盖茨说："无论遇到什么不公平，不管它是先天的缺陷还是后天的挫折，都不要怜惜自己，而要咬紧牙根挺住，然后像狮子一样勇猛前进。"除了他的智慧之外，这样的心态才是他获得成功的重要条件。

你要学着接受，同样是石头，有的被打磨成大理石，镶嵌在富丽堂皇的大厅里；而有的却铺在路上被人们踩踏。差别真的很大，因为生来万事万物就是有区别的，我们无法抗拒这样的不公，因为这样的不公在自然界里比比皆是。

在生活中不也一样吗？命运女神注定要把人们分成"养尊处优"与"出身贫贱"

两类人。在同一所学校一起成长的同学，以后注定会有不同的命运，有的会成为某方向的专家、精英，而有的人则可能一辈子只做一个清洁工。我们要理性地对待这种现象，认识这种现象背后所隐藏的道理。

当你遭遇不公平时，必然会有愤恨的情绪，但不如把这种不公平当作是对我们的一种考验，考验人战胜自我的能力。唯有经过了这些考验，我们才能找到奋斗的动力，从而给自己带来全新的人生。

坦然接受命运的不公

这世界上有绝对的公平吗？

不，当然没有。

从我们出生的那一刻起，不公就显现出来，有些孩子出生在宾馆一样的病房，有些孩子则降生在自家黑乎乎的炕头上；到了上学的年龄，一些孩子穿着新衣，背着新书包踏进了美丽的校园，而有些孩子却只能眼睁睁地看着别人背着新书包暗自伤神；毕业后，有些孩子凭着同等的学历、一样的能力，靠着关系进入了知名的企业，而有些孩子通过自己的努力，只能找到一份维持生计的工作。我们生活中随处可见这样的不公。

虽然大多数人没有前者那么优越，也没有后者那么凄惨，而是处在一个中间水平，但是仍能处处感觉到不公，自己的父母为什么是农民而不是城市里的知识分子？自己大学毕业时，为什么偏偏赶上国家不再分配工作？为什么到了自己该成家立业的时候，房价是几年前的好几十倍？为什么自己拼命工作，而老板却把晋升的职位留给了他的亲戚？

面对这样的不公时，你会怎么办？会唉声叹气，还是发泄情绪变成一个"愤青"？其实不管你怎样做，这些不公都不会随着你的发泄而消失。

生活中的不公实在太多了，很多人为此仇视不平，背地里唉声叹气，指责抱怨，这或许能解一时之气，但不能改变实质。

所以，如果你想躲避这样不公平的境遇，你就应该坦然面对并去挑战它。

在遭遇不公时，更多的人想到的是去改变这种不公，其实，这多半是行不通的。试想，如果你大学毕业在基层工作，一边愤愤不平，一边敷衍工作，那么你有机会升职吗？你的领导会认为这么简单的事情你都做不好，根本不会有能力去做更难的工作。要想改变不公，唯一的方法就是理性对待，改变能改变的事情，去适应现在的工作环境。

牢骚满腹解决不了问题，只有坦然面对、做好自己的事情，才是解决不公唯一的方法。

在这个竞争激烈的社会，即便你有满腹的才华，也不一定有机会一下子做到单位

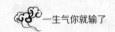

的领导。比如你大学毕业，却不得不从基层干起，有什么办法去改变呢？只有先去适应才有机会，适应就是志存高远、踏踏实实地去干；如果我们无法适应，因此怨天尤人，不敢面对现实，整天活在忧郁之中，那么我们等于被生活击垮了。既然这样，我们不如去思考如何更好地去适应生活中的不公。唯有适应当下，才有机会去改变自己的处境。

学会接受不可更改的事实

很多时候我们都喜欢假设，假设自己非常漂亮身材又好、假设当初能再坚持一下、假设我嫁给了爱我的人而不是我爱的人、假设第一次创业没有失败等等，如果这些假设都能够成立，那么这个世界一定会变得非常完美，至少是我们认为的圆满。

遗憾的是，人生不过是一张单程车票，所有走过的、经历过的都成为不可更改的事实和历史。如果这些事实是幸运的，带着祝福，带着快乐，我们自然愿意欢欢喜喜地接受；如果是不幸的，带着伤害，带着眼泪，我们的心就会排斥，不愿接受，就会掉进各种假设的陷阱，悔恨、懊恼、失望、自责，直至身心俱疲。无论你愿意接受还是不愿意接受，这就是生活的真相，且无法更改一丝一毫。

世界上的很多东西都是不完整的，这些不完整促成了人间的烦恼甚至悲剧。比如说人的寿命是有限的，多少年就是多少年，并不像《西游记》中所描述的那样是由阎王把持的。正因为这样，很多人不甘心，总是想改变这些事实。古代很多皇帝都曾经到处寻找长生不老的秘方，可到最后，还是逃脱不了死亡的宿命。

人的一生是有限的，这就是事实，我们别无选择，只有接受。要想活得开心一点，就得学会接受那些无法改变的事实，在接受事实的情况下再做打算。

有个成语叫"木已成舟"，听到这个词，就会觉得人生有很多无奈，但有些事情是我们不能把握和控制的。既然已经既成事实，我们就不要再为成舟前的那块木头做各种假设，也许在能工巧匠的手下，它可能变成一张典雅而高贵的梳妆台，或者经过不同程序的加工会变成一张张洁白的纸，总之在没有变成舟之前，它的命运有很多种。可是，既已成舟，意味着"放弃"了其他所有可能的命运，只能以舟的形式存在着，就算不喜欢，甚至厌恶，也不能改变。再多的抱怨也无济于事，我们只能接受，接受遭遇的不公，接受生活的真相。就像我们打扑克的时候，无论抓到的是一手好牌还是烂牌，都要想办法发挥出最高的水平去赢下来。勇于接受生活真相的人，才能成为真正的强者。

有人说，不幸是催生美好的力量。没错，如果没有经历颠沛流离人生失意的挫折，我们能阅读到曹雪芹那不朽的巨著吗？如果李白真的官场得意、平步青云，他还能吟出千古传诵的浪漫诗篇吗？

遭遇不幸，更多的人会拿假设来慰藉自己，这本无可厚非，但若是沉溺其中，这些假设就会成为你心灵的枷锁，束缚你追求成功的力量。所有发生的事情，都是注定无法改变的真相。你若想否认这些事实，其实就是在否定自己。我们要学会接受真相，不和过去的任何事情较劲，才有精力去"改造"自己不尽如人意的命运。

我们应该接受已经发生的、不可改变的现实，并从这个现实出发，再另行考虑，而不是每天想着怎样改变这种现状，或者是心有不甘地想着要如何回到过去。这样做既不能改变现状，又会浪费宝贵的时间。与其这样，还不如接受这个无法改变的现实，积蓄力量，等待时机，东山再起。

不完满才是人生

一位名叫奥里森的人希望寻找到一个完美的人生，他某天有幸遇到了一位女士，她告诉奥里森她能帮他实现愿望，并把他带到了一所房子前让他选择他的命运。奥里森谢过了她，向隔壁的房间走去。里面的房间有两个门，第一个门上写着"终生的伴侣"，另一个门上写的是"至死不变心"。奥里森忌讳那个"死"字，于是便迈进了第一个门。接着，又看见两个门，左边写着"美丽、年轻的姑娘"，右面则是"富有经验、成熟的妇女和寡妇们"。当然可想而知，左边的那扇门更能吸引奥里森的心。可是，进去以后，又有两个门。上面分别写的是"苗条、标准的身材"和"略微肥胖、体型稍有缺陷者"。用不着多想，苗条的姑娘更中奥里森的意。

奥里森感到自己好像进了一个庞大的分拣器，在被不断地筛选着。下面分别看到的是他未来的伴侣操持家务的能力，一扇门上是"爱织毛衣、会做衣服、擅长烹调"，另一扇门上则是"爱打扑克、喜欢旅游、需要保姆"。当然爱织毛衣的姑娘又赢得了奥里森的心。

他推开了把手，岂料又遇到两个门。这一次，令人高兴的是，介绍所把各位候选人的内在品质也都分了类，两个门分别介绍了她们的精神修养和道德状态："忠诚、多情、缺乏经验"和"天才，具有高度的智力"。

奥里森确信，他自己的才能已能够应付全家的生活，于是，便迈进了第一个房间。里面，右侧的门上写着"疼爱自己的丈夫"，左侧写的是"需要丈夫随时陪伴她"。当然奥里森需要一个疼爱他的妻子。下面的两个门对奥里森来说是一个极为重要的抉择：上面分别写的是"有遗产，生活富裕，有一幢漂亮的住宅"和"凭工资吃饭"。理所当然地，奥里森选择了前者。奥里森推开了那扇门，天啊　已经上了马路了！那位身穿浅蓝色制服的门卫向奥里森走来。他什么话也没有说，彬彬有礼地递给奥里森一个玫瑰色的信封。奥里森打开一看，里面有一张纸条，上面写着："您已经'挑花了眼'。"

人不是十全十美的。在提出自己的要求之前，应当客观地认识自己。像奥里森那样渴求人生的完美，不仅对自己的心灵带来沉重负担，也是"不可能完成的任务"。

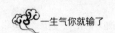

其实人生当有不足才是一种"圆满"，因为不完美才让人们有盼头、有希望。古人常说人生不如意事十之八九，聪明的人应该明白这个道理。

古时候，一户人家有两个儿子。当两兄弟都成年以后，他们的父亲把他们叫到面前说：在群山深处有绝世美玉，你们都成年了，应该做探险家，去寻求那绝世之宝，找不到就不要回来。兄弟俩次日就离家出发去了山中。

大哥是一个注重实际不好高骛远的人。有时候，发现的是一块有残缺的玉，或者是一块成色一般的玉甚至那些奇异的石头，他都统统装进行囊。过了几年，到了他和弟弟约定的汇合回家的时间。此时他的行囊已经满满的了，尽管没有父亲所说的绝世完美之玉，但造型各异、成色不等的众多玉石，在他看来也可以令父亲满意了。

后来弟弟来了，两手空空，一无所得。弟弟说，你这些东西都不过是一般的珍宝，不是父亲要我们找的绝世珍品，拿回去父亲也不会满意的。我不回去，父亲说过，找不到绝世珍宝就不能回家，我要继续去更远更险的山中探寻，我一定要找到绝世美玉。哥哥带着自己的那些东西回到了家中。父亲说，你可以开一个玉石馆或一个奇石馆，那些玉石稍一加工，都是稀世之品，那些奇石也是一笔巨大的财富。短短几年，哥哥的玉石馆已经享誉八方，他寻找的玉石中，有一块经过加工成为不可多得的美玉，被国王御用为传国玉玺，哥哥因此也成了倾城之富。在哥哥回来的时候，父亲听了他介绍弟弟探宝的经历后说，你弟弟不会回来了，他是一个不合格的探险家，他如果幸运，能中途所悟，明白至美是不存在的这个道理，是他的福气。如果他不能早悟，便只能以付出一生为代价了。

很多年以后，父亲的生命已经奄奄一息。哥哥对父亲说要派人去寻找弟弟。父亲说，不必去找，如果经过了这么长的时间和挫折都不能顿悟，这样的人即便回来又能做成什么事情呢？

世间没有纯美的玉，没有完美的人，没有绝对的事物，为追求这种东西而耗费生命的人，是多么得不值！人也是如此，智者再优秀也有缺点，愚者再愚蠢也有优点。对人多做正面评估，不以放大镜去看缺点，生活中对己宽、对人严的做法，必遭别人唾弃。避免以完美主义的眼光，去观察每一个人，以宽容之心包容其缺点。责难之心少有，宽容之心多些。没有遗憾的过去无法链接人生。对于每个人来讲，不完美是客观存在的，无须苛求，怨天尤人。

苛求完美，生活会和你过不去

"金无足赤，人无完人。"即使是全世界最出色的足球选手，10次传球，也有4次失误；最棒的股票投资专家，也有马失前蹄的时候。我们每个人都不是完人，都有可能存在这样或那样的过失，谁能保证自己的一生不犯错误呢？也许只是程度不同罢了。如果你不断追求完美，对自己做错或没有达到完美标准的事深深自责，那么一辈子都会背着罪恶感生活。

过分苛求完美的人常常伴随着莫大的焦虑、沮丧和压抑。事情刚开始，他们就担心失败，生怕干得不够漂亮而不安，这就妨碍了他们全力以赴地去取得成功。而一旦遭遇失败，他们就会异常灰心，想尽快从失败的境遇中逃离。他们没有从失败中获取任何教训，而只是想方设法让自己避免尴尬的场面。

很显然，背负着如此沉重的精神包袱，不用说在事业上谋求成功，在自尊心、家庭问题、人际关系等方面，也不可能取得满意的效果。他们抱着一种不正确和不合逻辑的态度对待生活和工作，他们永远无法让自己感到满足。

张爱玲在她的小说《红玫瑰与白玫瑰》中写了男主角佟振保的爱恋，同时也一针见血地道破了男人的心理以及完美之梦的破灭：白玫瑰有如圣洁的恋人，红玫瑰则是热烈的情人。娶了白玫瑰，久而久之，变成了胸口的一粒白米饭，而红玫瑰则有如胸口的痣痣；娶了红玫瑰，年复一年，则变成蚊帐上的一抹蚊子血，而白玫瑰则仿佛是床前明月光。

事实上，世界上根本就没有真正的"最大、最美"，人们要学会不对自己、他人苛求完美，对自己宽容一些，否则会浪费掉许许多多的时间和精力，最终只能在光阴蹉跎中悔恨。

世界并不完美，人生当有不足。对于每个人来讲，不完美的生活是客观存在的，无须怨天尤人。不要再继续偏执了，给自己的心留一条退路，不要因为不完美而恨自己，不要因为自己的一时之错而埋怨自己。看看身边的朋友，他们没有一个是十全十美的。

完美往往只会成为人生的负担，人绷紧了完美的弦，它却可能发不出优美的声音来。那些爱自己、宽容自己的人，才是生活的智者。

完美只是海市蜃楼的幻想

在佛教的《百喻经》中，有这样一则可笑而发人深省的故事。

有一位先生娶了一个体态婀娜、面貌娟秀的太太，俩人恩恩爱爱，是人人称美的神仙美眷。这个太太眉清目秀，性情温和，美中不足的是长了个酒渣鼻子，好像失职的艺术家，对于一件原本足以称傲于世间的艺术精品，少雕刻了几刀，显得非常的突兀怪异。

这位先生对于太太的鼻子终日耿耿于怀。一日出外去经商，行经贩卖奴隶的市场，宽阔的广场上，四周人声沸腾，争相吆喝出价，抢购奴隶。广场中央站了一个身材单薄、瘦小清癯的女孩子，正以一双汪汪的泪眼，怯生生地环顾着这群如狼似虎，决定她一

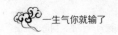

生命运的大男人。

这位先生仔细端详女孩子的容貌，突然间，他被深深地吸引住了。好极了！这个女孩子的脸上长着一个端端正正的鼻子，不计一切，买下她！

这位先生以高价买下了长着端正鼻子的女孩子，兴高采烈，带着女孩子日夜兼程赶回家门，想给心爱的妻子一个惊喜。到了家中，把女孩子安顿好之后，他用刀子割下女孩子漂亮的鼻子，拿着血淋淋而温热的鼻子，大声疾呼：

"太太！快出来哟！看我给你买回来最宝贵的礼物！"

"什么样贵重的礼物，让你如此大呼小叫的？"太太狐疑不解地应声走出来。

"你看！我为你买了个端正美丽的鼻子，你戴上看看。"

这位先生说完，突然抽出怀中锋锐的利刃，一刀朝太太的酒渣鼻子砍去。霎时太太的鼻梁血流如注，酒渣鼻子掉落在地上，他赶忙用双手把端正的鼻子嵌贴在伤口处。但是无论他如何地努力，那个漂亮的鼻子始终无法黏在妻子的鼻梁上。

可怜的妻子，既得不到丈夫苦心买回来的端正而美丽的鼻子，又失掉了自己那虽然丑陋但是货真价实的酒渣鼻子，并且还受到无端的刀刃创痛。而那位糊涂丈夫的愚昧无知，更叫人可怜！

这个行为虽然让人觉得有些可笑，但是人们追求完美的心理，却与文中那个手拿利刀的丈夫如出一辙。有些人以为自己追求完美的心理是积极向上的表现，其实他们才是最可怜的人，因为他们是在追求不完美中的完美，而这种完美，根本不存在。也就是说他们所有的追求如海市蜃楼，只是一个幻影而已。

俗话说："人无完人，金无足赤。"人生确实有许多不完美之处，每个人都会有这样那样的缺憾，真正完美的人是不存在的，即使是中国古代的四大美女，也有各自的不足之处。历史记载，西施的脚大，王昭君双肩仄削，貂蝉的耳垂太小，杨贵妃还患有狐臭。道理虽然浅显，可当我们真正面对自己的缺陷，生活中不尽如人意之处时，却又总感到懊恼、烦躁。

绝对的光明如同完全的黑暗

人人都热爱光明，但绝对的光明是不存在的。如果真出现了绝对的光明，那也就无所谓光明与黑暗了，人们将如同在绝对的黑暗中一样。因此，万事都有缺陷，没有一个是圆满的。人世间做人做事之难，也在于任何事都很少有真正的圆满。但正是有这种不完满的存在，我们才有了丰富多彩的人生。

我们可以这样说，人生的剧本不可能完美，但是可以完整。当你感到了缺憾，你就体验到了人生五味，你便拥有了完整人生——从缺憾中领略完美的人生。

人生在世，起初谁都希望圆满：读书能上自己理想的学校，念自己喜欢的专业，做自己擅长的工作，娶（嫁）自己中意的人……然而，我们绝大多数人经历的也许是这样的生活：上了一个还不错的学校，学了一个不算讨厌的专业，干了一份糊口的工作，和一位还说得过去的人相伴一生。与原来的设定难免会有巨大的悬殊，无论是王侯将相还是凡夫俗子，所有人的人生都会有遗憾，都不会圆满。完美永远只存在于我们的想象中，它是我们的愿望，但却不可实现。

有时候，一时的丰功伟绩，从历史的角度看，却恰恰相反。乾陵有一块"无字碑"，也称丰碑，是为女皇武则天立的一块巨大的无字石碑。据说，"无字碑"是按武则天本人的临终遗言而立的，其意无非是功过是非由后人评说。武则天辉煌一时，临终前在经历了被逼退位之后，便预见到她身后将面临的无休止的荣辱毁誉的风风雨雨。所以做人做事，不管成功也好，失败也好，不管成功与失败，做到没有后患的，只有最高智慧的人才能够做到，普通人不容易做到，这就是人生在世的最高处。

世上难有真正的圆满，不妨换个角度来看一时的缺陷与失落。台湾作家老刘先生写过这样一则故事：

老刘有一个朋友，单身半辈子，快50岁了，突然结了婚，新娘跟他的年龄差不多，徐娘半老，风韵犹存。只是知道的朋友都窃窃私语："那女人以前是个演员，嫁了两任丈夫都离了婚，现在不红了，由他拾了。"话不知道是不是传到了他朋友耳里！

有一天，朋友跟老刘出去，一边开车，一边笑道："我这个人，年轻的时候就盼着开奔驰车，没钱买不起，现在呀！还是买不起，只好买辆二手车。"他开的确实是辆老车，老刘左右看着说："二手？看来很好哇！马力也足。"

"是啊！"朋友大笑了起来，"旧车有什么不好？就好像我太太，前面嫁了个四川人，后来又嫁了个上海人，还在演艺圈二十多年，大大小小的场面见多了，现在，老了，收了心，没了以前的娇气、浮华气，却做得一手四川菜、上海菜，又懂得布置家。讲句实在话，她真正最完美的时候，反而都被我遇上了。"

"你说得真有理，"老刘说，"别人不说，我真看不出来，她竟然是当年的那位艳星。""是啊！"他拍着方向盘，"其实想想自己，我又完美吗？我还不是千疮百孔，有过许多往事、许多荒唐？正因为我们都走过了这些，所以两个人都成熟，都知道让，都知道忍，这种'不完美'正是一种'完美'啊！"

"不完美"正是一种"完美"！我们老了，都锈了，都千疮百孔，总隔一阵子就去看医生，来修补我们残破的身躯，我们又何必要求自己拥有的人、事、物，都完美无瑕、没有缺点呢？

我们每一个人的生命，都被上苍划了一个缺口，虽然你不想要这个缺口，但是这个缺口却如影随形地跟着你。人生就像是一个残缺不全的圆，没有一个人的生活是圆满的，也许正是因为认识到了每个生命都有欠缺，所以我们的人生才因此而更加美丽。正如美神维纳斯的断臂，她的存在和闻名世界不能不说是一个意外。创作者的最初的意图显然是要塑造一个完美的塑像，哪个雕塑家会去追求一件残缺的艺术品来证明自

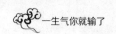

己？然而，维纳斯的断臂则恰恰证明了残缺的美才是真正的完美。

人生如远行，走哪一条路都意味着放弃另一条路。不同的人生道路留下不同的缺憾，诸葛亮有诸葛亮的缺憾，贾宝玉有贾宝玉的缺憾。犹如夜幕里蕴藏着光明，缺憾之中不仅埋藏着逝去的青春和曾经的梦想，缺憾的背后还隐伏着许多生命的契机。

缺憾人生，使人类有了理想。理想，是一种可望而不可即的东西。或者说，就它的不能实现性而言才是理想。人生有缺憾，我们才有追求完美的理想和热情，也只有接受人生的缺憾性，我们才能真正理解和追求完美人生。

每个人在人生的旅途中，都会经历许多不尽如人意之事。偶然的失落与命运的错失本来是具有悲剧色彩的，但是因为命运之手的指点，结局反而会更加圆满。如果懂得了圆满的相对性，对生命的波折、对情爱的变迁，也就能云淡风轻处之泰然了。

人活一世，每个人都在争取一个完满的人生。然而，自古及今，海内海外，一个百分之百完满的人生是没有的，其实，不完满才是人生。正如西方谚语所说："你要永远快乐，只有向痛苦里去找。"你要想完美，也只有向缺憾中去寻找。所以得失荣辱我们大可不必放在心上，有了痛苦我们才会珍惜快乐的时光，有了不算完满的人生才称得上完美。

人生原来就是不圆满的，能够认识到这一点，我们便不会去苛求我们的人生，也不会去苛求他人。只有一个懂得接受的人才会更懂得去珍惜。

阳光照不到你的生活，微笑着才发现沿途开满花朵

汪国真有诗云："我微笑着走向生活／无论生活以什么方式回敬我／报我以平坦吗／我是一条欢快奔流的小河／报我以崎岖吗／我是一座大山挺峻巍峨……"谁能说人生没有遗憾、没有失落，失落中只伴随着忧郁，阳光照不到你的生活；只有微笑着走向生活，才发现原来沿途开满了花朵。

体会了没有脚的痛楚，才明白为没有鞋子而哭泣是多么浅薄；经历了归途的风雨坎坷，蓦然回首，才发现来时的路却是怎样美丽的一种风景。

没有人能够完全把握前路的东西，但却也没有理由不微笑走向生活……

古语云："甘瓜苦蒂，物不全美。"从理念上讲，人们大都承认"金无足赤，人无完人"。正如世界上没有十全十美的东西一样，也不存在什么精灵通神的完人。但在认识自我、看待别人这一具体问题上，许多人仍然习惯于追求完美，求全责备，对自己要求样样都是，对别人也往往是全面衡量。

任何人总是有优点和缺点两个方面。俗话说"寸有所长，尺有所短"，"十个手指不一般齐"。长处再多的人，也不免有所短；缺点再多的人，也必定有所长。

美国大发明家爱迪生，有一千多项发明，被誉为"发明大王"。但他在晚年，却

固执地反对交流输电，一味地主张直流输电；电影艺术大师卓别林创造了深刻而生活的喜剧艺术形象，但他却极力反对有声电影；创立了《相对论》的20世纪最伟大的科学家爱因斯坦，他的智慧带来了科学思想的革命，却不能处理好自己的家庭关系……奥地利圆舞曲之王约翰·施特劳斯逝世100周年之际，一本新出版的传记以几百封从未曝光的书信为依据指出，这位创作了《蓝色多瑙河》等许多著名圆舞曲的施特劳斯，其实动作笨拙，不会跳舞。他还害怕阳光，非常胆小，也害怕黑暗，不敢独处，没有半点儿幽默感。真正的施特劳斯与众人想象中的活泼形象完全不同。

这些事实说明，大师、著名人物也都不是完人、超人，也不可能十全十美。他们的缺点和失误比之于他们给予人类的贡献，当然是次要的。但通过这些事实，我们应当明白，人无完人，人生必有缺憾，才是真实的，正常的。

维纳斯塑像的断臂，引得众多的学者、文人、工匠进行思考、论证、试验，想对她的断臂进行重新"安装"。可是，种种假设和计划均告失败。于是，围绕在维纳斯身上的神秘感越来越浓。作为爱神，断臂的维纳斯似乎更受人们的喜爱，也更能引起人们作种种的猜想和遐思。由此可见，并不完美的缺憾之处从某种意义上看不也是一种美吗？

所以，当缺憾也成为一种美的时候，面对生活中仅有的一些不顺利，你除了恬淡接受，泰然处之，还有什么其他的选择吗？

包容不完美，才有完美的心境

真正幸福的人生，难以圆满。"喜欢月圆的明亮，就要接受它有黑暗与不圆满的时候；喜欢水果的甜美，也要容许它通过苦涩成长的过程"，人生总是"一半一半"，在人生的乐、成、得、生中，包容不完美，才是真正完整的幸福。

"岂无平生志，拘牵不自由。一朝归渭上，泛如不系舟。"白居易曾在《适意》中这样表达过自己对自由生命的向往之情。自古以来，失意的文人墨客常常寄情于山水之间，希望能在游玩嬉戏的清逸洒脱中陶冶性情，驱除烦恼。闲来寄情山水，春鸟林间，秋蝉叶底，淙淙流水过竹林；四山如屏，烟霞无重数，荒径飞花桥自横。这般景象之中，也有叶的坠落，花的凋零，但置身其中却能拥有完美的心境。

很多人都执着于追求完美的人生，凡事要求完美固然很好，以示精益求精，更上一层楼，但星云大师却不断地给世人以警醒：有的人因小小的缺陷而全盘否定人生的意义，有的人因为小小的遗憾而将手中的幸福全部放弃，这样追求完美，有时反而因噎废食，流于吹毛求疵，不管于自己还是于他人，都是一种不必要的辛苦。

人生，永远都是缺憾的。佛学里把这个世界叫作"婆娑世界"，翻译过来便是能容忍许多缺陷的世界。这个世界本来就是有缺憾的，如果没有缺憾就不能称其为"人

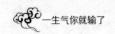一生气你就输了

世间"。在这个缺憾的世间，便有了缺憾的人生。因此苏东坡词曰："月有阴晴圆缺，人有悲欢离合，此事古难全……"这是人生的实相所在。

人生实相，就如一只飘摇的生命之舟，无所牵系，却有各种承载。小船向前行进的时候，苦与乐、爱与恨、善与恶、得与失、成功与失败、聪明与愚钝……纷纷从两侧上船，它们都是生命的必然伴侣。

如此看来，生命是有缺陷的，我们不能只接受幸福的垂青，却把不和谐的因素完全屏蔽。

面对人生缺憾，星云大师主张该留有余地，他认为尽善尽美并不是绝对好，这与清人李密庵主张所谓"半"的人生哲学一样，都在告诫世人不要过度追求圆满。日本有一派禅宗书道在挥毫泼墨时总留下几处败笔，都是意在暗示人生没有百分之百的圆满完美。更有日本东照宫的设计者因为自觉太完美，恐怕会遭天谴，故意把其中一支梁柱的雕花颠倒。

"我走过阳关大道，也走过独木小桥。路旁有深山大泽，也有平坡宜人；有杏花春雨，也有塞北秋风；有山重水复，也有柳暗花明；有迷途知返，也有绝处逢生。"这是已逝的国学大师季羡林对自己人生的总结，他坦承自己的人生并不完美，但正是这种不圆满才是真正的人生。

在每个人心里都有追求完美的冲动，当他对现实世界的残酷体会得越深时，对完美的追求就会越强烈。这种强烈的追求会使人充满理想，但追求一旦破灭，也会使人充满绝望。这个世界上没有任何一种事物是十全十美的，或多或少总有瑕疵，我们只能尽最大的努力使之更加美好，却永远不可能做到完美。所以，一个智者应该明白这个道理：凡事切勿苛求，与其追求那如镜花水月一般不可触及的完美，不如勤恳务实，才会活得更加快乐。

其实，人生也正是因为有所缺失才会有所获得，就如同一个残缺的木桶，虽然每次担水回家之后你都无法获得一整桶的水，但是某一天，当你再次从这条路上经过时，也许会发现路旁各色的小花，嗅到淡淡的花香。一天、一月、一年，从残缺的木桶中滴落的泉水浇灌了路旁的草籽花粒，它们便在这残缺的遗憾中破土而出，带给人意外的美丽惊喜。

从容地接受人生中的变故

生活不是一帆风顺的，总有一些波折和惊险，也许今天让你拥有所有，明天又会让你一无所有。人生活在这个世上，或者遇到困难，或者遇到挫折，或者遇到变故，或者遇到不顺心的人和事，这些都是正常现象。然而，有的人遇到这些现象时，或心烦意乱，或痛苦不堪，或萎靡消沉，或悲观失望，甚至失去面对生活的勇气。

不可否认，当这些现象出现时，会影响人的思维判断，会刺激人的言行举止，会打击人面对生活的勇气。比如，当你在工作中受到了上司的批评后，你会情绪低落；当你在生活中遇到别人误会你时，你会感到气愤和委屈；当你失去亲人朋友时，你会悲痛至极；当你在仕途中遇到不顺时，你会怨天尤人。

这些表现也都很正常，因为人是会思维的高级感情动物，这也是区别于一切低级动物的根本。但这些表现不能过而极之，否则你会活得很累、很不开心、很不幸福。

人在生活中，要学会用阳光般的心态面对生活。所谓阳光心态，就是一种积极的、向上的、宽容的、开朗的健康心理状态。因为，它会让你开心、催你前进，它会让你忘掉劳累和忧虑；

当你遇到困难时，它会给你克服困难的勇气，它会让你相信"方法总比困难多"，让你去检验"世上无难事，只要肯登攀"的道理；

当你遇到不顺时，它会让你的头脑更加理性，让你不是悲观失望、而是反思自己的做事方法、做人原则，让你有则改之，无则加勉；

当你遇到委屈时，它会给你安慰，给你容人之度，让你的心胸像大海一样宽阔，志向像天空一样高远；

当你遇到变故时，它会让你化悲痛为力量，让你感受到自然规律不可违，顺其自然则是福的真谛；

它会让你的眼光更加深邃，洞察社会的能力更加敏锐，对待生活的态度更加自然，面对人生的道路更加自信。

任何人对未来都会有所期待，所以每个人对生活自然也都会有所选择，既然有了选择，就要勇于为自己的选择承担一切责任。谁都希望一生有所作为并能有所成就，成就感是激励人生全力奔赴美好未来的照明灯，点亮这盏照明灯的能源就是自己付出的心血和汗水。但一时落败是不是就意味着没有作为没有成就了呢？未必，从中总结到的经验教训就是为了有所作为取得的最大成就，它同样能发出异常明亮的光辉照亮前行的道路。

所以，面对坎坷时无需烦恼，该来的总会来，再黑的夜晚也会有黎明到来的那一刻。不管生活多么曲折，只要拥有积极乐观的心态就能挺过冰冷的长夜，迎来美好的明天。

何必寻求完美，生活本身就不完美

有的人有美貌却得不到幸福，有的人有金钱却失去了亲情和爱情，有的人有智慧却失去了快乐，有的人得到梦想却没有了健康。有志未必有心，有心未必有力，有力未必有钱，有钱未必有情，有情未必有爱，有爱未必有缘，有缘未必有份，有分又未必能在一起和平相处。

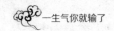

追求完美当然是无可厚非的，这本身就是一种积极的生活态度。如果人人都安于现状，没有了高远的目标，失去了奋斗的动力，那么生活也就不再精彩，生命也将失去原本的意义。但是，如果过分地看重完美、过度地苛求完美，最终只会让自己伤痕累累。

苛求完美的人一般都不愿意面对自己的不足和缺点，对自己、他人都很挑剔。比如，经常让自己保持优雅的姿态、不俗的气质、温柔的谈吐，总是为自己制定过高的理想标准或为一个自认为不优雅的姿态紧张焦虑，都不是一种健康的心理。

人生不必追求完美，生命本身就是一种过程。平静的湖水，投入一颗石子，便有生动的涟漪；蔚蓝的天空，飞过一行大雁，便有深邃的意境；我们平淡的人生，需要一点波折，才会产生活力。在人生中，有一点点苦，有一点点甜，有一点点希望，也有一点点无奈，生活会更生动、更美满、更韵味悠长。

生活中根本就不存在完美。因为"完美"太抽象，太不切实际，生活是具体的，有许多遗憾也是无法避免的。假如我们在心理上接受并战胜了这些，我们的内心就会稳健许多，也会重新感受到生活的乐趣。

有缺陷的人生才是真实的人生，追求并没有错，但没必要刻意去追求，凡事顺其自然，人生就是经历，快乐地过好每一天。在个人成长的过程中，成功的感觉的确能够激励人，然而换个角度来看，虽然你有难以实现的理想，但在别人看来，你永远有使别人羡慕的地方。成功有大有小，因人而异，何况成功的定义也不同。

不要以为只要自己尽心尽力去做的事，就一定会达到完美。明白自己真正想要的是什么，不要苛求自己，也不要太在乎别人的言论，你是活在自己的心里而不是别人的眼里，要为活出自己的特色、活出自己的风格而努力。

有位渔夫从海里捞到一颗晶莹圆润的大珍珠，爱不释手，但是美中不足的是珍珠上面有个小黑点。渔夫想，如果能将小黑点去掉，珍珠将变成无价之宝。可是渔夫剥掉一层，黑点仍在；再剥一层，黑点还在；一层层剥到最后，黑点没有了，珍珠也不复存在了。

其实，有黑点的珍珠不见得不美丽，其可贵之处正在于它的浑然天成，但是如果这样苛求完美就会把原本并不完美的美好也剥除了。

这样的苛求得不偿失。

接纳所有的不幸，期盼生活的彩虹

平心而论，谁也不希望自己的生命经常忍受磨炼——折磨式的历练，哪怕真的是因此可以增加人生的美丽，也不会有人欢呼着说："啊，我多么喜欢折磨式的历练呀。"人总是向往平坦和安然的。然而，不幸的是，折磨对生命之袭来，并不以人的主观愿望为转移，无论人们喜欢与否，它只管我行我素，甚至有时还要强加于人，谁奈它何？

既然不幸是无法逃脱的，那么人们为什么不让自己振作起来去迎接这挑战呢？为什么不能把它变作某种养分去滋润自己的美丽呢？人们回避磨炼，是因为不想忍受它，当回避不了时，人们又说，磨炼原来是可以美丽人生的。既然这样，我们就主动迎战吧。

遇到一件事，如果你从乐观的方面去想，你就会有一种积极的心态，结果通常也会是好的；如果从悲观的方面去想，你的心态就会变得很消极，结果通常也是糟糕的。

生命因接纳不幸而美丽，关键在于人对磨炼认识的角度和深度。应该说，磨炼本身就具有美丽人生的功能，假若由于认识上的原因，反让磨炼把自己丑化了，这就有点儿雪上加霜的味道了，除了磨炼的起因之外，谁也不能怪。所以也并非说谁的生命都会因磨炼而美丽，人生丑陋者也大有人在。

生命因接纳不幸而美丽，不仅仅因为生命需要在磨炼中成长，主要在于磨炼对生命的不可回避性。人群之中，物欲横流，而且方向和力度又不尽相同，谁料得到何时何地就会滋生出一种针对自己的折磨来呢？料不到又必须随，随又不想使自己一蹶不振地消沉，这样经过努力，使其转化为对自己有用的能量，就成为人之不选之选。这时候的磨炼对生命来说，已变作美丽的阶梯，虽然阶梯的旁边充满荆棘，但在阶梯尽处却充满鲜花，坦然走过荆棘，就必然会置身于另外一重天地。

生命因接纳不幸而美丽，还在于它使人生收获了用金钱也买不到的某种负面阅历。人生阅历以正面的居多，人生教诲以善良的居多，这些东西都构不成对人生的考验，唯有折磨具备这种恶质。常言说"猪圈难养千里马，花盆难栽万年松"，为什么会是这样的呢？就是因为其缺乏考验的机会。不光是此，生活中的其他事情也一样，凡没有接受过考验者，就很难断言它是否完整和美丽。而这种考验，又不是谁有计划地出的考题，它不期然而然地就横亘在了人的面前，使人猝不及防。由于它的这种突发性质，使它对于人的考验意味就足得很。经此一番挣扎磨炼，人没有颓废，反而更加精神了，这样的生命不走向美丽还走向哪里呢？

没有十全十美的人生

在普通人的意识中，人生越成功就越幸福，越完美幸福就会更多。但实际上，这个世界上本来就不会有十全十美的人生。

相反，越成功，幸福可能离得越远；而不断地追逐完美，则有可能成为我们寻找幸福的绊脚石。

北欧一座教堂里，有一尊耶稣被钉在十字架上的塑像，大小和一般人差不多。因为有求必应，因此专程前来这里祈祷、膜拜的人特别多，几乎可以用"门庭若市"来形容。教堂里有位看门人，看十字架上的耶稣每天要应付这么多人的要求，于心不忍，

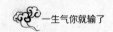

他希望能分担耶稣的辛苦。有一天他祈祷时，向耶稣表明这份心愿。意外地，他听到一个声音说："好啊！我下来为你看门，你上来被钉在十字架上。但是，无论你看到什么、听到什么，都不可以说一句话。"这位先生觉得这个要求很简单。于是耶稣下来，看门的先生上去，像耶稣被钉在十字架般地伸张双臂，本来塑像就雕刻得和真人差不多，所以来膜拜的群众不疑有他，这位先生也依照先前的约定，静默不语，聆听信友的心声。来往的人潮络绎不绝，他们的祈求有合理的，有不合理的，千奇百怪不一而足。但无论如何，他都强忍下来没有说话，因为他必须信守先前的承诺。有一天来了一位富商，当富商祈祷完后，竟然忘记手边的钱便离去。他看在眼里，真想叫这位富商回来，但是，他憋着不能说。接着来了一位三餐不继的穷人，他祈祷耶稣能帮助它渡过生活的难关。当要离去时，发现先前那位富商留下的袋子，打开一看全部都是钱。穷人高兴得不得了，心想耶稣真好，有求必应，于是万分感谢地离去。十字架上伪装的耶稣看在眼里想告诉他，这不是你的。但是约定在先，他仍然憋着不能说。接下来有一位要出海远行的年轻人来到，他是来祈求耶稣降福他平安。正当要离去时，富商冲进来，抓住年轻人的衣襟，让年轻人还钱，年轻人不明就里，两人吵了起来。这个时候，十字架上伪装的耶稣终于忍不住，遂开口说话了。事情既然清楚了，富商便去找冒牌耶稣所形容的穷人，而年轻人则匆匆离去，生怕搭不上船。伪装成看门的耶稣出现，指着十字架上说："你下来吧！那个位置你没有资格了。"看门人说："我把真相说出来，主持公道，难道不对吗？"耶稣说："你懂什么？那位富商并不缺钱，他那袋钱不过是用来嫖妓的，可是对那穷人来说，却可以维持一家大小的生计；最可怜的是那位年轻人，如果富商一直缠下去，延误了他出海的时间，他还能保住一条命，而现在，他所搭乘的船正沉入海中。"

这是一个听起来像笑话的寓言故事，却透露出：在现实生活中，我们经常认为十全十美的人生才是最好的，但事与愿违，使我们意不能平。我们必须相信目前我们所拥有的，无论顺境、逆境，都是对我们最好的安排。若能如此，我们才能在顺境中感恩，在逆境中依旧心存喜乐。

第十章

浑水才能养鱼，
人生难得糊涂

糊涂的人因"傻"得福

人生在世，即使什么也学不会，也得学会吃亏。只要学会吃亏，你就会烦恼不上身、遇事游刃有余、心底坦坦荡荡、吃饭有滋有味了。这种神仙般的滋味，是爱占小便宜的人根本体会不到的。

因此，遇事吃点儿亏、让一步，不是傻瓜而是英雄，因为他用静心的智慧躲避了身后不可想象的事情发生。

在电影《阿甘正传》中，主人公阿甘在人们的眼中一度像个白痴，但是他却干出了伟大的事业。阿甘出生在美国南部的阿拉巴马州的绿茵堡镇，由于父亲早逝，他的母亲独自将他抚养长大。

阿甘不是一个聪明的孩子，小的时候受尽欺侮，他的母亲为了鼓励他，常常这样说："人生就像一盒巧克力，你永远也不知道接下来的一颗会是什么味道。"他牢牢地记着这句话。在社会中，阿甘是弱者，他几乎没有能力掌控自己的生活。于是，他选择命运为他做出安排。

阿甘的智商只有75，但凭借跑步的天赋，他顺利地完成大学学业并参了军。在军营里，他结识了"捕虾迷"布巴和神经兮兮的丹·泰勒中尉，随后他们一起开赴越南战场。战斗中，阿甘的小分队遭到了伏击，他冲进枪林弹雨里搭救战友，丹·泰勒中尉命令他乖乖地待在原地等待援军，他说："不，布巴是我的朋友，我必须找到他！"虽然没能最终挽救布巴的生命，但至少，布巴走时并不孤单。

战后，阿甘决定去买一艘捕虾船，因为他曾答应布巴要做他的捕虾船的大副。当他把这个想法告诉丹·泰勒中尉时，丹中尉笑话他："如果你去捕虾，那我就是太空人了！"可阿甘说，承诺就是承诺。终于有一天，阿甘成了船长，丹·泰勒中尉当了

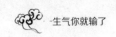

他的大副。

阿甘和女孩珍妮青梅竹马，可珍妮有自己的梦想，不愿平淡地度过一生。于是，珍妮让阿甘离自己远远的，不要再来找她，可阿甘依旧会在越南每天给珍妮写信，依旧会跳进大水池里和珍妮拥抱。珍妮说："阿甘，你不懂爱情是什么。"阿甘说："不，虽然我不聪明，但我知道什么是爱。"珍妮一次又一次地离开，但阿甘从未放弃过她。最终，有情人终成眷属。

阿甘的成功，从某种意义上说，拜赐于他的傻和宽广的胸怀。阿甘总是那么快乐、那么勇敢，我们以为他不知道自己和别人不同，没想到，原来他一直都承受着因歧视而带来的痛苦，从而不希望他的孩子同自己一样。原来他不是不知道，只是装糊涂，不去与他人计较。

阿甘是真正的聪明人，因为聪明的人都擅于谦让，敢于吃亏。比如单位里分东西不够时，自己就主动少要些，一些荣誉称号多让给将退休的老同事，等等。

话虽如此，但能够主动吃亏的人实在太少，这不仅因为人性的弱点，更是因为大多数人缺乏长远的眼光，不肯舍得眼前小利而换来内心的安宁。但是如果你能够跳出这个思维的窠臼，吃点儿小亏，那么等待你的可能会是大便宜。

恰到好处，才是最好

量变引发质变，有时候，把一件事情做到极致，反而未必能得到想要的效果，凡事太过钻牛角尖，有可能把自己逼入死胡同。

IMG公司有一位精力旺盛的女业务代表，负责在高尔夫球及网球场上的新人当中发掘明日之星。美国西海岸有位年轻的网球选手，特别受她重视，她决定邀请对方加盟她的公司。

从此，纵使每天在纽约的办公室忙上12个小时，她依然不忘时时打电话到加州，关心这位选手受训的情况。这个网球选手到欧洲比赛时，她也会趁着出差之便，抽空去探望，为他打理一切。有好几次，她居然连续一周都未合眼，忙着飞来飞去，追踪这个选手的进步状况。

一次，那位年轻的选手参加法国公开赛。按原订日程，这位女业务代表不需出席这项比赛，但是为了保持与那位年轻选手的关系，她努力去说服她的主管。主管勉强答应，但条件是，她得在出发前把一些紧急公务处理完毕。结果她又是几个晚上没合眼。

抵达巴黎的当日，在一个为选手、新闻界与特别来宾举行的晚宴上，她依旧盯着那位美国选手，并且像个称职的女主人，时时为他引见一些要人。当时正是瑞典网球名将柏格独领风骚的年代，他刚好是他们的客户，又是那名年轻选手的偶像，很自然地她便介绍他俩认识。柏格当时正在房间一角与一些欧洲体育记者闲聊，这时，她与那个年轻的选手迎上前去。当对方望向这边时，她说："柏格，容我介绍这位……"天哪！她居然忘了自己最得意的这位球员的姓名！

后来，那位年轻选手成了世界名将，但他与 IMG 公司再也没有关系。

这位女业务代表的确令人钦佩，如果运气好，碰上一个懂事的小伙子，她的失误也不是什么大的失误，因为在那种情况下，只要小伙子自我介绍一下就没什么问题了，不计较，同样也没有什么事。但她这样不顾一切地认真工作，对服务对象过于关注，则总会造成这样或那样的错误。

在现实生活中，许多人往往不能控制自己的情绪，想"糊涂"却难"糊涂"，有时候过分认真、专注于一件事情，并且遇到不顺心的事，要么"借酒消愁"，要么"以牙还牙"，更有甚者，因想不开而轻生厌世，这都是错误的做法。

那么，怎样才能在该糊涂的时候做到糊涂呢？

首先，要学会理智处事，沉不住气时反复提醒自己要以理智的心态来控制自己的感情。

其次，要学会苦中求乐，擅于在生活中寻找乐趣，多参加一些自己感兴趣的活动，把生活安排得丰富多彩，让自己活得有滋有味。

再次，要学会广交朋友，遇到挫折、失败之事，不妨找知心朋友谈谈心。

最后，要学会巧妙地应付各种复杂多变的环境，以保持心理平衡，维护身心健康。

人生在世，能做到精益求精固然很好，但过分专注难免顾此失彼。世界那么大，我们那么小，过分苛责自己实在没必要，累的时候试着"糊弄"自己吧，感到舒服的时候就停在这里。我们都知道，恰到好处，才是最好。

外圆内方的处世智慧

方为做人之本，圆为处世之道。

"方"，方方正正，有棱有角，指一个人做人做事有自己的主张和原则，不被人所左右。"圆"，圆滑世故，融通老成，指一个人做人做事讲究技巧，既不超人前也不落人后，或者该前则前，该后则后，能够认清时务，使自己进退自如，游刃有余。

一个人如果过于方方正正、有棱有角，必将碰得头破血流；但是一个人如果八面玲珑、圆滑透顶，总是想让别人吃亏、自己占便宜，也必将众叛亲离。因此，做人必须方外有圆、圆外有方、外圆内方。

外圆内方的人，有忍的精神、有让的胸怀、有貌似糊涂的智慧、有形如疯傻的清醒、有脸上挂着笑的哭、有表面看是错的对……

"方"是做人之本，是堂堂正正做人的脊梁。人仅仅依靠"方"是不够的，还需

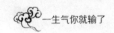

要有"圆"的包裹，无论是在商界、官场，还是交友、爱情、谋职等等，都需要掌握"方圆"的技巧，这样才能无往而不利。

"圆"是处世之道，是妥妥当当处世的锦囊。现实生活中，有在学校成绩一流的，进入社会却成了打工的；在学校成绩二流的，进入社会却当了老板的。为什么呢？就是因为成绩一流的同学过分专心于专业知识，却忽略了做人的"圆"；而成绩二流甚至三流的同学却在与人交往中掌握了处世的原则。正如卡耐基所说："一个人的成功只有15%是依靠专业技术，而85%却要依靠人际关系、有效说话等软科学本领。"

真正的"方圆"之人是大智慧与大容忍的结合体，有勇猛斗士的武力和沉静蕴慧的平和。真正的"方圆"之人能对大喜悦与大悲哀泰然不惊。真正的"方圆"之人，行动时干练、迅速，不为感情所左右；退避时能审时度势，全身而退，而且能抓住最佳机会东山再起。真正的"方圆"之人，没有失败，只有沉默，是面对挫折与逆境的积蓄力量的沉默。

在强大的对手高压下，在面临危机的时候，藏巧于拙，往往可以避灾逃祸，转危为安。面临险境或遇到突发事件时装傻卖呆，这比临危不惧和视死如归的壮烈要安全得多。留得青山在，不怕没柴烧，以拙诚与对手周旋，确实不失为一种高明之术。

这种外圆内方的做法，在历史上就已有之。《三国演义》中有一段"曹操煮酒论英雄"的事情。

当时刘备落难投靠曹操，曹操很真诚地接待了刘备。刘备住在许都，在衣带诏签名后，也防曹操谋害，就在后园种菜，亲自浇灌，以此迷惑曹操，放松对自己的注视。一日，曹操约刘备入府饮酒，谈起以龙状人，议起谁为世之英雄。刘备点遍袁术、袁绍、刘表、孙策、张绣、张鲁，均被曹操一一贬低。曹操指出英雄的标准——"胸怀大志，腹有良谋，有包藏宇宙之机，吞吐天地之志"。刘备问"谁人当之"，曹操说："天下英雄唯使君与我。"刘备本以韬晦之计栖身许都，被曹操点破是英雄后，竟吓得把匙箸丢落在地下，恰好当时大雨将至，雷声大作。曹操问刘备："为什么把筷子弄掉了？"刘备从容俯拾匙箸，并说："一震之威，乃至于此。"曹操说："雷乃天地阴阳击搏之声，何为惊怕？"刘备说："我从小害怕雷声，一听见雷声只恨无处躲藏。"自此曹操认为刘备胸无大志，必不能成气候，也就未把他放在心上，刘备才巧妙地将自己的慌乱掩饰过去，从而也避免了一场劫难。

刘备在煮酒论英雄的对答中是非常聪明的，他用的就是方圆之术，在曹操的哈哈大笑之中，才免去了曹操对他的怀疑和嫉妒，从而最后如愿以偿地逃脱虎狼之地。至于三国后期的司马懿，更是个外圆内方的高手，他佯装快要死的人，瞒过了大将军曹爽，达到了保护自己、等待时机的目的，最后实现了自己的抱负，统一了天下。这正是"鹰立似睡，虎行似病"。

总之，人生在世只要运用"方圆"之理，必能达到心灵与外物的平衡。无论是趋进，还是退止，都能泰然自若，不为世人的眼光和评论所左右。

形醉而神不醉，外愚而内不愚

若愚者，即似愚也，而非愚也。所以"若愚"只是一种表象、一种策略，而不是真正的愚笨。在"若愚"的背后，隐含的是真正的大智慧、大聪明、大学问。真正具有大智慧、大聪明的人往往给人的印象总是有点愚钝，所以中国才有了"大智若愚"这个带有很深哲理意义的成语。

"大智若愚"不是故意装疯卖傻，不是故意装腔作势，也不是故作浅显，故作玄虚，而是待人处世的一种方式、一种态度，即遇乱不惧、受宠不惊、受辱不躁、含而不露、隐而不显，看透而不说透，凡事心里都一清二楚，而表面上却显得不知、不懂、不明、不晰。

三国时期的司马懿，本来是个老谋深算、聪明绝顶的人，却总喜欢装糊涂。当年他在五丈原，凭借一套大智若愚、软磨硬泡的功夫，终于拖垮了老对手诸葛亮，居功至伟，在国内也权倾一时。正因为功高震主，少不得引来同僚的妒忌和朝廷的猜疑。这种情况下，司马懿干脆装起糊涂来，以病重为由长期在家休假，给人制造一种他行将就木的假象。但他的政敌们还是不放心，派了一个人以慰问病情为由刺探司马懿的虚实。司马懿干脆将计就计、顺水推舟，真的装出一副日薄西山、气息奄奄、病入膏肓的样子。在司马懿的策划下，来人果然被蒙骗了过去，回去就说司马懿病势沉重，将不久于人世，于是司马懿的政敌们终于放松了警惕，就在这个时候，司马懿暗中培植羽翼、广罗亲信，神不知鬼不觉地布置自己的两个儿子抓住了京师禁军大权。后来瞅准了一个时机，发动了"高平陵之变"，几乎将曹家的势力一网打尽。至此，魏国军政大权尽数落在司马氏手中。

你看，一个人充分运用糊涂学的技巧，会有很多意想不到的收获，也不失为保全自己的手段。细数古今中外，无论是政治、军事、外交、管理，其实都用得着"清楚之糊涂"的招数。所以对聪明人来说，正确的态度应该是什么呢？那就是"该清楚时就清楚，偶尔也要装糊涂"。内心本来是"清清楚楚"的，却为了因应实际的需要，在外人面前表现出"含含糊糊"的姿态，也许这更加有助于达到"圆通"的境界，这也是一种出色的人生智慧。

睁一只眼闭一只眼

将"糊涂学"活学活用到生活中，也就是"睁一只眼闭一只眼"，成语叫作视而不见。对有些事情，你好像已经看见了，好像又没有看见。比如对于上司的某些丑陋，你看得明听得清，但你就是摆出一点儿也不知道的样子，故意让自己蒙在鼓里。倘若你说自己知道了，那你就是聪明过头了。

很久以前，土豆还不是世界各地都有种植的植物。法国有位聪明而又热心的农学家，有一次在德国吃了一次土豆，就很想在自己的国家里推广种植这种作物，但他的热心宣传却得不到回报，没人相信他的话。当时法国的医生甚至认为土豆有害于人的健康，有的农学家断言种植土豆会使土地变得贫瘠，宗教界称土豆为"鬼苹果"。聪明的人是不会轻易放弃的，这位一心推广土豆种植的农学家，终于想出了一个新点子。在国王的许可下，他在一块出了名的低产田里栽培了土豆，由一支身穿仪仗队服装的国王卫兵看守，并声称不允许任何人接近它、挖掘它。但这些士兵只在白天看守，晚上全部撤走。人们由于好奇，晚上都来挖土豆，并把它栽到自己的菜园里。这样，没过多久土豆便在法国推广开了。

这个推广方法的成功，就得益于智慧和心理的巧妙结合。如果直接向人们推广说土豆好，人们是不会接受的，如果由国王种植，又有卫兵看守，暗示的情境意义即：这是贵重物品。由此诱发了人们占有的欲望，再加上栽种后的亲自品尝与体验，确信有益无害，就会完全接受这种作物。这里交际情境的魅力，就在于利用了人们的好奇心理，睁一只眼，闭一只眼，创造了一个让人们接触土豆的契机，所以产生了预期的目的。

生活中也是这样。俗话说得好：人无完人。每个人都有自己的缺点和不足，在人与人的交往中，如果我们总是睁大眼睛，就像显微镜似地观察、计较别人的缺点和不足，那么，我们永远不会满意对方，我们会嫌弃、厌恶别人，就处理不好与同学、同事、朋友、亲人、爱人的关系，会破坏起码的团结，会失去朋友甚至失去亲人和爱人。如果我们闭上一只眼睛，以一份宽容的心看待别人的缺点和不足，给别人一份信心，给自己一份轻松，生活就变得可爱多了。

在生活中，糊涂不等于马虎，糊涂是一门学问，包含着物极必反的深奥道理，属于清醒的最高级别，需要倾注大量的文化情愫进行长年累月的修炼之后才能自然流露。

会吃亏是比金钱更值得珍视的财富

日常生活中有很多人、很多时候因不吃小亏，反而吃了看不见的大亏，正所谓"捡了芝麻，丢了西瓜"。其实，如果想顺利解决这些小事情，办法只有一个，以"吃点儿小亏"当作自己做人的原则，凡事多谦让就万事大吉了。

吃亏是福关键在于心，在于不计较得失。生活中，懂得吃亏的人才是真正的智者。对于生活中由于争端而吃点儿亏，最好的做法是"大事化小，小事化了"。因为每个人都会有不顺心的时候，但你能在这个时候尽量忍让，不惹事端，多考虑对方的感受，多感谢他们平时对自己的帮助和支持，这才有助于以后工作的发展。

166

有一个年轻人，在他28岁那年就被选为银行总裁一日，他与股东会议主席（也就是前任的总裁）谈话，他说："如您所指，我才被指定担当总裁职务，这真是一个艰巨的任务。我希望您能根据自己多年的经验给我一些建议。"年长的前任总裁看着坐在自己面前的新总裁，很快以6个字作为回答："做正确的决定。"年轻的总裁期望得到更进一步的回答，他说："您的建议很有帮助，我非常感激。但是您能否说详细一点儿？我真的很需要您的帮助以做正确的决定。"这个充满智慧的老人回答："经验。"新总裁又问："没错，那正是我今天出现在这里的原因。我不具有我所需要的经验，我该如何获得这些宝贵的经验呢？"老人笑着以简洁的语气回答："错误的决定。"

亡羊补牢，未为晚矣，谁都有疏忽大意的时候，谁都有这样那样的缺点和错误，第一次吃亏并不可怕，关键是我们要面对错误，吸取教训，找出吃亏的原因，这才是我们以后取得成功的最有力的保障和工具。

工作中，有些责任分得不是很清，谁多做？谁少做？如果大家都想占便宜，那肯定有许多事情就没有人去做，这样的结果是你们这个集体的名誉受到影响，真所谓占小便宜吃大亏，如果大家都不怕吃亏，有什么事情都抢着做，也许这次你吃亏了，也许下次他吃亏了，但是，工作都完成了，集体荣誉有了，大家感情融洽了，工作氛围好了，相比下来，虽然吃点儿小亏，还是收获了"福"。

朋友相处也是这样，如果都想着占别人的便宜，也许你会得逞一两次，可是时间久了，谁还会相信你这个朋友？虽然"为朋友两肋插刀"是常人难以达到的境界，但因为偶尔的吃亏，得到一辈子的好友，这难道不是福吗？

对待家人也是如此，亲人心甘情愿地吃亏，做子女的也不能理所当然地占这个便宜，要体会亲人的一份真情，同时，你也要能为家人吃亏，大家都让三分，还会有什么家庭矛盾，这难道不也是福吗？

不是聪明得太快，而是糊涂得太迟

生活中往往有许多意想不到的事情，如果事事认真求全，往往会在心里产生少许挫折感，倒是折中一下比较好。折中能促成完满的人际氛围，圆滑地化解各种矛盾。

晚清名臣张之洞曾就任山西巡抚，即将启程时，有一个山西籍富商，泰裕票号的孔上司，表示要送1万两银子给他。他对张之洞说，他深知张之洞为官清廉，手头并不宽裕，出于对张之洞的敬慕，他送"一点儿薄礼"是为张之洞解决些差旅费。

张之洞当时婉言谢绝了孔上司的好意。可是当他来到山西，考察了当地的情况之后，深为山西罂粟的种植之多而震撼，他决心铲除山西的罂粟，让百姓重新种植庄稼。而

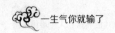

改种庄稼，需要帮助百姓买耕牛、买粮种，但山西连年干旱、歉收，加上贪官污吏的中饱私囊，拿不出救济款发放给老百姓。他深感世事多艰，有时太坚持原则会把人难死，他决定向商号上司募捐。这时，他第一个想到的就是孔上司。

他想，孔上司很有实力，他拿银子贿赂自己，无非是为了日后得到关照。如果说服孔上司把银子捐出来，为山西的百姓做善事，以银子换美名，他或许会同意。

经过商谈，孔上司终于表示愿意拿出 5 万两银子，但前提是满足他的两个愿望，一是请张之洞在他票号大门口的匾上题写"天下第一诚信票号"8 个字；第二个愿望是张之洞为他弄个"候补道台"的官衔。

刚开始张之洞觉得孔上司的这两个条件都不能答应，因为自己连泰裕票号诚信不诚信都不知道，又怎么能说它是"天下第一诚信票号"呢？第二，他向来讨厌捐官，认为捐官是一桩扰乱吏治的大坏事，自己厌恶的事自己怎么能做？！这个孔上司也太过分了，仗着有几个钱居然伸手要做道台！人家千千万万读书郎，数十年寒窗苦读，到死说不定还得不到正四品的顶子呢！可是不答应他，又到哪里去弄 5 万两银子呢？没有这 5 万两银子，就没有五六千户人家的种子、耕牛，他们地里长的罂粟就不会被铲除，禁烟在这些地方就成了空话。

5 万两银子毕竟不是个小数目，这对张之洞的诱惑太大了。经过反复思考，张之洞决定采用折中迂回的手段，答应为孔上司的票号题写"天下第一诚信"6 个字，这跟孔上司所要求的那 8 个字相比，不仅仅少了"票号"两个字，而意思上也有了很大的不同，因为"天下第一诚信"这六个字意味着：天下第一等重要的是"诚信"二字，并不一定是说他们泰裕票号的诚信就是天下第一。

至于他的第二个要求，张之洞反反复复想了很久，最后给自己找了这样一个台阶：一来，捐官的风气由来已久，不足为怪；二来，即使孔上司做了道台，他依旧要做他的票号生意，并不会等着去补缺，也就不会去抢别人的位置，所以对孔上司来说不过是得了个空名而已。再者，按朝廷规定，捐 4 万两银子便可得候补道台，孔上司要捐 5 万，已经超过了规定的数目，给他个道台的虚名，于情于理都不为过。为了 5 万两救民解困的银子，张之洞终于"说服"了自己，而孔上司最后也答应了张之洞的折中方案。

把事情办得周全，让各方人都舒服，才叫高明。张之洞做出这种折中的方案也有些无奈，但世事多艰，有几件事可以简单、顺利地办理呢？张之洞采取迂回的方式，借孔上司的钱改善民生，而孔上司也得到了名，并不违背大的原则，也无可厚非。

人们常称赞一举两得、两全其美的举措，是因为这些举措排除了触及各种人际关系后所产生的负面效果，直接达到了预期的目标。有人询问一位办事高手："如何才能办好每件事？"高手答道："也没有什么，只是折中罢了。"这"折中"二字可使我们在生活中受益良多。

在很多场合，很多人是不肯装糊涂的，并能拍着胸膛理直气壮地叫嚷："我眼里揉不得沙子。"不肯放过每一个可以显示自己聪明的机会，张口就是应该怎样怎样，不应该怎样怎样，遇事总是喜欢先用一种标准来判断一下对与错，却总是费力不讨好，原因就是其不懂得难得糊涂的道理。

记住该记住的，忘掉该忘掉的

两个一起跑步的人，跟在后面的总会显得累些；社会在发展，如果跟不上节奏就会觉得累；想干的事情很多，做过的梦也很多，可是什么也没有做成，于是觉得累；睁开两眼历历在目，闭上双眸又不堪重负，看不到希望和光芒，于是感叹心累了。

心累到底是什么？是无可奈何花落去，是一人为更多的个人自由而付出的沉重代价。不到长城非好汉、对社会地位的渴望等等，都会造成自身的不快，于是就有了心累的感觉。

人之所以会心累，就是追求的太多。人生在世，不可能事事如意。有些人常常觉得自己很不幸，其实世界上还有比他们更痛苦的人。人之所以会心累，就是记性太好，该记的、不该记的都会留在记忆里。而我们又时常记住了应该忘掉的事情，忘掉了应该记住的事情。为什么有人说傻瓜可爱、可笑，因为他忘记了人们对他的嘲笑与冷漠，忘记了人世间的恩恩怨怨，忘记了世俗的功名利禄，忘记了这个世界的一切，所以他永远不会心累。

感到心累的人，往往修养不够，没有一定的承受能力。硬要把单纯的事情看得很严重，把简单的东西想得太复杂，所以会很痛苦。

不快乐的人之所以不快乐，就是计较得太多。看到别人过得幸福，自己就有种失落和压抑感。其实他们只看到了表面现象，或许快乐的人过得并不快乐。人的欲望是无止境的，人人都在追求高品质的生活，人人都想得到自己想要的东西，人人都在为了自己的目标忙碌着、奋斗着，得到了，开心一时；得不到，就痛苦一世。

世界上没有完美无缺的东西，不完美其实才是一种美，只有在不断地争取、不断地承受失败与挫折时，才能发现快乐。

人之所以不知足，就是有着太多的虚荣心。俗话说，知足者常乐，但又有几个人能达到这样的境界？人不是因为拥有的东西太少，而是想要的东西太多。大千世界有着太多太多的诱惑，我们不可能不动心，不可能不奢望，不可能不幻想。

面对着诸多的诱惑，有多少人能把握好自己，又有多少人不会因此而迷失自己？但话又说回来，有了知足心，哪会有上进心？时代在发展，生活在继续，我们需要不断地去努力、去追求，如果只满足于现状，一味地沉浸在自己的知足里，那还有什么远大的理想和追求？

人之所以会心累，就是没有知足心。每个人对幸福的感觉和要求都不相同，一个容易满足、懂得知足的人就不会心累。曾经看到过这样一句话："幸福就如一座金字

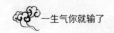

塔，是有很多层次的，越往上幸福越少，得到幸福相对就越难；越是在底层越是容易感到幸福，越是从底层跨越的层次多，其幸福感就越强烈。"幸福其实就是一种期盼、一种心灵的感受。

人之所以会心累累，就是想得太多。身体累不可怕，可怕的就是心累。心累就会影响心情，会扭曲心灵，会危及健康。其实每个人都有被他人所牵累、被自己所负累的时候，只不过有些人会及时地调整，而有些人却深陷其中不得其乐。在这个充满竞争的社会里，有太多的难题和烦恼，要活得一点不累也不现实。

所以要学会适应，把手里的东西放下，不必过分在意别人的看法，不要把别人的行为结果当作自己的追求目标。只有这样，才能体验到生活本身的意义与快乐。

吃糊涂亏，积无量福

从表面上来看，吃亏，意味着舍弃与牺牲。如果以同样的方式来理解"吃亏是福"，那么从中便很容易看出这样做似有犯傻之嫌疑。常言道：人不为己，天诛地灭。宁愿吃亏，而且还认为吃亏是福，或许只有精神不正常的人或者傻到极点的糊涂人才会这么认为。吃了亏不发怒，不伺机报复已是不错了，还要让人认定这是一种福气，乍一听，实在说不过去。其实，强调"吃亏是福"，是寄托长远的清醒，也是心安理得，心境平和的自在，是吃小亏避大亏的智慧。

路径窄处，留一步与人行；滋味浓处，减三分让人尝。特别是当残酷的现实需要我们做出舍弃与牺牲时，如果我们能够坦然处之，吃"眼前亏"，能舍弃和牺牲某些利益，学会"糊涂"不去计较这些，失去的大多是物质的和暂时的。吃这样的亏会让我们的生活静好，来去自如，逍遥自在，让人生进入极乐境界。

常言道："人吃亏，人常在。"吃亏不是不求索取，不是没有追求，不是无所作为，而是一种坦然，坦然面对理性中的得失和追求；是一种豁然，豁然面对悟性中的索取和作为；是一种超越，超越于别人忙于追名逐利而仍然保持的宁静和明智。如果在得失面前，保持一种超然的心态、淡泊的情怀，就会有一分清醒、一分思考、一分期待、一分追求。因此，吃亏也是一种修养、一种气质、一种境界。

反之，一点儿亏也吃不得，处处想占便宜的人，虽然处处争得自身利益，争得高高在上，最终则必将众叛亲离，孤立无援，为众人所遗弃。当然，我们并不主张做浑浑噩噩、不知所为的庸者，但我们要在收获与付出、得与失的理性中去赢取团结合作的氛围。因此只有不怕吃亏的人，才能与人和谐共处，才能赢得众心归，才能有权威，才能有所作为。

在实际生活中，越是不肯吃亏的人，越是可能吃亏，而且往往还会多吃亏，吃大亏。这是不以人的意志为转移的规律。那些贪官不甘心吃亏，面对金钱的诱惑，他们无法克制自己，为了满足自己的欲望，自以为聪明，他们把人民给予的权力，用来牟取私利，权钱交易，用来当作自己的生财之道。到头来为了一个"贪"字丢官罢职掉脑袋，葬送了自己的一切。

所以说，天底下没有免费的午餐，同样也没有白吃的亏。吃亏就是耕耘，为了希望种子的撒播；吃亏就是播种，为了夏季艳丽的花朵；吃亏就是浇灌，为了秋天丰硕的收获！

"吃亏是福"，是人生的一种达观大度，内中蕴含着丰富无穷的人生哲理，不仅仅需要细细咀嚼，更要努力实践。如此果真做到，人生定会有一道色彩斑斓、醉人迷眼的亮丽风景，身在其中，其乐融融、其福无穷。

糊涂比聪明更显智慧

有一道题问：如果让你漂流到一个荒岛，只能带三样东西，你会带什么？有的人回答：一颗柠檬树、一只鸭子、一个傻瓜。为什么不带聪明人而带傻瓜呢？因为聪明人会砍掉柠檬树，吃掉鸭子，甚至最后害了主人；只有傻瓜，才能执着地拼命做事。生活中，人们需要这种傻瓜精神，傻瓜精神是一种静心的处世方法，有傻瓜精神的地方往往会发生奇迹。

聪明难，糊涂更难，聪明是一种艺术，然而聪明过头反而会招致不必要的损失，所谓聪明反被聪明误即是此理。而糊涂却不仅是一种艺术了，它更是一种真正的人生大智慧。

世界上聪明的人不多，估计十中只有一，而智者更为罕见，估计百里无一。在现实生活中，不愿意吃亏的总是聪明人，而愿意"吃亏"的是智者。

聪明人与别人共事总能保全自己的眼前利益，而智者则更多看重的是长远利益；聪明人能把握机会，知道自己什么时候该出手，而智者知道什么时候该放手。所以拿得起来的是聪明人，放得下的是智者。

聪明能获得很多知识，而智慧让人更有文化。反过来，一个人知识越多越聪明，而文化越多越智慧。聪明人喜欢处处逞强，超人一筹；而智者则喜欢更多示弱，含而不露。因为他知道示弱不仅是一种智慧，亦是一种力量，智者常常是以出世的心态做入世的事情的人。

聪明人总喜欢把自己闪光的一面展现出来，也就是所谓的脱颖而出。比如在一个聚会里聪明人嘴忙，往往侃侃而谈，因此是茶壶；而智者耳忙，注意聆听别人，因此是茶杯。茶壶里的水最终要倒进茶杯里。

聪明人常常因为左右逢源而显得热闹，而智者往往因为甘于淡泊而显得冷清。前者赚来的是一时的人缘，而后者更能长久地赢得人心。

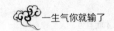

　　聪明多数得益于遗传，而智慧更多靠修炼。聪明靠耳朵、靠眼睛，所谓耳聪目明；而智慧靠心，所谓慧由心生。聪明能带来财富和权利，智慧能带来快乐。因此聪明人往往有更多技能，而现实中这些技能只要机缘巧合，就能转化为财富和权利；但是财富、权利与快乐很多时候不能成正比，因为快乐来自人心。因此求才求聪明容易，求脱离烦恼，非修智慧不可。

洞明人生，难得糊涂

　　懂得"糊涂"、会随遇而安的人眼光远大、胸怀宽阔，把世间的一切变化都看得很平常、很自然。这样的人心理必然平衡，平时笑口常开，自然健康长寿，生活愉快幸福。

　　郑板桥写的"难得糊涂"字幅下，有他题的一行款跋：

　　"聪明难，糊涂难，由聪明而转入糊涂更难。放一着，退一步，当下心安，非图后来福报也。"这行款跋，当是郑板桥对"难得糊涂"的解释，即对自己处世哲学的一种解释。

　　从字幅上标明的日子看，字幅写于乾隆十六年（公元1751年），当时郑板桥正在山东潍县当知县。一向正直、率真、清正廉明的郑板桥在当时黑暗的官场上很吃不开，常常受到恶势力的嘲讽、刁难。他一面以嬉笑怒骂来抗争，一面又彷徨悲观，产生了出世思想。这时他的情绪是压抑、苦闷、孤独、自嘲、彷徨、悲观、痛苦交织在一起，就是在这种情绪下，他写了"难得糊涂"的字幅，不久便辞官归隐。

　　这样，就可以明白款跋的意思了："聪明难"——要进取，要"众人皆醉我独醒"当然难；"糊涂难"——得过且过本来并不难，但一个一心想勤政执法、为百姓做事的人心中并不愿意这样做，因此也难；"由聪明而转入糊涂更难"——抗争不过官场的黑暗势力，又不愿昧着良心去"糊涂"，这种"聪明"之后的"糊涂"更难；款跋最后一句"放一着，退一步，当下心安，非图后来福报也"——在前面种种的"难"面前，只有小心从事、知进知退，才能不冒失、不惹祸，只求心里安宁，不求后世福报。

　　钟爱这句名言者大多为并不糊涂者。试想，没有文化的村夫市井世事不明，可谓糊涂，可他并不去说什么难得糊涂不糊涂，也不为自己的糊涂或悲哀或欢喜，糊里糊涂地就这么过着也挺好；而那些并不糊涂的人却总盼望着自己"糊涂"，因为太清醒了，所以才盼望能"糊涂"一点儿。

　　思维能力是上苍赋予人类的唯一宝贵能力，是对人类的厚爱，不用它可惜。越是读书多的人越爱想问题，可是这思维能力往往越用越害怕，问题越想越多，想来想去又不得究其穷尽，只觉得寒气逼人，可谓高处不胜寒。于是眼睛一闭，又盼望"糊涂"了。这大约就是"难得糊涂"流传久远的原因了吧。

　　然而，世界是庞大且纷繁复杂的，很多事情是处于混沌状态之中的，从新兴的前沿学科"混沌学"、"模糊理论"、"模数数学"还有"模糊控制"可略见一斑。从这一角度来看，这里的"模糊"却又是大智慧的表现。是的，世界之大，世事之多，要想事事究其穷尽，人大概会很累。比如做这件事情自己吃亏多少他人占便宜几何、某样东西该不该买、某件事情此时是否非得去做、某种钱该不该花、天气有点热窗户该在几时几分打开等，恐怕都会因时因地因人而有多种答案；何况，往往 20 年前看起来是挺合理的事情，今天看起来可能又不合理了；若干年前看起来是大逆不道的事情，今天谈论它可能又觉得是一种情有可原的存在了，这样的事情还少吗？世界本来就是多元的，要想事事都有一个明确统一的标准也不可能。有个说法叫"因地制宜"、"因人制宜"、"与时俱进"——时过境迁、物是人非，这些都是颇能说明问题的，郑板桥说的"糊涂"应该是指以上一些事情。在这些问题上，真的应该"糊涂糊涂"，不然不仅活得太累，而且太愚蠢了。

事无巨细、斤斤计较、一律较真，表面看起来挺精明，殊不知实际上是大愚蠢，往往会因小失大。这样的例子举不胜举。

表面上看起来为人马马虎虎，什么事也不计较，和善易处，但遇原则问题毫不含糊、据理力争、有理有节，这是大智慧者，因大而弃小。

由是观之，难得糊涂是一种很科学、很智慧、很艺术的为人处世之道，掌握起来真不容易，这才是"糊涂"之所以"难得"的原因。因为只有"大智"才能"若愚"——不是吗？

糊涂是洞明人生的智慧

郑板桥乃"扬州八怪"之首，一生为人一尘不染，正直率性，为官两袖清风，为民谋益，清名可谓家喻户晓。"聪明难，糊涂难，由聪明而转入糊涂更难；放一着，退一步，当下心安，非图后来福报也。"他的这副对联实为千古绝唱，只言片语间便道出了人生的大智慧。

大凡立身处世，无人不需要聪明和智慧，但聪明与智慧在许多时候却要依赖糊涂才得以体现。这乍听起来似乎有些不得其解，实际上这里说的糊涂不是痴愚懵懂，不是与生俱来，装不来，求不到的真糊涂，而是一种明明是非黑白了然于心，偏偏装作良莠不分，装出来的假糊涂，即由"聪明转入糊涂"。这种糊涂就是要审时度势、有所吐纳，不要一味地聪明到底，可以有所保留、有所退让，虽不计一时的得失却能聪明一世，却能心安。

郑板桥在潍县做县令时，勤政爱民，使潍县富了起来。京城大官们都想到这块肥肉上咬一口，可都被郑板桥的"不识时务"给挡了回去。有个绰号叫"三拐子"的钦差不以为然，他想："凭我'雁过拔根毛'的手段，何愁他郑板桥不就范呢？"于是

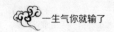

他就想出个"计策"——先派人给郑板桥送去了个礼盒。郑板桥接到礼盒打开一看，不由一惊，心想："这家伙真是老谋深算，诡计多端，他先送给我百两纹银，按理我该十倍回赠才是啊！"郑板桥思来想去，最后还是把礼收了下来，然后送回一个同样的礼盒。三拐子一见大喜过望，急忙打开，却差点儿把他气疯了。原来盒子里并无半两银子，只有郑板桥的一首诗：芝麻郑燮拜尊翁，馈赠恩深却不恭。金银有数终须尽，无限情怀空盒中。

三拐子见此实在是哭笑不得，他决定要好好整治一下郑板桥，可是怎么也想不出整治的理由，找不出毛病来。无奈也只好回京城去了。然而他这个占惯了别人便宜的人，却总是念念不忘这件事。他自己很是感慨：自己打了一辈子的雁，却叫雁给啄瞎了眼。于是也诌了一首所谓的诗，来表达自己的心情：潍县挺富都想啃，啃来啃去赔了本。百两银子白搭上，疼得我觉无法困。

郑板桥的糊涂实在不是"痴"和"愚"，更不是圆滑世故，而是对于为人之道的大彻大悟，是洞明人生的大智慧。

"由聪明转入糊涂"是一种自我保护，是为了求得"当下安心"，是为了实现心理平衡，是一种心理防御机制，是更为聪明之举。正如有人说过"事可为而不为是懦夫，事不可为而强为是蠢汉"。聪明的人应该做聪明的事，而不是强为不可为之事，而"难得糊涂"却以不强为达到"为"的目的，达到了超凡入圣的心理境界。

"难得糊涂"之"难"在于，当需要你糊涂的时候却装不来糊涂，所以大智慧尚需大悟道。这样看来，板桥先生的"难得糊涂"中的"糊涂"就是一门学问了，不仅高雅，隐含的哲理也很深。尤其是这"难得"二字大有学问，不是让人时时刻刻装糊涂，而是在必要的时候装回糊涂。

人应该学会聪明，学会生存之道，但却不是学小聪明。爱耍小聪明的人能聪明一时而不能聪明一世。而大智若愚，表面上糊涂的人，虽不计一时的得失却能聪明一世，明哲保身，始终立于不败之地。

花半开，酒半醉

《菜根谭》里说：笙歌正浓处，便自拂衣常往，羡达人撒手悬崖；更漏已残时，犹然夜行不休，笑俗士沉身苦海。意为，当歌舞盛宴达到最高潮的时候，就自行整理衣衫毫不留恋地离开，很羡慕那些胸怀广阔的人，他们就是能在这种紧要时候猛然回头；夜深人静仍然在忙着应酬，目光如豆的俗人坠入无边痛苦中而不能自拔，说来真是可笑。

"花要半开，酒要半醉"是一种大智若愚的表现，能够练得这种修为的人，往往能够对事情、对自己适度把持，不肆意放纵，而这种状态也才能享受到人生的真正乐趣。反之，鲜花盛开过于娇艳、过于张扬的时候，就很容易被人采摘，其香、色必不会长远，也就到了衰败的开始；酒喝到烂醉如泥，不但不能享其甘醇，反而让身心受罪。人生也是一个道理，凡事都要有所节制。

在《三国演义》中可以看到，刘备死后，诸葛亮似乎是没有大的作为了，他不像刘备在世时那样运筹帷幄，满腹经纶，锋芒毕露了。这是什么原因呢？那就是，在刘备这样的明君手下，诸葛亮是不用担心受猜忌的，况且刘备也离不开他，因此他可以尽力发挥自己的才华，辅助刘备打下一份江山，三分天下而有其一。刘备死后，阿斗继位。刘备生前当着群臣的面说："如果这小子可以辅助，就好好扶助他；如果他不是当君主的材料，你就自立为君算了。"诸葛亮顿时冒了虚汗，手足无措，哭着跪拜于地说："臣怎么能不竭尽全力、尽忠贞之节、一直到死而不松懈呢？"说完，叩头流血。实际上，刘备再仁义，再英明，也不至于把国家让给诸葛亮，他让诸葛亮为君，怎么知道他就没有试探诸葛亮的心思呢？

因此，诸葛亮一方面行事谨慎，鞠躬尽瘁，一方面则常年征战在外，以防授人"挟天子"的把柄。所以他锋芒大有收敛，时常故意显示自己老而无用，以免祸及自身。这显然是韬晦之计，收敛锋芒是诸葛亮的大聪明。

作为一个人，尤其是作为一个有才华的人，更要做到不露锋芒，这样才能既有效地保护自我，又能充分发挥自己的才华。当你志得意满时，且不可趾高气扬，目空一切，不可一世，否则你很容易被别人当靶子！所以，无论你有怎样出众的才智，但一定要谨记：不要把自己看得太了不起，不要把自己看得太重要，不要把自己看成是救国济民的圣人君子，收敛起自己的锋芒，夹起尾巴，是为上策。

因此，不但做人"花要半开"，做事也"酒要半醉"。勿待兴尽，用力勿至极限，适可而止，恰到好处最为理想。

不争，就是争

不争是圣人的为人之道，也是"难得糊涂"的做人策略，以"不争"之心，"糊涂"之态，无为之治，人才能成其伟大，天地才能为之宽，宇宙才能真正地与之相融。

那些拥有"糊涂策略"的人，总是以不争而达到无所不争，以无为而达到无所不为。

在电视剧《雍正王朝》中，四阿哥胤禛的谋士邬先生告诉胤禛：争，就是不争；不争，就是争。这一句话，让忧心于国家当时的困境、苦恼于处在皇太子和八阿哥的政治旋涡之中的胤禛顿时觉悟。

政治从来都是与险恶相生相伴的，康熙皇帝英明一世，然而在选择继承人上却是愁眉不展。皇太子本来是钦定的皇位继承人，但由于其自身不努力，还做出一些违禁之事，于是屡次被废。另一方面，八阿哥自恃聪明，广结党羽，收买人心，不断打击

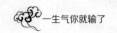

皇太子，也逐渐增强了自己的力量，成为有实力问鼎皇位继承人宝座的人。

然而，历史却和这些明白人开了一个大玩笑，最后的皇位继承人爆了一个大大的冷门，没有任何理由和资本的四阿哥却坐上了皇帝的宝座。因为胤禛采纳了邬先生的意见：扎扎实实做好自己的工作，对皇上和黎民负责就足够了。

这其间的奥妙，其实就是邬先生所说的"争与不争"的辩证法。老子还说："天下莫柔弱于水，而攻坚强者莫之能胜，以其无以易之。""天之道，不争而善胜，不言而善应，不召而自来，䋈然而善谋。"都是告诉人们，越是那些不与人争、不与事争的"糊涂"人，越是能够善于取胜的聪明人，因为他们善取自然之法，明白"糊涂至上"之道。

"争"，需要对手；而"不争"，是想别人没想过的问题，做别人没做过的事情。"善胜敌者，不争。"不争最终是为了更好地去争，不是和对手争，而是和自己争，战胜自我，顺应天然。这样做在于以"不争"泯绝那些形名之争，而得潜在的大势态，"故天下莫能与之争"。

然而，司马迁说：天下熙熙皆为利来，天下攘攘皆为利往。很多人明明白白地看到了名、利，他们难以让自己装糊涂，为了名、利和各种难以告人的欲望，拼命地排挤别人，以达到抬高自己的目的。

世界上最强大的人，不是争名夺利者，而是那些不争而有为的人。这些人不喜欢"出类拔萃"、"独占鳌头"的字眼，也不会为了这些虚表的外物而蒙蔽自己的心智，因此，他们能够保持最纯真的本性，但是他们的真才实学，却最终会把他们推向"出类拔萃"的巅峰。

糊涂是智者最好的外衣

李白有一句耐人寻味的诗，曰"大贤虎变愚不测，当年颇似寻常人"，揭示了糊涂学意义上的处世法，是指在一些特殊的场合中，人要有猛虎伏林、蛟龙沉潭那样的伸屈变化之胸怀，让人难以预测，而自己则可在此期间从容行事，这正是"揣着明白装糊涂"。"揣着明白装糊涂"是一种达观、一种洒脱，一份人生的成熟、一份人情的练达。当然做到"明知故昧"绝非易事，如果没有高度的涵养是断然不行的。

《庄子》里讲过"望之似木鸡"的故事，就是"呆若木鸡"的成语来源。那斗鸡不骄不躁，甚至带着呆气，却能百战而百胜，绝不含糊。可见，看着"呆"的未必是真"呆"！

所以，我们所谓的糊涂不是真正的糊涂，不是昏庸，也不是没有是非观念的好好先生，更不是卑下的和稀泥、扯皮，而恰恰相反，它是一种藏巧卖拙的智慧。

历史上有名的大青天海瑞在浙江淳安县当知县的时候，有一天，驿站的差人来告状，说有一个人自称是总督胡宗宪的儿子，嫌驿站的马匹不好，把驿吏捆起来倒挂在树上。

海瑞听后马上带人赶到驿站。他看到穿着华丽衣服的胡公子正在指手画脚地骂人，他身边还放着大大小小的箱子，箱子上还贴着总督衙门的封条，心里立刻明白了，这肯定是胡宗宪的儿子，并且又收了不少赃礼。

海瑞查看打量之后，心里马上有了主意，于是叫人把箱子打开，原来里面装着好几千两银子。海瑞立刻变了脸色，指着胡公子，对围观的群众说："这恶徒真可恶，竟敢假冒总督家里的人，败坏总督名声！那次胡总督出来巡查时，再三布告，叫地方不要铺张，不要浪费。你们看这恶徒带了这么多行李和银子，怎么会是胡总督的儿子呢？他一定是假冒的，要严办才是。"

于是，海瑞把胡公子的几千两银子没收充公，交给国库。又写了一封信，连人一起送给总督胡宗宪发落。胡宗宪看了来信，又看看被捆绑着的儿子，气得说不出话来。他怕海瑞把事情闹大，只得忍气吞声，为了不失颜面，也不敢向海瑞说明他所捉的人就是自己的儿子。银子的事情更是不敢再提了。

从这个故事里，我们可以看到海瑞这个青天装糊涂的高明，给对方一副不谙世事的愣头青的假象，然而正是这种策略，不但坚持了自己正直清廉的本色，还省却了他人的嫉恨。

其实，真正的聪明人都懂得装糊涂，这样的人其实心知肚明，却表现得痴傻，正因为这种表现，才让他人消除了应有的防备。糊涂其实是大智慧、大哲学，更是一种幸福。但是有个前提，你必须是理智聪明的人，你必须清楚装糊涂是大智慧。把复杂的事想简单，是傻；把清楚的事想糊涂，也不聪明。复杂的事不去想它，清楚的事装糊涂，不计较，才是真聪明。

所以，要学会适时糊涂，这样别人才不会去费尽心思地揣度你的心思，你才可以去安心做自己要做的事。当你被别人"监视"的时候，装糊涂更为重要，只有这样，你才可以逃避他人对你的敌意。

在漫漫人生中，人们必定会遇到许许多多令自己难堪的情境，对此，人们可以借助于佯装糊涂，忍让一下，不过于斤斤计较，暂时吃点儿小亏，做点儿退却姿态。这种糊涂，不但具有保护自己的功能，而且会让你更加放开眼量。

大智若愚，该糊涂时就糊涂

《红楼梦》中的王熙凤，可谓是家喻户晓。王熙凤何等地冰雪聪明，简直就是女人中的精品，恐怕这世上有很多男人都不及她。她八面玲珑、九面处世、外柔内刚；她笑里藏刀，表面向你微笑，心里却在给你下套子。迷上她美色的贾瑞被她整得一缕孤魂上青天；看上她老公的尤二姐被她给逼得吞金自尽；而她的"偷梁换柱掉包计"李代桃僵，则送掉了颦儿脆弱的性命。

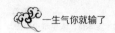

王熙凤的能耐大，荣宁两府在她的整治下服服帖帖，一个秦可卿出殡这样的大事到了她手里简直是小菜一碟。她能说会道，贾府上下无人不晓她琏二奶奶的。

可王熙凤却是一个精明过火的女人，精明到处处好强、事事争胜，哪儿都落不下她，终于得罪了大太太，加之贾母撒手人寰，她的靠山没了，终于反送了卿卿性命。

为人处世，是精明一点儿好，还是糊涂一点儿好，各人有各人不同的答案。但是卡耐基认为，人际关系中还是"糊涂"一点儿好，当然这种糊涂并不是真的糊涂，而是希望我们学会一点儿大智若愚的技巧，避免一些弄巧成拙的尴尬。

其实"糊涂学"就是做人的智慧，这包括了知、情、意三个方面的综合体现，在"知"的方面，"糊涂"就是承认人的认识的有限性，不过分依靠和卖弄自己的智慧。勿恃小智，勿弄奇巧，息竞争心，它包含了大智若愚、藏巧于拙、顺其自然、无为而治、谨言慎行、因势利导，精益求精、善于其技，虚心纳谏、博采众长，居安思危、留有余地等范畴。在"情"的方面，就是安贫乐道、隐忍退让、息贪婪欲，它包含安守本分不要凡事强做，淡泊名利，宁静致远，乐天知命等。在"意"的方面，就是淡泊明志、立身端方、守清正节，包含宠辱不惊、功成不居，严于律己、宽以待人，刚正不阿、洁身自好等。

当然，糊涂的范畴很广，我们在这里无法把所有的都涵盖，只能说真正的大智若愚还要在日常的积累中感悟。真正能巧用模糊语言，偶尔装装糊涂，将有助于经营你的人际关系，改善你的人际关系。

看穿是非得失，心中有数即可

虽然说人生如戏，但是真正的高人，不在戏中迷失自己。是是非非、纷纷扰扰不过是过眼云烟，不值得挂怀。面对再多的诱惑，也知道该放弃时则放弃，在混杂中活得清楚明白。一切势态，一切将来，都心中有数，智慧者当如是。

其实，什么是看穿是非，说直白一点就是懂得跳出来，懂得放弃。平日里，我们的心像钟摆一样在得失间摇摆，懂得放弃是一种智慧。

庄子提出，人得了道就是真人，真人有真智慧。什么叫真人？"不逆寡"，即顺其自然，一切不贪求，摆脱常人贪多的通病。"不雄成"，走出自大的机械心理，得道的人不觉得自己了不起，一切的成功都是自然，看淡成败得失。

汉代司马相如所著《谏猎疏》有云："盖明者远见于未萌，而智者避危于无形。"意思是，明理的人在事物还没有发生之前就预见到了事情的发生，聪明的人可以在危险出现之前就已经安排好了避免危险的方法。

得失都是一样，有得就有失，得就是失，失就是得，所以一个人的最高的境界，应该是无得无失，但是人们通常都是患得患失，未得患得，既得患失。我们的心，就像钟摆一样，得失、得失，就这样摆，非常痛苦。塞翁失马，你怎么晓得是福还是祸呢？

所以，不要把得失看得太重。

中国有句古语说："苦海无边，回头是岸。"偏偏有人就执迷不悟，因此，烦恼都是自找的。

超然忘我，放下得失之心，不苦苦执着于自己的得与失、喜与悲，便不会活得那么累。有人说，人的一生之中只有三件事，一件是"自己的事"，一件是"别人的事"，一件是"老天爷的事"。

今天做什么，今天吃什么，开不开心，要不要助人，皆由自己决定；别人有了难题，他人故意刁难，对你的好心施以恶言，别人的事与自己无干；天气如何，狂风暴雨，山石崩塌，人能力所不能及的事，只能是"谋事在人，成事在天"，过于烦恼，也是于事无补。人活得累，只是因为，人总是忘了自己的事，爱管别人的事，担心老天爷的事。所以要想轻松自在很简单：打理好"自己的事"，不去管"别人的事"，不操心"老天爷的事"。

游戏人间不是玩世不恭，而是让自己的心境轻松，守住做人的本分，从俗事中解脱出来，不被物质所累。

智者守愚

清代著名的扬州八怪之一——郑板桥的一生中，皓首穷经，从世态炎凉总结出了一句至理名言——难得糊涂。

中国古代的道家和儒家都主张"大智若愚"，而且要"守愚"。孔子的弟子颜回会"守愚"，深得其师的喜爱。他表面上唯唯诺诺、迷迷糊糊，其实他在用心功，所以课后他总能把先生的教导清楚而有条理地讲出来，可见若愚并非真愚。大智若愚的人给人的印象是：虚怀若谷、宽厚敦和、不露锋芒，甚至有点儿木讷。其实在"若愚"的背后，隐含的是真正的大智慧、大聪明。

孔子年轻气盛之时，曾受教于老子。老子对孔子说："良贾深藏若虚，君子盛德，容貌若愚。"即善于做生意的商人，总是隐藏其宝货，不叫人轻易看见；君子之人，品德高尚，容貌却显得愚笨拙劣。

因此，老子警告世人："不自见，故明；不自是，故彰；不自伐，故有功；不自矜，故长。""企者不立，跨者不行，自见者不明，自是者不彰，自伐者无功，自矜者不长。"

老子是第一个推崇"愚"的含义的人——宽容、简朴、知足的最高理想。

这种处世态度包括了愚者的智慧、隐者的利益、柔弱者的力量和真正熟识世故者的简朴。这种境界的达到，往往是一个高尚的智者在人生的迷恋中翻然悔悟后得来的。

即使在儒家思想中，没有任何东西比炫耀、漂亮、有意显示更遭批评的了。

金熙宗时期，石珌任邢台县令时，官场腐败、贪污成风，独石珌洁身自好，还常

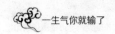

告诫别人不要见利忘义。

石珛曾经规劝邢台守吏说："一个人到了见利不见害的地步，他就要大祸临头了。你敛财无度，不计利害，你自以为计，在我看来却是愚蠢至极。回头是岸，我实不忍见到你东窗事发的那一天。"

邢台守吏拒不认错，私下竟反咬一口，向朝廷上书诬陷石珛贪赃枉法。结果，邢台守吏终因贪污受到严惩，其他违法官吏也一一治罪，石珛因清廉无私，虽多受诬陷却平安无事。

石珛官职屡屡升迁，有人便私下向他讨教升官的秘诀，石珛总是笑一笑说："我不想升迁，凡事凭良心无私，这个人人都能做到，只是他们不屑做罢了。人们过分相信智慧之说，却轻视不用智慧的功效，这就是所谓的偏见吧。"

金世宗时，任命石珛为参知政事，不料石珛却百般推辞，金世宗十分惊异，私下对他说："如此高位，人人朝思暮想，你却不思谢恩，这是何故？"

石珛以才德不堪作答，金世宗仍不改初衷。石珛的亲朋好友力劝石珛道："这是天下的喜事，只有傻瓜才会避之再三。你一生聪明过人，怎会这样愚钝呢？万一惹恼了皇上，我们家族都要受到牵连，天下人更会笑你不识好歹。"

石珛长叹说："俗话说，身不由己，看来我是不能坚持己见了。"

石珛无奈地接受了朝廷的任命，私下却对妻子忧虑地说："树大招风，位高多难，我是担心无妄之灾啊。"

他的妻子不以为然，说道："你不贪不占，正义无私，皇上又宠信于你，你还怕什么呢？"

石珛苦笑道："身处高位，便是众矢之的，无端被害者比比皆是，岂是有罪与无罪那么简单？再说皇上的宠信也是多变的，看不透这一点，就是不智啊。"

石珛在任太子少师之时，他曾奏请皇上让太子熟习政事，嫉恨他的人便就此事攻击他别有用心，想借此赢取太子的恩宠。金世宗听来十分生气，后细心观察，才认定石珛不是这样的人。

金世宗把别人诬陷他的话对石珛说了，石珛所受的震撼十分强烈，他趁此坚辞太子少师之位，再不敢轻易进言。大定十八年（公元1178年），石珛升任右丞相，位极人臣，前来贺喜的人络绎不绝。石珛表面上虚与委蛇，私下却决心辞官归居。他开导不解的家人、故旧说："我一生勤勉，所幸得此高位，这都是皇上的恩典，心愿已足。人生在世，祸在当止不止，贪心恋栈。"

他一次又一次地上书辞官，金世宗见挽留不住，只好答应了他的请求。世人对此事议论纷纷，金世宗却感叹说："石珛大智若愚，这样的人才天下再无二人了，凡夫俗子怎知他的心意呢？"

装糊涂有时候也是一种无奈之举，特别是当弱者面对强大的敌人时，装糊涂就成为一种重要的智慧了。

1864 年，在日本的德川幕府时代。西方列强对日本虎视眈眈，他们用武力要挟日本签订割让日本彦岛的条约。日本方面派高杉普作为谈判代表。高杉普作曾到过中国，亲眼见到中国国土被列强割据的惨状。为了国家的安危，他尽自己的能力与列强在谈判桌上周旋。在签字仪式上，他滔滔不绝地说："我日本国，自从天照大神以来，就　　　"把日本的历史一一述说出来。历史文字一般高深难懂，假若再译成其他语言，则更要费时费力。因为高杉普作的这一做法，使翻译大为头痛，很多地方不知如何用英语表达。而西方列强代表听得更是云山雾罩。谈判最终无法分出谁胜谁负，据说签字之事也就不了了之，日本国土得以保全。

每个人都有缺陷，对于别人的缺点，我们有时候需要"糊涂"一点儿。这种对人们缺点的"糊涂"，是一种难得的糊涂。有时候"糊涂"是日常生活中不可缺少的一个音符，"糊涂"是为人处世时刻都用得上的。

这里所说的"糊涂"，是指在待人接物时，装装糊涂，讲点儿艺术。

苏轼在《贺欧阳少师致仕启》中说："力辞于未及之年，退托以不能而止，大勇若怯，大智若愚。"对于那些不情愿去做的事，可以以智回避。有大勇，却装出怯懦的样子；聪敏，装出很愚拙的样子，如此可以保全自己的人格，同时也可不做随波逐流之事。真正的大智大勇者未必要大肆张扬，徒有其表，而要看其实力。李贽也有类似的观点："盖众川合流，务欲以成其大；土石并砌，务欲以实其坚。是故大智若愚焉耳。"百川合流，而成其大；土石并砌，以实其坚，这才是大智若愚。

人们在追求成功的过程中，并不是笔直平坦的，它是由许多曲折和迂回铸成的。聪明的人在不能直达成功彼岸的时候，就会采取迂回前进的办法，不断克服困难，最终走向成功。当面临困难，面对无奈和尴尬时，不妨学糊涂一些，只有这样，成功才会最终属于你。

第十一章

泥泞的路才能留下脚印，笑对人生坎坷

苦难是上天赐予的财富

人的一生中会遇到各种各样的苦难。正如一位智者所言："没有苦难的人生不是真正的人生。"一个人只有经过困境的砥砺，才能焕发生命的光彩。沿着岁月的河道，我们回溯到几千年前的印度，无数先哲们在几千年的雾山上，用瑜伽的朴素方式苦苦修习一种心性和智慧的通透，来印证着生命的不凡，让人心中读懂了苦难的许多真义。其实，当我们仔细地去品味诸如蚌病生珠、万涓成河、蛹化成蝶的生命故事，心灵会在刹那间被一种战胜苦难的神奇力量击中。

巍峨的大树，其挺拔的身姿是在与狂风暴雨搏斗后磨砺出来的；精良的斧头，其锋利的斧刃是在铁匠手中千锤百炼打造出来的。一个不容忽视的现实：顺境中的人往往"苗而不秀，秀而不宝"。那是因为"温室"里的幼苗禁不起风吹雨打。

俗话说，火石不经摩擦就不会迸发出火花。同样，人若不遭遇苦难，生命之火就不会有火焰的灿烂。因为苦难并不可怕，它可以培养人的意志，给人信心、毅力和勇气。正如《真心英雄》里唱道，"不经历风雨，怎么见彩虹"。是啊，不曾跌倒的人怎么会知道跌倒的滋味呢，更不知道跌倒了该如何爬起来。对于一个人来说，苦难确实是残酷的，但如果你能充分利用苦难这个机会来磨炼自己，苦难会馈赠给你很多。要知道，勇气和毅力正是在这一次次的跌倒、爬起的过程中增长的。

帕格尼尼，世界超级小提琴家。他是一位在苦难的琴弦下把生命之歌演奏到极致的人。4岁时得了一场麻疹和强直性昏厥症。7岁患上严重肺炎，只得大量放血治疗。46岁因牙床长满脓疮，拔掉了大部分牙齿。其后又染上了可怕的眼疾。50岁后，关节炎、喉结核、肠道炎等疾病折磨着他的身体与心灵。后来声带也坏了。他仅活到57岁，就口吐鲜血而亡。

身体的创伤不仅仅是他苦难的全部。他从13岁起，就在世界各地过着流浪的生活。他曾一度将自己禁闭，每天疯狂地练琴，几乎忘记了饥饿和死亡。

像这样的一个人，这样一个悲惨的生命，却在琴弦上奏出了最美妙的音符。3岁学琴，12岁举办首场个人音乐会。他令无数人陶醉，令无数人疯狂！

乐评家称他是"操琴弓的魔术师"。歌德评价他："在琴弦上展现了火一样的灵魂。"李斯特大喊："天哪，在这四根琴弦中包含着多少苦难、痛苦与受到残害的生灵啊！"苦难净化心灵，悲剧使人崇高。也许上帝成就天才的方式，就是让他在苦难这所大学中进修。

苦难，在这些不屈的人面前，会化为一种礼物，一种人格上的成熟与伟岸，一种意志上的顽强和坚韧，一种对人生和生活的深刻认识。

苦难本是生命旅途中一道不可不观的风景。苦难是竖在现实和未来之间的一扇纸糊的门，你只要敢于捅破，前方便一路坦途。苦难是蹲在成功门前的看门犬，怯弱的人逃得越急，它便追你越紧；苦难是火焰熊熊的炼狱，灵魂在苦难中涅槃，就会显露出金子般的成色……四季轮回，既然有春天的葱茏，也就有秋天的落叶，既然有夏天的热烈，也就有冬天的风雪。我们没有理由不接受苦难，没有理由不善待苦难。世上没有不弯的路，人间没有不谢的花。苦难宛如天边的雨，说来就来，你无法逃避，无法退却；苦难又似横亘的山，赶也赶不跑，你只有跨越，只有征服。生命中所有的艰难险阻都是通向人生驿站的铺路石。

你还在郁闷金融危机下的工作不好找吗？你还在埋怨城区的房租太昂贵吗？你还在厌烦现在的生活压力大吗？你还在苦恼目前的日子过得艰苦吗？学会接受这些宝贵的"苦难"，并努力去改变吧，只有当你克服了这些困难，你才真正学会成长。

以游戏之心看待挫折

我们从小就学会了做游戏，游戏本身，就是在不断战胜挫折与失败中获取一种刺激与欢乐。假如没有挫折与失败，再好的游戏也会索然无味。人生就如一场游戏，我们作为其中的玩家，真的能像对待现实的游戏一样对待它吗？人们玩游戏，是寻找娱乐，是带着挑战的心情去面对游戏中的困难与挫折的，面对强大的对手，不断地损伤受挫，但越是如此，越会兴头十足。试想，倘若人们在生活中，也有这么一种积极向上的游戏心态，那么失败后，就不会显得那般沉重和压抑。既然如此，我们为何不将挫折变成一种游戏呢？那样便会让痛苦沮丧的心情超然快活起来。二者其实并无差别，只是人们在游戏中身心放松，而在生活中过于紧张。

每个人的路都不一样，但命运对每个人都是公平的，有得必有失，就看你能不能往好处想。

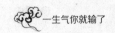
一个病入膏肓的妇人，整天想象死亡的恐怖，心情坏到了极点。哲学家蓝姆·达斯去安慰她，说："你是不是可以不要花那么多时间去想死，而把这些时间用来考虑如何快乐地度过剩下的时间呢？"

他刚对妇人说时，妇人显得十分恼火，但当她看出蓝姆·达斯眼中的真诚时，便慢慢地领悟着他话中的诚意。"说得对，我一直都在想着怎么死，完全忘了该怎么活了。"她略显高兴地说。

一个星期之后，那妇人还是去世了，她在死前对蓝姆·达斯说："这一个星期，我活得比前一阵子幸福多了。"

"苦乐无二境，迷悟非两心"，妇人学会了心往好处想，所以在离开人世前仍能感到一丝幸福，相信她死后能进入天堂；如果她仍像以前一样，一味想死，那她只能痛苦地离开人世。

心往好处想，不论何时，不论何事。人可以没有名利，没有金钱，但必须拥有美好的心情。

一个春光明媚的日子，在阳光普照的公园里，许多小孩正快乐地游戏，其中一个小女孩不知绊到了什么东西，突然摔倒了，并开始哭泣。这时，旁边有一个小男孩立即跑过来，别人都以为这个小男孩会伸手把摔倒的小女孩拉起来或安慰鼓励她站起来。但出乎意料的是，这个小男孩竟在哭泣的小女孩身边故意摔了一跤，同时一边看着小女孩一边笑个不停。泪流满面的小女孩看到这情景，也觉得十分可笑，于是破涕为笑了。

将生活中的挫折和困难视为游戏，不是为了游戏人生，而是为了以积极的心态面对现实，从而克服困难。笑看忧愁，笑看人生，如此而已！

折磨你的人是你的新鲜空气

感激伤害你的人，因为他磨炼了你的心志；感激欺骗你的人，因为他增进了你的见识；感激鞭挞你的人，因为他清除了你的业障；感激压抑你的人，因为他拓展了你的心胸；感激身边的小人，因为他让你学会了生存；感激曾经的男人，因为他让你学会了保护；感激嫉妒的女人，因为她让你学会了包容；感激爱你的人，因为他让你懂得了什么是爱。感恩的心，感谢有你，感谢所有的好人、坏人、男人、女人、老人、小孩。

有一本书曾经这样写道：人生活在这个世界上，总会经历这样那样的烦心事，这些事总是会折磨人的心，使人不得安稳。尤其对于刚毕业的大学生来说，刚在社会中立足，还未完全成长起来，却要承受这个社会的种种压力，比如待业、失恋、职场压力等的折磨。而且大学生本身又是一个敏感脆弱的群体，往往在这些折磨面前束手无策。

其实，世间的事就是这样，如果你改变不了世界，那就改变你自己吧。换一种眼光去看世界，你会发现所谓的"折磨"其实都是促进你生命成长的"清新氧气"。

人们往往把外界的折磨看作人生中纯粹消极的、应该完全否定的东西。当然，外界的折磨不同于主动的冒险，冒险有一种挑战的快感，而我们忍受折磨总是迫不得已的。但是，人生中的折磨总是完全消极的吗？清代金兰生在《格言联璧》中写道："经一番挫折，长一番见识；容一番横逆，增一番气度。"由此可见，那些挫折和横逆的折磨对人生不但不是消极的，还是一种促进你成长的积极因素。

生命是一次次的蜕变过程。唯有经历各种各样的折磨，才能拓展生命的厚度。只有一次又一次与各种折磨握手，历经反反复复几个回合的较量之后，人生的阅历才会在这个过程中日积月累、不断丰富。

在人生的岔道口，若你选择了一条平坦的大道，你可能会有一个舒适而享乐的青春，但你会失去一个很好的历练机会；若你选择了坎坷的小路，你的青春也许会充满痛苦，但人生的真谛也许就此被你打开了。

蝴蝶的幼虫是在一个洞口极其狭小的茧中度过的。当它的生命要发生质的飞跃时，这天定的狭小通道对它来讲无疑成了鬼门关，那娇嫩的身躯必须竭尽全力才可以破茧而出。许多幼虫在往外冲杀的时候力竭身亡，不幸成了飞翔的悲壮祭品。

有人怀了悲悯恻隐之心，企图将那幼虫的生命通道修得宽阔一些，他们用剪刀把茧的洞口剪大，这样一来，所有受到帮助而见到天日的蝴蝶都不再是真正的精灵——它们无论如何也飞不起来，只能拖着丧失了飞翔功能的双翅在地上笨拙地爬行！原来，那"鬼门关"般的狭小茧洞恰是帮助蝴蝶幼虫两翼成长的关键所在，穿越的时候，通过用力挤压，血液才能被顺利输送到蝶翼的组织中去，唯有两翼充血，蝴蝶才能振翅飞翔。人为地将茧洞剪大，蝴蝶的翼翅就没有了充血的机会，爬出来的蝴蝶便永远与飞翔绝缘。一个人成长的过程恰似蝴蝶的破茧过程，在痛苦的挣扎中，意志得到磨炼，力量得到加强，心智得到提高，生命在痛苦中得到升华。当你从痛苦中走出来时，就会发现，你已经拥有了飞翔的力量。如果没有挫折，也许就会像那些受到"帮助"的蝴蝶一样，萎缩了双翼，平庸过一生。

只有经历过风雨，才能增长经验，你才能离成功更近一步。

泥泞的路才能留下脚印

曾担任过联合国秘书长的瑞典政治家哈马舍尔德说："我们无从选择命运的框架，但我们放进去的东西却是我们自己的。"人不能选择命运，却可以选择自己生命的道路。你选择艰苦的道路，你的脚印就会印在上面，被人们记住。

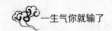

泥泞的路才能留下脚印，世上芸芸众生莫不如此。那些一生碌碌无为的人，不经风不沐雨，没有起也没有伏，就像一双脚踩在又坦又硬的大路上，脚步抬起，什么也没有留下；而那些经风沐雨的人，他们在苦难中跋涉不停，就像一双脚行走在泥泞里，他们走远了，但脚印却印证着他们行走的价值。

"罗马不是一天建成的"，任何一个伟大事业完成的背后，总有不少感天动地的故事。而故事中的"英雄"、"伟人"、"名人"，却是在不为人知的岁月里，花了许多宝贵的时间，流了许多辛勤的汗水！

我们不要只羡慕鲜花的芬芳，没有泥土的滋养，它们也没有绽放的机会。一分耕耘，总有一分收获，泥泞的道路上布满勤奋的脚印，路的那一端才能真正地通向成功。作为一个现代人，应做好迎接挑战的心理准备。世界充满了机遇，也充满了风险。要不断提高自我应付挫折的能力，调整自己，增强社会适应力，坚信挫折中蕴涵着机遇。

人生没有过不去的坎儿

有一位名人说道："没有永久的幸福，但也没有永久的不幸。"尽管在生活当中，我们每个人都会遇到各种各样的挫折和不幸，有时不仅仅要承受一种磨难，甚至有时候遭受噩运的时间可能长达几年、十几年，但是让人极度讨厌的厄运也有它的致命弱点，那就是它不会持久。

人们在遭受了噩运的打击之后，总是习惯抱怨自己的命运不好，但是他们往往忽略了，每个人都会遇到这样的挫折，而所有的挫折都会过去。

每个人的人生都有很多的路要走，但不管你走的是哪一条路径，困难、艰苦与险境都一定会出现。因此，我们不必动辄改道或临阵脱逃，唯有坚持下去，才能建立起坚强的信心，获得最后的胜利。如果我们已经付出了很多努力去做一件事，就不应轻易放弃，而应坚持不懈。这样，才不会前功尽弃，在黎明前的黑暗中倒下。

凡尔纳在出版他的第一部科幻小说《乘气球五周记》时，遭受了出版社十几次的退稿。在一个冬日的上午，凡尔纳刚吃过早饭，忽然传来一阵敲门声，一开门，一个邮政工人便把一包沉重的邮件递到了凡尔纳的手里。打开里面的一封信，上面写道："凡尔纳先生：尊稿经我们审读后，不拟刊用，特此奉还。"自从凡尔纳几个月前把他的作品寄到各出版社后，收到这样的邮件已经有14次了，这是第15次被拒绝采用。凡尔纳被激怒了，他深知那些出版人根本不会好好阅读不出名作者的作品，因为他们根本不会把这些作品放在眼里。凡尔纳心里一阵绞痛，他发誓从此再也不写作了。

正当他拿起手稿走向壁炉，准备把这些稿子烧毁的时候，妻子赶过来一把抢过手稿紧紧抱在胸前。妻子用肯定的语气安慰丈夫："亲爱的，不要灰心，你只不过才试了十几次而已，再试一次吧，总会有出版社看到你的才华，也许这次就能交上好运呢。"

凡尔纳听了这句话后，沉默了好一会儿，最终接受了妻子的劝告，又抱起这一大包手稿到第16家出版社去碰碰运气。果然被妻子言中，这次成功了！这家出版社读完手稿后，觉得相当精彩，立即决定出版此书，并与凡尔纳签订了20年的出书合同。

迎来光明十分不易，只有承受得住漫漫长夜的人，才能坚持等到最后的日出。

生命不止，希望就不息。人生没有过不去的坎儿，心中充满希望，就能以坦然的心情看待挫折和打击，就能在困难中看到光明，在逆境中找到出路。当你困惑时，当你身处逆境时，要不停地跟自己说：只要希望不灭，就一定能摆脱现状！

先接受现实，才能改变现实

荷兰阿姆斯特丹有一座15世纪的教堂遗迹，里面有这样一句让人过目不忘的题词："事必如此，别无选择。"命运中总是充满了不可捉摸的变数，如果它给我们带来了快乐，当然是很好的，我们也很容易接受。但事情却往往并非如此，有时，它带给我们的会是可怕的灾难，这时如果我们不能学会接受它，反而让灾难主宰了我们的心灵，那生活就会永远地失去阳光。

琼妮小姐是新西兰一位建筑商的女儿，移居美国后，曾在休斯敦一家电视台工作，1990年起任CNN摄影记者。1992年6月，她被派往萨拉热窝进行战地采访。在那里，曾有多名记者丧生。

琼妮在萨拉热窝逗留6个星期后，已经习惯了周围的流弹，一天清早，一颗子弹击穿车玻璃，正好击中她的脸部，几乎掀掉了她的半边脸，她的颧骨被打得粉碎，牙齿没有了，舌头被打断。送到诊所时，大夫们直摇头，认为她不行了。经过20多次手术后，她又奇迹般地回到了工作岗位。这时的她，下颌仍无感觉，脸部还留着弹片，体重减轻了8公斤。令大家吃惊的是，她要求重返萨拉热窝。她幽默地说："说不定我还能在那里找回我的牙齿。"她甚至想认识一下当初袭击她的枪手。有人问她，见到那个枪手后怎么办。她说："我会请他喝一杯，问他几个问题，比方说当时距离有多远。"

琼妮面对厄运的乐观态度证明她是一个具有坚韧毅力的女孩，正是这种乐观的性格，使她能够迅速摆脱挫折的阴影，积极地投入到新的工作中去。

威廉·詹姆斯说："完全接受已经发生的事，这是克服不幸的第一步。"哲人说："太阳底下所有的痛苦，有的可以解救，有的则不能，若有就去寻找；若无，就忘掉它。"

快乐是什么？快乐是血、泪、汗浸泡的人生土壤里怒放的生命之花，正如惠特曼

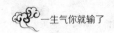

所说："只有受过寒冷的人才感觉得到阳光的温暖，也只有在人生战场上受过挫败、痛苦的人才知道生命的珍贵，才可以感受到生活之中的真正快乐。"

托尔斯泰在他的散文名篇《我的忏悔》中讲了这样一个故事：一个男人被一只老虎追赶而掉下悬崖，庆幸的是，在跌落的过程中他抓住了一棵生长在悬崖边的小灌木。此时，他发现，头顶上那只老虎正虎视眈眈，低头一看，悬崖底下还有一只老虎，更糟的是，两只老鼠正忙着啃咬悬着他生命的小灌木的根须。绝望中，他突然发现附近生长着一簇野草莓，伸手可及。于是，这人摘下草莓，塞进嘴里，自语道："多甜啊！"生命进程中，当痛苦、绝望、不幸和危难向你逼近的时候，你是否还能享受一下野草莓的滋味？"尘世永远是苦海，天堂才有永恒的快乐"是禁欲主义编撰的用以蛊惑人心的谎言，苦中求乐才是快乐的真谛。

当你对生活感到绝望的时候，请再等待 3 天，希望便会出现。

应邀访美的女作家在纽约街头遇见一位卖花的老太太。这位老太太穿着相当破旧，身体看上去很虚弱，但脸上却满是喜悦。女作家挑了一朵花说："你看起来很高兴。"

"为什么不呢？一切都这么美好。"

"你很能承担烦恼。"女作家又说。然而，老太太的回答令女作家大吃一惊："耶稣在星期五被钉在十字架上的时候，那是全世界最糟糕的一天，可 3 天后就是复活节。所以，当我遇到不幸时，就会等待 3 天，一切就恢复正常了。"

英格兰的妇女运动名人格丽·富勒曾将一句话奉为真理，这句话是："我接受整个宇宙。"是的，你我也应该能接受不可避免的事实。即使我们不接受命运的安排，也不能改变事实分毫，我们唯一能改变的只有自己。成功学大师卡耐基也说："有一次我拒不接受我遇到的一种不可改变的情况。我像个蠢蛋，不断作无谓的反抗，结果带来无眠的夜晚，我把自己整得很惨。终于，经过一年的自我折磨，我不得不接受我无法改变的事实。"

面对现实，并不等于束手接受所有的不幸。只要有任何可以挽救的机会，我们就应该奋斗！但是，当我们发现情势已不能挽回时，我们最好就不要再思前想后，拒绝面对，要接受不可避免的事实，唯有如此，才能在人生的道路上掌握好平衡。

宽容环境，生活就会更美好

有这么一对夫妇，他们俩对周围环境的态度经常截然相反，即便是两人一起遇到的事情，看法也大不相同，很难相信他们谈的是同一件事。

有一次，他们去参加了一个晚宴，两个人形容起这一晚上的情况，评价和感觉都显然不同。太太详详细细地把他们参加的那次"糟透了"的晚宴讲上一番，抱怨吃得不好，客人们没意思，主人冷落了她，一晚上很无聊。她的丈夫也把那次晚宴情况对朋友绘声绘色地讲了一番。他兴高采烈，连说带比画，讲的情况同他太太形容的完全相反。"我当时开心得要命，"他喜形于色地对朋友说，"那次晚宴好极啦，痛快极啦！那么多客人都很有趣，菜非常出色，主人也周到极了！"

他们讲的是同一次晚宴吗？显然，这对夫妇在对待身边的环境的态度是不一样的，所以对于同一事件的感觉才出现了戏剧性的分歧。他们一个人把精力集中在对环境的不满上，一个晚上都在尽力对周围的一切发牢骚和吹毛求疵，于是看到的都是毛病；另一个打定主意去开心，去享受环境，于是玩得很高兴。

人，活在这个世界上，环境是你生存的基础，但绝不主导你的生活。就拿 Mike 一天的一些极普通的事情来说吧。

Mike 一早睁开眼，天气不好，他不太开心。他认为，晴朗和阴霾对人的情绪怎么也有影响，老天爷总不开脸，铅灰色的云层，像一块砖头压在心上，能痛快吗？接着，皱着眉头吃完老样子的早餐，Mike 又不满意了，他想，也许从果腹这个角度看，自己的早餐无可挑剔，但人终究和吃饲料的动物不同啊，胃口大小、心情好坏，乃至于咸淡、干稀都要有一些个人的讲究啊！想到终日奔忙，只是为了糊这张嘴，Mike 的心情又黯淡了不少。

随后，就该穿衣出门了。这就更麻烦，Mike 在那儿脱来换去，发现自己挑选衣服的时候大半不是从个人舒适出发，更多是从顺应别人的眼光。Mike 捉摸不透服装潮流，一会儿这么变，一会儿那么变，不知何时是个头？而且变过来变过去，弄得人无所适从，因此更为苦恼。纯粹是在为别人穿衣服，还得小心谨慎。超前了，怕人家说你；落在后面，又怕被讪笑，多没劲啊，Mike 心里烦得够呛，做人真难啊！好不容易换好衣服，这就该上班去了。搭乘公共汽车也好，或者骑自行车也好，出了门，一个"挤"字，就把 Mike 的情绪彻底破坏了，觉得世界好大好大，按说不会多自己一个，但别人连一点儿空隙也不想给自己留下，令自己无法快活了。他觉得自己踏进让人焦头烂额的社会后，将来还不知会有哪些坑坑洼洼等着自己去呢？所以，他越想越觉得自己周围的环境简直是太差劲了，越觉得活在这个世界上太累了。

只要留心生活你就会惊奇地发现，能够体验到环境给自己带来欢跃的人非常之少。不管是你身边的朋友、同事，还是亲人，难得碰见有人能够在自己的山冈上面"瞥见黄色的水仙花"。你是不是只埋怨路边的杂草弄脏了鞋子，而忽视了草坪中充满青春活力的色彩绚丽的花朵呢？你在雨后是不是只两眼盯着道路上的泥泞，而注意不到难得的清新的空气呢？宽容环境，首先要学会忍受环境带来的种种不方便，不抱怨，不强迫，不做任何影响自己的事，主动去接受它，适应它，当你可以和周围的环境融为一体，看到生活中好的方面的时候，世界就会变得更加美好。宽容会让你快乐，让你充实，让你成熟，让你稳重，而环境带来的不愉快自然就会在这样的你的面前烟消云散。

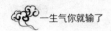

不能改变环境，就学着适应它

诸葛亮说："腐儒俗士岂识时务，识时务者在乎俊杰。"

什么是识时务呢？识时务即指认清事物的变化方向，了解问题的特征，就如同垂钓之人了解鱼的习性，湘菜馆老板了解湘菜的发展趋势一样。懂得这样做的人才是高明之人，才堪称俊杰。

很多人都在问："社会变化了，我能够做什么？"这个问题给很多人造成了心理障碍，让他们陷入了痛苦的深渊。

如果你的天赋和内心要求你从事木工工作，那么你就做一个木匠；如果你的天赋和内心要求你从事医学工作，那么你就做一名医生。人的生存离不开环境，环境一旦变化，我们必须随时调整自己的观念、思想、行动及目标，以适应这种变化，这是生存的客观法则。

但是，有时环境的发展，与我们的事业目标、欲望、兴趣、爱好等发展是不合拍的，有时甚至会阻碍、限制我们欲望和能力的发展。在这个时候，如果我们有能力、有办法来适应环境，使之满足我们能力和欲望的发展需求，则是最难能可贵的。

刚刚毕业于某高校音乐学院的小李，被分配到一家国企的工会做宣传工作。刚开始，他很苦恼，认为自己的专业才能与工作不对口，在这里长干下去，不但自己的前途会被耽误，而且自己的专长也可能荒废。于是，他四处活动，想调到一个适合自己发展的单位。可是，几经折腾，终未成功。之后，他便死心塌地地安守在这个工作岗位上，并发誓要改变"英雄无用武之地"的状况。他找到单位工会主席，提出了自己要为企业筹建乐队的计划。正好这个企业刚从低谷走出来，扭亏为盈，开始进入高速发展时期，自然也想大张旗鼓地宣传企业形象，提高产品的知名度，就欣然同意了他的计划。他来了精神，跑基层、寻人才、买器具、设舞台、办培训，不出半年，就使乐团初具了规模。两年以后，这个企业乐团的演奏水平已成为全市一流，而且堪与专业乐团相媲美，而他自己也成了全市知名度较高的乐队经理。通过自己的努力，他完全改变了自己所处的环境，化劣势为优势，不但开辟出了自己施展才能的用武之地，而且培养了自己的领导管理才能，为他以后寻求更大的发展奠定了坚实的基础。

适应环境需要许多条件，但最重要的是你的信心与智慧，它们相辅相成、缺一不可，有了适应环境的决心和勇气，肯定能够想出解决问题的好方法。

但现实生活中，有的人却不这样，他们改变不了环境，也不利用环境去努力寻找、开创新的机遇，而是怨天尤人、自暴自弃，把自己逼到了死角，一生难有任何作为。

其实，我们经常会身处一个陌生、被动的环境中，而环境本身往往又是不容易被改变的。这时正确的做法就是适应环境，在适应中改变自己、提升自己。

"自己的命运掌握在自己手中。"当你无法改变身处的环境时，就应该以一种积极、向上的态度去适应它，在你付出勤奋、敬业后，便会发现成功已悄然来临。如果有一天你实现了自己的人生目的，你应该自豪地对自己说："我掌握了命运，这都是我适时调整自己的结果。"

一个人要想生存，要想成为强者，就必须跟着时代的步伐一起前进。也就是说，我们要想改变生存环境，必须首先顺应生存环境的发展变化。如果一个人想改变生存环境，却不能首先顺应环境的发展变化，那么，想改变环境的目的则是不可能达到的。

关上一道门后，总有另一扇窗打开

在人的一生中，每个人都不能保证事业一帆风顺。很多刚刚步入社会的年轻人，自身的经验、才能都尚在成长之中，加上社会上竞争激烈，各个用人单位对人才的要求不尽相同，这期间面试遭淘汰，或者工作不适被辞退，这都是很正常的事情。你不必为此屈辱不堪，耿耿于怀。生活中谁都难免遭遇到挫折，只要你树立信心，继续努力，生活中，肯定会有"柳暗花明又一村"的新景象。

在面试中，被淘汰并不是一件坏事，这家单位不要你，总会有一家适合你的"伯乐"。路正在脚下，即使我们被单位解聘淘汰了也不用去计较，走过去，前面有更光明的一片天空在等着我们。

西娅在维伦公司担任高级主管，待遇优厚。很长一段时间，她都为到底去什么地方度假而烦恼。但是情况很快就变得糟糕起来。为了应对激烈的竞争，公司开始裁员，西娅也在其中。那一年，她43岁。

"我在学校一直表现不错！"她对好友墨菲说，"但没有哪一项特别突出。后来，我开始从事市场销售。在30岁的时候，我加入了那家大公司，担任高级主管。

"我以为一切都会很好，但在我43岁的时候，我失业了。那感觉就像有人给了我的鼻子一拳。"她接着说，"简直糟糕透了。"

西娅似乎又回到了那段灰暗的日子，语气也沉重了许多。"有一段时间，我不能接受自己失业的事实。躲在家里，不敢出门，因为每当看到忙碌的人们，我都会觉得自己没用，脾气也越来越大，孩子们也越来越怕我。情况似乎越来越糟糕。但就在这时，转机出现了。一个月后，一个出版界的朋友问我，如何向化妆业出售广告。这是我擅长的东西。我重新找到了自己的方向：为很多上市公司提供建议，出谋划策。"

两年后，西娅已经拥有了自己的咨询公司。她已经不再是一个打工者，而是成了一个老板，收入自然也比以前多了很多。

"被裁员是一件糟糕的事情，但那绝对不是地狱。也许，对你自己来说，可能还是一个改变命运的机会，比如现在的我。重要的是如何看待，我记得那句名言：世界上没有失败，只有暂时的不成功。"西娅真诚地对墨菲说。

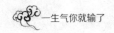

当生活为你关上一扇门时，上帝同时又会为你打开另一扇门。生活在竞争异常激烈的今天，我们应该做好充分的心理准备迎接挑战。世界充满了就业的机遇，也充满了被淘汰的可能。被淘汰不一定是坏事，也许这正是上帝在以另一种方式告诉你，你未尽其才，你需要寻找更适合你发展的空间。即使你的淘汰确实是因为你的能力暂时不足，只要你再接再厉，努力去争取，谁能说你的明天会不如现在呢？

愁也一天，喜也一天

社会上流行一首《宽心谣》：

日出东海落西山，愁也一天，喜也一天；
遇事不钻牛角尖，人也舒坦，心也舒坦。
每月领取养老钱，多也喜欢，少也喜欢；
少荤多素日三餐，粗也香甜，细也香甜。
新旧衣服不挑选，好也御寒，赖也御寒；
常与知己聊聊天，古也谈谈，今也谈谈。
内孙外孙同样看，儿也心欢，女也心欢；
全家老少互慰勉，贫也相安，富也相安。
早晚操劳勤锻炼，忙也乐观，闲也乐观；
心宽体健养天年，不是神仙，胜似神仙。

朴实语言中，自然透着一种大彻大悟的智慧，世人若能如此生活，宽心面对一切，相信心灵会少许多负累，可是人偏偏要和自己过不去。

有位老太太生了两个女儿，大女儿嫁给伞店老板，小女儿当上了洗衣作坊的老板娘。于是老太太整天忧心忡忡，逢上雨天，她担心洗衣作坊的衣服晾不干；逢上晴天，她生怕伞店的雨伞卖不出去，天天为女儿担忧，日子过得很忧郁。后来一个聪明人告诉她："老太太，您真是好福气！下雨天，您大女儿家生意兴隆；大晴天，您小女儿家顾客盈门。哪一天你都有好消息啊！"老太太一想，果然如此，从此高兴起来，每天都很舒心。

天空不会因为别人而改变其阴晴不定的本性，人只有学会面对这些必然之事，才能多一些快乐，少一些忧愁。看看现代人，抑郁症成了流行病，路人打招呼都成了："你抑郁了吗？"难道这个世界就让我们这么绝望，以至于所有的东西都变成了灰色？其实抑郁只是自找的，没有人强加于你，心太窄，终究没有大格局，也不会有大智慧。

很佩服有些人，他们疲于安身立命，却又超凡脱俗，任凭尘世惊涛、社会险难，自在逍遥游。他们从不灰心，从不退缩，他们心宽得很，是为达人。

曾有这么一位人力三轮车师傅，50多岁，相貌堂堂。有人问他为什么愿意干这样的活儿，他笑着从车上跳下来，并夸张地走了几步给大家看，哦，原来是跛足，左腿长，右腿短，天生的。

他坦然地笑着说，为了能不走路，踩三轮车便是最好的伪装，这也算是"英雄有用武之地"。不时，他还转过头说："我老婆很漂亮，儿子也很帅！"坐他的车，让人如沐春风。

他说，自己没什么文化，但有好体力，踩三轮车，很环保，也可养家糊口，一天可挣上百元。虽然发不了大财，但日子过得还算舒坦，他说他有"人生三愿"，即吃得下饭，睡得着觉，笑得出来。

这位人力三轮车师傅可称为智者。其实想想也是，人生不过数十寒暑，生长壮老，生命就是这么一个简单的过程，有人享受过程，有人痛苦过程，有人眷恋过程。但不管你是有钱还是有权，都不能改变这个过程。即使可以通过一些手段加长这个过程，但多10年少10年又有多大区别，因此不要老是想不开，拼命地在这个过程中多多占有，以至于过程很累，结果两手空空，何苦呢？

正是"愁也一天，喜也一天"，何不一切随它去，眉间放一字宽，看淡人间名利与恩怨，持平常心，做乐活族。

包容问题，包容残缺

问题是组成的一部分，不过，生活中大多数问题都不会太严重，也不会给我们的生活带来很大的影响。可是有的问题却可能带来悲惨的结果，而原本这些问题对于当事人来说，本该可以避免的——如果当时能多克制自己一下，耐心一点儿，言语方式都柔婉一些，总之，如果有一颗包容的心，这样的悲剧就不会发生。

这是一个真实的故事：

一个从越南战争归来的士兵从旧金山打电话给他的父母，对他们说："爸、妈，我回来了，可是我有个请求，我想带一个朋友同我一起回家。"

"当然好啊，"父母回答，"我们会很高兴见到他的。"

不过儿子接下去说："可是有件事我想先告诉你们，他在越南战争里受了重伤，少了一条胳膊和一只脚。他现在走投无路，我想请他回来和我们一起生活。"

父亲沉默了一会儿，说："儿子，我很遗憾，不过或许我们可以帮他找个安身之处。"

儿子的声音有些颤抖："难道你们不能接受一个残疾人和你们生活在一起吗？"

父亲说："儿子，你不知道自己在说些什么。像他这样残障的人会对我们的生活

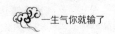

造成很大的负担。我们还有自己的生活要过，不能就让他这样破坏了。我建议你先回家，然后就忘了他吧，他也有他自己的生活，而这是不应该和我们纠缠在一起的。"

儿子沉默了，挂断了电话。之后，他的父母再也没有收到他的消息。

过了一段时间，焦急的父母接到了来自旧金山警局的电话，告诉他们亲爱的儿子已经坠楼身亡了。警方认为这只是单纯的自杀案件，伤心欲绝的父母飞往旧金山，在警方的带领下去停尸间辨认儿子的遗体。

那的确是他们的儿子，可是，令他们不能置信的是，儿子居然只有一条胳臂和一条腿。

这个悲剧性的故事，以它的各种变异形式每天在地球上发生着。

如果那对父母能包容一些，同意接纳儿子所谓的朋友，那他们也就不会永远地失去自己的儿子。对于我们来说，接受那些健康、美丽、聪明、富裕的人是很容易的，可是要接受不如我们健康、美丽、聪明或富裕的人就太难太难了。我们几乎是下意识地会回避那些不如我们的人，因为害怕他们会搅乱我们平静的生活。这，难道不是自私吗？

生活中总是有这样或那样的问题，我们要做一个能包容、心态坦然的人，这样才能成为一个坚强的人，在任何苦难之前都要坚持住，永远、永远不被击倒。

面对嗔怒，宽容是一种美德

在贪、嗔、痴、疑、慢五毒中，"嗔"是烦恼毒的根源，所谓一念嗔心起，八万障门开。在日常生活中，贪欲可以隐藏在内心深处，而很少有人能够喜怒不形于色。大多数人是喜怒无常的，快乐可以不动声色，而怒气却往往很明显地就浮现在脸上或者付诸于报复之中。

圣严法师说："生活中，很多人只要心中有嗔、有怨、有恨，很快就从面色、言辞、行动上表现出来。修行人要得心安稳安定，感到喜悦安乐，一定要把嗔心除掉。有些人没有表现贪欲，但嗔心很重；他不求名位、利禄、权势，也不想追求男色、女色，但对很多事情、很多人都看不顺眼。既然对任何事都怨忿不平，对任何人都采取对立的心态，心中岂能安定？"

在贪、嗔、痴这三种最常见的烦恼心中，圣严法师认为嗔心的毒害最大，因为贪往往是需要个人来背负的重担，通常只是带来个人的烦恼，而嗔怒的爆发是有指向性的，一旦发作，害人害己，是"双重的罪恶"。

嗔怒常常发生于不知不觉之间，当人想要控制自己的情绪时，却往往已经失控。嗔怒就像是一匹脱缰的野马，奔跑的方向已经难以掌控，只能在它闯祸之后，自己再来面对一个更加尴尬、更加难以把握的结果。"杀嗔心安稳，杀嗔心不悔；嗔为毒之根，嗔灭一切善"，因此，人往往会有悔，但是能将这错误归结到自己身上的也是少数，很多人甚至会认为这易怒的品性来自于自己的父母。之所以会有这样荒谬的想法，一方面可能是愚蠢，另一方面，则可能是刻意地推卸责任。

有一位学僧请教禅师："我脾气暴躁、气短心急，以前参禅时师父曾经屡次批评我，我也知道这是出家人的大忌，很想改掉它。但是这是一个人天生的毛病，已成为习气，根本无法控制，所以始终没有办法纠正。请问禅师，您有什么办法帮我改正这个毛病吗？"禅师非常认真地回答道："好，把你心急的习气拿出来，我一定能够帮你改正。"

学僧不禁失笑，说："现在我没有事情，不会心急，有时候遇到事情它就会自然跑出来。"禅师微微一笑，说："你看，你的心急有时候存在，有时候不存在，这哪里是习性？更不是天性了。它本来没有，是你因事情而生、因境而发的。你自己无法控制自己，还把责任推到父母身上，你不认为自己太不孝了吗？父母给你的，只有佛心，没有其他。"

学僧惭愧而退。

故事中的学僧就是一个典型的没有认清自己嗔心源头的人。他把自己的"脾气暴躁、气短心急"归咎到父母身上，却不知这样的品性本非天生，而是源自自己后天的习性。既然是后天养成的，那么，嗔心就是能够改变的。一个人若能够时刻提醒自己以一颗宽容心对己对人，以一份豁达的心境面对人与事，那么，这个人就能够除却很多烦恼，保持一颗宁静的心。

"壁立千仞，无欲则刚"，布施心让人变得更加坚强，"海纳百川，有容乃大"，宽容心让人更加柔韧，坚韧是一种特质，像水一样，刀剑斩不断，绳索缚不住，牢笼困不得，而水滴却能穿石。

有一天，佛陀在竹林精舍的时候，忽然来了一个人，那人愤怒地冲进精舍来。原来是他同族的人，都出家到佛陀这里来了，因此他大发嗔火。

佛陀默默地听了他的无理辱骂后，等他稍微安静时，对他说："你的家偶尔也有访客吧？"那人回答："当然有了，你为什么问这些？"佛陀不答，继续问道："那个时候，你偶尔也会款待客人吧？"那个人说："那是当然了。"佛陀继续问："假如那个时候，访客不接受你的款待，那么，那些菜肴应该归谁呢？"那个人回答："要是他不吃的话，那些菜肴只好归我了。"佛陀以慈祥的目光盯着他看了一会儿，然后说："你今天在我面前说很多坏话，但是我并不接受它，所以你的无理谩骂，那是归于你自己的啊！婆罗门啊，如果我被谩骂，而再以恶语相向时，就有如主客一起用餐一样，因此，我不接受这个菜肴。"

然后，佛陀说："对愤怒的人，以愤怒还愤怒是一件不应该的事。对愤怒的人，不以愤怒还愤怒的人，将可得到两个胜利：知道他人的愤怒，而以正念镇静自己的人，不但胜于自己，而且胜于他人。"

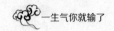

面对他人的无理谩骂，佛陀并未生气，而是以一种平和的心态对待，甚至以一颗宽容之心为他剖析其中缘由，实际上这是佛陀对他的点悟和开示，是否能够参透，则要看他自己的造化了。

在圣严法师眼中，灭嗔心是修行的必经之路，"如果能灭嗔心，就能修行一切善法。当嗔心的火熄灭时，对人会生起慈悲心，会以关怀、原谅、同情的心待人；当嗔心消灭时，对一切事物的决断，会以纯客观的智慧来处理自己的问题，分析他人的问题，化解一切麻烦的问题。所以说一旦嗔心灭，一切善法生了。"所以，众生在修行之时要学会以豁达的心胸待人处事，不以人之犯己而动气，以祥和慈悲的态度面对一切事、一切人，如此，就能够在世事面前如流水一样，可方可圆，顺其自然，过幸福的人生。

原来我们可以如此幸运

听说过这样一句话："在这个世界上，你是自己最好的朋友，你也可以成为自己最大的敌人。"当你接受自己、热爱自己时，你的心里就充满了阳光；而当你排斥自己、讨厌自己时，你的心灵就会被冰雪覆盖。你要知道，微不足道的一点儿烦恼也可以染黑你的整个生活。

据说，有一个富翁，为了教每天精神不振的孩子知福惜福，便让他到当地最贫穷的村落住了一个月。一个月后，孩子精神饱满地回家了，脸上并没有带着"下放"的不悦，让富爸爸感到不可思议。爸爸想要知道孩子有何领悟，问儿子："怎样？现在你知道，不是每个人都能像我们过得这么好吧？"

儿子说："是的，他们过的日子比我们还好。因为，我们晚上只有灯，他们却有满天星空；我们必须花钱才买得到食物，他们吃的却是自己的土地上栽种的免费粮食。

"我们只有一个小花园，对他们来说到处都是花园。

"我们听到的都是噪音，他们听到的都是自然音乐。

"我们工作时神经紧绷，他们一边工作一边大声唱歌。

"我们要管理佣人、管理员工，他们只要管好自己。

"我们要关在房子里吹冷气，他们在树下乘凉。

"我们担心有人来偷钱，他们没什么好担心的。

"我们老是嫌菜不好，他们有东西吃就很开心。

"我们常常失眠，他们睡得好安稳。所以，谢谢你，爸爸。你让我知道，我们可以过得那么好。"

很多刚刚踏入社会的年轻人，无论思想还是为人处世，都有甚多不成熟的地方，却又敏感异常。他们希望事事做到完美，人人都能赞许他。但当这种想法不能实现时，他们就很轻易地陷入不如意的境地，觉得自己是全世界最倒霉的人了。

也许，你并不确切地了解自己幸运与否。没关系，这儿有一份专家们的"全球报告"，来细细地对照一下吧：

如果我们将全世界的人口压缩成一个100人的村庄，那么这个村庄将有：

57名亚洲人，21名欧洲人，14名美洲人和大洋洲人，8名非洲人；52名女人和48名男人，30名基督徒和70名非基督教徒，89名异性恋和11名同性恋；6人拥有全村财富的89%，而这6人均来自美国；80人住房条件不好；70人为文盲；50人营养不良；1人正在死亡；1人正在出生；1人拥有电脑；1人（对，只有1人）拥有大学文凭。

如果我们从这种压缩的角度来认识世界，我们就能发现：

假如你的冰箱里有食物可吃、身上有衣可穿、有房可住、有床可睡，那么你比世界上75%的人更富有。

假如你在银行有存款、钱包里有现钞、口袋里有零钱，那么你属于世界上8%最幸运的人。

假如你父母双全没有离异，那你就是很稀有的地球人。

假如你今天早晨起床时身体健康，没有疾病，那么你比其他几千万人都幸运，他们甚至看不到下周的太阳。

假如你从未尝试过战争的危险、牢狱的孤独、酷刑的折磨和饥饿的煎熬，那么你的处境比其他5亿人更好。

假如你能随便进出教堂或寺庙而没有任何被恐吓、强暴和杀害的危险，那么你比其他30亿人更有运气。

假如你读了以上的文字，说明你就不属于20亿文盲中的一员，他们每天都在为不识字而痛苦

看吧，我们原来这么幸运。只要肯用心去面对，用心去体会，我们当下拥有的，足以幸福一生了。

学会豁达一些，在盯着他人财富的同时，也细细清点一下自己的所有，你会发觉，自己的运气其实一点儿都不差。

自我解嘲，活出潇洒人生

所谓自我解嘲就是当自己的需求无法得到满足时，为了消除内心的烦闷，有意"丑化"自己，编造一些得不到的借口，以此来自我安慰，以达到心理上的一种平衡。

吃了亏的人说："吃亏是福。"丢了东西的人说："破财免灾。"侥幸逃过一劫的人说："大难不死，必有后福。"受欺压的人说："不是不报，时候未到。"卸任官员说："无

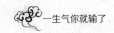

官一身轻。"住在顶楼的人说:"顶楼好呀,上下楼锻炼身体,空气新鲜,还不会有人骚扰。"住在一楼的人说:"一楼好呀,出入方便,省得爬楼梯,怪累的。"

自嘲是一种有效的心理防卫方式。自嘲可以使自己失望、不满的情绪得到平衡和缓解,把自己锻炼得更加成熟和坚强。自嘲还能使自卑转化为自信,使失衡的心理得到平衡。

美国著名演说家罗伯特,头秃得很厉害,在他头顶上很难找到几根头发。在他60岁生日那天,许多朋友来给他庆生日,妻子悄悄地劝他戴顶帽子。罗伯特却大声说:"我的夫人劝我今天戴顶帽子,可是你们不知道光着秃头有多好,我是第一个知道下雨的人!"这句嘲笑自己的话,使聚会的气氛一下子变得轻松起来。

"谋事在人,成事在天。"客观规律不以人的主观意志为转移。现实生活中的"不如意"之事,是一种无法改变的客观存在。与其固执己见、钻牛角尖,不如放松一下,来点儿自我解嘲。譬如,恋人与你分了手,破镜已无法重圆,与其在那里苦苦相思,"剃头挑子一头热",自己折磨自己,不如调整一下心态:强扭的瓜不甜,捆绑不成夫妻,天涯处处有芳草,何苦在一棵树上吊死?

自我解嘲是生活的艺术,是一种自我安慰和自我帮助,也是对人生挫折和逆境的一种积极、乐观的态度。自我解嘲并非逆来顺受、不思进取,而是随遇而安,放弃可望而不可即的目标,重新设计自己,追求新的目标。一个人要做到自我解嘲,需要有一颗淡泊心,不为名利所累,不为世俗所扰,不以物喜,不以己悲。人只有树立正确的人生观、价值观,对名利地位、物质待遇等采取超然物外的态度,心怀坦荡、乐观豁达,才谈得上自我解嘲,才能活出潇洒、自在的人生。

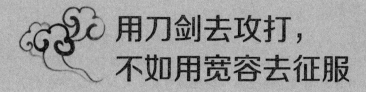

第十二章

用刀剑去攻打，不如用宽容去征服

因包容而避免冲突

这是一场看似普通又极为特殊的世界职业拳手争霸赛。

正在比赛的是美国两个职业拳手，年长的叫卢卡，30岁；年轻的叫拉瓦，25岁。上半场两人打了6个回合，实力相当，难分胜负。在下半场第七个回合，拉瓦接连击中老将卢卡的头部，打得他鼻青脸肿。

短暂的休息时，拉瓦真诚地向卢卡致歉。他先用自己的毛巾一点点地擦去卢卡脸上的血迹，然后把矿泉水洒在他的头上。拉瓦始终是一脸歉意，仿佛这一切都是自己的罪过。接下来两人继续交手。也许是年纪大了，也许是体力不支，卢卡一次又一次地被拉瓦击倒在地。按规则，对手被打倒后，裁判连喊3声，如果3声之后仍然起不来，就算输了。每次都不等裁判将"3"叫出口，拉瓦就上前把卢卡拉起来。卢卡被扶起后，他们微笑着击掌，然后继续交战。

这样的举动在拳击场上极为少见。

最终，卢卡负于拉瓦，观众潮水般涌向拉瓦，向他献花、致敬、赠送礼物。拉瓦拨开人群，径直走向被冷落一旁的老将卢卡，将最大的一束鲜花送进他的怀抱。

两人紧紧地拥在一起，相互亲吻对方被击伤的部位，俨然是一对亲兄弟。卢卡真诚地向拉瓦祝贺，一脸由衷的笑容。他握住拉瓦的手高高举过头顶，向全场的观众致敬。观众更加沸腾了，为这一对相拥在一起的对手欢呼。

真正智慧的人总会包容一切，从而使冲突消弭于无形。包容是一种美德。能够宽容别人的人，可以和各种人和睦相处，同时也可以反映出自身的人格修养和广阔胸襟。客观地看待自己和他人，同时保持一种谦逊和宽容的精神，是最有利于个人成长的做法。

"原谅别人，才能释放自己。"借着宽恕，你释放了牢里的犯人，而那个犯人，

199

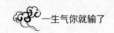

可能就是你自己。

有一次,公司老总派查尔斯去国外洽谈一个重要的合作项目,并对他说:"你要用人,公司职员随便你挑　　"

查尔斯说:"那我就点名要杰克。"这个请求倒是把老总弄糊涂了。杰克的狡猾和贪婪大家有目共睹,坏毛病一大堆,为什么查尔斯要选他呢?

查尔斯对迷惑不解的老总说:"我在外需要公司内部给我提供大量信息和全力支持,本来杰克就参与了这次谈判,不让他去,难保他不眼红。如果他暗中作梗,岂不坏了大事?但是我与他一起合作,分他点功名,他也就不会再为难我。为人为己,我认为这是最好的选择。"老总听后,明白了查尔斯的深远用意,连称高明。

我们在生活中有很多事应当忍则忍,能让则让。忍让和宽容不是懦弱和怕事,而是关怀和体谅,以己度人,推己及人,我们就能与别人和睦相处,甚至化敌为友。用和平的方式处理生活中的冲突与愤怒,是迎战那些终日想要给你使绊儿的人所能采用的最上策,而且,它往往能让你得到更多回报。

与他人争执时,懂得后退一步

生活中,当我们与他人发生争执时,要懂得后退一步。所谓"退一步海阔天空",不无道理。

明朝冯梦龙在《广笑府》中记载了这样一则故事:

从前,有父子二人,性格都非常倔强,生活中从来不对人低头,也不让人,且不后退半步。一日,家中来了客人,父亲命儿子去市场买肉。儿子拿着钱在屠夫处买了几斤上好的肉,用绳子串着转身回家,来到城门时,迎面碰上一个人,双方都寸步不让,也坚决不避开,于是,面对面地挺立在那儿,相持了很久很久。

日已正中,家中还在等肉下锅待客,做父亲的不由得焦急起来,便出门去寻找买肉未归的儿子。刚到城门处,看见儿子还僵立在那儿,半点儿也没有让人的意思。父亲心下大喜:这真是我的好儿子,性格刚直如此;又大怒:你算老几,竟敢在我父子面前如此放肆。他蹿步上前,大声说道:"好儿子,你先将肉送回去,陪客人吃饭,让我站在这儿与他比一比,看谁撑得过谁?"

话音刚落,父亲与儿子交换了一个位置,儿子回家去烹肉煮酒待客;父亲则站在那个人的对面,如怒目金刚般挺立不动。惹得众多的围观者大笑不止。

故事很可笑,它告诉我们:懂得退步,才会有更大的收获。

就因为在一些小事上发生了争执,两位大作家——列夫·托尔斯泰和屠格涅夫的友情曾中断了 17 年。

1878 年，托尔斯泰在经历了长期的内疚和不安后，主动写信给屠格涅夫表示道歉。他写道："近日想起我同您的关系，我又惊又喜。我对您没有任何敌意，谢谢上帝，但愿您也是这样。我知道您是善良的，请您原谅我的一切！"

屠格涅夫立即回信说："收到您的信，我深受感动。我对您没有任何敌对情感，假如说过去有过，那么早已消除——只剩下了对您的怀念。"

一场积聚多年的冰雪终于化解了。不过，此后不久，另一件事又差点儿使他们的关系再次陷入危机。幸运的是，吃一堑长一智，他们这次都知道如何避开了。

这一年，在托尔斯泰的盛情邀请下，屠格涅夫到勃纳庄园做客。有一天，托尔斯泰请客人一起去打猎。屠格涅夫瞄准一只山鸡，"砰"地开了一枪。

"打死了吗？"托尔斯泰在原地喊道。

"打中了！您快让猎狗去捡。"屠格涅夫高兴地回答。

猎狗跑过去之后很快便回来了，但却一无所获。"说不定只是受了伤。"托尔斯泰说，"猎狗不可能找不到。"

"不对！我看得清清楚楚，'啪'的一声掉下去，肯定死了。"屠格涅夫坚持说。

他们虽然没有吵架，但山鸡失踪无疑给两个人带来了不快之感，仿佛二人之中有一个说了假话。可是，这一次他们都意识到不应再争执下去，便把话题转向别处，尽量在愉快的消遣中打发时光。

当天晚上，托尔斯泰悄悄地吩咐儿子再去仔细搜索。事情终于弄清楚了：山鸡的确被屠格涅夫一枪打中了，不过正好卡在了一枝树杈上面。

当孩子把猎物带回来时，两位老朋友简直开心得像孩童一般，相视大笑。

可见，人与人出现矛盾时，正确的做法应是"求大同，存小异"、"大事化小，小事化了"，以互谅互让的态度而不是用争辩的方法去处理。

有争执时，让步是一种修养，让步是一种虚拟的退却。

社会中，人与人之间应相互理解、相互尊重，尤其是在与人讨论、交谈时，对于别人的见解，我们不应轻易否定，即使其见解与你相左。如果能够做到理解别人、体贴别人，那么就能少一分盲目。

要善于发现别人见解的正确性，只有这样，才能多角度地看问题，就会发现固守自己的思维定式，有时显得多么地无知和可笑。因此，无论何时都要注意，别听到不同的观点就怒不可遏。通过细心观察，你会发觉，也许错误在你这一边，你的观点不一定都与事实相符。

在人际交往中，让步是一种常用的处理问题的方式，它不是懦弱、失去人格的表现，而是一种修养。

让步其实只是暂时的、虚拟的退却，进一尺，有时就必须先做出退一寸的忍让。

主动让"道"是一种宽容，是在人际交往中有较强的相容度。相容就是宽厚、容忍、心胸宽广、忍耐性强。

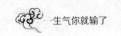

曾有一位青年与长辈发生争执，结果不欢而散。后来，他说：

"真希望这件事情从未发生过。假如我稍微有点儿警觉性，觉察到他对这个话题多么敏感，很可能就会婉转地说：'我们看法不同，那也没什么。'这样就可以避免发生不愉快。"

凡有争论，双方几乎都各有言之成理的论点，因此，如果你显然无法令对方改变心意，对方也显然无法说服你，就应该立刻罢手。切记"一言既出，驷马难追"，以免造成无法补救的伤害。

想避免出现僵局，一种有效的办法是说句"我们两人都是对的"，然后再转向比较安全的话题。

不管什么情况，无谓的争执就是浪费时间。只要能避免徒劳无功的争执，人人都是赢家。

以高姿态化解对方的挑衅

历史上有这样一则故事：

王曾再到大名府代替陈尧咨的官职。在开始自己的工作之后，王曾再看见官府中有毁坏、倒塌了的房屋，就进行修葺，并不作任何改动；有损坏了或丢失了的器物，就修补或补充得一件不少；原来的政令有不妥的地方，就尽量弥补错漏，掩盖陈尧咨以前做得不对的地方。及至他转任洛阳太守时，陈尧咨重新回到大名府任职，看到王曾再所做的一切，不无感慨地说："王公适合担任宰相，我的度量远远赶不上他呀！"陈尧咨以为过去他们曾经有隔阂，王曾再一定会将他的过失公开出来。

王曾再拥有宰相的度量，他不计较以往与陈尧咨之间的矛盾，在接替陈尧咨的职务时，他真心实意地完善陈尧咨以往的工作，并且最终用他的真诚感动了陈尧咨。

海纳百川，有容乃大。每条河流在入海的时候泥沙俱下，如果大海很较真，只想要清清的河水却不想要泥沙，那么大海恐怕早已经干涸了。

每个人都处于社会中，都免不了要与他人打交道。有时难免会面对别人的为难与挑衅，冷静分析、保持风度不失为一种良方。

皮特先生是一家啤酒厂的经营者。有一家公司的采购员罗伯特欠皮特先生2000美元啤酒款长期未付。

一次，罗伯特来到啤酒销售部，对皮特先生大发脾气，抱怨他出售的啤酒质量越来越差，并说市场上骂声一片，人们不会再买他们的啤酒；最后竟说自己欠的那2000美元也不付了，原因是皮特先生出售的啤酒质量一直不怎么样，并表示他所在的公司及他本人不再购买皮特先生的啤酒等。

皮特先生听后压住火气，又仔细询问罗伯特一些情况，然后，皮特出人意料地向罗伯特赔起不是来，声称啤酒质量确有不尽如人意之处，最后说："你的意见，我会尽快向厂部反映的。至于你欠的那2000美元啤酒钱，你要是不付，也就算了，谁让我的啤酒一直不争气呢！你说今后你们公司和你本人不再买我的啤酒，这是你们的自由，随你们的便。你说我的啤酒质量有问题，我现在就给你介绍另外两家有名的啤酒厂……"

皮特先生这一番话里有话的艺术性表述，确实出乎罗伯特所料。欠账还钱，这是不成文的一种自然法规。罗伯特为了不想还所欠的2000美元，以啤酒质量不好为借口试图堵皮特先生的嘴。然而，皮特先生没有单刀直入地正面反驳罗伯特，却用了巧妙的迂回战术，假装虚心承认并接受罗伯特的意见，待罗伯特发泄完后，即刻展开攻势，用诚挚的话语，向对方说明啤酒厂的现状及未来的发展前景等。

罗伯特最后被皮特先生的诚意和坦率征服了，不但继续到该啤酒厂为其所在的公司购买啤酒，而且还动员了另外几家公司，常年向该啤酒厂购买啤酒。

皮特大度能容刁钻客户，诚意和坦率打动了罗伯特先生，罗伯特还为他带来了新的客户。古人云："小不忍则乱大谋。"世上不平之事，比比皆是，若是事事计较、丝毫不让，只会让我们生活得很不愉快。

低姿态消融他人嫉妒的壁垒

拿破仑曾经说："有才能往往比没有才能更有危险；人们不可能避免遇到轻蔑，却更难不变成嫉妒的对象。"真正聪明的人懂得以低姿态为自己筑起一道防止嫉妒的有效堤坝，不会让自己惹火上身。

古人云："木秀于林，风必摧之。"就一般中国人而言，总是愿意大家彼此差不多。在日常工作中，因为有特殊才能或特殊贡献而冒尖的人，往往容易成为众人打击的对象。由于嫉妒心重还可能暗地里给你使绊子，让你生活在一种无形的压力之下，时时处处都有障碍，让你人做不好，事干不成。莎士比亚曾经说过："妒妇的长舌比疯狗的牙齿更毒。"如果我们不能有效化解别人对自己的嫉妒，很可能会在不知不觉中失去本该属于自己的天空，所以，必要的时候低一下头，给别人的嫉妒心留出点儿空间，是你不得不做出的让步。

当你一旦发现别人对你有嫉妒心理时，你可以采取以下几种方法化解。

第一，向对方表露自己的不幸或难言之痛。当一个人获得成功的时候，有人可能会因此感到自己是个失败者。这构成了嫉妒心理产生的基本条件。此时，你若向嫉妒者吐露自己往昔的不幸或目前的窘境，就会缩小双方的差距，并且让对方的注意力从嫉妒中转移出来。同时会使对方感受到你的谦虚，减弱了对方因你的成功而产生的恐惧，

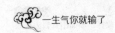

从而使其心理渐趋平衡。

第二，求助于嫉妒者。一方面，在那些与自己并无重大利害关系的事情上故意退让或认输，以此显示自己也有无能之处。另一方面，在对方擅长的事情上求助于他（她），以此提高对方的自信心和成就感，并让对方感到你的成功对他（她）并不是一种威胁。

第三，赞扬嫉妒者身上的优点。你的成功使嫉妒者身上的优点和长处黯然失色，于是一种自卑感在其内心油然而生，以至于自惭形秽。这是嫉妒心理产生并且恶性发展的又一条件。因此，你适时适度地赞扬嫉妒者身上的优点，就容易使他（她）产生心理上的平衡。当然对嫉妒者的赞扬必须实事求是，态度要真诚。否则他（她）会觉得你在幸灾乐祸地挖苦自己，结果不但达不到消除其对自己嫉妒的目的，还可能挑起新的战火。

第四，主动出击相互接近法。嫉妒常常产生于相互缺乏帮助、彼此又缺少较深感情的人中间。大凡嫉妒心强的人，社交范围很小，视野不开阔。只有投入到人际关系的海洋里，才能钝化自私、狭隘的嫉妒心理，才会增加容纳他人、理解他人的能力。因此，相互主动接近，多加帮助和协作，增进双方的感情，就会逐渐消除嫉妒。傲慢不逊的大人物是最令人嫉妒的，试想如果一个大人物能利用自己的优越地位来维护他的下属的正当利益，那么他就能筑起一道防止嫉妒的有效堤坝。

第五，让嫉妒者与你分享欢乐。在取得成功和获得荣誉的时候，不要居功自傲，自以为是。真诚地邀请大家（其中包括嫉妒你的人）一起来分享你的欢乐和荣誉，这样有助于消除彼此关系的紧张空气。当然，如果嫉妒者拒绝你的善意，则不必勉强于他（她），顺其自然。

总之，"退一步海阔天空"，以低姿态化解别人对你的嫉妒，不仅是一种灵活，更是一种内涵和宽容，它可以消融人与人之间的壁垒，让你的成就在嫉妒的布景中得到映衬。能引起别人的嫉妒，说明了你有才华；能有效地化解这种嫉妒，则说明了你拥有聪明和美德。

既往不咎，冰释前嫌

面对前嫌,我们可以选择两种处理方式：一种冰释前嫌，重归于好；一种是耿耿于怀，势不两立。很显然，前者是值得称道的，是我们需要学习的。

不计前嫌是一种很高的思想境界，是一种处理彼此积怨的好方法。不论在同事之间，还是在家人亲友之间，摒弃前嫌，化解已有的矛盾，恢复和谐的人际关系，你就能在生活中感觉到更多的快乐。

魁先生与格先生在大学读书时是同学，曾为一个女生，魁先生动手打过格先生一顿！毕业后，魁先生求职，鬼使神差地求到格先生所在的公司，而且格先生就是负责人事的部门经理！魁先生一看到格先生，扭头要走，没想到格先生笑着站起来叫住魁先生，诚恳地问魁先生是不是来应聘的？魁先生说："当格先生如此问我时，我似是而非地点了点头，格先生就高兴万分地拥着我，并说能与我一起共事，十分荣幸，而且，中午还主动请我吃饭。在饭桌上，我问格先生是否记得我曾打过他的事，如果记得，当着那些求职应聘者的面损我一回，且不是可以出气？格先生却说，只有在学生时代，才可能出现为一个女生而打架的事，还说，走出学校后，他就把此事给淡忘了，就算没忘干净，也没必要再提起它　　在格先生的力荐下，进公司不久，我就升为总裁助理！在格先生看来，我的综合能力要在他之上，其实，我心里清楚，做人的能力，我却远在格先生之下　　在一个公司工作，又得到了格先生不计前嫌的帮助，想不把他当成知心的朋友，都不可能了　　"

魁先生的经历，对我们所有人都应该有所启迪。

一般人和别人有嫌怨，尤其是受了伤害，本能的反应就是报复。然而，报复虽能发泄怒气，减轻心中的负荷而痛快一时，但永远不能平息伤痛，甚至会激化矛盾，步入"冤冤相报"的恶性循环中。要解决这类问题，只有一条路——宽恕。宽恕能使你"大肚能容天下难容之事"，不过分地计较个人的恩怨得失，从而把自己塑造得更加完美。

《宋朝事实类苑·祖宗圣训二》中曰："以大度包容，则万事兼济。"现实生活中，包容之心存之，方显得自我的大度之气，大度之气存之，人为我友者，就会是真心诚意。

用爱消除隔阂

生活中，我们绝大多数人都是凡人，所以，我们的父母也大多是普通人，既然是普通人，在教育我们的过程中，就会出现这样或是那样的错误，面对父母犯下的无心之错，我们是耿耿于怀，还是去理解、原谅呢？显然，后者是我们应该做出的选择。

亨德尔从小就显露出音乐方面的天才。但他的父亲却希望他长大以后从事法律职业，而从来就不认为搞音乐也是一门职业。他禁止亨德尔接触一切乐器。为了达到目的，他甚至不把亨德尔送到公立学校就读，因为怕他在那里学到音乐。

但是，亨德尔对音乐的热爱和痴迷是任何人都阻挡不了的。他想办法搞到了一把小提琴，并把它藏到家里的顶楼上，每天深夜，当家人熟睡之后，他就蹑手蹑脚地溜出去练习小提琴。有一天晚上，还是被父亲发现了。父亲见他不听自己的话，不由怒火中烧，他一把抢过小提琴，狠狠地摔在地上，小提琴被摔成两截。看着怒不可遏的

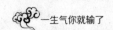

父亲，亨德尔的心都碎了，他想不到父亲竟会如此粗暴和蛮横。父亲明确而又严厉地告诉他，以后绝对不允许再接触音乐，否则绝对不客气。亨德尔默不作声，但他心里暗下决心，绝不放弃音乐。

从此以后，亨德尔对音乐更加痴迷了，简直是达到了无以复加的地步。他在母亲偷偷的资助下，又买了一把小提琴，不分白天和黑夜，全身心地投入到音乐之中。父亲见此，更加生气，向亨德尔下了最后通牒：如果坚持练琴学音乐，他就不再承认他这个儿子，并把他轰出家门。亨德尔毫不让步，决心搞音乐，毅然离家了。离家意味着从此失去经济来源，居无定所，食无所着，到处流浪。

亨德尔来到举目无亲的维也纳，一个好心的酒店老板收留了他，让他白天帮助干活，晚上为客人拉小提琴。亨德尔白天拼命地干活，晚上为客人演奏。客人散了以后，他就一头扎进自己的音乐世界。趴在昏暗的灯光下，年仅18岁的亨德尔创作了《伊多门里奥》、《费加罗》、《堂吉万尼》、《安魂曲》这些流芳百世的小提琴曲。

一次，有一位客人慧眼识真才，他看出亨德尔是一位音乐奇才，于是就邀请亨德尔上他家，专门为他的孩子教授小提琴，同时也为亨德尔提高技术创造了良好的条件。由于处在音乐的良好环境里，亨德尔如鱼得水，很快把音乐方面的天才发挥得淋漓尽致。沙克斯伯爵把他介绍给了著名音乐家列奥达多。列奥达多听完他的小提琴演奏以后兴奋不已，热心指导。在列奥达多的努力下，维也纳国家剧院终于同意破例给他举办一场个人小提琴演奏会。亨德尔不负众望，个人演奏会取得了意想不到的成功。

在开演奏会之前，他特地写信邀请了父亲，他觉得应该让父亲知道自己在音乐方面的天才，证明自己当年的选择是对的。此时，父亲正为自己当年的鲁莽而内疚，但是他抛不开面子，始终没有向儿子道歉。现在，儿子邀请他去参加自己的个人专场演奏会，这是多么好的一次机会呀。一接到儿子的来信，他马上就动身赶到维也纳来了。

亨德尔下来了，他手里握着鲜花，那是观众对他的致意。亨德尔面带微笑，走向父亲，父亲简直有点儿不知所措了，认为自己马上就要为当年的错误付出点什么代价了，要被儿子嘲弄一番了。谁知，亨德尔一走到他面前，就向他鞠躬，他要感谢父亲，说是父亲给了他这颗装满智慧和灵感的大脑，是父亲给了他这么灵巧的一双手，他要永远感谢父亲。此时父亲激动和羞愧交织在一起，不知道说什么好。但他很清楚，儿子早已原谅了他，儿子有一颗宽容的心，正是这颗宽容的心才能演奏出这么美妙的音乐。

后来，有人问亨德尔："你父亲当年对你那么无情，不让你拉小提琴，把你撵出家门，你为何还对他那么好呢？"亨德尔笑着回答："我要感谢父亲，要不是他，哪有我的今天？是父亲当年的严厉刺激了我，它鼓励我发奋。父亲当年确实有他的不足之处，但我要原谅他，上帝让每个人都有一颗宽容的心，我也一样。"

成名后的亨德尔有理由不理睬父亲，至少可以不邀请他来参加自己的音乐会，但是，他没有这样做，他用爱包容了父亲的过错，他邀请父亲来参加自己的音乐会，让父亲和自己一起享受荣耀。可以说，亨德尔是用实际行动来表达了对父亲的宽容。

学会宽容不仅有益于身心健康，而且对赢得友谊，保持家庭和睦、婚姻美满，乃至事业的成功都是必要的。因此，在日常生活中，无论对子女、对配偶、对老人、对学生、对领导、对同事、对顾客、对病人……都要有一颗宽容的爱心。宽容，它往往折射出待人的艺术和良好的涵养。

当你学会用爱去包容一切时，你就接近完美了。

宽容让摩擦去无踪

生活，就因为这些鸡毛蒜皮的小事而变得琐碎，它分散我们的精力，影响我们的心情，销蚀着我们宽容的心。宽容，有的时候只不过是忽略别人一点儿无关紧要的过失而已，就像奥地利犹太和平主义者阿尔弗雷德·弗里德一样，它不但能让我们避免不必要的麻烦，而且还会为我们换来意想不到的收获。

阿尔弗雷德·弗里德小时候家里比较穷，为了减轻父母的负担，他摆了一个小书摊。有一天，4个和他差不多大的孩子围了过来。小阿尔弗雷德冷不防被其中一个孩子绊倒了，这时，4个孩子一起冲上来，把他压在身子下面。一个孩子厉声问道："你的钱呢？钱在哪里？快点儿给我们！"当4个孩子在小阿尔弗雷德身上乱搜的时候，他又气又急，慌乱中，他忽然看见街对面有一个警察，就大喊了一声："警察来了！"那4个孩子看见警察朝这边走来，都慌了，爬起来就跑。其中有一个孩子比较小，跑得慢，所以被小阿尔弗雷德一把给抓住了。

那位警察过来了，很严肃地问道："你们刚才做什么了？"小阿尔弗雷德看了看旁边那个因惊恐而瑟瑟发抖的孩子，说："他想……他想租书看，可是我要收摊回家吃晚饭了，所以他就帮我收拾摊子。"警察见没有发生什么事情，就微笑着说："那你们赶快回家吧。"

等警察一走，那个孩子便迷惑不解地问："刚才我们那么对你，你……你为什么不报告警察？"小阿尔弗雷德并没有回答，却反问那个孩子："那你们为什么要来抢我的钱呢？"那个孩子认真地看了看小阿尔弗雷德，说："我们已经观察你好几天了，本来也没想抢你的钱的，可是今天我们没有弄到吃的东西，都饿坏了，所以才……""就因为我看你们的衣服很破旧，所以我知道你们抢钱肯定也是迫不得已，我也是穷人家的孩子，所以我才没有报告警察。"小阿尔弗雷德非常认真地说道。

那个孩子很不好意思地低下了头。小阿尔弗雷德说："欢迎你们明天还到我这里来，我可以让你们免费看书。"后来这4个孩子都成了小阿尔弗雷德很要好的朋友。

生活中，我们要学会宽容、大度。古人说："大度集群朋。"男孩子若能有宽宏的度量，他的身边便会聚集大群知心朋友。所以，小事，不要太过计较，要原谅别人的过失；不如意的事来临时，要泰然处之，不为所累；受人讥讽时，不要睚眦必报，要学会吃亏，把便宜让给别人。相信只要多看别人的优点，少盯着别人的缺点，每一个人都会是可爱的。

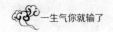

以包容之心接受建议

金无足赤，人无完人。孔子说："三人行，必有我师。"我们应该善待他人的批评、忠告，因为剔除少数无用的、恶意的之后，大部分意见常常比我们对自己的看法中肯得多。一味地掩饰、为自己辩护，是不足取的。

20世纪80年代初，美国戏剧家阿瑟·米勒曾经到当时已年逾古稀的戏剧大家曹禺先生家做客。午饭前的休息时分，曹禺突然从书架上拿来一本装帧讲究的册子，上面裱着画家黄永玉写给他的一封信，曹禺逐字逐句地把它念给阿瑟·米勒和在场的朋友们听。这是一封措辞严厉且不讲情面的信，信中这样写道："我不喜欢你解放后的戏，一个也不喜欢。你的心不在戏剧里，你失去了伟大的灵通宝玉，命题不巩固、不缜密，演绎分析也不够透彻，过去数不尽的精妙休止符、节拍、冷热快慢的安排，那一箩一筐的隽语都消失了 "

这信对曹禺的批评，用字不多却相当激烈，甚至还夹杂着明显羞辱的味道。然而曹禺念着信的时候神情激动，仿佛这信是对他的褒奖和鼓励。

当时，阿瑟·米勒对曹禺的行为感到茫然，其实这正是曹禺的清醒和真诚。尽管他已经是功成名就的戏剧大家，可他并没有像旁人一样过分爱惜自己的荣誉和名声。在这种"不可理喻"的举动中，透露出曹禺已经把这种羞辱演绎成了对艺术缺陷的真切悔悟，那些话对他而言已经是一笔鞭策自己的珍贵馈赠，所以他要当众感谢这一次羞辱。

忠言逆耳利于行。对于别人的意见，心胸狭隘的人可能会把它看成是包袱，而心胸宽广的人则把它看作是提高和充实自己的机会。

对于批评，我们还应有一份冷静、一份坦然，不必因为其猛烈、苛刻而终日忧虑不堪。

罗伯·赫金斯是个半工半读的大学毕业生，做过作家、伐木工人、家庭老师和卖成衣的售货员。现在，他已被任命为美国著名大学——芝加哥大学的校长。

在他成功以后，一些批评也接踵而至，许多人反对他当校长，并举出理由说：他太年轻了、经验不足、教育观念不成熟、学历不够高……

罗伯·赫金斯和他的家人对这样的批评并不在意，反而更加自信、快乐起来。就在罗伯·赫金斯就任的那一天，有一个朋友对他的父亲说："今天早上我看见报上的社论攻击你的儿子，真把我吓坏了。"

赫金斯父亲的回答似乎更为坦然一些，他说："不错，话是说得很凶。可是请记住，从来没有人会踢一只死了的狗。"

可见，拥有自信、达观，你才不会被指责、批评击倒。

生活中，我们面对批评时，可以按下面的原则去处理：

（1）不要跟一个感情冲动的批评者争论，不要去指责对方言语中的失误或失实。因为有时对方前来，只不过是要发泄一下不满情绪，此时你若与之相争，则会使问题变得更糟。

（2）尽量使来者坐下面谈，这样可以大大缓和紧张空气。给对方沏杯茶会更加减少其单纯的不满情绪，也使自己免受刺激。

（3）别表现出强烈的厌烦，更不要愤然拒绝批评而离去，这会显得你没有肚量，即使是"过分"的指责，你也应耐着性子听。

（4）无论如何别打断对方的讲话，相反要鼓励对方把话说完，这可以更有效地使对方变得平静，而你也可以心平气和。

（5）绝不要在未听完对方的指责之前就表态。面对情绪激动的来者一再表示道歉，常可使对方反而语塞。

（6）换一句话把对方的意见说出来，表示你不仅认真听了他的指责，而且态度诚恳。如此则不论你是否准备接受对方的批评，都会使之感到满意。

多点儿雅量面对嘲笑

漫漫人生路，有太多的不如意，退一步海阔天空，只要不忘记自己的最终使命，你还是你，要能承受别人的嘲笑，这是一种雅量，同时也是一种做人的智慧。

被公认为美国历史上最伟大总统之一的林肯，当选总统的那一刻，令整个参议院的议员都感到尴尬，因为林肯的父亲是鞋匠。

当时美国的参议员大部分出身贵族，自认为是上流、优越的人，从未料到要面对一个卑微的鞋匠的儿子做总统，于是，林肯首度在参议院演说之前，就有议员羞辱他。

在林肯站上演讲台的时候，有一位态度傲慢的参议员站起来说："林肯先生，在你开始演说之前，我希望你记住，你是一个鞋匠的儿子。"

所有议员都大笑起来，为自己虽然不能打败却能羞辱他而开怀。

林肯等到大家的笑声停止，他说："我非常感谢你使我想起我的父亲，他已经过世了，我一定会记住你的忠告，我永远是鞋匠的儿子，我知道我做总统永远无法像我的父亲做鞋匠做得那样好。"

参议院陷入一片静默里，林肯转头对那个傲慢的参议员说："就我所知，我父亲以前也为你的家人做鞋子，如果你的鞋子不合脚，我可以帮你改正它，虽然我不是伟大的鞋匠，但是我从小跟随父亲学会了做鞋子的技术。"

然后他对所有的参议员说："对参议院的任何人都一样，如果你们穿的那双鞋是我父亲做的，而它需要修理或改善，我一定尽量帮忙，但有一件事是可以确定的，我无法像我父亲那么伟大，他的手艺是无人能比的。"说到这里，林肯流下了眼泪，

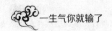

所有嘲笑声全部都化成了赞叹的掌声。

日常生活中，如果你不能接受一次嘲笑，将会受到别人更多的挑剔和攻击。人生中如果你没有包容嘲笑的雅量，那么你的痛苦将是长久的。

一般人受到嘲笑讥讽，心里总是愤愤不平；然而，正因为愤恨难消，痛苦煎熬也如影随形、挥之不去。如果借着面对嘲笑来锻炼自己的心性品格，甚至把打击你的人看成来感化你的菩萨，谢谢他给你锻炼自己、提升自己的机会，心里没有怨恨，自然不会感到痛苦。

我们总是太在意面子、在意得失，所以才会心绪起伏，患得患失。如果我们在遭受嘲笑后能够站在这样的角度去思考：我不是为了怨恨和烦恼而做这件事的。这样一来，我们不但会去尽力巧妙化解矛盾，而且为自己的心情开辟出一番安详的天地。

拥有雅量，让阳光继续灿烂。只有心胸开阔的人，才真正懂得善待自己、善待他人，生活才能充满快乐。

把心放宽，学会克制

人生活在社会之中，每天都要与不同的人打交道，由于立场不同，个性相异，因此不可避免地会发生分歧、冲突。这些矛盾使人与人之间存在许多不稳定因素，甚至会产生危机，如果调节得不好，对自己和他人都有可能带来损害。

在一个学校的教室里，两个小男生像两只好斗的公鸡，一个揪住对方衣领，一个拽着对方的衣襟，老师的出现，并没有使他们产生松手的念头，有人警告："老师来了，还不放手？"可是局面还是僵持着，但已不再扭打，不再辱骂，渐渐地放下了手，各自走回自己位置，"战争"在无声无息中结束了。下课铃响了，出于意料的是，"两只公鸡"双双来到办公室，老师以为又出了什么事。

"老师，我错了，我错在得理不饶人，还得寸进尺。"一个学生说。

"老师，我也错了，我不该为一点儿鸡毛蒜皮的小事惹是非。"另外一个学生说。

"怎么会这么快就想通了？"老师问。

"静下来一想，真不该动手，您经常教育我们，要我们宽恕别人，要不我们也得不到宽恕。我想到这句话就知道错了。"两位学生解释道。

"好了，事情的起因、经过、结果，一切都不再追究，当作一种教训吧。来，化干戈为玉帛，握手言欢。"老师高兴地说。

两个学生的手握在一起，还用力顿了两顿。一场矛盾就这样化解了。

生活中，我们常见到有的人因不能克制自己，而引发争吵、骂人、打架，甚至流血冲突的情况。有时仅仅是因为在公交车上被别人踩了一脚，或一句话说得不当，这些都可能成为引爆一场口舌大战或拳脚演练的导火索。在社会治安案件中，相当多的案件都是由于当事人不能冷静地处理小事情而引发的。

阿兰·马尔蒂是法国西南小城塔布的一名警察，这天晚上他身着便装来到市中心的一间烟草店门前。他准备到店里买包香烟。这时店门外一个叫埃里克的流浪汉向他讨烟抽。马尔蒂说他正要去买烟。埃里克认为马尔蒂买了烟后会给他一支。

当马尔蒂出来时，喝了不少酒的流浪汉缠着他索要烟。马尔蒂不给，于是两人发生了口角。随着互相谩骂和嘲讽的升级，两人的情绪逐渐激动。马尔蒂掏出了警官证和手铐，说："如果你不放老实点儿，我就给你一些颜色看。"埃里克反唇相讥："你这个混蛋警察，看你能把我怎么样？"在言语的刺激下，二人扭打成一团。旁边的人赶紧将两人分开，劝他们不要为一支香烟而发那么大火。

被劝开后的流浪汉骂骂咧咧地向附近一条小路走去，他边走边喊："臭警察，有本事你来抓我呀！"失去理智、愤怒不已的马尔蒂拔出枪，冲过去，朝埃里克连开4枪，埃里克倒在了血泊中　　法庭以"故意杀人罪"对马尔蒂作出判决，他将服刑30年。

一个人死了，一个人坐了牢，起因是一支香烟，罪魁祸首是失控的激动情绪。

每个人的情绪都会时好时坏。实际上没有任何东西比情绪——也就是我们心里的感觉，更能影响我们的生活了。因此，学会控制情绪是我们成功和快乐的要诀。

没有自制，就没有幸福。心情愉快了，人们就感觉到了幸福。心情不愉快，人就没有幸福的感觉。说到底，幸福是人的一种内心的感觉，而这个感觉在很大程度上取决于克制。

克制，是调解人际关系的一剂良药，它既是消解剂，又是润滑剂。克制自我意识，不要再认为自己是最重要的，自己做的什么都绝对正确，才可以真心去体谅、宽恕、关心和爱别人。

用刀剑去攻打，不如用微笑去征服

卡耐基培训班的一位学员说："我已经结婚18年了，在这段时间里，从我早上起来，到要上班的时候，我很少对太太微笑，或对她说上几句话。我是最闷闷不乐的人。

"既然我学习了微笑的用处，我就决定试一个礼拜看看。因此，第二天早上梳头的时候，我就看着镜子对自己说：'威尔森，你今天要把脸上的愁容一扫而空。你要微笑起来，现在就开始微笑。'当我坐下来吃早餐的时候，我以'早安，亲爱的'跟太太打招呼，同时对她微笑。

"现在，我要去上班的时候，就会对大楼的电梯管理员微笑着说一声'早安'。

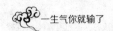

我以微笑跟大楼门口的警卫打招呼。我对地铁的出纳小姐微笑，当我跟她换零钱的时候。当我到达公司，我对那些以前从没见过我微笑的人微笑。

"我很快就发现，每一个人也对我报以微笑。我以一种愉悦的态度，来对待那些满肚子牢骚的人。我一面听着他们的牢骚，一面微笑着，于是问题就更容易解决了。我发现微笑带给我更多的收入，每天都带来更多的钞票。"

微笑是人的宝贵财富，微笑是自信的标志，也是礼貌的象征。人们往往依据你的微笑来获取对你的印象，从而决定对你所要办的事的态度。只要人人都献出一份微笑，办事将不再感到为难，人与人之间的沟通将变得十分容易。

现实的工作、生活中，一个人对你满面冰霜、横眉冷对，另一个人对你面带笑容、温暖如春，他们同时向你请教一个工作上的问题，你更欢迎哪一个？显然是后者，你会毫不犹豫地对他知无不言，言无不尽；而对前者，恐怕就恰恰相反了。

一个人面带微笑，远比他穿着一套高档、华丽的衣服更吸引人注意，也更容易受人欢迎。因为微笑是一种宽容、一种接纳，它缩短了彼此的距离，使人与人之间心心相通。喜欢微笑着面对他人的人，往往更容易走入对方的天地。难怪学者们强调："微笑是成功者的先锋。"的确，如果说行动比语言更具有力量，那么微笑就是无声的行动，它所表示的是："你使我快乐，我很高兴见到你。"笑容是结束说话的最佳"句号"，这话真是不假。

有微笑面孔的人，就会有希望。因为一个人的笑容就是他传递好意的信使，他的笑容可以照亮所有看到它的人。没有人喜欢帮助那些整天愁容满面的人，更不会信任他们；很多人在社会上站住脚是从微笑开始的，还有很多人在社会上获得了极好的人缘，也是从微笑开始的。

任何一个人都希望自己能给别人留下好印象，这种好印象可以创造出一种轻松愉快的气氛，可以使彼此结成友善的联系。一个人在社会上就是要靠这种关系才可立足，而微笑正是打开愉快之门的金钥匙。

有人做了一个有趣的实验，以证明微笑的魅力。

他给两个人分别戴上一模一样的面具，上面没有任何表情，然后，他问观众最喜欢哪一个人，答案几乎一样：一个也不喜欢，因为那两个面具都没有表情，他们无从选择。

然后，他要求两个模特儿把面具拿开，现在舞台上有两张不同的脸，他要其中一个人愁眉不展并且一句话也不说，另一个人则面带微笑。

他再问每一位观众："现在，你们对哪一个人最有兴趣？"答案也是一样的，他们选择了那个面带微笑的人。

如果微笑能够真正地伴随着你生命的整个过程，这会使我们超越很多自身的局限，使我们的生命自始至终生机勃发。

用你的笑脸去欢迎每一个人，那么你会成为最受欢迎的人。

要成人之美，不成人之恶

《论语·颜渊》篇说："君子成人之美，不成人之恶，小人反是。"这体现了浓厚的"仁者爱人"和"与人为善"的宽容气度。同时也显示了儒家思想中非常鲜明的是非观：好的就去鼓励，坏的就要制止。更显示了儒家"己欲立，先立人，己欲达，先达人"的博大胸怀。

生活中，大凡是好事情、好愿望，如果你有能力帮助，就应该伸出热情的手，给予支持，使之功成名就。这种帮助可以说是"成人之美"，而"成人之美"的"君子"行为，都是得人心、受欢迎的。因为这是一种高尚的行为，是助人为乐、利人利众的表现。

黄先生是某厂的厂长，由于他善于成人之美，厂里的职工大都喊他美厂长，其意思不是指他的外表美，而是指他的行为美和心灵美。厂里的职员小胡，因工伤而断了一条腿，在家里休养了半年之久，小胡说：

"有一天，厂里的司机开车到我家里来，帮我收拾行李，说是要出一趟远门，我问到哪儿去？司机说到我想去的地方去！回到厂里，我的心里好一阵热乎！由司机扶进黄厂长的办公室，黄厂长立刻停下手头上的活计，坐过来一边问我的腿伤，一边让秘书给我沏茶。我问黄厂长为啥把我接到厂部？黄厂长说我为了这个厂，贡献出了一条腿，作为厂长，应该资助我完成曾经的心愿——坐飞机，看海！还说这次由厂秘书负责陪我去实现这个愿望，其实是照顾我的生活起居！的确，坐飞机和到海边去，曾经的确是我的愿望，没想到厂长还记得，而且还把属于自己的疗养名额让给了我，说真的，当我由厂秘书陪着飞在天上的那一刻，当我由厂秘书扶着站在大海边的那一刻，我的泪流了下来！这样的厂长，这样的朋友，我的心里会永远装着的　　　"

在人际交往中，要真正做到成人之美，就要关心他人、重视他人、帮助他人，为别人提供方便，使他人得到心理上的满足。成就别人也等于成就自己，成人之美，不仅使他人受益，同样也使自己受益。

科学家达尔文与华莱士的《进化论》创始人之"让"可谓是君子之风的充分体现。

1842年，达尔文开始着手写他的鸿篇巨制《进化论》。由于他是一个非常严谨的人，所以直到1858年他还在写这部书。他的朋友赖尔和虎克提醒他要加快速度，否则会有别人捷足先登的，达尔文一笑置之。他是一个非常严肃认真的科学家，他要使自己的理论尽可能的完善、严谨。

后来事情的发展果然被朋友言中了。1858年夏天，达尔文收到一位叫华莱士的年轻人寄来的一篇论文，年轻人在论文中提出了与达尔文的进化论完全相同的观点。在附言中，华莱士请他所尊敬和信赖的科学家（达尔文）将论文推荐给赖尔，赖尔正是提醒过达尔文的朋友。尽管达尔文比华莱士提前10年研究这个问题，而且也早已写出

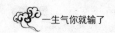

了完全可以表达自己观点的大纲，但他还是热情地将论文推荐给了他的朋友，并且放弃了自己的大规模写作。他的朋友认为这不公平，但他不以为意。当华莱士知道事情的真相后，非常感动，甘愿让出进化论创始人的位置。

两位科学家的胸襟不能不让人折服，他们是君子。

成人之美的举动，是值得颂扬和赞美的。不过，成人之美者，要有一双明辨是非的眼睛。别人的愿望是正确且有益于人的，我们就应该帮其实现；而别人的愿望只是为了其自己获名获利并在此同时又损人损公时，我们就得坚决阻止并劝其放弃，继而帮其改过从善。

以宽容姿态迫使同事放弃"对抗状态"

工作中，同事之间难免有不同意见，要尽量避免生硬的伤害他人自尊心的言辞，以商量的态度提出自己的看法。如果遇到不合作的同事，也要表现出你的宽容和修养。学会耐心倾听对方的意见，并对其合理部分表示赞同，这样不仅能使不合作者放弃"对抗状态"，也会开拓自己的思路。

某同事得罪过你，或你曾得罪过某同事，虽说不上反目成仇，但心里确实不愉快。如果你觉得有必要，可主动去化解僵局，也许你们会因此而成为好朋友，也许只是关系不再那么僵而已，但至少减少了一个潜在的对手。这一点相当难做到，因为大多数人就是拉不下脸来！要允许别人犯错误，也允许别人改正错误。不要因为某同事有过失，便看不起他，或一棍子打死，或从此另眼看待对方，"一过定终身"。

同事所犯的错误有时候会给你带来一定的损害，或在某种程度上与你有关。在这种情况下，能否用一种宽容的态度对待这种"过"，就是衡量人的素质的一个标准。原谅别人是一种美德，有时尽管自己心里并不痛快，但却应该设身处地地为同事着想，考虑一下自己如果在他那个位置会如何做，做错了事之后又有何种想法。

小张和小杨合作共同完成一项工程。工程结束后，小张有新任务出差，把总结和汇报的工作留给了小杨。正巧赶上小杨的孩子生病，小杨因为忙于给孩子看病，一时疏忽，把小张负责的工作中一个重要部分给弄错了。总结上报给主管以后，主管马上看出了其中的问题，找来小杨。小杨怕担责任，就把责任推给了小张。因为工程重要，主管立刻把小张调回来。小张回来后，莫名其妙地挨了主管一顿训斥。仔细一问，这才明白了是怎么回事，赶快向主管解释，才消除了误会。小杨平时与小张关系不错，出了这事后，心里很愧疚，又不好意思找小张道歉。小张了解到小杨的情况，主动找到小杨，对他说："小杨，过去的事就让它过去吧，别太在意了。"小杨十分感动，两人的关系又近了一层。

其实只要你愿意做，你的风度会赢得对方对你的尊敬，因为你给足了他面子。宽容大度是一种胸怀，为一点儿小事斤斤计较，争吵不休，既伤害了感情，也无益于成大事，甚至最后伤害的还是自己。

虽然有的时候，对别人宽容是要以付出痛苦为代价的，但是当你显示出自己的宽容和大度时，机会也就随之而来了。

包容他人的 4 句箴言

一位年轻的慈善家，向一位得道的高僧请教。

他问："我如何才能变成一个自己愉快同时也能够让别人愉快的人呢？"

高僧笑着对他说："孩子，在你这个年龄有这样的愿望，已经是很难得了。很多比你年长许多的人，从他们问的问题本身就可以看出，不管给他们多少解释，都不可能让他们明白真正重要的道理，就只好让他们那样好了。"

年轻慈善家满怀虔诚地听着，没有流露出丝毫得意之色。

高僧接着说："我送给你 4 句话。"

高僧的第一句话是："把自己当成别人。你能说说这句话的含义吗？"

年轻慈善家回答说："是不是说，在我感到痛苦忧伤的时候，就把自己当成是别人，这样痛苦就自然减轻了；当我欣喜若狂之时，把自己当成别人，那些狂喜也会变得平和中正一些？"

高僧微微点头表示赞同。

高僧接着说第二句话："把别人当成自己。"

年轻慈善家沉思一会儿，说："这样就可以真正同情别人的不幸，理解别人的需求，并且在别人需要的时候，给予恰当的帮助？"

高僧两眼发光，继续说第三句话："把别人当成别人。"

年轻慈善家说："这句话的意思是不是说，要充分地尊重每个人的独立性，在任何情形下，都不可侵犯他人的核心领地？"

高僧哈哈大笑："很好，很好。这一点是世俗间人们最容易遗忘的一件事！因为人们往往妄想着要去改变他人，却在无意之间伤害到了对方……"

高僧说的第四句话是："把自己当成自己。这句话理解起来太难了，留着你以后慢慢品味吧。"

年轻慈善家说："这句话的含义我一时体会不出。但这四句话之间就有许多自相矛盾之处，我用什么才能把它们统一起来呢？"

高僧说："很简单，用一生的时间和精力。"

那位高僧是位拥有大智慧的智者，只是短短 4 句——把自己当成别人、把别人当

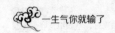

成自己、把别人当成别人、把自己当成自己——便道出了与人为善的真谛。话短意长，耐人寻味。

人与人之间总有差异，所以有时摩擦、争吵不可避免，这些本是很正常的事情。如果多些理解，学会包容，能够设身处地地为他人着想，就不会因他人与己见不同而生出隔阂，进而产生矛盾。

正是由于人与人之间存在不同的见解，才使得我们这个世界有朝气，从而产生了许多新生事物。从另一个方面来说，与他人有不同见解存在，也才会使得自己去从另一个角度思考问题。也许自己固有的见解原本就是错的，不科学的。正是由于他人的不同见解使自己反省，从而纠正自己错误的认识与观点，并获得新的进步。因此，正确对待不同见解，不仅不是理亏，反而是一种理智的态度。而要做到这点，所需要的就是"理解"。理解他人，理解环境，理解我们所处时代的方方面面；不固执，不偏激，不斤斤计较，更莫为小事而与别人打"肚皮官司"，弄得自己心神不安，伤神又伤心。

设身处地为别人着想的理解是一缕精神阳光，借助这缕"阳光"，可以澄清我们的思路，净化我们的心灵，使我们在工作、学习和生活中显得更充实，更自在，更快乐。

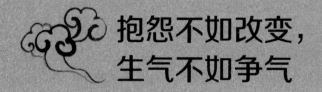

第十三章

抱怨不如改变，
生气不如争气

抱怨生活，不如经营生活

莲花因为污泥，而更庄严清净；鲑鱼因为逆游，而更勇猛奋进；探索者不怕危险困难，正因为可以挑战自己的体能极限；参禅者不怕腿酸脚麻，也是向自我内在的陋习挑战。

现实生活中很多人习惯了抱怨，遇到烦恼抱怨，遇到委屈抱怨，遇到困难抱怨……殊不知，抱怨生活的太多，发泄于生活的太多，生活就会如数还给你，这就是生活的规律。

佛教中有一句偈语："花繁柳密处拨得开，方见手段；风狂雨骤时立得定，才是脚跟。"平静湖面，从来练不出精干的水手，只有那些经得起生活考验的，才是最好的。

一个修佛的人要想修成正果，必须经历千万重考验，才能真正达到幸福的彼岸；一个红尘俗人，只有承受住生活的检验，才能提升生命的质量。

佛经中记载了这样一则故事：

作恶多端且杀生无数的鸯掘摩在皈依佛门，加入比丘群后，知道过去所做的恶事必定要接受上天的磨难，于是请求佛陀给他一段时间，接受身心的考验。

他独自前往荒郊野外，无畏于日晒、雨淋、风吹，在树下静坐，累了就到洞里休息。吃的是树根、野草，穿的是破布缝补成的衣服，甚至破烂到全身裸露。无论是煎沙煮日、霜雪严冻，还是狂风雨露，都不能动摇他修行的决心，他可以说是苦人所不能苦、修人所不能修。

过了很长时间，有一天，佛陀告诉鸯掘摩："你身为比丘，应该要走入社会人群。"鸯掘摩听从佛陀的话，跟其他比丘一样到城里托钵。

然而，人们看到他就很厌恶，不但大人辱骂他，连小孩看了他也纷纷躲避。鸯掘

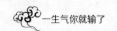

摩向一位怀孕的妇人托钵，那妇人突然肚子痛得哀天叫地。

鸯掘摩回到精舍，将经过告诉佛陀。"受人厌弃、咒骂，这些我都不在意，因为我以前做过太多坏事，这是我罪有应得。但是，那位怀孕的妇人一看到我，连胎儿也不得安位，我该怎么做才能解除她的痛苦呢？"

佛陀要鸯掘摩再回到那户人家，向妇人腹中的胎儿说："过去的我已经死了，现在我重生在如来的家庭，已经守戒清净，再也不会杀生了。"果然，当鸯掘摩将此话对那位妇人反复说了三次后，妇人腹中的胎儿就安定下来了。

此后鸯掘摩走入人群托钵，仍然有人会用石头和砖块扔他，甚至拿棍子打他，但鸯掘摩都没有怨言，也不躲避。

有一天，佛陀看鸯掘摩全身是血，而且都青肿了，心疼地对他说："你过去造的恶业确实很多，所以得长期接受磨炼。你要时时把心照顾好，耐心地接受这份果报。"

鸯掘摩平静地说："我过去杀生太多、作恶多端，是罪有应得。只要我不迷失道心，即使生生世世要接受天下人的身心折磨，我也愿意。"

佛陀听了很安慰，赞叹并勉励他自我觉悟，磨尽一切罪业。最终，鸯掘摩修成了正果。

鸯掘摩修行的过程是痛苦且艰难的，如果他一味地抱怨，心就会被困在不停埋怨的牢笼里，但是，选择承受、选择经营心境，就能经受住这个严酷的考验过程。

人们在生活中都多多少少会遇到不顺心的事情。在平静的港湾中生活的人，很难体会到与风浪搏斗的乐趣，也很难享受到成功之后的喜悦。只有在风浪起伏中不抱怨，把握好航船的舵盘，从惊涛骇浪中勇敢穿行而过，才能体会到搏击的快乐。

别把抱怨的"枪口"对准每一个角落

几乎在每一个公司里，都有"牢骚族"或"抱怨族"。他们每天轮流把"枪口"指向公司里的任何一个角落，埋怨这个、批评那个，而且，从上到下，很少有人能幸免。他们的眼中处处都能看到毛病，因而处处都能看到或听到他们的批评和发怒。

杰森刚出来打工时，和公司其他的业务员一样，拿很低的底薪和很不稳定的提成，每天的工作都非常辛苦。他拿着第一个月的工资回到家，向父亲抱怨说："公司老板太抠门了，给我们这么低的薪水。"慈祥的父亲并没有问具体数字，而是问："这个月你为公司创造了多少财富？你拿到的与你给公司创造的是不是相称呢？"从此，杰森再也没有抱怨过，既不抱怨别人，也不抱怨自己，更多的时候只是感觉自己这个月的业绩太少，对不起公司给的工资，于是更加勤奋地工作。

两年后，他被提升为公司主管业务的副总经理，工资待遇提高了很多，他时常考虑的仍然是："今年我为公司创造了多少财富？"有一天，他手下的几个业务员向他抱怨："这个月在外面风吹日晒，吃不好，睡不好，辛辛苦苦，老板才给我 500 元！你能不能跟老板建议给增加一些？"他问业务员："我知道你们吃了不少苦，应该得到回报，可你们想过没有，你们这个月每人给公司只赚回了2000元，公司给了你们500元，公司得到的并不比你们多。"业务员都不再说话。

在以后的工作中，他手下的业务员成了全公司业绩最优秀的员工，他也被老总提拔为常务副总经理，这时他才27岁。去人才市场招聘时，凡是抱怨以前的老板没有水平、给的待遇太低的人他一律不要，他说，播种蒺藜不会收获牡丹，你自己不付出，却想着收获。做事情不知道反思自己，只知道抱怨别人，这种人是做不成大事的。

按照杰森的观点，抱怨之前要先反思自己，可是人们通常都只能听到别人的抱怨，却忽略了自己。很多人经常抱怨，却还以为自己是最乐观的、最任劳任怨的人。

抱怨一般有三种：一种是工作上的抱怨，如抱怨上司不公平、待遇不佳、工作太多、同事不合作等等；另一种是生活上的抱怨，如抱怨物价太高、小孩不乖、身体不好等等；还有一种是对社会的抱怨，总是愤世嫉俗，对不公平之事极为不满。

人都有一种正义与刚毅之气，有一种自尊之需，因此难免会对周围的不平之事发泄自己心中的情绪，但你要知道你的抱怨不会给别人带来任何益处。

别人没有听你抱怨的义务，你的抱怨如果与听者毫无关系，只会让对方不耐烦。如果你经常抱怨，下次他看见你便会躲得远远的。

有问题才会抱怨，如果你抱怨的都是一些很小的事情，而且天天抱怨，那就会给人一种"无能"的印象。一个能干之人，如果因为爱抱怨而被人认为"无能"，那不是很冤枉吗？如果你时常抱怨别人，那么你也会被认为是个不合群、人际关系有问题的人，否则为什么别人不抱怨？

对工作的抱怨如果言过其实或无中生有，那么不仅听的人不以为然，不同情你，反而会抵制你，连上司也会对你表示反感。

事能知足，就能多一些达观

知足常乐，是一种难能可贵的修为。对于习惯于沉沦生存欲望的人类来说，能够做到知足实在不是件容易的事情。知足是常态，事能知足心常惬。懂得了这一点，也就能获得常人难以获得的坦然和宁静。

知足就懂得珍惜，珍惜万事万物会使心灵得到前所未有的满足，是一种难能可贵且能给人带来幸福的生活态度。

很久以前，在西方净土，乌达雅纳王妃夏马伐蒂向阿难陀供养500件衣服，阿难陀欣然接受了。

乌达雅纳王听说后，他怀疑阿难陀可能是出自贪心才接受了这些衣服。于是他探望了阿难陀，对阿难陀说："尊敬的阿难陀，你为什么一下子接受500件衣服呢？"

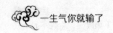

阿难陀回答说："大王，有许多比丘都穿着破衣服，我准备把这件衣服分给他们。"

"那么，破旧的衣服做什么用呢？"

"破旧的衣服作床单用。"

"旧床单呢？"

"做枕头套。"

"旧枕头套呢？"

"做床垫。"

"旧床垫呢？"

"做擦脚布。"

"旧擦脚布呢？"

"做抹布。"

"旧抹布呢？"

"大王，我们把旧袜布撕碎了混在泥土中，盖房子时抹在墙上。"

阿难陀对一块布尚且如此珍惜，可见他对其他的事物及他人更是倍加地珍惜。生活本就是在珍惜和知足中才能累积起富裕，令人过得安心。有一颗知足且懂得珍惜的心，人才能过得快乐。

有一张名字叫作"知足常乐"的画，上面的内容也许是一个古老的故事：一个骑着高头大马的人昂首走在前面，一个骑毛驴的人悠闲地走在中间，走在后面的是满头大汗推着小木车的老汉，上面还有这么几行诗：世上纷纷说不平，他骑骏马我骑驴，回头看到推车汉，比上不足下有余。

知足常乐是一种看待事物发展的心情，不是安于现状的骄傲自满的追求态度。《大学》曰："止于至善"，是说人应该懂得如何努力而达到最理想的境地和懂得自己该处于什么位置是最好的。知足常乐，知前乐后，也是透析自我、定位自我、放松自我，才不至于好高骛远，迷失方向，碌碌无为，心有余而力不足，弄得自己心力交瘁。

知足是一种处世态度，常乐是一种幽幽释然的情怀。知足常乐，贵在调节。可以从纷纭世事中解放出来，独享个人妙横生的空间，对内发现自己内心的快乐因素，对外发现人间真爱与秀美自然，把烦恼与压力抛到九霄云外，感染自身及周围的人群，促进人际关系的逐步亲近平和，进一步拥抱浅景淡色与花鸟虫鱼。知足常乐，对事，坦然面对，欣然接受；对情，琴瑟各鸣，相濡以沫；对物，能透过下里巴人的作品，品出阳春白雪的高雅。做到知足常乐，待人处世中便充满和谐、平静、适意、真诚。这是一种人生底色，当我们都在忙于追求、拼搏而找不着北的时候，知足常乐，这种在平凡中渲染的人生底色所孕育的宁静与温馨对于风雨兼程的我们是一个避风的港口。休憩整理后，毅然前行，来源于自身平和的不竭动力。真正做到知足常乐，人生会多一分从容，多一些达观。

古人的"布衣桑饭，可乐终身"是一种知足常乐的典范。"宁静致远，淡泊明志"

中蕴涵着诸葛亮知足常乐的清高雅洁；"采菊东篱下，悠然见南山"中尽显陶渊明知足常乐的悠然；沈复所言"老天待我至为厚矣"表达着知足常乐的真情实感。更多的时候，知足常乐融合在平平淡淡才是真的意境中。知足常乐，是一种人性的本真，在孩童时代，我们会为拥有自己梦想得到的东西而喜上眉梢、笑逐颜开，烙下一串串深刻的记忆，今日重温，也许会忍俊不禁。无论行至何方、所处何位，知足常乐永远都是情真意切的延续。

事事烦心，事事无成

人常常被困在有名和无名的忧烦之中，为此而抱怨。它一旦出现，人生的欢乐便不翼而飞，生活中仿佛没有了晴朗的天，真是吃饭不香，喝酒没味，工作没劲，事业无心，连游戏也失去意思。这一切，只因为我们陷入了细小的忧烦之中。

吉布林娶了一个维尔蒙地方的女孩子凯洛琳·巴里斯特，在维尔蒙的布拉陀布罗造了一间很漂亮的房子，在那里定居下来，准备度过他的余生。他的舅爷比提·巴里斯特成了吉布林最好的朋友，他们在一起工作，在一起游戏。

然后，吉布林从巴里斯特手里买了一点儿地，事先协议好巴里斯特可以每一季在那块地上割草。有一天，巴里斯特发现吉布林在那片草地上开了一个花园，他生起气来，暴跳如雷，吉布林也反唇相讥，弄得维尔蒙绿山上乌烟瘴气。

几天之后，吉布林骑着的他的脚踏车出去玩的时候，他的舅爷突然驾着一辆马车从路的那边转了过来，逼得吉布林跌下了车子。而吉布林——这个曾经写过"众人皆醉，你应独醒"的人——却也昏了头，告到官里去，把巴里斯特抓了起来。接下去是一场很热闹的官司，大城市里的记者都挤到这个小镇上来，新闻传遍了全世界。事情没办法解决，这次争吵使得吉布林和他的妻子永远离开了他们在美国的家，这一切的忧虑和争吵，只不过为了一件很小的小事：一车子干草。

平锐克里斯在两千四百年前说过："来吧，各位！我们在小事情上耽搁得太久了。"一点儿也不错，我们的确是这样的。哈瑞·爱默生·傅斯狄克博士曾说过这样一个故事：森林里的一个"巨人"在战争中怎么样得胜、怎么样失败的过程。

在科罗拉多州长山的山坡上，躺着一棵大树的残躯。自然学家告诉我们，它曾经有四百多年的历史。初发芽的时候，哥伦布刚在美洲登陆；第一批移民到美国来的时候，它才长了一半大。在它漫长的生命里，曾经被闪电击过14次；四百年来，无数的狂风暴雨侵袭过它，它都能战胜它们。但是在最后，一小队甲虫攻击这棵树，使它倒在地上。那些甲虫从根部往里面咬，渐渐伤了树的元气。虽然它们很小、但持续不断地攻击。这样一个森林里的巨人，岁月不曾使它枯萎，闪电不曾将它击倒，狂风暴雨没有伤着它，

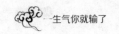

却因一小队可以用手捏死的小甲虫而终于倒了下来。

我们岂不都像森林中的那棵身经百战的大树吗？我们也经历过生命中无数狂风暴雨和闪电的打击，但都撑过来了。可是却会让我们的心被微小的小甲虫咬噬——那些用手就可以捏死的小甲虫。

几年以前，有人有机会去怀俄明州的提顿国家公园游玩。和他一起去的，是怀俄明州公路局局长查尔斯·西费德，还有其他的朋友。他们本来要一起参观洛克菲勒坐落于那公园的一栋房子的，可是他坐的那部车子转错了一个弯，迷了路。等到达到那座房子的时候，已经比其他车子晚了一个小时。西费德先生没有开那座大门的钥匙，所以他们又在那个又热又有好多蚊子的森林里等了一个小时，等这位迷了路的朋友到达。那里的蚊子多得可以让一个圣人都发疯。可是它们没有办法赢过西费德。在等待迷了路的朋友的时候，他拆下一段白杨树枝，做成一根小笛子，当迷路者到达的时候，他不是忙着赶蚊子，而正在吹笛，当作一个纪念品，纪念一个知道如何不理会那些小事的人。

解除忧虑与烦恼，记住规则："不要让自己因为一些应该丢开和忘记的小事烦心。"

没错，生活中小事不断，如果事事烦心，那么我们将没有快乐可言，更不会有时间和经历去做其他的事情，那么到最后，我们可能就因为那些小事而一事无成。

扫除错误观念，世界不是根据公平原则创造的

在我们这个世界上，许许多多的人都认为公平合理是生活中应有的现象。我们经常听人说："这不公平！""因为我没有那样做，你也没有权利那样做。"我们整天要求公平合理，每当发现公平不存在时，心里便不高兴。应当说，要求公平并不是错误的心理，但是，如果不能获得公平，就产生一种消极的情绪，这个问题就要注意了。

实际上绝对的公平并不存在，你要寻找绝对公平，就如同寻找神话传说中的宝物一样，是永远也找不到的。这个世界不是根据公平的原则而创造的，譬如，鸟吃虫子，对虫子来说是不公平的；蜘蛛吃苍蝇，对苍蝇来说是不公平的；豹吃狼、狼吃獾、獾吃鼠、鼠又吃……只要看看大自然就可以明白，这个世界并没有公平。飓风、海啸、地震等都是不公平的，公平只是神话中的概念。人们每天都过着不公平的生活，快乐或不快乐，是与公平无关的。

这并不是人类的悲哀，只是一种真实情况。

生活不总是公平的，这着实让人不愉快，但确是我们不得不接受的真实处境。我们许多人所犯的一个错误便是为了自己或他人感到遗憾，认为生活应该是公平的，或者终有一天会公平。其实不然，绝对的公平现在不会有，将来也不会有。

承认生活中充满着不公平这一事实的一个好处便是能激励我们去尽己所能，而不再自我伤感。我们知道让每件事情完美并不是"生活的使命"，而是我们自己对生活的挑战，承认这一事实也会让我们不再为他人遗憾。

每个人在成长、面对现实、做种种决定的过程中都会遇到不同的难题，每个人都有成为牺牲品或遭到不公正对待的时候，承认生活并不总是公平这一事实，并不意味着我们不必尽己所能去改善生活，去改变整个世界；恰恰相反，它正表明我们应该这样做。

当我们没有意识到或不承认生活并不公平时，我们往往怜悯他人也怜悯自己，而怜悯自然是一种于事无补的失败主义的情绪，它只能令人感觉比现在更糟。但当我们真正意识到生活并不公平时，我们会对他人也对自己怀有同情，而同情是一种由衷的情感，所到之处都会散发出充满爱意的仁慈。当你发现自己在思考世界上的种种不公正时，可要提醒自己这一基本的事实。你或许会惊奇地发现它会将你从自我怜悯中拉出来，使你采取一些具有积极意义的行动。

公平公正能够向往，但不能依赖和强求，不要把堕落的责任推诸他人，更不能自欺欺人！许多不公平的经历我们是无法逃避的，也是无从选择的，我们只能接受已经存在的事实并进行自我调整，抗拒不但能毁了自己的生活，而且还会使自己精神崩溃。因此，人在无法改变不公和不幸的厄运时，只有学会接受它、适应它才能把人生航向调转过来，才能驶往自己真正的理想目的地。

沉默比牢骚更有建设性

对于那些热爱抱怨的人来说，沉默是一件痛苦的事情。但是，沉默却能把他们从抱怨情绪中解救出来。

如果你什么都不说，大家也许还会赞美你稳重，但如果你说个不停，不但不会表现出你期望的睿智，反而会令人感觉到浮躁。倘若你滔滔不绝了很久，表达的内容却无非是抱怨和牢骚，那就更不够明智了。

所以，在思想上给自己一个过滤器吧，当你想要抱怨时，请让自己沉默几分钟，让你的话语先穿越抱怨的过滤器。沉默能让你自省反思、谨慎措辞，让你说出你希望能传送创造性能量的言论，而不是任由不安驱使你发出又臭又长的牢骚。

法国有句谚语，雄辩如银，沉默是金。在现实生活中，有时候沉默确实胜于雄辩，当然更胜过那些毫无价值的抱怨的话语。在这一点上，美国总统罗斯福可谓众人的表率。

日本海军偷袭珍珠港得手后，尽管美军损失惨重，太平洋舰队几乎全军覆没，但是在一些美国议员之中，还有为数不少的议员反对美国向日本宣战。

当时罗斯福已经将局势分析得十分明朗，他明白如果不趁日军立足未稳时发动战

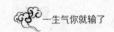

争，等到日军发展起来战争会变得更加艰巨。同时，他也明白那些持反对态度的人的想法。第一次世界大战中，美国在最后阶段才参战，战争没有在本土进行，但最后美国却因第一次世界大战而大发横财。所以，现在美国一旦参战，国内经济必受影响，而且战争的胜负很难预料。如果战事对美国不利，到时如何收场？

罗斯福明白这些人的忧虑，但他以政治家的眼光觉察出这些担忧是毫无必要的，所以他决定：美国必须参战。但是议员们观点的分歧令他苦恼，他有时候心中会生出几分厌烦的情绪，忍不住想要抱怨。

在一次会议上，当大家为战还是不战而争论不休时，罗斯福突然要站起来，因为他双腿残疾，所以平常总以车代步。当他挣扎着要从车上站起来时，两名白宫的侍从慌忙上前想帮他一把，但让人意想不到的是罗斯福愤怒地将他们推开。

于是，在众人惊讶的目光中，罗斯福摇摇晃晃地挣扎着，从椅子上缓缓地站了起来。然后他满脸痛苦却倔犟地坚持站着，默默地看着周围的人，一言不发。

所有在电视机前看到这一画面的美国民众都被感动了。有什么困难是不能克服的呢？

于是，在全国民众意愿的推动下，国会很快作出决议：对日宣战。

罗斯福说服了那些原本反对参战的人，他没有采取强硬的态度，也没有苦口婆心地进行规劝。他没有抱怨，也没有妥协，而是以一位领导人的姿态，成功地将局势引导到他所希望的方向。这不正是沉默的力量吗？

所以，沉默往往比抱怨更有建设性。抱怨是一种习惯，如果你不想把抱怨的话说出口，那么就请沉默，让自己暂停一下，调整一下呼吸，就能给自己一个机会，在说话时更加小心地选择词语，也更加仔细地斟酌自己将要表达的观点是否合适。

说话之前，不如深呼吸，而不要穷抱怨。

无法改变现状，就改变态度

有两个人在大海上漂泊，想找一块生存的地方。他们首先到了一座无人的荒岛，岛上虫蛇遍地，处处都潜伏着危机，条件十分恶劣。其中一个人说："我就在这了。这地方虽然现在差一点儿，但将来会是个好地方。"而另一个人不满意，于是他继续漂泊，后来他终于找到一座鲜花烂漫的小岛，岛上已有人家，他们是18世纪海盗的后裔，几代人努力把小岛建成了一座花园。他便留在这里做了小工，生活不好也不坏。

过了很多年，一个偶然的机会，他经过那座他曾经放弃的荒岛，于是决定去拜访老友。岛上的一切使他怀疑，还以为走错了地方：高大的屋舍、整齐的田畴、健壮的青年、活泼的孩子……老友已因劳累、困顿而过早衰老，但精神仍然很好。尤其当他说起变荒岛为乐园的经历时，更是神采奕奕。最后老友指着整个岛说："这一切都是我双手干出来的，这是我的岛屿。"那个曾经错过小岛的人此时不但没有愧疚，而且还抱怨说："为什么上天这么厚爱你，当时你要留我在这个岛上，也许会比现在更好。"

有些人常常抱怨命运不公，却不看自己为理想做了些什么。其实，只要放平心态，你一样也能活得很好。

有一天，狮子来到天神面前："我很感谢你赐给我如此雄壮威武的体格，如此强大无比的力气，让我有足够的能力统治这片森林。"

天神听了，微笑地问："但是这不是你今天来找我的目的吧！看起来你似乎为了某事而困惑呢！"

狮子轻轻吼了一声，说："天神真是了解我啊！我今天来的确是有事相求。即使我的能力再好，每天鸡鸣的时候，总会被鸡鸣声给吓醒。神啊！祈求你，再赐给我一种力量，让我不再被鸡鸣声吓醒吧！"

天神笑道："你去找大象吧，它会给你一个满意的答复的。"

狮子兴冲冲地跑到湖边找大象，还没见到大象，就听到大象踩脚所发出的"砰砰"响声。

狮子加速跑向大象，却看到大象正气呼呼地在踩脚。

狮子问大象："你干吗发这么大的脾气？"大象拼命摇晃着大耳朵，吼着："有只讨厌的小蚊子，总想钻进我的耳朵里，害我都快痒死了。"

狮子离开了大象，心里暗自想着："原来体形这么巨大的大象，还会怕那么瘦小的蚊子，那我还有什么好抱怨的呢？毕竟鸡鸣也不过一天一次，而蚊子却是无时无刻地骚扰着大象。这样想来，我可比它幸运多了。"

在生活中，我们事事要求公平，要求按照自己的意愿发展。如果稍出差错就觉得老天对自己不公平，抱怨或牢骚就产生了。抱怨是一种心理不平衡的反应，是一种追求完美的心理和情绪化心态的外在表现。你周围有没有这样的朋友？他每天都会有许多不开心的事，总在不停地抱怨。你喜欢和这样的人打交道吗？生活中，每个人都会遇到烦恼，明智的人会一笑了之，因为有些事是不可避免的，有些事是无力改变的，有些事情是无法预测的。能补救的应该尽力补救，无法改变的就该坦然面对，调整好自己的心态做该做的事情。

不要将诉苦视作理所当然的事情

不管走到哪里，你都能发现许多才华横溢的失业者。当你和这些失业者交流时，你会发现，这些人对原有工作充满了抱怨、不满和谴责。要么就怪环境条件不够好，要么就怪老板有眼无珠，不识才，总之，牢骚一大堆，积怨满天飞。殊不知，这就是

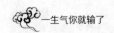

问题的关键所在——抱怨的恶习使他们丢失了责任感和使命感，只对寻找不利因素兴趣十足，从而使自己发展的道路越走越窄，在自己的抱怨声中不断退步。

本来他们可能只是想发泄一下，但后来却一发而不可收。他们理直气壮地数落别人如何对不起他们，自己如何受到不公平待遇，等等，牢骚越讲越多，使得他们也越来越相信，自己完全是遭受别人践踏的牺牲品。不停抱怨的"牢骚族"，他们的抱怨只会妨碍和干扰自己的阵脚，终究受害最大的还是自己。

事实上，你很难找到一个成功人士会经常大发牢骚、抱怨不停，因为成功人士都明白这样的道理：抱怨如同诅咒，越抱怨越退步。

于强在一家电器公司担任市场总监，他原本是公司的生产工人。那时，公司的规模不大，只有三十多人，有许多市场等待开发，而公司又没有足够的财力和人力，每个市场只能派去一个人，于强被派往西部的一个市场。

于强在那个城市里举目无亲，吃住都成问题。没有钱坐车，他就步行去拜访客户，向客户介绍公司的电器产品。为了等待约好见面的客户，他常常顾不上吃饭。他租了一间破旧的地下室居住，晚上只要电灯一关，屋子里就有老鼠在那里载歌载舞。

那个城市的气候不好，春天沙尘暴频繁，夏天时常暴雨，冬天天气寒冷，这对于于强来说简直就是一个巨大的考验。公司提供的条件太差，远不如于强想象的那样。有一段时间，公司连产品宣传资料都供应不上，好在于强写得一手好字，自己花钱买来复印纸，用手写宣传资料。在这样艰苦的条件下，不抱怨几乎是不可能的，但每次抱怨时，于强都会对自己说："开拓市场是我的责任，抱怨不能帮助我解决任何问题。"他选择了坚持下来。

一年后，派往各地的营销人员都回到公司，其中有很多人早已不堪忍受工作的艰辛而离职了。后来，于强凭着自己过硬的业绩当上了公司的市场总监。

即使在恶劣的环境下，于强也没有选择抱怨，对自己工作的坚持，使他在进步的阶梯上得到了飞速发展。一名员工，无论从事什么工作都应当选择不抱怨的态度，应该尽自己的最大努力去争取进步。把不抱怨的态度融入自己的本职工作中，你才能不断地进步，才能得到社会的认可，受到老板的青睐。

你是否能够让自己在公司中不断得到进步，这完全取决于你自己。如果你永远对现状不满，以抱怨的态度去做事，那你在公司的地位永远都不能变得更加重要，因为你根本就不能做出重要的成绩。

抱怨的人很少积极想办法去解决问题，不认为主动独立完成工作是自己的责任，却将诉苦和抱怨视为理所当然。任何一个聪明的员工都应该明白这样的道理：一个人一旦被抱怨束缚，不尽心尽力，应付工作，在任何单位里都会自毁前程。如果你希望改变一下自己的处境，希望自己能够取得不断的进步，那么首先从不抱怨自己的工作开始吧。

只看我有的，我已经是富人

人生究竟是黑白还是彩色，纯粹是一种习惯性的看法。我们一旦习惯看到人生的黑暗面，就会刻意去寻找黑暗的那一面，而忽略掉光明的一面，我们自然就会被消极的世界所包围。多计算一下自己已拥有的，我们每个人都将是富人。

黄美廉，自小就得上脑性麻痹。病魔夺去了她肢体的平衡感，也夺走了她发声讲话的能力。从小她就活在诸多肢体不便及众多异样的眼光中，她的成长充满了血泪。

然而，这位坚强的女孩没有让这些外在的痛苦击败她内在奋斗的精神，她坚持面对，迎向一切的不可能。经过努力，她最终获得了加州大学艺术博士学位，她用她的手当画笔，以色彩告诉人"寰宇之力与美"，并且灿烂地"活出生命的色彩"。

"请问黄博士，"在一次讲座上，一个学生问她，"你从小就长成这个样子，请问你怎么看你自己？你都没有怨恨吗？"

"我怎么看自己？"美廉用粉笔在黑板上重重地写下这几个字。她写字时用力极猛，有力透纸背的气势，写完这个问题，她停下笔来，歪着头，回头看着发问的同学，然后嫣然一笑，回过头来，在黑板上龙飞凤舞地写了起来：

我好可爱！

我的腿很长很美！

爸爸妈妈这么爱我！

上帝这么爱我！

我会画画！我会写稿！

我有只可爱的猫！

还有……

台下，所有的人都沉默了，面对众人的沉默，她在黑板上写下了她的结论："我只看我所有的，不看我所没有的。"掌声响起。有一种永远也不被击败的傲然，写在她的脸上。

的确，人生短暂，我们赤条条地来，又赤条条地去，何必物欲太强，贪占身外之物？"身外物，不奢恋"是思悟后的清醒，它不但是超越世俗的大智大勇，也是放眼未来的豁达襟怀。谁能做到这一点，谁就会遇事想得开，放得下，活得轻松，过得自在。

《伊索寓言》讲述了这样一则故事：

有一次，孙子和祖父进林子里去捕野鸡。祖父教孙子用一种捕猎机，它像一只箱子，用木棍支起，木棍上系着的绳子一直接到他们隐蔽的灌木丛中。野鸡受撒下的玉米粒的诱惑，一路啄食，就会进入箱子，只要一拉绳子就大功告成了。支好箱子藏起来不久，就有一群野鸡飞来，共有9只。大概是饿久了的缘故，不一会儿就有6只野鸡走进了箱子。

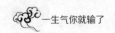

孙子正要拉绳子，可转念一想，那三只也会进去的，再等等吧。等了一会儿，那三只非但没进去，反而走出来三只来。

孙子后悔了，对自己说，哪怕再有一只走进去就拉绳子。接着，又有两只走了出来。如果这时拉绳，还能套住一只。但孙子对失去的好运不甘心，心想着还会有些野鸡要回去的，所以迟迟没有拉绳。

结果，连最后那一只也走了出来。孙子一只野鸡也没有捕到。

贪婪总是幸福的大敌。要想真正获得幸福，就要学会淡定，学会知足。

人生怎么样就看你自己怎么看，是贫穷还是富有，是黑白还是彩色，都在于你自己。如果你能接受自己所有的缺憾，接收这份不完整的生命赐予，那么你就能更快乐地活着。对于生命的苦难，我们不能把它当成是"谁"的错。你总是去看他人的优越面，心中的怨恨愈增。接受自己，接受现实，相信我已富有、已完美，生命将无憾。

抱怨不如改变

在现实中，我们难免要遭遇挫折与不公正待遇，每当这时，有些人往往会产生不满，不满通常会引起牢骚，希望以此引起更多人的同情，吸引别人的注意力。从心理角度讲，这是一种正常的心理自卫行为。但这种自卫行为同时也是许多人心中的痛，牢骚、抱怨会削弱责任心，降低工作积极性，这几乎是所有人为之担心的问题。

通往成功的征途不可能一帆风顺，遭遇困难是常有的事。事业的低谷、种种的不如意让你仿佛置身于荒无人烟的沙漠，没有食物也没有水。这种漫长的、连绵不断的挫折往往比那些虽巨大但却可以速战速决的困难更难战胜。在面对这些挫折时，许多人不是积极地去找一种方法化险为夷，绝处逢生，而是一味地急躁，抱怨命运的不公平，抱怨生活给予他的太少，抱怨时运的不佳。

奎尔是一家汽车修理厂的修理工，从进厂的第一天起，他就开始喋喋不休地抱怨，"修理这活太脏了，瞧瞧我身上弄的"，"真累呀，我简直讨厌死这份工作了"　　每天，奎尔都在抱怨和不满的情绪中度过。他认为自己在受煎熬，就像奴隶一样卖苦力。因此，奎尔每时每刻都窥视着师傅的眼神与行动，稍有空隙，他便偷懒耍滑，应付手中的工作。

转眼几年过去了，当时与奎尔一同进厂的三个工友，各自凭着精湛的手艺，或另谋高就，或被公司送进大学进修，独有奎尔，仍旧在抱怨声中做他讨厌的修理工。

提及抱怨与责任，有位企业领导者一针见血地指出："抱怨是失败的一个借口，是逃避责任的理由。这样的人没有胸怀，很难担当大任。"仔细观察任何一个管理健全的机构，你会发现，没有人会因为喋喋不休的抱怨而获得奖励和提升。这是再自然不过的事了。想象一下，船上水手如果总不停地抱怨：这艘船怎么这么破，船上的环境太差了，食物简直难以下咽，以及有一个多么愚蠢的船长。这时，你认为，这名水手的责任心会有多大？对工作会尽职尽责吗？假如你是船长，你是否敢让他做重要的工作？

如果你受雇于某个公司，发誓对工作竭尽全力、主动负责吧！只要你依然还是整体中的一员，就不要谴责它，不要伤害它，否则你只会诋毁你的公司，同时也断送了自己的前程。如果你对公司、对工作有满腹的牢骚无从宣泄时，做个选择吧。一是选择离开，到公司的门外去宣泄，当你选择留在这里的时候，就应该做到在其位谋其政，全身心地投入到公司的工作上来，为更好地完成工作而努力。记住，这是你的责任。

一个人的发展往往会受到很多因素的影响，这些因素有很多是自己无法把握的，工作不被认同、才能不被重用、职业发展受挫、上司待人不公平、别人总用有色眼镜看自己……这时，能够拯救自己出泥潭的只有自己，与其抱怨不如去改变。

比尔·盖茨曾告诫初入社会的年轻人：社会是不公平的，这种不公平遍布于个人发展的每一个阶段。在这一现实面前任何急躁、抱怨都没有益处，只有坦然地接受这一现实并努力去寻求改变的方法，才能扭转这种不公平，使自己的事业有进一步发展的可能。

抱怨让你忽略身边的幸福

有一天，佛陀外出云游，路上遇见一位诗人。这位诗人不但才华横溢且英俊潇洒，而且拥有娇妻爱子，但他却一脸愁云，逢人便抱怨上天对自己不公，总觉得自己不幸福。

佛陀问他："你什么都已经拥有了，为何还这么发愁，我可以帮你吗？"

诗人回答："的确，在外人的眼中我拥有了很多，但我却缺一样重要的东西，你能给我吗？"

"可以。"佛陀说，"无论你要什么，我都可以给你。"

"是吗？"诗人盯着佛陀，一字一顿、满脸怀疑地说，"我要幸福！"

佛陀想了想，自言自语道："我明白了。"

说完，佛陀施展佛法，把诗人原先拥有的一切全部拿走——毁去他的容貌、夺走他的财产、拿走他的才华，还夺走了他的妻子和孩子的生命。

一月后，佛陀再次来到这位诗人的身边。此时的诗人，已经饿得半死，躺在地上呻吟。佛陀再施佛法，把一切又还给了诗人，然后悄然离去。

半个月后，佛陀再次去看诗人。这一次，诗人搂着妻儿，不停地向佛陀道谢。因为，他已经体会到了什么是幸福。生活中，很多时候我们不正像那位诗人一样吗？明明拥有了很多，却对自己身边的幸福视而不见，还在苦苦寻觅所谓的幸福与快乐。其实生活就是这样，它在无形中就已经给了我们必须的东西，是追逐的目光和抱怨的心理使我们不懂得驻足欣赏我们已经拥有的幸福。当一切失去时，才蓦然发现它的珍贵。

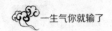

艺术大师罗丹说过："生活中并不缺少美，只是缺少发现美的眼睛。"其实，幸福又何尝不是如此，我们的身边不是缺少幸福，而是缺少了感触幸福的心。处在当今社会中，每个人的脚步都变得越来越忙碌，很多人的眼光都变得越来越势利，人们忙着追求，忙着索取，直至失却了沉静的本能，成为物质的奴隶。

也许有人会说，有谁愿意抱怨啊？你是不了解我的痛苦！确实，生命的苦旅中有无数艰难险阻，甚至让人难以承受。但是抱怨又能怎样呢？而且当你看完了下面的故事，相信大多数人都会明白，我们甚至没有抱怨的资格！

2004年5月的一个晚上，在12000余名听众雷鸣般的掌声中，一位"半身人"用双掌撑地，一步步地走上了青岛天泰体育场的主席台。这个半身人来自澳大利亚，名叫约翰·库缇斯，天生没有下肢，但是他却用双掌走遍了世界上190多个国家和地区，被誉为"世界上最著名的残疾人演讲大师"。此外，他还是大洋洲的残疾人网球赛的冠军，是游泳健将，甚至会用两只手开汽车。

"大家好！"打过招呼，库缇斯拿起了桌子上的矿泉水瓶子，边比画边说："从一出生我就是个悲剧，当时我只有矿泉水瓶这么大，两腿畸形，医生断言我活不过当天，可我活到了现在，35岁的我依然健在，而且经常在世界各地旅行……"

库缇斯一口气讲了半个小时，其间，观众们的掌声几乎就没停过。最后，库缇斯突然举起手里的一件东西说："我非常感谢青岛朋友的热情招待，我住的宾馆条件非常好，但有一样东西让我不知所措，服务生却每天都会把它放在我的床头。"说完，库缇斯把他说的东西扔向了听众席，原来是一双一次性拖鞋。

听众席一片肃静。

"如果你能穿拖鞋的话，你是幸运的，你是没资格抱怨的！不是每个人都能够穿拖鞋的！"库缇斯大声说。听众席上立即爆发出一连串的喝彩声，紧接着是长久的掌声。

哲人说："苦海即是天堂，天堂也即苦海。"想想真是如此，有时候我们明明生活在天堂，却总是觉得自己苦不堪言；而我们意识当中的苦海，却有很多人生活得不亦乐乎。这一切，其实都源自于我们的心态是否平和，我们是否足够坚强。最后再问一句：和库缇斯相比，你有没有资格抱怨？如果没有，还是及早放弃抱怨，学会珍惜吧！只要抛开那些无谓的烦恼和杂念，学着去适应、去发现、去感受、去改变，你一定会摆脱抱怨的束缚，发掘到幸福、快乐的真谛。

抱怨是谋杀幸福的病毒

上帝是慷慨的，每天零点都会准时给我们开一张24小时的时间支票，你有权使用它，但无权占有它。你可以通过努力把这张支票变为成功与快乐，但如果只是一味地抱怨，这张支票就会变为失败与痛苦。抱怨可以使人身心放松，发泄不满，得到暂时的心理平衡。用抱怨解决问题没有任何意义和价值。并且，抱怨过后，你会变得更加痛苦，更加没有勇气。如果一个人用抱怨来发泄，并以此求得心理上的平衡。就如同寒冬里用热水来温暖自己一样，得到短暂的温暖，之后很快就会受到更严酷、更寒冷地折磨。

有一个人被歹徒抢劫，并且受了伤。他觉得自己太无辜了，上天对自己太不公平了。于是，每次亲友来探望他时，他都会把已经结痂的伤口揭开，向人们讲述他的悲惨遭遇，看望他的人都会痛心地抚摸他的伤口，说一些安慰的话。后来，这个人的伤口感染了，但他仍然没有改掉揭开伤口向人抱怨的毛病，结果病情越来越严重，终于，这个人在心理与身体的双重痛苦中离开了人世。

这个故事所展示的就是抱怨的全部作用与意义。人生在世不能事事如意，该面对的总是要面对，该承担的也总是要承担，一味地抱怨无济于事，只会给自己添堵。

14年前，品学兼优的小莉大学毕业后进了一家国企。虽然是国企，但是效益并不好，始终徘徊在倒闭的边缘。她每天忧心忡忡地抱怨："为什么我这样的'天之骄子'一毕业就要面临下岗的危险？"后来，她跳槽到一家刚成立的民营企业，又有了新的牢骚："工资怎么这么低？"再后来，她再次跳槽，成了风光无限的外企高管，但依然怨气冲天："待遇是不错，可压力也大呀！那么多人盯着我的位子，我必须一刻也不能放松，连结婚生孩子的时间都没有！"

与小莉不同，依琳则是为了错综复杂的人际关系而烦。依琳在某单位工作，常常要与各部门打交道。刚到单位不久，她就发现这里人浮于事，部门之间关系复杂微妙，安排下去的工作很难落实，最后任务完不成，过错总是落在自己身上。"唉，工作实在是太难做了！"这句话成了她的口头禅。

数据表明，随着竞争压力的增大，"牢骚族"的数目也变得异常庞大。一项关于职场人抱怨状况的调查显示，近9成职场人每天都会发出抱怨。其中，65.7%的人每天抱怨 1～5 次，13.8% 的人每天抱怨 6～10 次，4.8% 的人每天抱怨 20 次以上，只有11.2% 的人表示自己"从来不抱怨"。

无可否认，每个人都有牢骚。生活中的抱怨大多来自所得与所付的失衡、自我价值的实现受阻、人际关系的受挫。

调查显示，74.7% 的人表示自己的抱怨主要是为了发泄内心的苦闷，而希望通过抱怨解决问题的比例为36.2%。专家认为，日常工作中充斥着一个个矛盾，需要凭借自己的能力和努力去解决、协调。在这个过程中，一旦无法做到内心的平衡，抱怨就会随口而出或者在脑海中闪现，当这种矛盾积累到无法疏解的时候，会发现自己真的成了"祥林嫂"。

抱怨是一种病毒，但你身边的人总是在抱怨领导的苛刻，同事的不友好，于是，你也会对原本满意的生活和工作充满了排斥。因此，工作生活中想要得到幸福就要尽量避开那些喜欢抱怨的人。

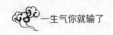

不抱怨是一种智慧

在生活中，我们的身边充满了各种各样的抱怨：抱怨孩子不懂事，抱怨家人不体谅自己，抱怨付出多、薪水低，抱怨上级不公平，抱怨公司制度不合理，抱怨人生不如意……有的抱怨是我们说给别人听的，有的抱怨是别人说给我们听的。但是，几乎没有人抱怨过自己：我为什么会有这么多的抱怨呢？

抱怨就像思维的一种慢性毒药。在我们的大脑中毒的同时，我们的人生态度、行动被"抱怨"这种强烈的病毒感染。在抱怨的生活中，我们的意志不断受到消磨，就像可以"溃堤"的蚂蚁一样，精神之堤瞬间被生活的洪水化为乌有。

我们就像陷入了抱怨的泥潭，无法自拔……在抱怨中找不到灵魂的出路，囿于抱怨的牢房，不知道如何走出抱怨的世界，给自己一个完美的世界。

葡萄牙作家费尔南多·佩索阿说："真正的景观是我们自己创造的，因为我们是它们的上帝。我对世界七大洲的任何地方既没有兴趣，也没有真正去看过。我游历我自己的第八大洲。"就像费尔南多·佩索阿说的那样，在生活中，我们才是自己的上帝，我们在创造自己的完美世界。

抱怨还是一种消极的行为方式，因为抱怨表达的是消极信息：挑剔、不满、埋怨、懊悔、烦恼、愤怒等等，人在抱怨之后并不是轻松了，而是更生气了，而且不仅自己生气，周围的人也跟着不高兴。心理学研究表明，消极情绪会造成免疫力下降，时间长了就容易生病。相反，积极情绪会提高人的免疫力。消极情绪就像黑暗，而积极情绪才是阳光。

抱怨是最消耗能量的无益举动。有时候，我们不仅会针对人，也会针对不同的生活情境表示不满；如果找不到人倾听我们的抱怨，我们还会在脑海里抱怨给自己听。神奇"不抱怨"运动，来得恰是时候，正是我们现代人最需要的。我们可以这样看，天下只有三种事：我的事，他的事，老天的事。抱怨自己的人，应该试着学习接纳自己；抱怨他人的人，应该试着把抱怨转成请求；抱怨老天的人，请试着用祈祷的方式来诉求你的愿望。这样一来，你的生活会有想象不到的大转变，你的人生也会更加的美好、圆满。

不抱怨是一种智慧，因为你会发现，只有我们才是拯救自己的上帝。远离抱怨的世界，我们才能在自己生活的原点改变自我，发现一个全新的自己，从而改变自己的命运，收获成功的喜悦和幸福的生活。

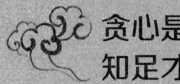

第十四章

贪心是条不归路，
知足才能常乐

每个人仅需一杯水就足够

每个人都有贪欲。一个人已经拥有一块砖，还会想着要更多的砖来盖一座房子；一个人拥有一杯水，还想着要一池塘的水来灌溉土地。一个人拥有多少才算足够？这个问题可能并不容易回答。因为人的贪念像无底洞一样，看不到边际，揣测不清它的深浅。

人们在生活中总会因为自己的欲望和贪婪为自己寻求更多的东西。金钱、权势、声誉都成为人们角逐的对象。然而，一个被欲望迷住双眼，无法自拔的人，终究会因为欲望的不断膨胀而迷失自己，丧失人生的乐趣。在得到与失去之后，就会发现，其实我们需要的只是一杯水而已。

有一个年轻人，生活得十分不愉快，他常常因为想要的东西得不到而伤心，埋怨生活给予他的太少，让他的生活陷入一片黑暗。

这一天，年轻人一个人远足行走又热又渴。他来到一个寺院，遇到了一个高僧。这位高僧见年轻人口渴，就端来一杯水给他。年轻人拿起水杯一饮而尽。

高僧看着年轻人说："解渴了吗？"

年轻人说："解渴了。"

高僧顺手指着门口的一个小池塘说："这杯水与池塘的水哪一个多？"

年轻人疑惑不解，他回答说："当然是池塘的水多。"

高僧叹息了一下，说："这杯水虽少却能给你解渴，但是这一池塘的水却不能解除天下的大旱。"

年轻人大悟，原来每个人仅需一杯水就足够了。

这个年轻人之所以活的痛苦，是因为他想要的东西太多，这也想要那也想要。而

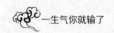

事实上，人不可能什么都拥有，这世上总有一些东西我们求而不得，这种时候，若不分清欲望与需求的区别，就很容易在过多的欲求里没顶。其实我们需要的东西真的不多，只是一杯水而已。

一杯水可以解渴，可以清心。少了欲望和贪念，就能忍耐一切失意事，遇到快乐的事也能淡然视之；得到荣耀和上天的恩宠，能保持平和之心，受到怨恨也能安然对待；烦恼和忧心之事到来时，能平静处之，忧愁和悲伤也能稳妥地平复。

有一次，虚有禅师在河边行走。此时，有几个人正在岸边垂钓，旁边几名游客在欣赏海景。只见一位垂钓者竿子一扬，钓上了一条大鱼，足有三尺长，落在岸上后，仍腾跳不止。可是垂钓者却用脚踩着大鱼，解下鱼嘴内的钓钩，顺手将鱼丢进海里。

围观的人响起一阵惊呼，这么大的鱼还不能令他满意，可见垂钓者雄心之大。

就在众人屏息以待之际，钓者渔竿又是一扬，这次钓上的是一条两尺长的鱼，钓者仍是不看一眼，顺手扔进海里。

第三次，钓者的渔竿再次扬起，只见钓线末端钓着一条不到一尺长的小鱼。围观众人以为这条鱼也肯定会被放回，不料垂钓者却将鱼解下，小心地放进自己的鱼篓中。

游客百思不得其解，就问钓者为何舍大而取小？

没想到钓者回答："哦，因为我家最大的盘子只不过有一尺长，太大的鱼钓回去，盘子也装不下。"

禅师感叹说："人生并非拥有的越多越好，找到适合自己的目标非常重要。否则，将永远会挣扎于不满的情绪之中。"

正像禅师所说的，想要的越多，人们的快乐就会越少。欲望少一点儿，生活就会美好许多。

人的欲望是永远不知满足的，要想真正享受人生的乐趣，就需要有"仅需一杯水"的心态。面对欲望，做得最好的人不是清心寡欲的人，而是能很好地支配欲望却不被欲望支配的人。我们常说"无欲则刚"，无欲并不是什么都不要，无欲的意思是不贪。不被欲望牵制的人，会觉得一杯水已经足够，能做到宠辱不惊，看透一切短暂的痛苦与快乐，不入名利牢笼，专注于眼前事、当下事，没有烦忧，达到洒脱的精神境界。

人人皆有因缘，何必艳羡他人

每个人都有自己的因缘，没有必要羡慕他人。可是人们在生活中，常常不满足自己的现状。很多人都认为别人的东西好，喜欢别人的衣服，喜欢别人的桌子，喜欢别人家的房子……很少人会对自己的生活满意，也很少人懂得珍惜身边拥有的东西。

我们之所以羡慕他人，因为我们对物欲贪恋太多。一个人自己拥有一间大房子，又会羡慕别人家里漂亮的橱窗，却不知拥有橱窗的那个人正羡慕着别人家的柔软的沙发，我们手中拥有的很多东西或许也正是别人羡慕想要得到的。每个人都拥有自己的珍宝，不贪心的人懂得拥有的可贵，也不会羡慕他人的美玉。

春秋时，宋国有个人在山上开凿石料的时候，发现了一块宝玉。他带回家后，总是担心宝玉会被盗走。考虑来考虑去，终于想出了一个两全其美的办法：他决定把宝玉赠送给一个有身份的人，这样多少还能留下些人情。

于是，他带了宝玉悄悄地前往都城，要献给掌管工程的大臣子罕。子罕不解地问："你把如此贵重的宝物送给我，大概是要我帮你办什么事吧？不过，我是从来不接受别人赠送的礼物的。"宋人忙说："我没什么事要您帮我办。据玉工鉴定，这块宝玉是稀有之物，所以我要献给您。"子罕再次拒绝说："我决不能收下这宝玉。如果我收下了，你没了宝玉，我也会因此而失去清廉的美名，你和我都丧失了宝。"

宋人听不懂子罕这话的意思，只是呆呆地望着他。子罕继续说道："我以不贪为宝，而你以玉为宝。你把玉给了我，当然丧失了宝，但我收下了你的玉，也就丧失了不贪这个宝。这样，双方都丧失了宝，我们还是各自保留自己的宝吧！"

子罕拥有清廉，以此为宝，也就不再去羡慕别人送的宝玉。他很清楚自己该做什么，不能做什么，所以不会放任自己的欲望，随便抛下自己手中握有的珍宝，转而去接受别人手中的宝贝。

不羡慕他人，就能超脱于贪念之上，眼光超越蜗角虚名，蝇头微利。人若能努力做好自己的本分，也就能在面对名利时保持心平气和。每个人的生活轨迹都不一样，所拥有和遭遇的也不太一样，你眼中的地狱在别人眼里或许是天堂，你以为是珍宝的东西，别人或许以为一文不名，你拥有的或许也是别人羡慕的，所以，不必总想得到别人手中的东西，而忽视了自己已经拥有的一切。

把生命都耗费在艳羡他人身上，只会让自己置身于贪婪的深渊之中，时时刻刻不得满足。生活中，保持一颗清闲自在的心，虽然看起来无法为自己创造任何价值，却能让我们内心坦荡，寻到踏实的快乐。

贪心不足是苦海

从前有一个笨人到朋友家里去做客。主人留他吃饭，他嫌菜没有味道，于是主人就在菜中加了一些盐，这样一来，吃起来味道就很好了。

笨人心里想："菜的味道好是从盐中得来，一点点盐就让菜好吃，那么多吃一些一定味道更好。"这样想了以后，笨人就向主人索取了一杯盐，一口吞进嘴里去，不料咸得要命，于是急忙把盐从嘴里吐出来。

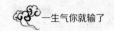

《百喻经》中的这则故事劝诫修行之人要节量饮食，少贪知足。欲望的存在很合理，如果一个人对人世没有任何追求，就失去了生活的乐趣，因此人不能没有欲望，但却不能过于贪心。欲望只可浅尝，而不可沉溺。

贪婪的人，被欲望牵引，欲望无边，贪婪无边；贪婪的人，是欲望的奴隶，他们在欲望的驱使下忙忙碌碌，但不知所终；贪婪的人，常怀有私心，一心算计，斤斤计较，却最终一无所获。

有一位法师年纪大了，面临死亡，看到两个小鬼来捉他，小鬼在阎王那里拿了拘票，还带了刑具手铐。

这个法师说："我们打个商量好不好？我出家一辈子，只做了功德，没有修行，你给我7天假，7天打坐修行成功了，先度你们两个，阎王我也去度他。"

那两个小鬼被他说动了，就答应了。这个法师以他平常的德行，一上座就万念放下了，庙也不修了，什么都不干了，3天以后，无我相，无人相，无众生相，什么都没有，一片光明。

这两个小鬼第7天来了，看见一片光明却找不到他了。完了，上当了！这两个小鬼说："大和尚你总要慈悲呀！说话要有信用，你说要度我们两个，不然我们回到地狱去要坐牢啊！"法师大定了，没有听见，也不管。两个小鬼就商量，怎么办呢？只见这个光里还有一丝黑影。有办法了！这个和尚还有一点儿不了道，还有一点儿乌的，那是不了之处。

因为这位和尚功德大，皇帝聘他为国师，送给他一个紫金钵盂和金缕袈裟。这个法师什么都无所谓，但很喜欢这个紫金钵盂，连打坐也端在手上，万缘放下，只有钵盂还拿着。

两个小鬼看出来了，他什么都没有了，只这一点贪还在。于是两个小鬼就变成老鼠，去咬这个钵盂，咔啦咔啦一咬，和尚动念了，一动念，光没有了，就现出身来，他俩立刻把手铐铐上。

和尚很奇怪，以为自己没有得道，小鬼就说明经过。和尚听了，把紫金钵咔啦往地上一摔，好了！我跟你们一起见阎王去吧！这么一下子，两个小鬼也开悟了。

和尚正是因为没有戒除对紫金钵的贪念，才会让小鬼得逞。佛说"贪、嗔、痴"为人生"三毒"，是为众生业障的根本。我们每个人都有贪念，如果不能理性看待自己的欲望，就会产生诸多烦恼。贪念过多会给自己的生活带来痛苦，也会让心灵变得狭隘。过于贪婪的人，往往被眼前所得的东西迷惑，贪恋越多，失去的东西也会越多，最后让心灵和生活陷入痛苦之中。

曾有人说：贪心不足是苦海。做人一定要知道满足，不可贪得无厌。事实上，我们所拥有的并不少，仅仅是因为欲望太多就使自己不满足，甚至憎恨别人所拥有的或期望比别人拥有更多，以致心里产生忧愁、愤怒和不平衡。去了贪心，多些知足，人生亦会豁然开朗。

绊倒你的也许只是一个小小的贪念

人经常会被自己拥有的东西绊倒。有时候，拥有的越多，我们脚下的绊脚石也会越多。因为拥有太多时，利欲心就会作怪，让人死死抓住手中所拥有的东西，舍不得失去，如此一来，前行的脚步自然容易被拖累。当人们不能安于简单的生活，执意要去追求过多的欲望时，就很容易被心中的贪欲所害。所求的东西越多，越是深陷贪欲难以摆脱。

如果一个人贪心太重，将金钱利益当做人生的目的，那么，人就会被这种贪念牢牢控制住。一开始，可能只贪求微小的利益，但是贪婪的心会渐渐膨胀，直到最后将你拖入深渊。

狐狸和狼是死对头，在动物王国中，它们一直在明争暗斗，渴望更高的地位和权力。狼比狐狸走运，狼被提拔了，狐狸却什么也没得到。

狐狸不甘心，去拜见狼，诚恳地说："狼大哥，过去我有对不起你的地方，是我错了，你一定要原谅我呀。"

狼见狐狸登门认错，心里得意，摆出大仁大义的样子说："没什么，过去的事情就别提了，咱们团结一致向前看。"

狐狸与狼倾心长谈，并积极为狼出谋划策，临走时，还留下小礼品。狐狸隔三岔五就经常来走动，每次来都带些礼品，不轻不重，狼渐渐地也就习以为常了。狐狸开始要求狼帮它办事，狼一一答应了。慢慢地，狐狸求狼办的事也越来越多，当然礼品也越来越多，不知不觉中，超过原则的范围也越来越远。

终于有一次，狐狸让狼办一件很危险的事，许诺事成之后定有重谢。狼不同意。狐狸取出一个小本，上面记着狼每次受贿的时间、事由等，各种证据俱全，这些足以毁掉狼的前程。不得已，狼答应再帮狐狸一次忙，下不为例。

没有下一次了，狼东窗事发，将在狱中度过自己的余生。

贪婪有时可以让人失掉最起码的做人原则，有时也可以让人丢掉自由。人因贪婪而付出的代价往往巨大。一些人为了得到他喜欢的东西，殚精竭虑，费尽心机，不择手段，以致走向极端。在现实生活中，很多高官因为受贿纷纷落马，一些商人为了攫取大量的金钱陷入泥潭，这些都是他们贪心不足的缘由。追根溯源，最初将他们引入歧途的往往只是一念萌生的贪婪，这种贪婪心理是一个死穴，也是最容易被击中的软肋。贪心一起，就很难有终结的时候。

很多人可能觉得，偶尔放任自己的欲望并不算什么，只要在关键的问题上不违背原则就行，但是，欲望有时就像一片流沙，一块沼泽地，一旦踏入它的领域，就会泥足深陷，很难全身而退。所以，控制贪念应从小处留心，时时留意，不要让它在不经意间就侵蚀了你的人生。

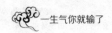

不执着拥有，不害怕失去

人赤条条地来到这个世界上，不可能永久地拥有什么。现代西方经济学最有影响力的经济学家凯恩斯曾经说过，从长期来看，我们都属于死亡。不论拥有多少，到头来也终究逃不过死亡，而金钱、地位、荣耀在人死后都会成为虚无。所以我们不必太在乎自己现在所拥有的，也不必害怕自己会失去什么。

很多人总是出于占有的欲望，习惯于将自己拥有的一切握得紧紧的，不肯有丝毫放松，也不肯舍弃分毫，他们心里时刻装着对拥有的执着，因而也就时刻活在对失去的恐惧中。一个位高权重的人不执着于他的官位，也就不在意是否失去权势。相反，一个人总是在乎自己赚到多少钱，赢得多少利润，那么，一旦没有得到或是得到了又失去的话，他就会痛不欲生，难以从失去的打击中恢复过来。

不执着于拥有的人，才不害怕失去，才不会在失去之后追悔痛惜。因为他们知道，一切拥有都只是暂时的，而失去也未必意味着不幸。

佛陀出家成道之后，他的儿子、孙子都相继跟他出家了。佛陀只好在王族中找了一个叫跋谛的人继承了国家王位。哪知道跋谛当上国王不久，国家就灭亡了，跋谛也跟着佛陀出家了。

跋谛出家之后，每天三呼："我真快乐！我真快乐！我真快乐！"其他弟子听了之后，以为他舍不下过去的荣华富贵，断不了尘根，在那里自我安慰，都很鄙视他。

佛陀于是叫来了所有的弟子，当面问跋谛："你忘不了过去的快乐时光吗？为什么总大喊三声'我很快乐'？"

跋谛说："佛陀，我并没有回想过去不快乐，而是因为我现在很快乐啊。过去我每日担惊受怕，怕别人贪图我的国家，怕别人伤害我的性命，所以我过得很苦。而今我虽然出家，过着清贫的日子，但是我心中非常满足，因为我有饭吃，能睡觉，自由自在，我怎么能不快乐呢？"

有饭吃、能睡觉、自由自在，人得这三者就应该满足。锦衣玉食、奢华生活并不能让人获得大自在，拥有得多也并不意味着幸福快乐。

一个懂得知足，懂得在每一种境遇下安然生活的人，会明白真正的拥有是什么。它不是物质，不是名利，不是地位权势，而是知道珍惜和感恩的心情，是知道如何去面对困境的平和心态。所以，他们不会因为物质和名利上的得失而或喜或悲，而是会在得到时保持平常心，失去时则回过头去看看自己尚且拥有的一切，不论在什么样的处境下，他们都可以过得富足，充实。

佛陀派阿难外出化缘，阿难托钵行脚，路遇两个穷人，一个少年正在扶着一个老妇人，看上去像是母子，二人身着破烂的衣服，看起来似乎是乞丐。

那个小乞儿将老妇人背到了一棵大树下对老妇人说："母亲，我去乞求些饭菜，您在这里等我。"于是起身离开。老妇人在乞儿走开的时候脸上露出了满足的笑容，笑容中的美感令阿难深为感动，那是安详而欣慰的笑容，没有对生活的怨怼，反而是充满爱和希望。

不久，阿难看到那乞儿拖着化缘来的柴火和一碗汤饭，欢欢喜喜地回来，将汤饭高高举过头顶，跪下来如同供奉神明一样举给老妇人，并一口一口地喂老妇人吃饭，期间不忘问母亲是否饱足。

老妇人吃饱之后，乞儿还给她拭嘴，这才又到人群中给自己讨饭吃。

阿难正在替乞儿担忧，怕他饿了肚子，却见他捡起地上别人丢弃的食物果腹，然后回头找自己的母亲，将母亲背走了。

这对乞丐母子虽然过得非常辛苦，却一派母慈子孝的模样，让阿难颇受触动：拥有的即是最珍贵的。即便卧于淤泥，吃着陋食，却能看重自身拥有的。不在乎自己没有什么，也是一种拥有。

乞丐母子在困顿中不贪求能拥有什么，也就无所谓失去了。如果一个人总认为自己拥有的还不够多，想要的还很多，就会无视自己手中的幸福，一心望着那些不属于自己的东西。如果在欲望的追求中度过一生，为了得不到所追求的东西而失望痛苦，或者过分在意自己已经得到的东西，害怕失去，整天患得患失，人生就没有幸福可言。生活让我们明白：即使拥有整个世界，一天也只能吃三餐。这是思悟后的一种清醒，谁真正懂得它的含义，谁就能活得轻松，过得自在，白天知足常乐，夜里睡得安宁，走路感觉踏实，蓦然回首时没有遗憾。

远离贪念，便是远离祸患

中国古代圣贤认为，世上的人们所尊崇看重的，是富有、高贵、长寿和善名；所爱好喜欢的，是身体的安适、丰盛的食品、漂亮的服饰、绚丽的色彩和动听的乐声；所认为低下的，是贫穷、卑微、短命和恶名；所痛苦烦恼的，是身体不能获得舒适安逸、口里不能获得美味佳肴、外形不能获得漂亮的服饰、眼睛不能看到绚丽的色彩、耳朵不能听到悦耳的乐声；假如得不到这些东西，就大为忧愁和担心。

这些可以说是人之常情，但若喜好太过，忧愁太过，便是生起了贪念。佛家认为，世人常患大病，病由"贪"字而来。人的贪念太多，就会为了满足欲望而不择手段，伤害他人，也会因为欲望的落空而悲伤痛苦，戕害自己。所以，远离贪念，其实便是远离祸患，太过贪心的人到最后往往得不偿失。

《百喻经》中记载：

有一个擅长牧羊的人，他所蓄养的羊繁殖得很快。他很节省，从来不肯杀一只羊。

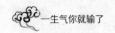

别人见到他虽眼红，却也奈何他不得。

那时，有一个人很会机巧诈骗，走过来甜言蜜语地和他做朋友，牧羊人信以为真。这个人对牧羊人说："我知道你没有妻子，很是寂寞。现在我打听到东村有个女郎，美丽极了，给你做妻子，很合适。我做介绍人，一定可以成功。"

牧羊人听了很高兴，就给他很多羊和一些其他礼物，算作聘礼。

过了几天，这个人又来对他说："她已经答应做你的妻子，而且你的妻子今天已经生了一个儿子了，我特地来给你道贺。"

牧羊人听到还没有见过面的妻子，就已经替他生了个儿子，心里更加欢喜，就又给了这个人很多羊和别的东西。再过了几天，这个人又走来说："唉！真可惜，你的儿子今天死了！我真替你难过呢。"牧羊人听了以后，便号啕大哭，悲痛不止。

牧羊人被心中的贪念所诳惑，为了子虚乌有之事丧失了财物，还赔上了许多徒劳的忧愁悲苦的情绪，实在是愚昧。其实，贪念便如同牧羊人那并不存在的妻子和儿子一样，你以为你追求的东西实实在在地存在着，并为之付出一切，却不知你追逐的东西皆是虚幻，即使追到了手，也马上会被更大的欲望所吞噬。

贪婪令人不知餍足，人们为满足自己的贪念，一步步走向深渊。人的心好比荒野中的鹿，鹿为了寻找水源会极尽所能，追逐水草，哪怕这种追逐会令自己丧命于天敌之口。这正如我们的心，难敌尘欲诱惑，汲汲营营于声色犬马，哪怕这种钻营只是无端消耗生命，滋长欲望，甚至将自己推向祸患的深渊，也不肯收手。

有一位书生准备进京赶考，途中经过一条河，刚好遇到一位渔夫钓到了一条大鱼。

书生："哇，好大的鱼啊！"

渔夫看了书生一眼，得意地笑了一下。

书生："你是怎么钓到这么大的一条鱼的？"

渔夫："这当然需要一些技巧！"

书生："能说来听听吗？"

渔夫："其实我也是尝试了好几次才成功的。"

书生："哦，怎么说？"

渔夫："我在这里钓了这么久的鱼，从来没有钓过这么大的鱼，所以当我发现它的时候，也觉得很惊喜，心想一定要钓到它。"

书生听得津津有味，很期待地追问："然后呢？"

渔夫："然后，我就按照以往钓鱼的方法，在钓鱼钩上作饵，放在水里去给它吃，谁知道，它根本不理我，我想它可能觉得这个鱼饵实在太小了。"

书生："那就换大一点儿的啊！"

渔夫："是啊，于是我就把饵换成大饵，没想到这方法果然奏效，没有一会儿工夫，大鱼就上钩了，当它吃到鱼饵时，就被我的钩线牢牢地缠住嘴巴，无法动弹，当然就游不走了。"

书生听完后，感叹地说："鱼啊，鱼啊，河里的小鱼小虾这么多，让你一辈子都吃不完，你却禁不住诱惑，偏偏去吃渔夫送上门的大饵，可说是因贪念而死啊！"

有小鱼，有小虾，这些鱼饵已经足够鱼填饱肚子。但是鱼偏偏贪恋大饵，最终失去了性命。贪婪没有满足的时候，越加满足，胃口就越大。贪的邪恶力量是无穷的，它所引起的欲望阴云会彻底覆盖一个人的本心，贪婪的人每天都生活在殚精竭虑、费尽心机的算计中，因为贪欲早已迷惑了心，遮住了眼，人们不知道自己该在什么时候停下来。

我们需要在想得到的过程中学会适可而止，远离贪念，远离祸患。要做到这一点，就要在做事的过程中时时反省自己的心念，看看自己是不是太过急躁，太过执着于所追求的目标，以致于行为有了偏差；同时，还可以经常让自己停下脚步，什么也不干，好好休息一场，如此一来，自然可以平息过盛的欲求，重新找到前行的方向和节奏。

要踏实，切莫投机取巧

在现实生活中，人们遇到的诱惑很多。很多人在利欲的驱使下，很容易失去自己的本真，为了一些利益和财富而投机取巧。投机会给人们带来一时的利润，但是长久如此就会伤人伤己。

趋于利，近于色，馁于失，矜于得，种种欲望使人迷醉。人人都有贪求，都想过美满幸福的生活，都希望丰衣足食，这在所难免，但无止境的贪婪、不切实际的奢望，使人心态浮躁，急功近利，总希望付出最少得到更多，这样的想法不仅难以顺利成为现实，而且在所得与付出不成正比的时候，就很容易受到周围人的指摘，同时也容易使自己的人生失去继续前行的基础和持续的动力，结果最后祸害的还是自己。所以，面对诱惑，不起妄念，少做一些不切实际的梦。踏实生活，脚踏实地的人，行事会比别人有耐心些，也会比别人走得更远。

有一位老教授说起过他的经历："在我多年来的教学实践中，发现有许多在校时资质平凡的学生，他们的成绩大多在中等或中等偏下，没有特殊的天分，有的只是安分守己的诚实性格。这些孩子走上社会参加工作，不爱出风头，默默地奉献。他们平凡无奇，毕业后，老师同学都不太记得他们的名字和长相。但毕业后几年、十几年后，他们却带着成功的事业回来看老师，而那些原本看来会有美好前程的孩子，却一事无成。这是怎么回事？

"我常与同事一起琢磨，认为成功与在校成绩并没有什么必然的联系，但与踏实的性格密切相关。平凡的人比较务实，比较能自律，所以许多机会落在这种人身上。平凡的人如果加上勤能补拙的特质，成功之门必定会向他大方地敞开。"

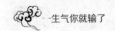

一个人如果有了脚踏实地的习惯，具有不断学习的主动性，并积极为一技之长下工夫，成功就会变得容易起来。一个肯不断扩充自己能力的人，总有一颗热忱的心，他们甘于做凡人小事，肯干肯学，多方向人求教；他们出头较晚，却在各种不同职位上增长了见识，扩充了能力，学到许多不同的知识。

脚踏实地的人，能够控制自己心中的激情，避免设定高不可攀、不切实际的目标，也不会凭借侥幸去瞎碰，而是认认真真地走好每一步，踏踏实实地用好每一分钟，甘于从基础工作做起，在平凡中孕育和成就梦想。

做人一定要知道满足，不可贪得无厌、投机取巧。美好的生活应该靠勤劳的双手去创造，不劳而获的东西得之容易，用之却难——它往往不会带来幸福，只会带来祸害。因为做事不踏实，太过急功近利，必定造成目光短浅，只看到眼前的利益，投机取巧，认为好吃好穿好玩乐便就是好。而为了吃穿玩乐，人就变得不择手段，不顾廉耻，成天绞尽脑汁投机取巧，将人格、尊严、德行、操守、灵魂通通抛到九霄云外。

所有的成功者都没有投机取巧之心，每一个都是一步一步脚踏实地走向成功的。作家会因为投机取巧而写不出好作品，艺术家因为投机取巧而忽视了艺术的内涵，运动员因为投机取巧会有违规行为。为了眼前的利益投机取巧，只能获得一时的痛快，但这痛快却要以长远的痛苦为代价。要想获取幸福，不能急于求成，更不能投机取巧。我们做事情要学会踏实认真，行事绝不要过分仓促，因为命运对踏实的人总是给予双倍的奖励。

拿掉头衔去掉存款，剩下的才是财富

财富一直是人们苦苦经营与追求的东西。但人活着，如果只把追逐金钱作为唯一的目标和宗旨，将会被金钱捆绑起来，最终也将被生活遗弃。

金钱并不是唯一能够满足心灵的东西，虽然它能为心灵的满足提供多种手段和工具，但在现实生活中，我们不能只顾享受金钱而不去享受生活。享受金钱只能让自己早日堕落，而享受生活却能够使自己不断品尝幸福。佛家有句话说："真正的财富是燃起的心灯。"心灵富足的人，才能拥有真正的充实和幸福的生活。

一位居士找到禅师，哭诉："师父啊，我被别人骗了六十多万啊！"禅师笑了笑，说："恭喜，恭喜你！"

居士不解："师父，我失去了那么多财富，十分烦恼，您还恭喜我？"

禅师说："你没有被骗我们还不知道你有这么多钱，别人骗你正是因为你有啊！至于现在，就当作你没有好了。就当你的钱都拿去布施好了，以后终将获得福报。"

居士听了高兴地说："那么说，我可是个真正富有的人啊！"

人生是一趟艰苦的旅程，正如苏东坡词中所写："人生如逆旅，我亦是行人。"

每个人都是人生的过客，每个人都要尝到这趟旅程中的酸甜苦辣，没有人能够真正、永远地拥有什么。所以，吃了亏也不必烦恼、难过，无论钱财，还是地位，都是身外之物，我们只是拥有使用权而已。

对于这位丢了巨款的居士来说，失去钱财令他烦恼，而禅师却认为不在意钱财多少，不在意它是否在自己手中，心中不再为此而担心才是财富。人人都渴望得到财富，那么财富究竟为何物？在佛家看来，一个人拥有的衣食住行，名和利，言语的重量，以及自由自在的心灵，都是财富。财富不仅仅指金钱，人既有心外的财富，也有心内的财富。心内的财富左右着一个人的生活和行为。人们常常以为，在金钱、财产和人际交往中能够找到充足感和幸福感，可是他们忘了，幸福并不是得到什么，而是心灵在感受到自我实现时所处的状态。真正的财富并非来自外在的金钱与物质的堆砌，而是来自内心的满足和充实。

真正的财富在自己的心里，当我们拿掉头衔，去掉存款，剩下的才是真正的财富。真正富有的人并不在乎自己有多少钱财，心中的能量不息，对生命的拥抱和热爱不止，钱多钱少都可以过得富足。一个身无分文的穷人，也能在达观的心境中努力地修炼出以上的品德，拥有真正的财富。少一些妄念，少一些贪婪，忘记自己的地位，不计较存款中有多少个"零"，使自己皎然澄澈，心无挂碍，这就是真正的财富。

做事不贪大，做人不计小

"读经要一页一页读，参悟也要一步一步来。"做事不能急于求成，要踏踏实实一步一个脚印，不浮躁不夸张不贪大，认认真真用心做好每一件事。如果每一件小事做好了，逐渐形成自己严谨求实的工作作风，那么遇到再大的事情也可以稳如泰山、应对自如。

我们不要固执地追求去做大事情，而应把生活和工作交给我们的每一件小事都当做一种创造、一种动力、一种修养；小事也能够体现出艺术性，也隐藏着机会，蕴藏着效率。

古时候有一个小饭馆招店小二，有三个人前来应聘，三个人都没有当店小二的经验，老板只能留一个人。于是他给三个人出了一个题，就是考考他们饭馆一天应该备多少货，他把城里供货商的地址和对方的名字写在了三张纸上。

第一个人五分钟后就回来了，他没有亲自去问，只是让一个朋友去按着地址去打听，然后回来告诉他，他又告诉了老板。

第二个人半个时辰后回来了，他亲自去供货商那里询问肉、菜、鸡蛋、调料分别进货多少，然后报告给老板。

第三个人一个时辰后才回来，原来他亲自到供货商那里了解情况，自己还做了详

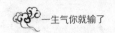

细的记录，此外，在返回的途中，他还去另外两家供货人那里了解情况，并且做了详细的对比。

结果，饭馆老板留用了第三个人。

老板之所以没有用前两个人，是因为第一个人懒惰，并且孤高自傲，认为老板吩咐的是小事，不值得自己亲自出马。而第二个人缺少一颗细致的心，所以老板认为他不能胜任店小二这个琐碎的工作。只有第三个人做事细致认真，能够将店老板吩咐下来的事——完成，而不计较这事情有多细小琐碎。

贪图大的目标有时候会好高骛远，反而半途而废或者彻底失败。没有将认真和踏实的态度贯穿于自己的生活中，这样的人只是在奢谈成功，只有静下心来将每一件小事做好，才是通往成功的捷径。

而人们之所以无法专注于小事，是因为他们将成功的定义看得太过狭窄。他们总认为做大事才是成功的标志，却不知真正投入自己所做的每一件小事，才是实现充实、快乐人生的前提。成功不一定是得到名利，生活过得丰富、满足，同样也是一种成功。

有个修鞋匠每天都要经过不同的城镇，给不同的人修补不同的鞋子。有时候他会遭遇狂风暴雨，阻塞去路，有时候挣不上多少钱，饥肠辘辘，但是他的身影从来没有在人们的视线中消失过，每当太阳升起的时候，他都会准时将双脚踏在这片宽阔的土地上。

修鞋匠已经修了十几年的鞋，所经手的有高档货，也有廉价货，有礼貌的顾客也有故意刁难的市井无赖，但是这么多年以来，这个修鞋匠无论遇到什么样的事情，都认认真真地完成他的工作，他以此为乐，生活虽然过得很清贫，但是他依然很快乐。

每当有人向他谈起："你用不着这样，修鞋嘛，能穿就行了，用不着那么认真。"这个修鞋匠总是这样说："那样我无法面对自己，生活也就没意思了，你说，我怎么能快乐呢？"

修鞋匠是一个懂得生活的人，他明白为何而生，为何而活，不一味固执地贪大求成，而是执着于更富有意义的生活点滴，笃信人生需要憧憬，更需要眼下的所为。

做事不必贪大，做人也不必计小。一味贪大的人只会被贪婪占据了心神，而无法专注于自己要做的事。他们无法从所做的事中得到乐趣，而只能从事情所带来的丰厚回报中让欲望得到满足，如此一来，妄念丛生，贪得无厌，就会使生活陷入忙乱的境地中，不得清闲、快乐。而做人不肯计小的人，总是将自己看得很高，也就无法于生活的低处看到美好风景，无法在平凡简单的生活里得到内心的安然。

贪就是失去，舍便是得到

世界是阴与阳的构成，万事万物皆在贪与失、舍与得之中成就自身并达到和谐统一的最高境界。从个人的主观看法出发，可能会觉得自己人生中的得失并不平衡，缺少公平性，但从整个世间，整个宇宙的范畴客观来看，贪与失，舍与得只不过是在互相转化罢了，有贪必有失，有舍必有得，两方面始终保持着相对的恒常。

明白了这一点就会发现，其实人生也不过是在得与失之间徘徊，人在得到的时候会失去，失去的同时也会得到，可以说，得即是失，失也是得。如果我们在该适可而止的时候一味贪恋，该舍弃时不愿放手，最终就会失去一切。著名的禅师南隐说过，不能学会适当放弃的人，将永远背着沉重的负担。懂得用心取舍的人，才能选择最适合自己的，从而获得心的快乐。

一个母亲带着三个女儿过着清贫的生活。这一天，一只周身长满金羽毛的鸟儿飞到她们家里并对三个女儿说："母亲养育你们很辛苦，现在开始你们可以从我身上拔几根金羽毛去换钱，改善一下你们的生活。"从此以后，这只金鸟每隔一段时间就飞来，让三个姐妹拔下自己的金羽毛去集市上卖。母女的生活从此有了很大的改善。

后来，大女儿对母亲和两个妹妹说："现在金鸟三五天就来一次，可是我们不知道它会不会突然改变主意，再也不来了。不如我们一次多拔下来一些金羽毛吧！"母亲想想也是，于是就接受了女儿的建议。

这天金鸟又飞到她们家中，母女四人一下围过来，三把两把就将金鸟儿的羽毛扒个精光。鸟儿没有了羽毛，无法飞走了，母女四人便把它关进鸟笼，养在家里，期待它再长出一身金羽毛来供她们一家生活，以积累财富。可是，这只金鸟再也没有长出一根金羽毛来。不久，母女几个又回到了以前清苦的生活。

母女的贪念让她们彻底失去了金鸟的帮助，也失去了良好的生活环境。如果她们不贪图金鸟羽毛带来的财富，也许还将继续拥有金鸟的物质帮助。太过贪图反而会失去已经得到的东西，有时候舍去才能得到。如果母女舍去一颗贪心，也就得到了长久的富贵。

人的贪念永远无法得到满足，但人不可能什么都拥有：你想要拥有金钱、权势，就必须舍弃悠闲、简单、不涉是非的生活；想要拥有很多的朋友，就必须舍弃一个人的寂静和自在；想要拥有成功的事业，就必须舍弃轻松优渥的职位，舍弃许多享受生活的机会，甚至舍弃与家人相伴的时光。如果我们不去一味地盯住失去的懊丧，而多去看看得到的欢喜，就能明白，舍弃，虽然意味着某种失去，意味着难言的割舍，也会给我们带来伤感和愁绪。但是，舍弃也是为了得到。

有时候，失去并不一定是坏事情，得到的也不一定是值得拥有的。如果一个人贪心太重，什么都想得到，就很难品尝得到的快乐和欢欣，即使得到了，疑虑和忧愁也

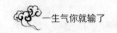

会接踵而来。贪图太多也会失去更多，舍去一些才能得到另外一些。舍去即是获得，不仅自己的负累要学会舍弃，更重要的是要学会去除心中的贪念和欲望，不要过于强求不属于自己的东西。

不汲汲营营，活出一份生命的简约

想过美满幸福的生活，希望丰衣足食，这是人之常情。但是，如果把这种欲望无限放大，变成不正当的欲求，变成无止境的贪婪，就会在无形中成为欲望的奴隶。

再大的权势，再多的财富，也终有一日会成空。没有什么能够替代内心的幸福。如果将美满幸福等同于生活的热闹奢华，那无疑是曲解了幸福的真意。其实幸福只不过源自一份心灵的简约，我们需要的只不过是最简单的生活。生活若简单，人的牵念和烦恼就会少一些，生命里宝贵的时间就不会浪费在日复一日的攀比和浮华当中。简单的生活使人宁静，而宁静使人快乐。

弘一法师，俗名李叔同，浙江平湖人，生于天津，既是才华横溢的艺术教育家，也是一代高僧。

他是一位"二十文章惊海内"的大师，集诗、词、书画、篆刻、音乐、戏剧、文学于一身，在多个领域开中华灿烂文化艺术之先河。他把中国古代的书法艺术推向了极致，"朴拙圆满，浑然天成"，鲁迅、郭沫若等现代文化名人以得到大师一幅字为无上荣耀。

他是第一个向中国传播西方音乐的先驱者，所创作的《送别》歌，历经几十年传唱而经久不衰，成为经典名曲。同时，他也是中国第一个开创裸体写生的教师。他有卓越的艺术造诣，先后培养出了名画家丰子恺、音乐家刘质平等文化名人。

1918年，在其艺术事业处于巅峰时，他却剃度出家，从此遁入空门。他苦心向佛，过午不食，精研律学，弘扬佛法，普度众生出苦海，被佛门弟子奉为律宗第十一代世祖。他为世人留下了咀嚼不尽的精神财富。赵朴初先生评价大师的一生为："无尽奇珍供世眼，一轮圆月耀天心。"

一个人心灵的富足不在于生活的繁华和得到的财富，返璞归真，活出一份简约是李叔同对人生最好的诠释。

世间的繁华是没有尽头的，一切奢华其实都是人内心自造的幻影，以为自己得到了它，实际上却还离得很远，我们只不过用自己的整个人生为繁华做了一个注脚。在追求物质的过程中，人最容易丧失自我。因为物质的追求永无止境，而人的生命是有限的。

我们已经拥有很多，却仍旧不满足，那是因为我们贪恋名利，贪恋这个世界上的一切繁华。我们总以为人生在世，不尽可能多地得到，就无法实现自己的价值。殊不知得到越多，烦恼也就越多。于是我们背负着沉重的"拥有"，疲累而苦恼，却不懂放下这个沉重的包袱，活出一份简约。

拥有物质不一定就能得到幸福，这就好比带着枕头被子出门，没有得到很好的休息，反而更加的累赘。再多的物质也会有不满足的时候，心灵则因为被物质挤压，无处容身。如若回归到简朴的心灵，贫穷也是富有。因为简约，每每能找到生活的快乐。

在有限的生命里，在每一个与自己相处的瞬间，都应该回到最初的自我，回到那个一无所得的时刻，扪心自问：我们在拥有东西的同时失去了哪些幸福，失掉了哪些简单。

豁达为人，不因别人得到而失落

一个人的眼界会随着心界的开阔而不断扩大，心界大，眼界才大。胸襟博大者为人处世，常常有一种豁达的人生态度。"不以物喜、不以己悲"是对生活的淡然，"不计较，不生气"是对生活的豁然。豁达为人，就不会因别人得到而失落，不会因别人失去而自喜。

"豁达"两字包含着人生的大道至理。一个人的心中装不下"豁达"，往往是因为他的心灵空间被贪欲装满了。不豁达，所以想不开，当别人得到了什么而自己没有得到时，就会沉溺在嫉妒、怨恨、失落的情绪之中。对这样的人而言，生活就如同在刀锋上行走，身边每一个人的成功都会给他带来打击。

有一个书生和他的好朋友一起进京赶考。二人一路同吃同住，彼此照应。

在放榜的那天，朋友高中状元。同行的考生都纷纷来向朋友道贺，书生自己也中了进士，但是他看到好朋友中了状元，心中不快。

书生心想："论才华，我并不输于他；论风采，他远远不及我。未何他能高中状元，我却不能？"

这一天书生闷闷不乐，一个人出去散步，不知不觉地走到一个寺院之中。他看到一位和尚为寺院沐浴焚香，看起来十分开心，心中好奇，就走向前去询问。

和尚说："我的师兄昨日刚刚被升为寺院住持。我为他高兴，并向佛祖许诺要每天要沐浴焚香来供奉佛祖。"

书生不解。他说："您的师兄当上住持，又不是您，您为何这么开心呢？"

和尚笑了，说："我的师兄能当上住持，自然能力和才华在我之上。他得到了他应该得到的东西，我自然要为他祝福。修佛之人，不会因为别人得到而失落，也不会因为自己失去而伤心。"

书生听了，顿时感悟："一个人的心如果狭隘就只能装下自己，那么他的人生就会局限在一个小格子中，豁达为人，为别人得到而欣喜，为别人失去而伤神，才是一

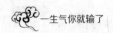
种大智慧。"

和尚心胸宽广，不计较自己的得失，反而为他人的得到而祝福。这种豁达的境界警醒了书生，让书生看到了自己的狭隘。而这种狭隘恰恰证明了书生心底抹不去的贪欲。若不是出于对功名的渴求，他也不会因此而嫉妒友人，为友人的高中而失落憾恨。他的心中只装着自己的私欲，所以只知道为自己的失去而不快，却不懂得为友人的得到而欣喜。

若能放下一些欲望，在胸中装下豁达、情谊、智慧，就能从琐碎的得失和烦恼中挣脱，变得坦荡、开阔。所谓心无芥蒂，天地自宽，把得失看淡一些，欲望放低一点，就不会因为别人得到、自己失去而黯然神伤。

享受名利不如享受无求

有些人在活着的时候对名利和财富牵挂异常，到死都不肯放手，但事实上死后的名利钱财也将不再属于自己，那么活着的时候吝啬物质上的付出，就毫无意义。当然，这并不意味着人们都要去享受物质，非要把千金散尽，而是人们对待财物的态度应当自然一些，不要太吝啬。适度的物质享受是合理的，一旦过度就成了奢侈。而死死攥住手里的钱，自己不肯用，更不肯施予他人，就更是大错特错。

在生命的过程中，如果只想着做一个沽名钓誉之人，那么赚再多的钱、赢得再好的声誉也都没有实在的意义。正所谓"享受名利不如享受无求"，在明智之人的眼中，名利和钱财只是暂时存放在我们这里的一些外在的东西，死后不知又成了谁的枷锁。

名利很美好，常令人们对其趋之若鹜，不遗余力地追求。不过，金钱不是万能，名誉也未必总能令人快乐，只有超越其存在，才能享受生活。

从前，有一个爱幻想的年轻人。有一天，他听说名利是一个年轻漂亮的姑娘，谁能找到她谁就是天下最幸福的人，所以他在心里迷上了名利。他发誓，即使花上一生的时间，也要找到她。

他首先到那些充满智慧和哲理的书籍中去找名利。结果他发现这些哲理书对名利始终持批评否定的态度，而且一直排斥她——名利不在书籍里。

他又到宗教里去找名利。但是宗教宣称，许多幸福，也包括名利在内，都是一个人在死后才能得到的，而活着的时候是应该舍弃的。这也不是他想要的结果。

他又向大千世界去寻找。他每到一个地方，就问："你们知道名利吗？她在这里吗？"每次人们都回答他："名利？是的，她来过这里。不过那是很久以前的事情了。她后来又走了，没有人知道她去了哪里。"就这样他用了许多年，找了许多地方，可是每次都得到同样的答复。

于是他转向大自然。他问树、高山、森林和海洋，还有小鸟、鱼、走兽和昆虫："你们知道名利吗？她在这里吗？"然而回答依然令他失望："名利？是的，她来过这里。不过那是很久以前的事情了。她后来又走了。"

许多年过去了，这个年轻人慢慢老去，但他还在寻找名利。最后，他来到世界的尽头，那有一个黑暗幽深的山洞。老人进了山洞。等到眼睛适应了黑暗之后，他发现山洞里有一个又老又丑的妇人。一个声音告诉他，眼前的这个妇人就是名利。

虽然非常失望，但他还是凑到她的跟前问她："我一直在到处找你，开始时我还是个年轻人，现在我已经完全老了。许多人都像我一样盼望着你，对你翘首以待。为什么你要躲着我们，躲着这些热切追求你的人呢？求你了，走出这个山洞，和我一起回到世界上去吧。"名利没有回答他。

老人花了许多天来劝说名利，可名利像哑了一样，始终不搭理他。当老人明白名利从未离开过她隐身的这个山洞之后，他说："那算了，由你去吧。既然你不肯跟我一起走，那我就一个人回去了。但在走之前，我有一个要求：你得给我一个口信，我把它转达给世上的人，好证明我确实找到过你。"

这时，名利——这个又老又丑的妇人，抬起头来，盯着老人的眼睛，一字一顿地说："告诉他们，我年轻而且漂亮。"

很多人为了名利和他人争夺厮杀，斗得你死我活，最终才发现名利的真实面目是虚伪。名利生不带来，死不带去。那些把名利看得很重的人，总是想将所有财富收到囊中，将所有名誉光环揽至头顶，也总在最后被名利的包袱所累。

好名之人必将被名枷捆绑，好利之人也会被利锁缚住。名利，就像是一座美丽豪华舒适的房子，人人都想走进去，只是他们从未意识到，这座房子只有进去的路，却没有出来的门。枷锁之所以能束缚人，房子之所以能困住人，主要是因为当事人不肯放下。放不下金钱，就做了金钱的奴隶；放不下虚名，就成了名誉的囚徒。

古人言："钱财不积则贪者忧；权势不尤则夸者悲；势物之徒乐变。"追求钱财的人往往会因钱财积累不多而忧愁，贪心者永不满足；追求地位的人常因职位不够高而暗自悲伤；只有能够放下世间的一切假象，不为虚妄所动，不为功名利禄所诱惑，无欲无求更容易获得平静、自由、幸福的生活。

金钱只能"暂时拥有"

在我们的生活中，很多人为了生存努力赚取金钱。金钱是我们物质生活的一个很好的提供者。但是人总有一天会走到生命的终点，金钱散尽，一切都如过眼云烟。金钱在我们手中掌握的时间只是短短的几十年。如果一直握着手中的金钱不放，金钱也只是一个死物而已。

为了追求金钱而迷失自己是一件可悲的事情。在金钱的奴役下胡作非为是可耻的，

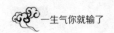

死守着一点儿金钱不放更是可怜。只有金钱能提供给你幸福时，它才是最有价值的。否则，它就只能是祸害。

　　一天傍晚，两个非常要好的朋友在林中散步。这时，有位小和尚从林中惊慌失措地跑了出来，两人见状，拉住小和尚问："你为什么如此惊慌，发生了什么事情？"

　　小和尚忐忑不安地说："我正在移栽一棵小树，却突然发现了一坛金子。"

　　这两人听后感到好笑，说："挖出金子来有什么好怕的，你真是太好笑了。你是在哪里发现的，告诉我们吧，我们不怕。"

　　和尚说："你们还是不要去了吧，那东西会吃人的。"

　　这两人哈哈大笑，异口同声地说："我们不怕，你告诉我们它在哪里吧。"

　　于是和尚只好告诉他们金子的具体地点，两个人飞快地跑进树林，果然找到了那坛金子。好大一坛黄金！

　　一个人说："我们要是现在就把黄金运回去，不太安全，还是等到天黑以后再运吧。现在我留在这里看着，你先回去拿点儿饭菜，我们在这里吃过饭，等半夜的时候再把黄金运回去。"于是，另一个人就回去取饭菜了。

　　留下来的这个人心想："要是这些黄金都归我，该有多好！等他回来，我一棒子把他打死，这些黄金不就都归我了吗？"

　　回去的人也在想：我回去之后先吃饱饭，然后在他的饭里下些毒药。他一死，这些黄金不就都归我了吗？

　　不多久，回去的人提着饭菜来了，他刚到树林，就被另一个人用木棒打死了。然后，那个人拿起饭菜，吃了起来，没过多久，他的肚子就像火烧一样痛，这才知道自己中了毒。

　　人为财死，鸟为食亡。为了财富，掌权的官员纷纷落马，至亲至爱的亲人为了金钱反目成仇，甚至有的人为了钱财走上了犯罪的道路。如果他们能够明白钱财只是身外之物，也不会为了一时的贪欲而走上迷途。

　　但是不同的人对于金钱的看法并不相同。有人认为钱花了就没了，所以吝啬成性；而有些人则认为花钱的多少标榜了一个人的身份与地位，花得越多、越往不该花钱的地方花钱，越显示了存款的丰厚，因此奢侈成风。合理运用金钱，适度追求欲望的人，才能在内心将财富当作"暂时拥有的工具"去追求，使财富发挥出更大的作用。

钱财会空，真空能生妙有

　　一个人将钱财看得太重，太过爱财，因为金钱的得失而心情郁结，即是生了心病，很难痊愈，而钱财一旦被当成身外之物，人自然就会变得轻松，百病不生。因为钱财是一种终究会失去的东西，即使生前有万般财富，死去的那一天也不会带走半分，钱财再多也会有空掉的一天。

俗话说：金钱不是万能的，没有钱却是万万不能的。金钱对于我们的生活来说，的确很重要。但如果不能很好地去把握和控制金钱，那么，钱越多，害处则越大。因为当人把金钱看得太重要，就会不计手段地追逐，或者成为一个守财奴，因此而丧失尊严、情谊、道德，甚至生命。

如果人能够认识到金钱并不是生活的全部，生活中有比金钱更重要的东西，就能将攥紧金钱的手放开，接受除了金钱之外的更多美好。

有位信徒对默仙禅师说："我的妻子贪婪而且吝啬，对于做好事行善，连一点儿钱财也不舍得，你能慈悲到我家里来，向我太太开示，行些善事吗？"

默仙禅师是个痛快人，听完信徒的话，非常慈悲地答应下来。

当默仙禅师到达那位信徒的家里时，信徒的妻子出来迎接，可是却连一杯水都舍不得端出来给禅师喝。于是，禅师握着一个拳头说："夫人，你看我的手天天都是这样，你觉得怎么样呢？"

信徒的夫人说："如果手天天这个样子，这是有毛病，畸形啊！"

默仙禅师说："对，这样子是畸形。"

接着，默仙禅师把手伸展开，并问："假如天天这个样子呢？"

信徒夫人说："这样子也是畸形啊！"

默仙禅师趁机立即说："夫人，不错，这都是畸形，钱只能贪取，不知道布施，是畸形；钱只知道花用，不知道储蓄，也是畸形。钱只是一种流通工具，它暂时掌握在你的手中，但是死守着钱财不放的人握不住真正的金钱。"

默仙禅师的一句话点透人心，一个人不能死守住手中的金钱。不流通的钱是一堆死物，只是一味地贪取钱财的人也不会得到真正的财富。财富只是一个数字，它能为人们提供衣食住行和外在的物质条件，但是一个人只知道贪婪地获取财富，心灵很快就会变得荒芜。将心中的贪念清空，善于利用自己的财富和智慧造福他人，心灵则会越来越富足。

按照佛家的说法，一个人拥有财富，是他此前积累的福报所致。而福报并非取之不尽，用之不竭，若自己不去创造，那么福报就会像银行里的存款一般，用一点，少一点。福报需要用自己的双手，用善意、慈悲、布施去创造，如果一个人紧紧攥住手中的财富不放，就失去了收获福报的机会。

适时放开双手，才能不被钱财所缚。星云大师说："空才能容万物，茶杯空了才能装茶，口袋空了才能放得下钱。鼻子、耳朵、口腔、五脏六腑空了，才能存活，不空就不能健康地生活了。就像两个人相对交谈，也需要一个空间，才能进行。所以，空是很有用的。"任何东西，只有让它空下来，才能产生更多可能性。佛家常说"真空能生妙有"，即是指向每一件事物的无限可能性。比如，一个杯子，你可以说它是玻璃，是笔筒，是礼物，杯子只是它的某一个名字。同样的道理，钱财可以是金钱本身，也可以成为换取福报的工具，更可以变作满足私欲、败坏人心的陷阱，一切就看你如何去看待，如何去运用。

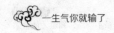

成功不是有多少钱，而是内心的安宁

财富在生活中更多地被理解为金钱，它具有无可比拟的魅力。人们贪婪地追求财富，钱财对于他们就像虫子之于麻雀，骨头之于流浪狗。贪财者因钱财积累不多而忧愁，一颗心如同永远也填不满的沟壑，无法找到满足和安宁。因为不知满足，哪怕拥有再多财产，也不会觉得自己富有，反而整天为了钱财的流失或者获得的钱财太少而感到焦躁不安，惶惶不可终日，这样的人即使拥有再多的财富也不会幸福。

这些追逐钱财的人都将钱多钱少视作是否成功的标志。其实成功的标准不是有多少钱，而是内心的安宁。一个知足的人心无所求，得失无碍于心，福分便无穷无尽。

《庄子·山木》中曾记载了这样一则故事。

庄子身穿粗布衣并打上补丁，工整地用麻丝系好鞋子走过魏王身边。魏王见了说："先生为什么如此疲惫呢？"

庄子说："是贫穷，不是疲惫。士人身怀道德而不能够推行，这是疲惫；衣服坏了、鞋子破了，这是贫穷，而不是疲惫。这种情况就是所谓生不逢时。大王没有看见过那跳跃的猿猴吗？它们生活在楠、梓、豫、章等高大乔木的树林里，抓住藤蔓似的小树枝自由自在地跳跃而称王称霸，即使是神箭手羿和逢蒙也不敢小看它们。等到生活在柘、棘、枳、枸等刺蓬灌木丛中，小心翼翼地行走而且不时地左顾右盼，内心震颤恐惧发抖；这并不是筋骨紧缩有了变化而不再灵活，而是所处的生活环境很不方便，不能充分施展才能。如今处于昏君乱臣的时代，要想不疲惫，怎么可能呢？"

庄子物质生活很贫穷，但是他的精神生活却并不贫穷。物质钱财只是外在的形式，内心富足才是真正的财富，这是庄子对自己的要求，也是对世人的忠告。

一个人物质上贫穷并不可怕，但一定不要使自己的心理贫穷，心理贫穷才是真正的可悲。庄子生活困苦，但是他的精神力量却散发出耀眼的光辉，他深谙快乐生活的道理，心与物游，天真烂漫，从某种意义上说这种贫穷才最富有、最成功。

居士和禅师相约到山上参禅悟道。

居士说："我不上山，上去也要下来。"

禅师说："上去也有不下来的。"

居士说："哦？成仙了吗？"

禅师说："没有，是成了鬼。"

居士不解："什么人？"

禅师说："一个大官，贪污受贿，事情败露后自杀了。"

居士听罢，感慨地说："财富越多，地位越高反而失去了身家。没有财富才是最大的财富啊。"

人的欲望没有满足的时候，越是富有的人，越想更多地占有财富。实际上，"贫有贫苦，富有富苦，世间诸人皆是苦。"如果一个人没有满足之心，那么无论他是富贵还是贫贱，都只能感受到痛苦。

人们经常在富贵的诱惑中迷失自我，忘记了生活的本意，结果得到的财富越多，飞走的幸福也越多。快节奏的生活、工作的压力容易使人心境失衡，如果患得患失，不能以宁静的心灵面对无穷无尽的诱惑，就会感到心力交瘁或迷惘躁动，让内心为外物所遮蔽、掩饰。

那些真正成功的人不在乎自己有多少财富，多可以过，少也可以过，能够处处感悟到生活才是成功。你可能不会琴棋书画，但思维敏捷，逻辑清晰；可能没有很多钱，但拥有健康的体魄、聪慧的头脑以及明确的志向，这比那些穷得只剩下钱的人更加富有。没有足以炫耀的事业，但拥有不断攀登、永远向上的斗志，永远有一种自信乐观的心态，这内心的安宁与富足何尝不是一种成功呢？

舍弃闲名，生命会更轻松

自古以来，名利浓于酒，酒不醉人人自醉。名利之中，名尤其是第一大关，很多人确实对利无兴趣，不想发大财，不想做大官，不想抓大权，但对名往往放不下，而且千方百计想弄到手。

人人都想博得好名，想求得身后万世之名，想青史留名，想在世人心里留名之人，古往今来比比皆是。这其中固然有用实际行动换取名声的人，却也少不了沽名钓誉的人。

有一个书生因为像晋人车胤那样借萤火夜读，在乡里出了名，乡里的人都十分敬仰他的所作所为。一天早晨，有一人去拜访他，想向他求教。可是这位书生的家人告诉拜访者，说书生不在家，已经出门了。来拜访的人十分不解地问："哪里有夜里借萤火读书学一个通宵，而清晨大好的时光不读书却去干别的杂事的道理？"家人如实地回答说："没有其他的原因，主要是因为要捕萤，所以一大早出去了，到黄昏的时候就会回来的。"

车胤夜读是真用功、真求知，故而换来了世人口耳相传的好名声，而这个虚伪的书生却放着大好的时光不用，出门捕萤，黄昏再回来装模作样地表演一番，完全是本末倒置。为了获得"名"，浪费了读书的好时光，到最后也只是浪得虚名而已。

每个人都有一种被人承认与肯定的心理，这是正当的荣誉需求，一旦过度，就变成了对虚名的追求。很多人可以抵制金钱的诱惑，却只能向虚名低头，因为好名声如同美酒，熏人欲醉，那种感受实在太过舒服，以至于让人愿意为此付出所有。很少有人意识到，名声如同枷锁，一旦套住了谁，谁就只能听从它的使唤。比如世人说你博学多才，那么你就只能时时刻刻将自己装扮成一个博学多才的样子，不能有丝毫破绽。

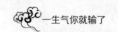

虚名如一件心灵上的包袱，在你行走的过程中，不断加重，直到把人压得喘不过气来。

洞山禅师感觉自己即将离开人世了，这个消息传出去以后，人们从四面八方赶来，连朝廷也派人急忙赶来。

洞山禅师走了出来，脸上洋溢着净莲般的微笑。他看着满院的僧众，大声说："我在世间沾了一点儿闲名，如今躯壳即将散坏，闲名也该去除。你们之中有谁能够替我除去闲名？"

殿前一片寂静，没有人知道该怎么办，院子里一片沉静。

忽然，一个前几日才上山的小和尚走到禅师面前，恭敬地顶礼之后，高声说道："请问和尚法号是什么？"

话刚一出口，所有的人都投来埋怨的目光，有的人低声斥责小沙弥目无尊长，对禅师不敬，有的人埋怨小沙弥无知，院子里闹哄哄的。

洞山禅师听了小和尚的问话，大声笑着说："好啊！现在我没有闲名了，还是小和尚聪明呀！"于是坐下来闭目合十，就此离去。

小和尚眼中的泪水再也忍不住，止不住地流了下来。他看着师父的身体，庆幸在师父圆寂之前，自己还能替师父除去闲名。

过了一会儿，小和尚立刻就被周围的人围了起来，他们责问道："真是岂有此理！连洞山禅师的法号都不知道，你到这里来干什么？"

小和尚看着周围的人，无可奈何地说："他是我的师父，他的法号我岂能不知？"

"那你为什么要那样问呢？"

小和尚答道："我那样做就是为了除去师父的闲名！"

任何事情都有两面，一个人有好的名誉，被人敬仰，这是成功的一种象征，但有些时候名誉也会成为一种生命的负担，所以洞山禅师愿意除去闲名，心无挂碍，清清静静。有真才实学的人也用不着用所谓的"虚名"来证明自己的学问和优秀。

放眼那些有真正实学的名人、伟人，他们都对虚名抱一种不屑一顾的态度。恩格斯一直都极其反感别人称他为"导师"，他在给普列汉诺夫的复信中，第一句话便是："请您不要称我为导师，我的名字叫恩格斯。"曾两次荣获诺贝尔奖的居里夫人，把金质奖章给孩子当作玩具，且语出惊人："我是想让孩子们从小就知道荣誉就像玩具，只能玩玩而已。"扬名天下的弘一法师，对"法师"、"老法师"等此类的名称十分反感，总是要求别人在写书或称呼他时除掉。

名声并没有那么重要，有些人觉得一生籍籍无名是很窝囊的事，这其实是看不开的一种表现。再大的名声，权位再高，最终也会成为过眼烟云，有什么好计较的？真正能够长久的名声，应该是人留下的精神财富和力量。倘若只是因为有了一点儿名气就沾沾自喜，这样的人最终可能会被声名所累。唯有卸掉心灵上虚名的包袱，才能获得轻松、自在。

不过一碗饭，不过一念间

生活中，人们每日奔波劳碌，有的人为了温饱努力，有的人为了家人安康，有的人为未来拼命，有的人为金钱不择手段……其实说到底，大家每日努力营营役役，想要的只是一碗安乐茶饭而已。然而，很多人都身陷在名与利的欲望挣扎之中，活得忙碌、疲惫，甚至失去了自我。可是，一个人名气再大，死后所占的位置只是骨灰盒大小，金钱再多，一顿饭吃下的也只是胃的容量。名和利于生命只是过往浮云，人生不过一碗饭而已。

有两个不如意的年轻人，一起去拜望一位禅师。"师父，我们在办公室被欺负，太痛苦了，求您开示，我们是不是该辞掉工作？"两个人一起问道。禅师闭着眼睛，隔半天，吐出五个字："不过一碗饭。"然后挥挥手，示意年轻人退下了。

回到公司，一个人递上辞呈，回家种田，另一个却没动。日子过得真快，转眼10年过去。回家种田的，以现代方法经营，加上品种改良，居然成了农业专家。另一个留在公司里的也不差，他忍着气、努力学，渐渐受到器重，后来成为经理。

有一天两个人相遇了，互相谈论过自己的近况之后，不由得感叹起来。

"奇怪！师父给我们同样'不过一碗饭'这5个字，我一听就懂了，不过一碗饭嘛！日子有什么难过？何必非待在公司？所以辞职。"农业专家问另一个人："你当时为什么没听师父的话呢？"

"我听了啊！"那经理笑道，"师父说'不过一碗饭'，多受气、多受累，我只要想'不过为了混碗饭吃'，老板说什么是什么，少赌气、少计较，就成了！师父不是这个意思吗？"

大惑不解中，两个人又去拜望禅师，禅师已经很老了，仍然闭着眼睛，隔半天，答了五个字："不过一念间。"然后，挥挥手

我们汲汲营营追求的成功、名利，禅师用一句"不过一碗饭"就说得十分透彻了。这碗饭的意义对每个人或许都有不同，但是说到底，工作也只是谋生的一种方式罢了，若看开了，就不必为了工作上的琐事烦恼费心，你可以选择继续奋斗，也可以选择另一条路。所有的得到和失去，成功与失败，都没有什么大不了，不过就是一碗饭罢了，而对欲望是放下还是提起，也不过在你的一念之间。

一念之间会让人们有不同的命运轨迹，但最终逃不过"一碗饭"的范围。每个人都有自己生活的目标，其实本质上无非名和利。一个人要是能真正做到不在乎名利，不理会贪念，将心中的欲望和贪婪化作波澜不惊的湖水，用"不过一碗饭"、"不过一念间"的心态来诠释人生，做到脚踏实地，就能在名利之前放下执着心，对任何境遇平和以待。

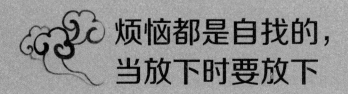

第十五章

烦恼都是自找的，当放下时要放下

人生从来苦恼多，当放下时放下

人之所以会烦恼，很重要的原因就是过度执着。人生原本就有许许多多的苦恼、困境、痛苦，如果每一样都放不下，每一样都执着，身心上的包袱就会越来越重，烦恼也会越来越多。烦恼生，则放下就很难了。许多人都明白放下的道理，但很多人仍然为各种各样的事情而烦恼，他们想放下，但是说起来容易，做起来难。

有一个年轻人，从城市里出来，背着一个大包，千里之外找到无际大师。他告诉大师，他很是焦躁不安，几乎每天都难以入眠，想请大师开导一下。

大师问："你包里的是什么啊？"

年轻人说："它可重要了，有我每一次失败时的痛苦，每一次出丑后的尴尬，每一次孤独时的烦恼……可以说，我的人生就是由它们组成的。"大师带着青年来到河边，他们坐船过河。

上岸后，大师说："扛了船，我们继续赶路。"年轻人很惊讶："它那么沉，我扛得动吗？"大师带着微笑答道："对，你是扛不动的。过河时，船是有用的，但是过了河，我们就要放下船赶路，否则它会变成我们的包袱，痛苦、孤独、寂寞、灾难、眼泪，这些对人生都是很有用的，它能使生命得到升华，但须臾不忘，就成了人生的包袱。只有学会放下，生命才不会那么沉重。放下，你就踏上了苦海之岸。"

年轻人顿时开悟，放下了一切烦恼，因而也不再焦虑，他回到原来的城市，过起了快乐的生活。

当一个人沉浸在焦虑的痛苦之中，就会看不到通往快乐自在的岸。往前方眺望，永远是白茫茫的天际线；回头望去，同样只见过往的浪涛。这种处境正如遇到无际大师之前的年轻人，他愚昧地将痛苦、尴尬、烦恼当作'财富'放在包里，带在身上，以为这是人生的"经验阅历"，殊不知这些正是让他陷入痛苦之海的溯源。

曾经有一个老和尚为了帮助一个女子过河，于是把她背了过去。一旁的小和尚一路嘀咕，认为师父不应该这样，有失戒规。可老和尚却说："我早已经放下，你却还放不下！放不下、出不来、看不透，都是执拗，心病啊。"

普通人不用经历修行来了却尘缘，只是在生活中掌握拿起与放下的时机，在该拿起的时候拿起，该放下的时候放下，不纠结于此即可。

有一个刚参加工作不久的小伙子，因为感到工作压力非常大，希望寻到一些可以减压的方法，于是他找到一位长者向其询问。

长者看到这个年轻人，微微一笑，然后带他来到了郊区的山上。半山腰有一个村子，这里的村民还过着相对"原始"的生活，生火做饭还用木柴。这时长者指着一位从山上砍柴下来的村民，对年轻人说："你看，那个人背着那么多木柴，一路下来肯定感觉很累。我想他一定在途中放下这些木柴歇息，否则怎么会有这么有力快速的步伐。"

年轻人顺着长者的手望去，看到一个中年村民背着比他人高出一大截的柴火向村子这边走来，步伐强劲有力，感觉背上空无一物。这时长者又说："小伙子，你不觉得那个村民背上的木柴和你的工作是一样的吗，你就是不懂得放下'木柴'歇一口气，才会被压力压倒。懂得放下才能够更有力地拿起啊。"

每个人的脊梁上都压着很多"木柴"，像财富、名声、爱情、友情等，它们在工作生活中带来无形的负累，有的人为了这些"木柴"硬撑着，结果不得不"弓着腰，弯着背缓慢地前行"，其实有时可以稍稍放下这些负累，休息一会儿，等到身体气力恢复得差不多了再拾起这些"木柴"继续前进。

生活中不需要喊口号似的"要放下"，否则"放下"本身也会变成一种执念，只要做到当放即放就好。人生从来苦恼多，大大小小的烦恼总会伴随着每个人前行，当面对这些困难时，释然一些，超脱一些，卸下这些负累，轻装上阵的人生路才会有坦途可行。

自生烦恼，只因事事都想抓牢

古人常说"无欲则刚"。没有太多的欲望，生活就会变得简单、自由。相反，如果事事都想抓在手中，不肯做出取舍，那么烦恼和困难也会不请自来。生活中，许多人都是这样，喜欢给自己加上各种各样的负荷，不肯轻易放下，并且美其名曰"执着"。其实这种执着是一种非理性的固执，固执于名利、固执于痛苦的爱情、固执于海市蜃楼般的梦想，当青春已逝，年华散尽的时候，才嗟叹人生的空虚和碌碌无为。

人之所以会给自己平添许多不必要的追求，是因为不懂得如何选择。选择往往在人生的十字路口上起到决定性的作用。这份选择不是选出对与错，而是懂得哪些应该

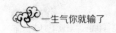

坚持，哪些应该放下。

传说中有一种小虫，每遇一物便取来负于背上，越积越重，又不愿放下一些，终于被压趴在地上。有人可怜它，帮它取下一些负重，它爬起来继续前行，遇物又取之背负如故。虫即这样，人亦如此。人的烦恼来自于无谓的追求和过分的固执。只有懂得哪些应该放弃，才能更好地承担真正有意义的事。

从前有一个商人，他常常从遥远的国外采购商品到国内来贩卖。因为途中要经过沙漠，他往往带着自己雇佣的工人并与其他商人结伴而行，骆驼也成了必备的出行伙伴。

一次经过沙漠的时候，商人商队中的一只骆驼因为天气十分炎热，体力不支，突然暴毙。没有了骆驼的商人无法上路，更令他烦恼的是带上已经死去的骆驼继续赶路显然不可能，但商人认为丢下它，骆驼皮又实在太可惜了——要知道骆驼皮也可以卖个好价钱呢！于是，商人决定自己乘坐其他商人的车先回走一步，并命令手下的工人将骆驼皮剥下来好好看管，否则就扣他们工钱。

商人起程后，工人们小心翼翼地保护着骆驼皮，但沙漠天气变幻莫测，一场大雨突然来袭。工人们不想被克扣工钱，于是便用名贵的毛毯将骆驼皮盖住。谁知雨下得实在太大了，毛毯被淋透，骆驼皮也没能幸免。商人得知后既烦恼又痛悔不已。

商人的烦恼是因为他太贪心，什么都想牢牢抓住。骆驼都死了，还想着将骆驼皮卖个好价钱。最后不仅损失了骆驼皮，连名贵的毛毯也搭上了。

其实，许多烦恼都来自人们的贪念。很多人总是觉得这个放下可惜，那个放弃也舍不得，最后什么都没有得到，结果只是自寻烦恼。佛陀常说："放下是一种智慧。"真正的智者懂取舍，不会事事在意，处处关心，更不是传说当中整天追赶太阳，却永远也无法追到的夸父。

放下那些多余的烦恼，虚无的、空洞的追求，不要犹豫不决，否则就会延误选择的时机，把大好的机会白白浪费掉。生活中事事想抓牢，事事希望做到尽善尽美是很难的。当一个人在面临两个或更多的选择时，不能够贪心、什么都要，而应该做出理智的选择，去选择那些最适合自己的，放弃那些不重要、令自己烦恼的事情。只有有所不为，才能有所为。

超然外物，不被俗物所累

古时文人骚客喜欢赞美莲花"出淤泥而不染，濯清涟而不妖"的品格，莲花以清净圣洁、超然外物的形象被人们所推崇。

其实我们每个人的心中都应该拥有一朵圣洁的莲花，远离尘世俗物带来的纷扰，给自己留下一份静心之地，除去心中杂草，摆脱世间汲汲营营的烦恼欲望，放下人生的负累。

南朝的官吏王秀之的家族世代为官，他从小就深受家中明哲保身思想的影响。他的祖父王裕，曾任南朝刘宋左光禄大夫，仪同三司，父亲王瓒之曾任金紫光禄大夫。

王裕当官的时候，徐羡之、傅亮是朝中权臣，王裕却不与他们往来。后来，徐羡之、傅亮因权重被皇帝所杀，王裕没有受到牵连。王裕辞官后，隐居吴兴，给他的儿子王瓒之写信说："我希望你处于与人无争无竞之地。"王瓒之遵循父亲的教导，虽然做到了工部尚书这样的官，却始终没有巴结一个朝中权贵。

受到祖父和父亲的影响，王秀之也养成了一种不媚上、不贪利的品格。

南朝刘宋时期，王秀之任著作佐郎，太子舍人。当时褚渊任吏部尚书，深受宋明帝的信任，百官也非常敬佩他。每次朝会，公卿官僚以及外国使节，无不对他延首目送。

褚渊看到王秀之气度优雅，神情秀逸，很喜欢他，想让他成为自己的女婿。吏部尚书在当时专管官吏的考核、奖惩、提拔，权力很大。做吏部尚书的女婿，正是一般人求之不得的事。然而，王秀之却不肯为了升迁而违背家训，因此没有答应。于是，他长期只是担任下级官吏。

后来，王秀之做了太子洗马，桂阳王刘休范想征召他任司空从事中郎。当时明帝刚死，刘休范自认为是宗亲长者，想要争夺到辅佐大臣这个职位。可是辅佐大臣这个职位最终落入他人的手中。刘休范心里满怀着怨恨，于是在自己的驻地里招募勇士，修缮器械，广罗士人，准备起兵反叛。

王秀之察觉到刘休范的反叛意图，于是推说自己有病，没有应召前往。

刘宋末年，王秀之担任晋平太守之职。晋平这块地盘很富裕，在这里当官的人可以得到很多好处，可是王秀之在这里刚刚任职满一年，就对别人说："这个地方很富饶，我已经在这里得到很多好处了，怎么能够长久地停留在这里做官而妨碍国家招纳贤士呢？"于是他上表朝廷，请求让别人来代替自己。他也因这件事被人称为"恐富求归"的太守。

王秀之这种"超然外物"的处世方式，在为自己树立良好名声的同时，也使他避免了一些灾祸。这固然是一种为官特有的韬光养晦之道，却也表现出一种不为名利欲望所役的清白节操。既不求名，也不贪利，不谋求更高的地位权势，所以他才不会受到这些俗物的羁绊。

有的时候，对于一些世间俗物的眷恋，不仅会耽误大好的时间，还会给自己带来不必要的麻烦。任何美好事物的阴影下都有可能蕴藏着危险的一面，用自己心中那朵盛开的"莲花"去承载世间万物，以不变应万变，最后会发现，其实对生活中的种种外物根本没有在乎的必要，内心的纯净才是至真至善的真谛。

有一位小尼姑去见师父，悲哀地对师父说："师父！我已经看破红尘，遁入空门多年，每天在这青山白云之间，吃素礼佛，暮鼓晨钟，可是心中的杂念不但不减，反而增加，怎么办啊？"

师父对她说："点一盏灯，使它不但能照亮你，而且不会留下你的身影，就可以

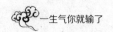

体悟了！"

　　几十年后，有一所尼姑庵远近驰名，大家都称之为万灯庵。因为庵中点满了灯，成千上万的灯，使人走入其间，仿佛步入一片灯海，灿烂辉煌。

　　这座万灯庵的住持就是当年的那位小尼姑，她虽然年事已高，并拥有上百个徒弟，但是她仍然不快乐。因为尽管她每做一桩功德，都点一盏灯，可是无论把灯放在脚边，悬在顶上，乃至以一片灯海将自己团团围住，还是会见到自己的影子。灯愈亮，影子愈显；灯愈多，影子也愈多。她困惑了，但已经没有师父可以问，因为师父早已去世，自己也将不久于人世。

　　后来，她圆寂了。据说就在圆寂前终于体悟到禅理的机要。

　　她没有在万灯之间找到一生寻求的东西，却在黑暗的禅房里悟道。她发觉身外的成就再高，如同灯再亮，只能造成身后的影子。唯有一个方法，能使自己皎然澄澈，心中明亮，自然心无挂碍，又何须点灯呢？

　　老尼姑能在弥留之际有所顿悟，说明她内心的明灯早已经超越了寺中万盏灯火的光亮。一味地执着于外物，自然无法获得清明的心境；而一旦从外物的束缚中解脱出来，内在的皎然澄澈便会显现。世间俗物蛊惑人心，在这个物质纵横的社会，人们心中有太多外物的负累，又不能主动将其放下，自然会感觉到生活步履维艰。

　　此时，人们要做到的便是"境随心转"，让自己的内心超脱于世俗环境，放下世俗的负累，远离痛苦、悲哀，保持内心的清净，摆脱欲望烦恼的纠缠。人的苦恼大多来自于内心的执着，放下一些贪婪，便会多一份安逸；放下一份固执，便会多一份坦然；放下心中无法解开的心结，便会多一份徜徉在人世间的快感。

心中的善恶就是祸福的起源

　　每一个人都有爱心和良知，在这一点上人人平等，并无多少之别。但普通人的心就像水一样，水静时能看见月亮的影子，而当水动的时候，影子就乱了。这里的月影就是善念，心境澄明，善念就会显现，否则，月影乱了，善念动摇，恶念就会产生。

　　世间的善恶都是从人们的心中而生，在人用心修善的时候，身心就会感到非常安乐，在他行善的同时福气也会随之降临；当人作恶的时候，便会受到良知和道德的谴责，同时也招来痛苦、忧愁，所以恶行带来的后果一定是噩运丛生。善恶皆由心起，福祸皆由心至，善恶注定了福祸，多积善德，便可得世间幸福快乐；多累恶果，那么灾祸临头的日子就不远了。

　　一名农妇死了，她生前没有做过一件善事，鬼把她抓去，扔在火海里。

　　守护她的天人站在那儿，心想："我得想出她的一件善行，好去对佛祖说话。"

　　他想啊想，终于回忆起来，就对佛祖说："她曾在菜园里捡过一根绳，施舍给一个女乞丐。"佛祖说："你就拿那根绳，到火海边去伸给她。让她抓住，拉她上来。如果能从火海里拉上来，就让她到天堂去。如果绳断了，那女人就只好留在火海里，像现在一样。"

天人跑到农妇那里，把一根绳伸给她，对她说："喂，女人，你抓住了，等我拉你上来。"他开始小心地拉她，差一点儿就拉上来了。

火海里别的罪人也想上来，女人用脚踢他们，说："人家在拉我，不是拉你们；那是我的绳，不是你们的。"

她刚说完这句话，绳就断了，女人再度落进火海，天人只好哭泣着走了。

农妇后来才知道，这绳其实是可以拉许多人的，佛祖想借此再度考验一下她，但她没有经受住这种考验。

佛祖给了农妇救赎的机会，只要她心中仍存一丝善念，即可得到救赎。可是她的一念恶意将她推进了地狱。可见，善恶虽只是一念间，福祸却是两重天，多一些善行，才能结出人生的善果。佛语有云：爱出者爱返，福往者福来。因果即此理也，一念之善救人救己，一点点善意的积累终将汇成善意的河流。

世间上的一切苦乐祸福都是由自己的内心的善恶念头所造，心能制造出善良，也能制造出邪恶。《易经》中说"积善之家，必有余庆，积不善之家，必有余殃"。有因则必有果，你的善激发了他人心底的善，两种善相遇，带来的必定就是福分；倘若你用恶激发了别人的一念之恶，那么，带来的可能就是灾祸了。人们对于日常生活的言行举止乃至起心动念，都要善加摄持，不可轻忽，以为小小过失无伤大雅可以侥幸逃过。多一分善念，少一分恶意，人生也就多一些福，少一点儿祸。

不汲汲追求"好"，也不厌恶逃避"坏"

陶渊明在《五柳先生传》中提到："不戚戚于贫贱，不汲汲于富贵。"人的一生可能数度经历贫贱和富贵，若喜富不喜贫，则会在贫贱面前失了平常心，在富贵面前失了气骨。人生的历程总会有坏的一面和好的一面，我们不可能一味地只想选择好的一面，而逃避坏的一面。因为人只要活着，"好"与"坏"的情境就会时常伴随左右。

不管是"好"是"坏"，都应该放下心里的杂念，放下贪求和厌恶，从容地面对一切。在身处困境的时候不要灰心丧气，放下被困境扰坏的情绪，勇敢地面对，不要厌恶逃避；在顺境的时候也不要过分贪心，追求"好上加好"，如此一来，"坏"才可以逆转为"好"，"好"才会更加持之以恒。

清末民初的时候，在巩义市神都山南侧住着一户姓刘的人家。刘家生活极其贫穷，只靠着山上的两亩地养家糊口。虽然生活清苦，但是这家的女主人并没逃避退缩，怨天尤人，而是发誓哪怕自己不吃不喝也要供两个孩子完成学业。

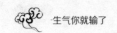

因为要一边维持家里的活计，一边还要支出孩子上学的费用，很快刘家欠下了许多外债。为了还清欠款，家里仅有的两亩地被卖掉，女主人的丈夫也不得不到外乡打工，女主人自己则在家里整日整夜纺棉织布，赚一些微薄的收入。

一次除夕之夜，富人家早已经贴满了对联，放响了鞭炮，孩子们也穿上了新衣服等待新年的到来，刘家却一如既往的冷清。

在织布机的"吱扭"声中，女主人心如止水，她似乎与外面的喧嚣和繁华隔绝了。这时候她的两个孩子按捺不住来到母亲身边，小声地提醒母亲："今天是除夕夜，别人过年，我们也要过年。"

母亲听到孩子们的请求，放下手中的活儿，语重心长地说："他们过他们的年，我们过我们的生活，我们今天不过年是为了今后让子孙天天过大年。"在看到别人家红红火火过年的时候，这位母亲并没有眼热，也没有在孩子面前抱怨命运的不济，而是以一种平静的勇气鼓励自己的孩子面对现实，奋发图强。

从那一天起，刘家的两个儿子立下了远大的志向，刻苦读书，不辜负父母的期望，通过自己的努力来扭转命运。

刘家的情况有了翻天覆地的变化，这时候已经满头白发的母亲并没有忘记曾经的苦，虽然自己的两个孩子都已经成了大官，她仍然经常告诫兄弟二人，不能忘记困难的时候，不要被成功冲昏了头脑，对于名利的追求要适可而止。

这对兄弟都是苦出身，所以在通往成功的路上会遇到更多的阻碍，要比别人付出更多。可喜的是，他们有一位懂得人生真谛的母亲，在母亲的谆谆教诲下，他们不过分地追求名利等"好"的东西，也不因为"坏"的东西抱怨、妥协、退缩，他们要做的就是放下心中"好"与"坏"的芥蒂，用一颗坦然的心去面对人生。人生在世，起起伏伏、好好坏坏，来不可阻挡，去也不能挽留，一切都只是一个过程。

说到底，人生本无所谓"好"与"坏"，每个人所处的角度不同，这个人觉得"好"，那个人可能觉得"坏"，反之亦然。看透了这一点，就会明白，对"好"与"坏"的纠结根本毫无意义。

老婆婆有两个女儿，大女儿磨面粉，二女儿卖雨伞。

一天，她去看望大女儿，问她生活怎么样。大女儿回答说："别的还好，只是一下雨就磨不成面粉了。"于是，老婆婆回去后天天向佛祖祈求不要下雨。

过了一段时间，老婆婆又去看二女儿生活得怎么样。二女儿说："哎，天总是不下雨，我的雨伞都卖不出去啊！"于是，老婆婆回去后又开始祈祷老天下雨。

她自己也很烦恼，不下雨二女儿的雨伞卖不出去，下雨了大女儿又磨不成面粉。她也不知道是下雨好还是不下雨好。邻居一位居士得知了她的烦恼，说："恭喜您啊！您家真的被佛祖庇佑，老天眷顾。"老婆婆不解地看着居士，居士接着说道："您看，不下雨的时候您的大女儿有生意做，下雨的时候您的二女儿生意好。这样看来，无论晴天雨天对您来说都是好天啊！"

看待事物的角度不同，"好"与"坏"也就不同。所以，我们既不用为了追求"好"而争得头破血流，也不用为了回避"坏"而费尽心思。要知道，塞翁失马焉知非福，好事可以变成坏事，坏事也可以变成好事。换个角度看，所有的坏事到了最后也都会变成好事，失败的经验也是为成功积累财富。无论好坏，泰然处之，放下对好与坏的追求与回避，就能欣然接受一切，心生欢喜。

"不以物喜，不以己悲"是古人参透人生的典范，而今人同样可以效守古人的这份心境，不管是好是坏，是顺境还是逆境，都要在人生的追求上立下一个标杆：不汲汲追求好，也不厌恶逃避坏，在好与坏面前用坦荡的心境去迎接成功路上的每一次挑战。

用今天的重生忘却昨日的种种

生活中常常会遇到这样的情况，人们痛苦于昨日发生的种种事情不能自拔，进而荒废了今日的大好时光。这就像是给自己的人生贴上了一道咒符，让岁月在不断地慨叹、抱怨、惋惜中蹉跎。

时间不能像金钱一样存放在银行里以备不时之需，人们能把握住的只有"今日"。对于我们每个人来讲，昨天已经变成一张过期的支票，而今天才是具有流通价值的现金。与其沉浸在昨日的烦恼忧愁，不如把握住今天，放下过去生活中产生的种种负累，让自己在今日获得重生。

有一位国王出城巡游。国王乘坐在高大的白象上，有一群随从围绕在身旁。途中，国王从远处看到一位白发苍苍的老人走了过来。当长者慢慢地走到这群人的面前时，国王对着他进行轻声呼唤说："老人家！看你白发苍苍，您今年高寿？"

老人仰头看着满脸慈祥的国王，展露天真的笑容，老人缓慢地伸出四个手指头对国王说："我今年才四岁。"

国王听后很怀疑地说："你四岁？"

老人看着国王的眼睛坚定地说："对！我才四岁。因为，我在四年前所过的生活，是很糊涂、懵懂的人生，对于我来说那并不是真正的人生。后来我很幸运地得闻佛法，从那之后我的人生获得了重生，我已经忘却了曾经种种的烦恼。从我受佛陀的教育才四年，现在也就是四岁！"

老人看着国王惊讶的表情继续说："如今，我凡事都放得下，不再像以前一样盲目坚持，现在的我一心只想要施舍，在我有生之年尽力去付出。在这个过程中，我体会到付出后让人快乐，对于我自己来说是多么一件值得欢喜的事情，不与人计较是如此的自在！由此，我总结了一下这几年的心得，那就是心无烦恼，才能身轻心安！"

国王听了老人的话后若有所思，然后他欢喜地说："老人家！你说得很对！人生确实要放得下、舍得付出，与人无争、与世无争，这才是最逍遥的人生。我真的很羡慕你！

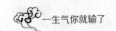

虽然你听闻佛法才四年，但这四年让你的人生已经变得很有价值了。"

老人把凡事都放下的那一天归结为自己重生的日子，这种抛下过去的洒脱令人钦服。其实我们每个人都需要获得这种超托的释然，放弃一些盲目的坚持，从纷繁复杂的侵扰中解脱出来，让自己重获新生。

西方的经典著作中有这样一句话："将昨天的烦恼遗忘，因为你还有今天要烦恼的事情。"忘记昨日的是非，忘记爱人在遇到你之前曾经有过的一段浪漫，忘记别人先前对自己的指责和谩骂，人人都有痛苦，都有伤疤，动辄去揭，便添新创，旧痕新伤难愈合。学会忘却昨日，把握好今日，明日的生活才有阳光，才有欢乐。

在时间的概念里，"今天"的意义也最为重要。不管是"昨天"还是"明天"，其实都是一个一个的"今天"，如果没有"今天的重生"，那么"明天"依然会像"昨天"一样混乱，把握住了"今天"，其实也将"昨天"和"明天"握于掌中。

一位哲学家在古罗马的废墟里发现了一尊神像。由于从来没见过这样的神像，哲学家好奇地问它："你是什么神啊，为什么有两张面孔？"

神像回答："我的名字叫双面神。我可以一面回视过去，吸取教训，一面仰望将来，充满希望。"哲学家又问："那么现在呢？最有意义的现在，你注视了吗？""现在！"神像一愣，"我只顾着过去和将来，哪还有时间管现在？"

哲学家说："过去的已经逝去了，将来的还没有来到，我们唯一能把握的就是现在；如果无视于现在，那么即使你对过去未来了如指掌，那又有什么意义呢？"

神像一听，恍然大悟，他失声痛哭起来："你说的没错，就是因为抓不住现在，所以古罗马城才成为历史，我自己也被人丢在了废墟里。"

废弃的神像在光阴荏苒之中忘却了自己存在的意义，它将目光定格在昨日的辉煌和明日的复兴中，却忽略了最为重要的"今日"。最后在哲人的点拨下他恍然大悟，这也可看作是神像的又一次"重生"。

过去的已经过去，没有必要花太多的时间让其充斥着自己的大脑，因为昨日的种种已经变成无法逆转的事情，既然不可逆转，再去为它花费时间和精力，就显得多余。与其沉浸在过去种种毫无意义的烦恼忧愁之中，不如从当下做起，让明天的自己不再为过去而悔恨。

想得少点儿，活得轻松

思想是生命的表征，不管是人还是生物界的其他生灵，哪怕只是一只舞于指尖的飞虫，它也有寻觅食物，趋光避害的本能思想。人的思想是无穷无尽的，它无时无刻不在运动、流转。凡是映入人眼帘的事物，都会在瞬间形成一种意识形态，人的大脑被各种各项的意识想法占据着，可见人的大脑负荷是多么地沉重。

而在人的众多想法中，大部分是负面的、无关紧要的，所以这世间许多人看起来都很烦恼，活得沉重，他们整日整夜被这些消极想法困扰，弄得心情抑郁，神情沮丧，寝食难安。

一个商人的妻子不停地劝慰着她那在床上翻来覆去、折腾了足有几百次的丈夫："睡吧，别再胡思乱想了。"

"嗨，老婆子啊，"丈夫说，"你是没遭过我现在的罪啊！几个月前，我借了一笔钱，明天就到还钱的日子了。可你知道，咱家哪儿有钱啊！你也知道，借给我钱的那些邻居们比蝎子还毒，我要是还不上钱，他们能饶得了我吗？为了这个，我能睡得着吗？"他接着又在床上继续翻来覆去。

妻子试图劝他，让他宽心："睡吧，等到明天，总会有办法的，我们说不定能弄到钱还债的。"

"不行了，一点儿办法都没有啦！"丈夫喊叫着。

最后，妻子忍耐不住了，她爬上房顶，对着邻居家高声喊道："你们知道，我丈夫欠你们的债明天就要到期了。现在我告诉你们：我丈夫明天没有钱还债！"她跑回卧室，对丈夫说："这回睡不着觉的不是你，而是他们了。"

故事中的商人就是一种被无谓想法拖累的典型，既然已经无力还钱，就没有必要再因此睡不着觉，与其在焦虑中度过漫漫长夜，不如像他的妻子那样宽心以待，或者积极寻找解决之道，而不是一味地为了事情消极的一面而苦恼。少想一些或者想开一些，心情自然会得到放松。

少年孟敏背着一个沙锅赶路，不小心绳子断了，沙锅掉到地上摔碎了。可是孟敏却头也不回地继续向前走。路人喊住孟敏问："你不知道你的沙锅摔碎了吗？"孟敏回答："知道。"路人又问："那为什么不回头看看呢？"孟敏说："既然碎了，回头有什么用呢？"说完他又继续赶路。

既然沙锅都碎了，回头看又有什么用呢？很多事情已经无法挽回，再去惋惜悔恨也于事无补，与其在痛苦中挣扎浪费时间，还不如重整心情开始新生活。佛家说"要眠即眠，要坐即坐"，倘使你总是"吃饭时不肯吃饭，百种需索，睡眠时不肯睡，千般计较"，这样放不下，你又怎样快乐呢？

想得少一点儿即是放下，即是心无牵挂，什么都看得开。无论贫富，无论遭际是好是坏，任何人都会有忧愁，不管想得多还是想得少，生活都不会因此而停止，生命也不会因此而改变，珍惜眼下的富足与美好，不要纠结于无谓的事情，悲哀不如快乐，活得沉重不如活得轻松。

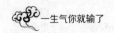

忘记和铭记同样是幸福

忘记与铭记是人的思维中两种惯常的情态，虽然两者的意思完全是相反的，但是也可以同时在一个人身上存在。很难简单地将忘记与铭记看作对立的关系，因为在某些情况下，忘记比较有益；在某些时候，铭记才是幸福。

在人的情感疆界中，忘记与铭记应该都占据着一块充满积极意义的地域，并且同时在意识中发挥着作用。从情感角度讲，忘记与铭记同样是一种幸福，关键是学会忘记该忘记的，铭记该铭记的。

《列子·周穆王》中就载有这样一个故事：宋人华子患了健忘症，"朝取而夕忘，夕与而朝忘，在途则忘行，在室则忘坐，今不识先，后不识今"，"荡荡然不觉天地之有无"。后来有高人把他的病治好了，谁知他又把平生数十年的得失、欢乐、好恶都记起来了，须臾不忘，以致把妻子的点点滴滴不检点和儿子的种种不敬、邻居的方方面面过失都念挂于心，最后"扰乱万绪，遂怒而黜妻罚子，操戈逐邻"，搞得鸡犬不宁，四邻不安。

由此可见，很多时候人们伤心痛苦，是因为在"铭记"与"忘却"之间找不到平衡点。如华子一般忘记所有事情，心中没有一点一滴关于美好的记忆，自然不快乐。而一旦什么都放在心里，无法忘记他人对我们的伤害，总是把对方的错处挂在心里，这种"铭记"也会成为幸福生活的"绊脚石"。

所以，幸福是记住该记住的，忘记该忘记的。对曾经接受的帮助，对生活中经历过的美好的铭记，这些都是支持人们前行的心灵慰藉。其他的，如他人给自己造成的伤害，曾经经历的种种不愉快，都不应该记在心上，应该尽早忘记。

记着别人对自己的恩典，忘掉别人对自己的伤害，就是最大的幸福。而有时忘记比铭记带给人的幸福感更多。忘记了忧愁，也就没有了忧愁。忘记了憎恨，也就远离了憎恨。当平日里所有的不公平，所有的不快乐都随忘记而远去时，生活就会变得明朗起来，就好像被乌云掩盖的天，突然变得湛蓝了。

学会忘记，丢掉的是伤痛，留下的恰恰是美丽。如果我们总是无法忘记那些伤痛和失意，那些记忆犹如明镜一般被我们悬挂起来，每天都在看，每时都在想，这样我们又怎能快乐呢？在失意的时候，人应当学会忘记那些不快，才能够真正的快乐，才能开始新的生活。

用静坐抚平焦躁不安的心

人们每时每刻都在追求幸福，然而许多人却不知幸福来自于内心的清净。世界上的繁华虚荣并不能让人们获得真正的幸福快乐，反而扰得内心焦躁不安。因为那些表面上的刺激只是暂时的，就像运用耳、鼻、舌、身所求来的感官快乐只会获得短暂的快感，仿若看了一场电影或听了一场音乐会，终将曲终人散。

世间种种本来就是反复无常，有生必有灭、有聚必有散、有分必有合。面对这些，放下心中的负累，静坐冥思一阵，便会发现在这浮躁喧嚣的无常世界里，你已经享有了一片安静的心灵空间。

一天傍晚，一位学僧在寺庙的树下里静坐，突然闻到柔和的晚风里夹杂着一阵一阵的花香。这些花香使学僧非常感动，从黄昏静坐到深夜舍不得离开。

寺庙隔壁就是一个繁花似锦的花园，为什么平时闻不到花香呢？平常有风吹着花香的时候，由于心绪波动，不一定能闻到花香。当心静下来的时候，又不一定有风吹来，所以也嗅不了花香。然而在这个黄昏，学僧的心情特别的宁静，又恰逢是花朵竞相绽放的春天，还有柔柔的春风缓缓吹送——在这么多原因的配合下，学僧闻到了有生以来最美妙的花香。

在静谧的时光里，花香如和缓的流水围绕着学僧，流过他的身心，然后流向不可知的远方。在这无边的宁静中，学僧的心也随花香飘动起来，他想到了一些从未想过的问题：草木都是开花的时候才会香，有没有不开花就会香的草木呢？花朵送香都限制在一个短暂的时间，有没有四季芬芳不败的花朵呢？花朵的妙香飘得再远也有一个范围，有没有弥漫世界的香气呢？所有的花香都是顺风飘送，有没有在逆风中也能飘送的香呢？……

学僧沉溺于这些问题中，竟然接下来的几天都无法静心。

有一天，学僧又坐在花香中出神，方丈走过他静坐的地方，就问他："你的心绪波动，到底是为了什么呢？"学僧就把自己苦思而难解的问题告诉了方丈。

方丈开示说："守戒律的人，不一定要开花结果才有芬芳，即使没有智慧之花，也会有芳香。有禅定的心，就不必要在因缘里寻找芬芳，他的内心永远保持喜悦的花香。智慧开花的人，他的芬芳会弥漫整个世界，不会被时节范围所限制。一个透过内在开展戒、定、慧的品质的人，即使在逆境里也可以飘送人格的芬芳呀！"

学僧听了，垂手肃立，感动不已。

方丈和蔼地说："修行的人不只要闻花园的花香，也要在自己的内心开花——有德行的香。这样，不管他居住在城市或山林，所有的人都会闻到他的花香！"

学僧学会了静坐的方式，但是没有领略到静坐的本意。他一直在问"产生花香为什么要有那么多的附加条件"，因而产生了诸多烦恼，本有的花香也就失去原有的意味；

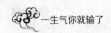

如果学僧能够抛开这些疑问，只是单纯地坐下来，静静地享受这些花香，那么香味在那一刻就会变成了永恒，停留在学僧的心中。

学僧思考的那些问题和我们平日里无故平添的烦恼如出一辙，人们每天都忙忙碌碌，各种各样的烦恼也就层出不穷：一个烦恼过去，下一个烦恼又来了。不要为心灵装满无用的烦恼，尝试在心田种满美好的香花。当娇美的花朵填满了内心，烦恼自然就被驱逐出境了，内心也就没有了忧虑。

其实每个人的"静心之所"并不遥远，关键是看如何找寻。有的人喜欢旅行，到一个人烟稀少的地方去释放自己的人生烦恼；有的人喜欢通过阅读来从中找寻生命的真谛；有的人则在悠扬的音乐中沉醉于片刻的安宁。这些都是很好的抚平内心焦躁不安的方法，如果什么都不愿尝试，那么就找来一把椅子，坐在那里闭上眼睛，将内心的所有事情归零，去感悟一段空白的世界。

人心其实就像一汪活水，心如果散乱，就如同被搅浑的活水。这样人会因为不知道自己要的是什么，常常随着别人的意见而走，会受别人评价的影响，会活得很累，这样的人，怎么能感受得到幸福呢？相反，内心清净的人才能真正认清自己，不论外界情况怎样改变自己都不为所动。这样的人才会屏蔽无谓的烦恼，不再因外界的动荡而焦躁。

得不到的就放手，抓不到的就转身

人生贵在坚持，但是，坚持不能等同于执着。因为过于执着便会成为固执，束缚人的精神，使其目光在一条狭隘的直线上穿梭。其实人们没有必要过分固执。生活给了人们一个很大的平台，每一个领域都有可能成为用武之地，如果某件事情在百转千回之后仍没有收获，那么该放手就放手，该转身离开就转身离开，生命并不一定"非此不可"，没有人规定人的一生只能有一种精彩的模式。如果执着于某一种僵化的形式，人生就很容易为此受限。

马祖道一在衡山怀让禅师那里参学时，很勤奋地盘腿坐禅，雷打不动，心无旁骛。时日久了，并不见什么成效。怀让禅师有心开悟他，就问："你坐禅是为了什么？"

马祖道一说："坐禅是为了成佛。"

怀让禅师于是拿了一块砖头在磨刀石上磨。

马祖道一非常惊讶，问："师父，您磨砖头干什么？"

怀让禅师说："我想把它磨成镜子。"

马祖道一更加吃惊了，说："砖块怎么能磨成镜子呢？"

怀让禅师微笑着回答："砖块既然磨不成镜子，那坐禅就能成佛吗？"

马祖道一说："那么怎么样才对呢？"

怀让禅师说："这道理就好比有人驾车，如果车子不走了，你是打车还是打牛？你是学坐禅，还是学坐佛？如果学坐禅，禅并不在于坐卧的形式。如果是学坐佛，佛性无所不在，佛并没有固定的形相。在绝对的禅宗大法上，对于变化不定的事物不应该有执着的取舍，你如果学坐佛，就是扼杀了佛，如果你执着于坐相，就是背道而行。所以，坐禅不可能悟道成佛。"马祖道一恍然大悟。

砖块怎能磨成镜子呢？古代的镜子是金属做成的，经常打磨才会有光亮，能映照出更清晰的人影。可是做镜子的前提是要有光亮度好的金属，砖块显然不具备这些条件。本质的东西错了，再如何执着也无济于事。

马祖道一的执着并没有对他的开悟有什么帮助，相反使他在"坐禅"这一谬途上做了许多无用功。执着是好事，能够克服困境，使生命达到超越自我甚至超越前人的高度。但是，如果方向不正确，无异于缘木求鱼，过分的执着只能形成阻碍。

当某件事物无法得到时，除去执着，就会快乐，就会有意想不到的顿悟。

古代有个书生和未婚妻约好在固定的时间成亲，但到了那一天，未婚妻却嫁给了别人，这让书生很伤心，书生为此备受打击，从此一病不起。

这时，一位过路的僧人得知这个情况，就决定点化一下他。僧人来到他的床前，从怀中摸出一面镜子叫书生看。书生发现看到的不是自己，而是从镜子中看到了茫茫的大海，有一名遇害的女子一丝不挂地躺在海滩上。

这时路过一人，看了尸体一眼，摇摇头走了。

又路过一人，看到这种景象就将自己身上的衣服脱下，给女尸盖上，走了。

再路过一人过去，看到后马上去挖个坑，小心翼翼地把尸体埋了。

书生正疑惑的时候，镜中的画面进行了切换。书生看到自己的未婚妻，洞房花烛夜，被她的丈夫掀起了盖头，脸上洋溢着幸福的微笑。书生看到这里不明就里，就问僧人这是为何。

僧人解释说："那具海滩上的女尸就是你未婚妻的前世。而你则是第二个路过的人，曾给过她一件衣服。她今生和你相恋，只为还你一个情。但她最终要报答一生一世的人，是最后那个把她掩埋的人，那个人就是她现在的丈夫。"

书生听完僧人的话后，豁然开朗，病也渐渐地好了，自己也有信心去找下一段属于自己的姻缘。

书生之所以会病倒，是因为他太在乎、太执着，对自己的未婚妻始终放不下，当僧人帮他解释了未婚妻的情况后，他就了解了前后因果，因而就能从心底将这件事放下了。

的确，只要不那么过分执着，换个想法，调整一下态度，就能让自己有新的境遇，新的机会。能够在该放弃的时候放弃，在无法获得的时候果断放手，这是睿智之人的行为。吐故才能纳新，果断地取舍才能让人走出人生的迷途，改变各自的命运。对于失去的心爱之物、心爱之人，我们没有必要耿耿于怀，应该调整好心态，既然失去则

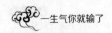

命中注定要失去，固执地挽回只是在时间上给自己捆绑上绳索，与其对过去恋恋不舍，还不如抬起头，去努力地争取未来。

拿着是累赘，放下是超然

有人将人划分成了三类：第一类人拿不起、放不下；第二类人拿得起、放不下；第三类人拿得起、放得下。

第一类人自私并缺少承担责任的勇气，内心放不下对功名利禄的追求，但是又不敢承担因其产生的责任。第二类人有责任心同时敢于担当，不过这种人贪心太重，一旦获得便舍不得放下，事事都想抓在手中，最后负累越来越重，艰难上路。第三类人有魄力有担当，能屈能伸，可攻可守，可进可退。

很明显，能够提放自如，拿得起、放得下的人，才能果断地抛开累赘，超然自身。

有一个聪明的年轻人，很想在一切方面都比他身边的人强，他尤其想成为一名大学问家。可是，许多年过去了，他的学业没有长进。他很苦恼，就去向一个大师求教。

大师说："我们登山吧，到山顶你就知道该怎么做了。"那山上有许多晶莹的小石头，煞是迷人。每次见到年轻人喜欢的石头，大师就让他装进袋子里背着，很快，他就吃不消了。

"大师，再背，别说到山顶了，恐怕连动也不能动了。"

大师看着他："是呀，那该怎么办呢？"

年轻人说："该放下了，不放下，背着石头怎能登山呢？"

听到这句话，大师笑了。

年轻人一愣，忽觉心中一亮，向大师道谢后走了。之后，他一心做学问，最终成为一名大学问家。

年轻人无疑属于第二类人，有满腔的热情和干劲，目标明确，凭借自己的努力向上攀登，然而贪心太重，徒然给自己背上了满身的负累。这些负累就像色彩斑斓的石子，看似迷人，实则无用，只会在前行的道路上拖后腿。倘若不学着放下那些多余的欲求和计较，年轻人可能永远也不能放下负担，获得更高的成就。

其实做人就像一只旅行箱，随时提放自如，在该拿起的时候拿起，该放下的时候放下。能做到随时随地提放自如，意味着精神可以获得净化，不浮躁、不自私、不虚荣、心灵静定，不被任何因素动摇。如果只是一味地提起，就会有太多的拖累，非常辛苦，束缚我们前进的步伐。

有一位修行了四十多年的老修行者，每当有信徒即将往生的时候，他都会对人家说：

"身体是一个臭皮囊。时间到了，就要把它丢掉，不要有挂碍，这样才能解脱。"并且请家属不要吵他、要赶快为他念佛。但是，一旦自己这个'臭皮囊'将腐烂、坏死时，他一样会很烦恼、心里放不下。

有一次一位法师去探望他时，对他说："这就是你常常说的'臭皮囊'啊！不要把死看得那么重，专心念佛吧。"

他说："法师，我过去也都是这么对别人说，可是现在真的很痛苦！你教我怎么放下吧。"

法师说："用念佛来转化心念吧！"

他说："我也知道要念佛，可是，现在我真的念不下去啊！"

他临终时，一些法师都围在他的身边念佛。因为他是"半路出家"的，他的俗家眷属——媳妇、女儿一直要靠近探望，而他虽然讲不出话来，还是一直招手希望他们过来。但是，法师们为了不让他的心受眷属牵绊而不得解脱，坚持不让他们接近。

法师对老修行者说"用念佛来转化心念"，其实就是在告诫他要学会放下尘世间的烦恼、世俗。老修行者出家后虽然极力想用修行来放下尘缘，但实际上，他的内心没有放下尘世间的情感。当一息尚存时，哪怕先前已有几十年的修持经历，到最后却还是放不下。可见放下有多么艰难。在该放下的时候放手，这并不是身体上的动作。只有当心中全然放下的时候，才能获得真的自在。

一个人若有挂碍，有是非，有名闻利养的百般计较，什么也放不下，心事太多，心理压力就太重。有收就应有放，要"提起"更多的成就和幸福，不妨坦然放下多余的负累，将一切看淡，找到真正的超然自在。

放下是原谅，放下是自在

放下是原谅，会给自己带来自在。人人都会有痛苦，都有伤疤，如果心中放不下给自己带来痛苦伤疤的人，无法做到原谅，就只能在自揭伤疤的过程中增添新的痛苦。当你不停地品味着过去的痛苦时，这种痛苦就永远不会消失，如此一来，也就谈不上身心的轻安自在。

宽厚待人，忘记怨恨，乃事业成功、家庭幸福美满之道。将心中怨尤的情绪、对人与事的计较，以及对每一寸得失的执着通通放下，除去内心的障碍和牵绊，打开胸襟，才能够与人构建和谐的人际关系。如果事事斤斤计较，就会患得患失，尝尽生活的苦汁，北宋名臣范仲淹便深谙此理。

景祐三年（公元1036年），范仲淹任吏部员外郎。当时，宰相吕夷简执政，朝中的官员多出自他的门下。范仲淹上奏了一个《百官图》，按照次序指明哪些人是正常的提拔，那些人是破格提拔；哪些人提拔是因公；哪些人提拔是因私。并建议：任免

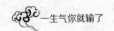

近臣，凡超越常规的，不应该完全交给宰相去处理。他被吕夷简"指为狂肆，斥于外"，贬为饶州知州。

康定元年（公元 1040 年），西夏王李元昊率兵入侵，范仲淹被任命为陕西经略安抚副使，负责防御西夏军务。

这时，神宗下谕让范仲淹不要再纠缠和吕夷简过去不愉快的事。范仲淹"顿首"谢曰："臣向论盖国家事，于夷简无憾也。"他的意思是：我过去议论的都是有关国家的大事，对吕夷简本人并没有什么怨恨。

吕夷简听说后，深感愧疚，连连说："范公胸襟，胜我百倍！"

范仲淹用自己的豁达赢得了对手的尊重，但更重要的是收获了一份自我心灵的自在。自在往往就是如此简单，许多人千辛万苦地寻求人生的自在，却不知自在其实只是一次对敌人的原谅，只是一次对怨恨的放手，只是一次将自我放下的心境的改变。我们之所以会不快乐、不自由，是因为无法解开的心结太多，想放却放不下，以至于时刻都在计较、焦虑，时刻都被得失成败所束缚。

试想，如果范仲淹心心念念都是对吕夷简的抱怨和仇恨，又如何抽得出心力去做事，去施展自己的抱负？不能放下对他人的怨恨，不仅容易与人交恶，也很容易让自己的心一直沉浸在烦恼和纠结之中。生命被太多的烦恼怨苦所占据，自然就无法呈现出本该有的精彩。

杂念太多，想要的太多，不能放手的太多，就注定要忍受生活的悲苦。执念太深的人，若能够明白这份执念因我而生，也能因我而灭，若能了解心中所执着的一切并非我们所以为的那样重要，若能够放下，哪怕只是一瞬间的超脱，也就不至于事事都自寻烦恼。如果说放下怨恨是原谅敌人，那么放下烦恼就是原谅自己。原谅敌人，能够换来一份心地的开阔；原谅自己，则能够得到一份内心的自由自在。无论哪一种原谅，带来的都是更大的生命空间、更辽阔的心灵领地，更快乐、更精彩的人生。

心无外物，超然处之

现代人生活在无休无止的喧嚣之中，不仅环境的喧嚣无处不在，人内心深处对名利的追逐和欲望也让人不得安宁。人们回到大自然当中时，或许能够寻求到片刻的宁静，但是一旦回到俗世生活里，便依然深陷凡尘的喧扰。无论如何逃离外境的喧闹，只要无法平复内心的欲求，无法给自己的内心留下一片清净之地，那就无济于事。

人之所以会有烦扰，是因为被太多的外物牵连于心，无法放下、解脱。抛开心中的外物所获得宁静才会致远，达到心灵深处不易触及的地方。

清朝有位商人曾经喜欢上一位名叫阿珠的船家女。他为了讨阿珠姑娘欢心，送给她一个首饰盒，盒内虽只有简简单单一瓶香水、一个八音盒、一把象牙篦子、一只女表，但对阿珠姑娘这样一个船家女来说，已经是百宝箱了。阿珠惊喜之下，不禁为如何收藏它犯起愁来。胡雪岩见她这样，便对她说："人以役物，不可为物所役。心爱之物固然要当心被窃，但为了怕被窃，不敢拿出来用，甚至时时忧虑，处处小心，这就是为物所役，倒不如无此物。"

这段看似矛盾的自我辩驳，其实是商人自己对于物我关系的认识。物并不是不重要，人的生存、发展都离不开物，但倘若因为物而痴迷，局限了自己，不如无物。物质虽然有用，却并不值得人为之悲喜、执着，受它束缚。在商人看来，凡是用钱能够解决的问题，统统不叫作问题。他说自己做生意所获得的最大乐趣，就是帮助有才华的人，让他们不被钱难倒。可见商人虽然一生致力于经商，却并不执着于金钱。或许正是这种不役于物的胸怀，使他得以获得成功，因为只有不在乎外物，才能够摊开手来获得所想要的一切；也只有超脱于物，不为外物所累，才能够获得真正的满足和幸福。

有一个男子坐在一堆金子上，伸出双手，向每一个过路人乞讨着什么。一位老和尚走了过来，男子向他伸出双手。"孩子，你已经拥有了那么多的金子，难道你还要乞求什么吗？"老和尚问。

"唉！虽然我拥有如此多的金子，但是我仍然不满足，我乞求更多的金子，我还乞求爱情、荣誉、成功。"男子说。

老和尚从口袋里掏出他需要的爱情、荣誉和成功，送给了他。一个月之后，老和尚又从这里经过，那男子仍然坐在一堆黄金上，向路人伸着双手。

"孩子，你所求的都已经有了，难道你还不满足吗？"

"唉！虽然我得到了那么多东西，但是我还是不满足，我还需要快乐和刺激。"男子说。老和尚把快乐和刺激也给了他。

又一个月后，老和尚又见那男子坐在那堆金子上，向路人伸着双手——尽管有爱情、荣誉、成功、快乐和刺激陪伴着他。"孩子，你已经拥有了你想要的，难道你还乞求什么吗？"唉！尽管我已拥有了比别人多得多的东西，但是我仍然不能感到满足，老人家，请你把满足赐给我吧！"男子说。

老和尚笑道："你需要满足吗？孩子，那么，请你从现在开始学着付出吧。"老和尚一个月后从此地经过，只见这男子站在路边，他身边的金子已经所剩不多了，他正把它们施舍给路人。他把金子给了衣食无着的穷人，把爱情给了需要爱的人，把荣誉和成功给惨败者，把快乐给了忧愁的人，把刺激送给了麻木冷漠的人。现在，他一无所有了。看着人们接过他施舍的东西，满含感激而去，男子笑了。

"孩子，现在，你拥有满足了吗？"老和尚问。

"拥有了！拥有了！"，男子笑着说，"原来，满足藏在付出的怀抱里啊。当我一味乞求时，得到了这个，又想得到那个，永远不知什么叫满足。当我付出时，我为我自己人格的完美而自豪、而满足，为我对人类有所奉献而自豪、而满足，为人们向我投来的感激的目光而自豪、而满足"

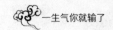

当男人把所有曾经执着不放的东西给予别人的时候，他获得了满足，而满足也是人生的最大追求。其实人与物之间的关系是古往今来一直困扰人们的难题，俗话讲"一分钱难倒英雄汉"，人必须凭借外物才能生存；但另一方面，人又不能为物所役，得之正道，所得便可喜；用之正道，钱财便助人成就好事；反之，若不能善用外物，一味为外物得失所缚，物质就会成为害人的工具。

假若做了一个贪欲守财之人，为了钱财忘了义理，为一得一失不惜毁了容颜丢掉性命，那就是为物所役，如此倒不如无此一物。因为即使拥有了全世界，也不过一天三餐，一人只能睡一张床，从一国之主到平民百姓都是如此，与其为了身外之物争得面红耳赤，你死我活，倒不如抛开那些凡尘俗物，超然于世，获得生命的大自在。

心中澄明，自然淡定

当人们在风雨中奔跑的时候，那个能够驻足下来欣赏雨景的人，心中必然别无外物的侵扰，拥有一份自若的淡定。在现如今都市竞争的丛林中，多数人都在忙碌追求，汲汲营营于功利名位，贪婪于占有一切，所以他们的心灵浮躁而焦虑，充满苦恼和忧愁，一旦遇上大的变故或打击，就会生气抓狂、沮丧失落，很难保持冷静淡然。心中若有太多对外物的企求，有太多关于得失的计较，就无法如明镜一般清澈澄明、如平湖一般宁静安详，遇事则无法淡定自守。

拥有一颗澄明的心是除去浮躁、静定自心之后的大境界。古代修性的大家一直强调心中的那份澄明，他们告诫世人，不能一有成就就骄傲自满、得意忘形，也不能一遇挫败就失意悲观，而是要学会宠辱不惊，抛开一切的烦恼与妄念，不管上升还是降落，都能够从容地面对人生。

从前有一个玄机和尚觉得自己已经得道，于是他去找了他的师父来求证。他的师父只说了一句："放下才能解脱。"玄机心想："我整日心无杂念地打坐，难道还没有解脱吗？那怎样才算是真正的得道呢？"他眼神中充满了迷惘，目光渐渐黯淡了。后来他干脆起身去拜见雪峰禅师，希望能从他那里得到答案。

雪峰禅师看着眼前的这个年轻人，觉得他虽然有向佛之心，但是本性中有许多缺点，于是问他："你从哪里来？"

"大日山。"玄机自信地答道。

雪峰微笑，话里暗藏机锋："太阳出来了没有？"意思是问他是否悟到什么禅理。

玄机以为雪峰是在试探他，心想："连这个我都答不上来的话，这几年学禅，岂不是白白浪费时间了，便扬着眉毛说："如果太阳出来了，雪峰岂不是要融化！"

雪峰叹息着又问："您的法号？"

"玄机。"玄机答道。

雪峰心想：这个和尚太傲了，心里装的东西也太多了，且提醒他一下吧！于是问道："一天能织多少？""寸丝不挂！"玄机心想："就这个也能考住我玄机和尚，真是太小瞧我了！"

雪峰听他这样固执，不由得感叹道："我用机锋来提醒他，他却和我争辩口舌，自以为是，却不知心中已经藏了多少名利的蛛丝！"玄机看雪峰无话可说了，心想："雪峰也不过如此。"便起身准备离去，脸上还是那样得意的神态。

他刚转过身去，雪峰禅师就在身后叫道："你的袈裟拖地了。"玄机不由自主地回过头来，见袈裟好好地披在身上，只见雪峰哈哈笑："好一个寸丝不挂！"

玄机禅师羞愧地低下了头，终有所悟。

玄机禅师清高自大，本以为自己已经心境澄清，心无挂碍，实际上还是放不下俗世名利。心中澄明，放下一切，这样超然、淡定的境界现实生活中很少有人能够达到。许多人为了芝麻大点儿的小事扰乱了心绪，通过发怒这种极端的情绪表现出来。比如有些人遭受一点点的挫折就抱怨命运的不公；看到别人拥有了某件东西，但是自己无法得到，就生起嫉妒心。这种种有失常态的表现看起来是一种无关紧要的情绪波动，实际上长此以往的话，就会被这种负面情绪困扰住内心，从而失去淡定的心性。

要想做到心中澄明，自然淡定，就要学会适时适度地放弃，只有将心中的杂念放下，才能让内心达到至清至净的境界。

赵州禅师是一位禅风非常锐利的法王，他回答信徒提问时，总是不从正面说明，要你从另一方面去体会。

有一次，一个信徒前来拜访他，因为没有准备供养他的礼品，就歉意地说道："我空手而来！"赵州禅师望着信徒说道："既是空手而来，那就请放下来吧！"信徒不解他的意思，反问道："禅师！我没有带礼品来，你要我放下什么呢？"赵州禅师立即回答道："那么，你就带着回去好了。"信徒更是不解，说道："我什么都没有，带什么回去呢？"赵州禅师道："你就带那个什么都没有的东西回去好了。"

信徒不解赵州禅师的禅机，满腹狐疑，不禁自语道："没有的东西怎么好带呢？"赵州禅师这才方便指示道："你不缺少的东西，那就是你没有的东西；你没有的东西，那就是你不缺少的东西！"

信徒仍然不解，无可奈何地问道："禅师！就请您明白告诉我吧！"赵州禅师也无奈地说道："和你饶舌多言，可惜你没有佛性，但你并不缺佛性。你既不肯放下，也不肯提起，是没有佛性，还是不缺少佛性呢？"

信徒无法领略赵州禅师的话，是因为他的内心还不够澄明。有时我们内心缺少的东西往往是我们实实在在拥有的东西，人们因为看不见自己的内心所缺少的东西，才会用外物来填充自己的心，这样一来不管合适与否，我们的内心都被一些可有可无的事物充斥着，淡定就变成了一种奢侈。

所以追寻内心的平静淡定，首先要让自己内心变得澄明，而澄明的唯一方式就是

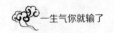

抛空心中的一切，除去妄念和执着，正如禅宗说真正的佛法只有两个字"放下"，放下种种扰人心弦的烦恼和无关紧要的心绪，自然恬淡的心境便会跃然而生。

顺其自然，便是自在

"凡事顺其自然"是人们常常挂在嘴边的话，用来安慰那些经历挫折和失败的人。但是真正遇事时，人们又未必能做到坦然和豁达、顺其自然地去应对。世间的许多事情，比如事业、情感、人际交往，许多人都会说顺其自然，告诫自己和他人，不要把它们过分地放在心上，但是大多数时候却都不自觉地固执坚持，尤其在遭遇事业上的挫败，感情上的伤害，人际交往中的障碍时，更容易死死抓住自己的执念不放，不肯放过自己，放过他人。

其实，无论境遇的好坏，都不应该有所分别，一分别，一计较，情绪和心境就会随之起伏不定，生活也会因此不得安宁。不如打开心胸，放开得失，坦荡接受命运赋予我们的一切。

唐代大诗人白居易曾问广宽禅师："既曰禅师，何以说法？"

禅师说："无上菩提者，被于身为律，说于口为法，行于心为禅，本质是一样的。譬如江河湖海，名称虽然不一，水性却无二致。律即是法，法不离禅，为什么要起妄念加以分别？"

白居易又问："即无分别，何以修心？"

禅师认真地回答："心本来无损，为什么还要说修？不论好的念头还是不好的念头，要一念勿起。"

白居易听了十分不解，问："不好的念头当然不应该有，好的念头为什么也不要起？"

广宽禅师微微一笑，说："这好比人的眼睛，里面容不得沙子，同样也容不得金屑。"

心如止水，平静安详，任何念头都不存于心，一切顺其自然，就是最好的结局。一旦心存刻意，无论是恶念，还是善念，都会平地起波澜。

人生在世犹如梦境一般，在我们感叹岁月催人老的同时，也常常悔恨自己年轻时的碌碌无为。不过，等到老时蓦然回首此生，才发现人生只是一种心境，不管贫困也好，富贵也罢，一切得失都是过眼烟云。人生中的大事小事、难事易事，总会在生命的尽头幻化成虚空中的那份宁静、淡然，顺着生命的意义而逝去，所以顺其自然才是生命的本真。

在三伏天的时候，禅院的草地枯黄了一大片。小和尚看到以后说："快撒点儿草籽吧！好难看呀！"师父微笑地说："等天凉了再撒。"等到了中秋，师父买了一包草籽，叫小和尚去播种，小和尚高兴地接过去，但是秋风起，草籽边撒边飘。"不好了！好多草籽都被风吹走了。"小和尚喊。师父挥挥手："没关系，吹走的多半是空的，撒下去也发不了芽。"

等到小和尚撒完草籽，接下来就有一些被飞来的小鸟啄食。小和尚看到后急着直跺脚："要命了！草籽都被鸟吃了！"师父依然没有着急："没关系！草籽多，吃不完！"等到半夜的时候突然下了一阵骤雨，一大早小和尚冲进禅房，"师父！这下真完了！好多草籽被雨冲走了！"师父听完仍是在忙自己的事，随口说道："冲到哪儿，就在哪儿发芽！"

等到半个多月过去了，原本光秃的地面居然长出许多翠绿的草苗，一些原来没播种的角落也泛出了绿意。小和尚看到后高兴得直拍手，师父赞许地点点头。

小和尚的担心并非是多余，只是他缺少一种顺其自然的心境，他只看到了事物悲观的一面，却没有想到任何不利的情形下都暗藏着让人欣喜的结果。

人生成败全凭自身的把握，不管遇到艰难险阻还是开阔坦途，在顺其自然的心境下尽自己最大的努力，不骄不躁、不疾不徐地前行，便是通往成功之路的捷径。其实，自然万物多是遵循这样的法则，比如水在流淌时是不择道路的，树在风中摇摆时是自在的，云在天上飘荡时也是不管形态的，雨在空气中飘洒时更是不懂方向的，因为这些都源于自然，自然自有其法则，所以它们只需要自在地存在着。

顺其自然的心态不是一种消极的等待，也不是听从命运的摆布，它是一种寻求生命平衡的境界，生活的美好和质量皆源于此。当事事都看开，做到顺其自然的时候，内心才会渐渐清澄、渐渐明朗，许多无谓的负担就会消除。顺其自然，生命才会感觉到自在，与其苦求不可企及的事情，不如将心放宽，看淡世间万物，放下背负的重托，遵循自然的选择，在不失去正道的前提下，用一颗顺其自然的心将人生的滋味品透。

放下苛求，幸福需要自己来成全

许多人将幸福和不幸的定义建立在与别人对比的结果上。比上不足，我们就会感觉到不幸；比下有余，又会感觉到幸福。从这个意义上说，自己的幸福似乎是建立在他人的痛苦之上。这样的幸福既不牢靠，也不长久，它随时都会随着物质条件、地位、名利的起伏而改变。

如果幸福的本质是比较，如果幸福依赖于外在的物质名利，那么人生实在可悲。因为这样的人生根本不能与真正的幸福同行。对名利过度追逐，对欲望的满足太过苛求，换不来真正的幸福。名利永远追逐不尽，欲望永远得不到满足，所以幸福也只能短暂地闪现，转瞬间又被新的欲求所淹没。

试着放下一些欲望和苛求，少一点儿攀比和虚荣，幸福就会在平和清静的心里自然显露。幸福不是靠与人比较得来的，更不是靠祈求、祷告得来的，而是需要自

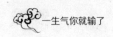

己来成全。

一个司机是个急性子，开车的时候最忍受不了等红灯和被人超车，他的妻子在他车上挂上了佛祖像，还叫他每天将护身符带在身上，并每天为他祈祷。可是，有一天司机闯了红灯，出了车祸，不久便去世了。他的妻子很伤心，跪在佛祖面前哭诉："我每天为他祷告，还把护身符带在身上，您怎么不保佑他呢！"

佛祖听了，无奈地说："他开得太快了，我追不上他啊！"

司机的妻子习惯于向他人祈求平安、幸福，而实际上，幸福与否谁也帮不上忙，全靠自己成全和体会。

知足常乐就是幸福。幸福不在遥远的彼岸，而是在每一个人的心底。对于幸福，没有人能给出一个标准答案，因为幸福是一种感觉，它就在生活的每一件小事中，就在每个人的身边，只要伸出手掌去把握它，用心灵去感受它，用整个身心珍惜它，少一点儿对名利的追求，少一些刻意的执着，只是让自己顺其自然地生活，我们就能体验到幸福。

体验幸福的前提不一定是腰缠万贯，享尽山珍海味，也不一定是要高官厚禄、呼风唤雨、高高在上，一个人只要懂得用心去生活，无论他多么平凡，都能收获幸福。那些把自己的喜怒哀乐完全寄托在外物之上的人，幸福的大门并不会向他打开。只要我们的生命还在，呼吸未停，生活中还有很多让我们感到幸福的事。即使其他的暂时还无法做到，至少，我们还拥有把握幸福的能力。

幸福不是大把大把的金钱带来的物质愉悦，也不是显赫一时的声名带来的精神满足。幸福只是一种态度，一种让人可以在平凡中体味出美来的态度，一种让人可以在简单中领悟出甜蜜的态度。看开一切不愉快，用感恩而不是祈求的心态去生活，自然活得欢喜幸福。

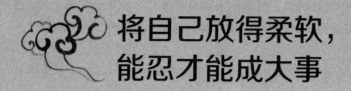

第十六章

将自己放得柔软，
能忍才能成大事

忍是常胜之道，是一生的修行

忍是一种修行，分为三个层次，即生忍、法忍、无生法忍。所谓"生忍"，即是忍世间众生的嗔骂毁辱。所谓"法忍"，就是安忍一切寒热、风雨、饥渴、生老病死。"无生法忍"是指对于世间上的生老病死、忧悲苦恼、功名利禄、人情冷暖等，不但不为所动，而且要能真正地认知、处理、化解和消除。

我们平时所说的"忍"指的是能够克服各种欲望，使自己的心态平和，从而获得心灵上的自在，安度一切困境。忍耐是成就人生的必要因素，学会忍耐能让一个人在清净沉寂中体会到生命的价值。人要想获得成功，必然要学会忍耐。忍耐也是一生的修行，缺少一颗忍耐之心常常使人在面对阻碍和分歧时产生情绪上的波动，最终导致事情难以圆满解决。忍耐可以作为一种保全人生的谋略，它是人生的延长线，就像一场战斗中的防御或撤退一样，是保证最终胜利的重要因素。

李忱是唐宪宗李纯的第十三子，于长庆中期被封为光王。李忱的母亲并不是一个有身份有地位的妃子，她作为当时叛臣的罪孥进宫，结果邂逅了当朝皇帝，生下了李忱，可惜在李忱的幼年，宪宗皇帝就被宦官暗杀了。

公元820年2月，李恒（李忱之兄）被宦官扶上皇位，是为唐穆宗；4年后穆宗服长生药病逝，其子敬宗李湛接任，但他只活到18岁，驾崩后由其弟文宗李昂、武宗李炎相继接任。

在这长达20年的时间里，三朝皇叔李忱的地位既微妙又尴尬，他只能以黄老之道，韬光养晦，装傻弄痴。尽管他为人低调，不事张扬，但光王的特殊身份，还是让他逃避不了被侄儿们猜忌、排斥、挤压的命运。文宗、武宗两位皇帝更是对他心存芥蒂，非但不以礼相待，还想方设法地迫害他。公元841年，唐武宗登基时，李忱为避祸全身，

279

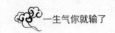

便"寻请为僧，行游江表间"，远离了是非之地。应该说，李忱当时做出的这一抉择，当属大智若愚、达人知命的明智之举。而流放底层，阅尽人世沧桑，也为他将来修成大器提供了一个难得的机会。

法号"琼俊"的李忱虽然隐居于与世隔绝的深山之中，却没有一心向佛，忘却心中之志。他效法孔明抱膝于隆中、太公钓闲于渭水，准备待时而动。在唐武宗统治的6年间，他不停地通过秘密渠道打探宫内情况，积极从事夺权的活动，以实现"归去宿龙宫"的宿愿。

公元846年，深谙权谋、忍辱负重的李忱果然在太监们的拥戴下，从侄儿手中夺过大位，成为唐宣宗，时年37岁。由于他长期在民间阅世读人，深知黎民疾苦，故躬行节俭，虚怀纳谏，颇有作为，号称"大中之治"。

李忱能够忍别人所不能忍，最终厚积薄发，摆脱了原先遭遇的困境，实现了自己的目标。可见要想成大事，关键在于一个"忍"字，除了忍受外部的困苦之外，还要忍耐自己内心的孤独、空虚和寂寞。在做事业的过程中，可能会遭遇来自他人的阻碍、侮辱、轻视、毁谤，也可能遇到很多难以想象的困难，面对这一切，除了"忍"，没有别的办法。如果一味地任情绪爆发，在困难当前时撒手不干，或者一味抱怨命运的不公，最终就很可能一事无成。人生要耐得住寂寞，经得起忍耐，才能实现梦想。

肆无忌惮地发泄怒火是一种自私

人的一生其实总是在犯错和自我修正，当我们在面对别人无关紧要、无伤大雅的小错误时，没有必要揪着不放，而应该给别人一个机会、一个面子，千万不要动不动就大动干戈，乱发脾气，这是极其自私的表现。

生活中为人处世要宽容大度，能忍则忍，这样既可以提高自己的个人修养，也能避免自己下一次犯类似的错误。遇到别人芝麻大点的小过错就怒火中烧，完全不顾场合和对象，既让对方下不来台，也让彼此产生巨大的隔阂。

可以生气，但是不要肆无忌惮的发泄怒火，这样既让对方心情不快，也会让自己因怒气而终日闷闷不乐。必须让自己的怒气在时间、场合、对象方面加以节制。在对别人发脾气之前，先冷静地想一下这么做的后果是什么，如果会产生一连串的不利后果，那么最好还是收敛一下自己的脾气。

古时候有一个官员，因为上朝迟到遭到了皇帝的痛骂。这个官员心情很糟糕地回到了自己的府衙，一进堂门，这个官员就像吃了火药一样，看到桌上有一封未寄出的信件，便气不打一处来，把自己的下属叫了进来，劈头就是一阵痛骂。

下属被骂得莫名其妙，拿着未寄出的信件，走到文书跟前照样是一阵狠批。责怪他昨天没有提醒自己寄信。

文书被骂得心情恶劣至极，便找来门口的守卫，抛下一串声色俱厉的指责。守卫底下没有人可以再骂下去，他只得憋着一肚子闷气回家，看到儿子没有念书，而是在玩，于是逮住这个机会将自己的儿子教训了一顿。

儿子非常委屈，回到房间瞅见里那只大懒猫正盘踞在房门口，儿子一时怒由心中起，立即狠狠地踢了它一脚，把猫儿给踢得远远的。

无故遭殃的猫儿，心中百思不解："我这又是招谁惹谁了？"

这个官老爷的发怒产生了"蝴蝶效应"，结果造成整个衙门沉浸在负面情绪当中，可想而知这一天的办事效率一定会非常低下。

发怒并不是一种强势的表现，反而暴露了一个人内心的虚弱。在许多场合，不可遏制的愤怒总会使人失去解决问题和冲突的良好机会。甚至有的时候一时的冲动愤怒，可能意味着高昂的代价。

某人的朋友可能无意中说错了话，刺伤了他的内心，为此，他勃然大怒，结果可能会失去一份珍贵的友情。某人生意上的客户言行举止冒犯了他，他也因此大为光火，结果，这个人可能失去一大批客户，而导致生意上的失败。愤怒会堵死一个人成功的路，经常发怒的人无异于是在给自己挖下一个个失败的陷阱。我们应该把肆无忌惮的怒火从自己的心中赶出去，同时也不要通过肆无忌惮地乱发脾气留给别人自私的印象。

沉不住气是因为修养不够

生活中，如果一个人沉不住气，那么本来能办成的事情往往也不会成功。与之相反的是，本来没有指望的事情，如果能够冷静下来进行思考和分析，那么事情很可能就有转机。有时，一些事情并非那么难以完成，我们不应该被其表象吓到，只要耐下心，沉住气，便会有意外的收获。

能够沉得住气是一种修养，拥有这种修养的人往往能够镇定自若地执掌大局面，而沉不住气的人往往因一时头脑发热，做出不恰当的行为，最后造成遗憾终生的结果。

人之所以会在生活中沉不住气，归根结底还是因为修养不够。要培养自己的修养，就要保持良好的心态，遇怒不动，遇辱能忍。在面对生活中种种的不公，甚至是感觉生活的烦躁、无聊的时候，让自己的心平静，让自己的气沉住，这都需要深厚的修养才能做到。

圣严法师开始随东初老人修行时，住在文化馆内一间很小的房间里。生活固然清苦，但他对修行与学习充满向往。然而，东初老人似乎并不急于向他传经授学。

刚刚安顿下来，东初老人却找到他说："圣严，我知道你爱好读书和写作，所以你需要更多的空间，你搬到隔壁的大房间去吧！"

圣严法师非常高兴，很快就把自己的衣物搬到了大房间里。哪知第二天东初老人

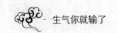

就对他说："你业障太重，恐怕没有足够的福泽来享受这么大的房间。你还是搬回小房间去吧！"

虽然心中稍微有些不满，但圣严法师还是照做了。他本以为搬回小房间之后就能够随师父参禅了，但没想到东初老人又提出让他搬回大房间。

这一次，圣严法师尽量克制着自己的气恼，平心静气地对东初老人说："师父，我可以住在小房间里。"听到这话，东初老人严厉地斥责了圣严法师，并要求他遵照自己的指示。

随后的日子里，依照师父的要求，圣严法师不断地从大房间搬到小房间，又从小房间搬回大房间。他也曾表达过抗议，但出于对师徒伦理的重视，他最终还是选择服从。

终于有一天，圣严法师突然领悟到这也许正是东初老人锻炼自己心性的一种方式。于是，他不再抗议，而是心平气和地搬来搬去。当他不再犹豫，不再不满，也不再恼怒后，东初老人就让他住定不动了。

不同的人会从圣严法师的经历中看到不同的层面，有的人看到东初老人的严厉，有人看到了圣严法师修行的不易，也有的人看到了圣严法师在修行过程中心态的变化。其实，东初老人看似"折磨"的方式是在训练一个人的心性，只有真沉得住气的人，才会真正悟出真禅。佛家十分强调修行过程中的心性锻炼。这种锻炼的目的是为了降伏人心中固有的习性，将心训练得坚韧、静定。简单来讲，这就是一种加深修养的练习。涵养深厚，遇事自然冷静、沉得住气，即使外界的情况纷繁复杂，也不会失去理性和条理，更不会失去忍耐和平常心。

控制不了自己，就控制不了别人

每个成功人士都会有从被控制到控制别人的过程，如果向他们询问，在这个经历中最重要的是什么或者感受最深的是什么，他们一定会回答："要想控制别人，首先要学会控制自己。"对自己的掌控包括情绪、欲望、判断等多方面，而情绪又是最难以驾驭的因素。一个人很可能能够克制自己的欲望，能够控制自己的判断力，却很可能因为一件小事就燃起怒火。然而，控制不了自己，就控制不了别人。一个无法对自己的情绪进行有效操控，经常乱发脾气的人，就无法赢得他人的支持和帮助，最后只能让自己落得"失道寡助"的处境。

有一个脾气暴躁、容易出现情绪波动的女孩，经常因为小事和别人吵架，她的人际关系因此愈来愈紧张，在公司经常与人发生矛盾，结果男友也难以忍受她的坏脾气，和她分手了。终于有一天，她觉得自己已经处于崩溃边缘。

她向一个朋友求救。朋友建议道："你可以拥有两种思考，一种是让每件事情都在脑海里剧烈地翻搅，另一种则是顺其自然，让思想自己去决定。"说着，朋友拿出了两个透明的刻度瓶，然后分别装了一半刻度的清水，随后又拿出了两个塑料袋。女孩打开来，发现里面分别是白色和蓝色的玻璃球。朋友说："当你生气的时候，就把一颗蓝色的玻璃球放到左边的刻度瓶里；当你克制住自己的时候，就把一颗白色的玻璃球放到右边的刻度瓶里。最关键的是，现在，你该学会控制自己的情绪，如果你不试着控制自己的情绪，你会继续把你的生活搞得一团糟。"

此后的一段时间内，女孩一直照着朋友的建议去做。后来，在朋友的一次造访中，两个人把两个瓶中的玻璃球都捞了出来。他们同时发现，那个放蓝色玻璃球的水变成了蓝色。原来，这些蓝色玻璃球是把水性蓝色涂料染到白色玻璃球上做成的，这些玻璃球放到水中后，蓝色染料溶解到水中，水就成了蓝色。朋友借机对女孩说："你看，原来的清水投入'坏脾气'后，也被污染了。你的言语举止，是会感染别人的，就像玻璃球一样。当心情不好的时候，要控制自己。否则，坏脾气一旦投射到别人身上，就会对别人造成伤害，再也不能回到以前。所以一定要控制好自己的情绪。"

女孩后来按照朋友的建议去做时，她真的不再那么暴躁了，做事情也容易理出头绪。当朋友再次造访的时候，两个人又惊喜地发现，那个放白色玻璃球的刻度瓶竟然溢出水来！慢慢地，女孩已学会把自己当成一个思想的旁观者，来看清自己的意念。一旦有了不好的想法就很快发现，情绪失控的时候就及时制止。这样持续了一年，她逐渐能够控制自己的情绪，生活也步入正轨，并重新得到了一位优秀男士的爱，美好在她的生活中逐渐展现。

女孩在朋友的建议和帮助下学会了做情绪的主人，此后她的生活就变得轻松简单。一个人如果能够在面对任何事情的时候控制住自己的情绪、欲望和恐惧，那么他也就能成为自己的王者。

在日常的人际交往中，小的摩擦、冲突不可避免，在面对这些事情的时候，控制住自己的怒火，用一个微笑、一句"对不起"来代替怒目相视、恶言恶语，往往更容易收获美好的结果。控制好了自己的情绪，也就能随之调动和感染其他人的情绪，至少，面对善人可以多一个朋友，面对恶人也可以避一份灾祸。

有一个姓范的老翁开了一家当铺。一年年底，他忽然听到门外一片喧闹声。他出门一看，原来门外有位穷邻居。站柜台的伙计就对范老翁说："他将衣服押了钱，空手来取，不给他，他就破口大骂。有这样不讲理的人吗？"

门外那个穷邻居仍然是气势汹汹，不仅不肯离开，反而坐在当铺门口。

老翁见此情景，从容地对那个穷邻居说："我明白你的意图，不过是为了度年关。这种小事，值得一争吗？"于是，他命店员找出那个典当之物，共有衣服蚊帐四五件。

老翁指着棉袄说："这件衣服抗寒不能少。"又指着外袍说："这件给你拜年用。其他的东西不急用，那就留在这里吧。"

那位穷邻居拿到两件衣服，不好意思再闹下去，于是立刻离开了。

当天夜里，这个穷汉竟然死在别人的家里。

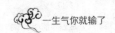

　　原来，穷汉同人家打了一年多的官司，因为负债过多，不想活了。于是就先服了毒药，他知道老翁家富有，想敲诈一笔。结果老翁没吃他那一套，于是他就转移到了另外一家。

　　范老翁看似未卜先知的，其实不然，后来范老翁道出了其中的缘由："凡是无理挑衅的人都一定有所图谋，如果面对这些人的时候不能够控制好自己的情绪，那么灾祸就将到来。"范老翁通过有效控制自己的情绪将祸端化险为夷，如果不是这样，在面对穷汉的无理刁难时，范老翁大动干戈，与他争吵或是动起手来，那就上了穷汉的当，给自己惹了麻烦。所以要想克服生活中的不利情形或是阴谋诡计，只能通过控制自己的心性以不变应万变，才能化被动为主动。

　　成大事者必然有一颗冷静的心，平和的情绪，一个无法控制自己心性的人，想要去控制别人也只能是妄想。

吃得苦中苦，方为人上人

　　年长的人经常说"吃得苦中苦，方为人上人"。想要获得成功，就要经受住人生的历练，通过自己的勤劳苦作、坚忍拼搏来突破一路上的困境。苦难对于人生的意义可以一分为二地看，有的人将生活带来的艰难困苦当做锻炼和考验自己的机会，所以能够从苦难之中看到积极的一面；有的人在面对苦难的时候视其为人生的不幸，痛恨世道的不公，在怨天尤人的哀叹声中渐渐消沉下去，从而断送了自己的前程。

　　有一个禅师虽然是寺中的首座，但他每天都要打水生火、炒菜煮饭。他除了做那些粗活外，还要负责寺里僧众的衣食住行，即便如此他也毫无怨言，依然是每日天天忙得不亦乐乎。有一年，当地大旱，田中颗粒无收，所以施主的供养也越来越少，再加上寺里米粮有限，因此，寺中的僧人们常常是吃了上顿没有下顿，众僧度日如年。

　　这一天，住持外出化缘去了，禅师就在厨房诵经念佛。不一会儿，禅师发现门外来了几个面黄肌瘦的师兄弟，他们涌进厨房向禅师齐声哀求道："首座，您煮点儿面汤给大家吃吧！我们都饿得走不动路了。"禅师听完二话没说，取出柜里储藏的面放进锅里，给大家做起香喷喷的油面汤来。

　　没想到香面刚刚做好，住持就从外面回来了，挤在斋堂的众僧听到住持的声音就跌跌撞撞逃散一空。住持回来后就直接走进厨房，看到锅里的面后，厉声质问禅师："今日有施主设斋供养大众吗？"禅师熄灭了灶火，不敢看着住持，低头回答："没有。""那……这锅面是从哪里来的？"住持提高嗓门问道。禅师直了直腰，看着住持轻声说道："弟子觉得大家近来都吃不好，面黄肌瘦，形如枯木。我怕大家吃不消，于是就把贮藏的应急油面拿来煮了，请师父原谅。"住持听完禅师的解释后，目光严峻，对其大声责备道："你倒是好心，盗用寺中的东西来做人情。让你管钥匙你却监守自盗，来人啊！依清规打他三十大板，逐出寺门！"

禅师受完刑后默默地缴回了钥匙，又想办法按原价偿还了寺中已用去的油面，接着就默默地离开了寺院。但禅师却没有直接下山，而是在寺院外的柴房边找了个角落栖息下来，就这样禅师每天依旧随大家一起上堂听住持讲法，而寺内的僧人众多，所以住持也没有发现他的存在。很快，禅师在这里度过了半个春秋。这天晚上住持路过柴房，无意间发现禅师住在这里，住持问："你住在这里多久了？""已有半年多了！""你向寺中交付过房钱吗？""没有。""没有交钱你怎么敢住在这里！这是寺中房产，要住，就去缴钱！"禅师听完住持的话后点点头，住持这才离去。

此后禅师就经常托钵走向市集，开始为人诵经、化缘，等到回来以后就用诵经的收入交付房钱。住持看到这一切，满意地点了点头。等到禅师的佛法越来越高深的时候，住持仙游去了，他临走前放心地把自己的衣钵传给了禅师。

故事中的禅师能坚持吃苦，才能通过住持的考验，成为一个得道的高僧。而自古的伟人圣贤，又有哪一个不是从苦难之中慢慢奋斗成功的？佛陀六年的苦行，达摩九年的面壁，这都为人们津津乐道。苦是人生的逆增上缘，它是成事的阻碍，却也是助人成为诸佛龙象的基础。

成佛的事情，同社会上人才成功的道理是一样的，没有坚忍的精神是不可能的。你要成为一个高级人才，要想做成一件好的事情，做成一件大的事情，一定要吃苦耐劳，坚忍不拔，才能成功。一个人，想要成功地做成某事，必然会经历各种各样的波折，这个过程，就是一个严酷的考验过程，如果不能忍受其中的痛苦，绝不会获取成功。

虽然大多数人喜欢品尝生活的甜头，不愿意吃苦，但是人生百态，五味杂全，并非依靠人的意愿去选择。不管酸甜苦辣，都是人生的本味，如果想要耕耘前途，创造未来，不吃一点儿苦头是不会有作为的。拥有忍耐的精神、执着的毅力，才能等来苦尽甘来的那一刻，成就大事。

将自己放得柔软

"以弱胜强，以柔克刚，坚强者死之徒，柔弱者生之徒。"大部分人都会认定坚硬的东西一定牢不可摧，但实际上，恰恰是那些柔软的东西才是最有效用、最具威力的。

所谓的"硬"指的是为人过于执拗，不会变通，不讲究策略。其实许多事情态度放缓和一些，语气婉转柔和一些，多一些忍耐，便可以化腐朽为神奇。生活中我们常常会遇到那些火冒三丈的人，如果这时候我们再用强硬的态度对待，无异于火上浇油。有时候，让自己变得柔软一些，反而会起到更好的效果。

同样的方式也可用在教育他人的时候，如果一味强硬地将自己的观点硬塞给对方，对方肯定会很难接受，或者表面上言听计从，心里不服气。如果换一种方式，通过侧面感化进行劝诫和教诲，往往会让一个人心服口服。每个人都会犯错，在发生错误的

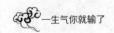

时候，不要一味地严词批评犯错的那个人，责难只会让犯错的人失去信心，并且产生憎恨心理，非但于事无补，反而可能造成负面效应。

有时候，"柔软"的效用很惊人，被老子称为"天下至柔"的水，年深日久，甚至能滴穿石头。可见，在特定的条件下，柔软的力量远远胜过刚强的力量。在为人处世时，过于刚硬只会让自己到底碰壁，而如果把自己放得柔软，就能够适应各种各样的环境，在面对各式各样的人时也会得心应手。

有一个人在社会上常年不得志，他来到寺庙找到禅师。

禅师听了他一路以来的历程，没有说话，只是站起来，去庭院里舀了一瓢水进来。

禅师问他："看出水是什么形状吗？"

这个人惊诧地问："水哪里还有什么形状？"

禅师不语，把瓢里的水倒进一只水杯里。

这个人突然又所悟，便说："哦，水的形状像水杯。"

禅师还是没有说话，只是把杯子里的水倒进了旁边的大碗里。那个人赶紧说："水的形状像碗。"

禅师摇摇头，捧起碗，把水倒入门外一个装着沙子的木盆里。水浸入沙子里，没了踪影。那个人呆住了，不知说什么是好。

禅师说："看见了吗？水这样溶入沙子，对于它而言，也是一生。"

这个人听后，若有所思地说："大师，您是想跟我说，做人要像这水一样，到什么样的环境就是什么吗？就好像我们这个社会，它就是水杯，是碗，是沙子，那么人进入这个形状的环境中就得按照它的样子生存，直至消逝。"

"你说的对，也不对。"禅师微笑着走到房檐下。那个人跟了出来。

禅师说："你摸摸那块台阶，看看它有什么不一样。"

他走了过去，用手摸了一会儿，发现在台阶的一处是凹的。他说："这里有一个凹处。"

禅师说："你知道这个凹处是怎么来的吗？"

他不知道这个小小的凹处会有什么玄机。

禅师说："下雨天，雨水会顺着屋檐往下掉。而这个凹处就是雨水滴落后的结果。"

这个人顿悟，说："哦，这次我真的明白了，就算社会真的是个有形的容器，但是可以像这水一样，改变它的形状。"

禅师说："是的，就好像这个凹处，总有一天，它会变成一个洞。"

做人要像流水一般柔软，能屈能伸，靠自己一点儿一点儿的努力来改变既有的环境，实现自我的价值。人活一世，各种各样的事情会接踵而来，不懂得变通，只认死理是行不通的。讲究做人要"柔软"，不是说要我们卑躬屈膝，而是通过各种各样的聪慧方式来保全自己，从而避免受到阻碍。

一根树枝很容易被折断，但是具有柔韧性的松紧带却不容易被扯断。生活中，如果我们处处争强，要做一根坚硬的树枝，往往很容易受到伤害。而且，即使受到了伤害，外部环境也不会因此而改变。所以在必要的时候变得柔软一些，多忍耐生活的叨扰，调气忍性，才能适应环境，进而慢慢拥有改变现状的力量。

别人的批评是在帮你除尘

良药苦口，忠言逆耳。人们在生活中都会犯这样那样的错误，正是因为有了这些苦口之药和逆耳之言，才能在纷繁复杂的社会中保持进步的态势。相反，如果人们平日里听到的都是溢美、夸奖之词，就很容易变得飘飘然起来，认为那些恭维的话就是对的，自满的情绪也会慢慢滋生。

这种情绪就像是患上了一种慢性病，初期没有明显的症状，但是当疾病积累到了一定程度的时候，就已经无药可救了。所以我们要把那些批评之言当作一个拂尘，拂去心上的尘埃，保持内心的清净，防止心生"疾病"。

常言道："智者千虑，必有一失。"一个人再聪明能干的也会有小的纰漏，而面对错误人们往往会有两种态度，一种是拒不承认，然后找各种各样的理由进行反驳；另一种是主动承认错误，虚心接受别人的批评，即使别人的批评有不符合实际情况的地方，也会用缓和的态度和对方进行探讨。

一天，推销大师原一平来到一家名叫"村云别院"的佛教寺庙。原一平被请进庙内后，与寺庙住持吉田相对而坐，接下来便口若悬河、滔滔不绝地向这位老和尚介绍起投保的好处来。

老和尚一言不发，很有耐心地听他把话讲完，然后平静地说："听完你的介绍之后，丝毫引不起我投保的意愿。"原一平一下子泄了气。

老和尚接着又说："人与人之间，像这样相对而坐的时候，一定要具备一种强烈吸引对方的魅力，如果你做不到这一点，将来就没什么前途可言了。"

原一平哑口无言。

老和尚又说了一句："小伙子，先努力改造自己吧……"

原一平似有所悟。接下来，他组织了专门针对自己的"批评会"，每月举行一次，每次请五个同事或投了保的客户吃饭，目的只为让他们指出自己的缺点。

"你的个性太急躁了，常常沉不住气……""你有些自以为是，往往听不进别人的意见，这样很容易招致大家的反感……""你面对的是形形色色的人，你必须要有丰富的知识，你的常识不够丰富，所以必须加强进修，以便能很快与客户寻找到共同的话题，拉近彼此间的距离……"

一次次"批评"、一次次坐禅使这个年轻人开始像一条成长的蚕，随着时光的流逝悄悄地蜕变着。到了1939年，他的销售业绩荣膺全日本之最，并从1948年起，连续15年保持全日本销量第一的好成绩。

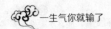

批评不一定都是坏事，善于接受别人的批评和建议的人才能成功。原一平的可贵之处在于他不仅仅虚心接纳别人的批评，而且还将此作为一种鞭策，吸收更多的批评来让自己看到身上的不足之处，用接受批评的方式除去身上的尘埃。一位哲学家说过："小人常为伟人的缺点或过失而得意。"而智者将会为别人揭露自己的缺点和过失而自豪。

在众多的批评建议中，不可能每一条都合情合理，当我们为了不合理的批评而烦恼时，完全可以换一种思维，多想想为什么别人愿意多批评我们而不是他人，这证明了我们在他们的心中占有足够重要的位置，所以他们愿意花心思和时间来为我们的前途事业着想。

批评的话语虽然不中听，但是它源自一个人的内心，是肺腑之言，所以应该感谢生活中对我们报以批评的人，是他们让我们提炼出了自身的短处和缺憾。将批评的声音当作内心的除尘剂，对于我们走向成功将会无往不利。

让争吵也变得有艺术性

争吵在生活中是再稀松平常不过的事情，大多数时候我们都可以通过忍让避免无谓的争吵，即便对方已经率先发动了"攻击"，我们也可以通过富有幽默性、艺术性的语言化解无谓的争吵。有时候，语言的艺术性可以体现出诙谐的情趣，缓解针锋相对的紧张、去除畏惧、平息愤怒，并且能够令怒火冲天的人在听到后有所领悟。

一个可怜的、严肃的官员觉得受到了别人的侮辱，他怒气冲天，迫不及待地想报复，但一时又找不到什么方法，结果，他的行为举止好像一个小孩一样幼稚：这个官员决定去上级官员那里告状。

这个官员所受的委屈使他相信上级一定会替他当场主持公道的，但是，上级官员却以一种非常幽默的方式把这件事解决了。

事情是这样的，当另一个官员在做一个很漫长的讲话时，这个官员觉得对方占用的时间太长，就走到对方跟前低声说："你能不能快点儿……"话未说完，那个正在演讲的官员便回过头来，用严厉的口气低声呵斥他道："你最好出去。"然后仍旧继续演讲。

于是，这个受了委屈的官员走到上级官员面前说："您听见某某刚刚对我说的话了吗？"

"听见了，"上级不动声色地答着，"但是，我已经看过了有关的律例，你不必出去。"

上级避开那位官员的愤怒，用一句玩笑话化解了可能发生的争吵。他没有让自己卷入这种儿童式争吵的旋涡中去，就是因为他看出了这种争吵的无聊本质。

机智的人不仅善于以局外人的身份化解他人的争吵，而且更善于打破在与人交往时因发生矛盾而出现的僵局。反过来，被争执所困住的人往往因为固执己见，一味地钻牛角尖，或者是强词夺理，厉色疾言，这样的人总会让自己陷入无谓的争执旋涡当中。所以在面对他人的怒火时，要让自己从容镇定，使自己的语言具有艺术性，从从容容、潇潇洒洒，巧妙地缓和紧张的人际关系。

一个男人喜欢和他人诡辩，并且以此为乐事。一天将近中午吃饭的时间，这个男人的朋友深有感触地说："人是铁，饭是钢，一天不吃饿得慌。"男人接着说："这句话就不对了，据科学分析，人是可以饿七天的。"朋友说："那你饿七天看看。"男人接着说："这句话，你又错了，你也可以饿七天的。"朋友说："我才不那么傻呢。只有疯子才干这样的蠢事。"男人又说："历史上，很多当时被认作疯子的人，后人把他们看作是伟人。"男人就这样无限地推演下去，哪知他的朋友个性淳朴，不喜欢这样饶舌，后来就有点儿无法忍受了。这时男人的另一个朋友见状，凑过来对先前的朋友说："你最大的'优点'就是说错了话还不承认。"那个朋友接过话头说："你真是了解我。"说着两个朋友笑着走开了。

如果没有后来的朋友富有艺术性的插话，二人之间可能还会纠缠下去，甚至到最后双方可能还会发生争执。而后来朋友恰到好处地运用幽默的语言艺术将逐渐白热化的僵局打破，巧妙地避免了麻烦和纠纷。

其实生活中面对那些惹人厌烦的事情，没有必要较真，就像一位在百货大楼里购物的女士，她愤怒地对售货员说："幸好我没有打算在你们这儿找'礼貌'，在这儿根本找不到！"售货员沉默了一会儿说："你可不可以让我看看你的样品？"那位女士愣了一下，笑了。售货员的幽默打破了她们之间的尴尬局面。如果让矛盾激化，那么对双方又有什么好处呢？所以让争吵变得有艺术性，是化解矛盾解决纠纷的有效方法。这种方法不仅能够及时转换角度，给对方一定的台阶，还能使我们快速地摆脱争执带来的烦恼。

言行与人无争无怨

老子曾说："夫唯不争，故无尤。"利人就会得人，利物就会得物，利天下就能得天下。善利万民的人，如同水滋润万物而与万物无争，不求所得。从来没有听说过独恃私利的人能得大利。

那些事事斤斤计较，患得患失的人，事事也会强出头，让自己活得更累，因为当你同别人争名夺利时，你也成了别人的眼中钉、肉中刺，下场自然也好不到哪里去。

从前，一座深山中居住着一群猴子，它们相处得很和谐，就像一个大家庭。但偏偏其中一只小猴子总是自作聪明，处处喜欢争风头，经常摆出一副骄傲的样子，总是

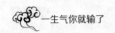一生气你就输了

挑其他猴子的毛病，一点儿情面也不留。渐渐地，其他的猴子都开始疏远它，排斥它。

有一天，一群猎人看到了这群猴子。当他慢慢地走向猴群的时候，其他的猴子赶紧躲了起来。这只骄傲的猴子却依然在树上，它想："哼，你们都是胆小鬼，只有我不怕，我是大英雄，未来的猴王！"想到这里它更加兴奋，不停地跳来跳去，挑逗猎人。

猎人端起枪扣动了扳机，但几次都被小猴子机灵地躲了过去，猎人转身离去。

小猴子以为自己胜利了，更加骄傲。谁料，猎人回去找到了与他同行的几个猎人一起向这只喜欢争抢出风头的猴子开枪，很快它就一命呜呼了。

小猴子认为自己与众不同，处处与其他猴子争，最后自讨苦吃，丢了性命。言语、行为或者待人接物都不能太过争风头，如果凡事争抢，或总将抱怨挂在嘴边，往往会招来他人的不满和排斥。

老子说："夫唯不争，故天下莫能与之争。"争与不争，是两种截然不同的姿态。处处与人争抢者，内心浮躁，什么都想得，反而什么也得不到；与人无争者，心境坦然，得与不得的结果无异，这种心态之下，反而所获甚多。利益有限，很多人争得头破血流也最多能抢到有限的一部分，而且还会招人厌恶。冷静达观，显出礼让的态度，在道义上得到众人的赞同、推崇，却往往能比争抢者得到更多。不争，就是最强有力的争。

曹操选立太子时，曾在长子曹丕和次子曹植中犹豫不决。私下里两个兄弟也是明争暗斗。论才华曹植更胜一筹，他常常以文才获得父亲曹操的赏识。曹植心里明白，所以也处处寻觅时机展现自己的才华，借此打压曹丕，争得上风。而太子曹丕自然不愿意失去夺嫡的机会，他知道与其在自己的弱项上争，倒不如不争。于是他处处表现得退让、谨慎，只表现出作为儿子应尽的礼教，从不刻意与曹植争夺。

最后曹丕的"不争"，获得了曹操的认可和信任，他也因此顺利地坐上了太子之位。对曹丕来说，不争的态度能极好地掩去身上的锋芒，同时也能让表面上争得上风、获得曹操喜爱的曹植不生危机感，不与之为敌，由此为日后获得帝位打下了基础。

一位法师曾说："人与人之间的争执不过是延续过去的烦恼和未来的恶果罢了。"人来世间一遭，有很多事情要做，根本没有那么多时间在言行上与人一争高下、一较高低。淡然面对这些纷争，将宝贵的时间精力用于应该去做的事情上，在与人无争无怨的环境中生存，烦扰自然会烟消云散。

别把善意当恶意，把玩笑当攻击

有很多时候，身边的朋友或是不算熟识的人总会拿我们开一些玩笑，如果玩笑开过了头，或许会让我们感觉不太舒服。在这样的情况下，有些人会把它当做对方的无心之举或者是善意的玩笑，但是有些人就会对此耿耿于怀，认为这是对方对自己的人

身攻击，自己必须进行有力的还击才能平复内心的怨气。

其实这些无谓的情绪波动根本没有必要，即使对方是有意为之，想要让我们在公众面前出丑、难堪，我们也应该表现得大度一些，无视这些流言蜚语。无论怎样恶劣的玩笑，我们都不妨把它当作是善意的，不去理会，用大度彰显出自己的涵养。

一位女模特事业有成，朋友们为她举行了宴会。可在宴会上，这位春风得意的小姐突然听到一个朋友正大声宣布一个她曾发誓永远不会告诉别人的秘密："她现在多苗条啊！要是你们两年前看到她是什么样子，那可就妙了。"她对那些屏息静听的人们说："她现在的身材是花了整整一个夏天进行减肥才得到的。"几个人吃吃地笑了，女模特不由得恼羞成怒。

女模特的怒火让开玩笑者和她自己都处在了尴尬之中，其实每个人身边可能都有很多这样喜欢开玩笑的朋友，他们的目的不是为了让谁处境难堪，只是为了活跃一下气氛，当事者如果一味地在意，面露愠色，就很容易使自己和他人都感到难堪。别把善意当恶意，也别把玩笑当成是对自己的攻击，很多事情过去就过去了，如果强制地追究谁对谁错，那就等于给朋友之间的情谊泼了一盆冷水。在正式的场合，就更应如此，不必过于较真地计较别人的冒犯，一笑了之比据理力争更能解决问题。

北洋政府国务总理张绍曾有一次主持国务会议，人称"荒唐鬼"的财政总长刘思远一到会场就大发牢骚说："胡景翼这个土匪，三番五次地来要钱，国家用钱养土匪，这是从哪里说起？"这时农商部次长刘定五忽然站起来说："我的意见是今天先要讨论一下财政总长的话。他既说胡景翼是土匪，国家为什么还要养土匪？我们应该请总理把这个土匪拿来法办。倘若胡景翼不是土匪，那我们也应该有个说法，不能任别人不顾事实地血口喷人。"

刘思远听了这话，涨红了脸，不能答复。整个会议陷入尴尬，静了约十分钟左右，张绍曾才说："我们还是先行讨论别的问题吧！"

"不行！"刘定五说，"我们今天一定要根究胡景翼是不是土匪的问题，这是关系国法的大问题！"

又停了几分钟，刘思远才勉强笑着说："我刚才说的不过是一句玩笑话，你何必这样认真？"

刘定五板着面孔，严肃地说："这是国务会议，不是随便说话的场合。这件事只有两个办法：一是你承认你说的话如同放屁，再一个是下令讨伐胡景翼！"

事情闹到了这一地步，在场的所有人都紧张起来。出人意料的是，刘思远总长竟跑到刘定五次长面前行了三鞠躬礼，并且连声说："你算祖宗，我的话算是放屁，请你饶恕我，好不好？"话至此，刘定五也不知所措了，只好主动把话题引向了别的方面。

尽管刘思远也觉得难堪，但是他完全不想去追究谁的责任，因为他知道如果自己

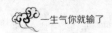

一味地追究下去，这场会就没有休止了，所以他用自己的大度化解了尴尬的场面。在这种情况下，完全没有必要去追究一个人的所作所为是否别有用心，即使对方真的别有用心，同样也可以用不计较的方式，无声无息地消除对方的恶意。

不要为太多的伤害而烦恼，也不要总是冥思苦想"为什么被开玩笑的人总是我"，而应换个角度去想，自己成为朋友开玩笑的对象，证明对方心里有你这个朋友，不管对方是否是故意让你感到窘迫，或者是他们习惯于开这类玩笑，都没有必要去计较他们是否是故意的。

人生一世琐碎的事情太多太多，凡事淡然一些，别把善意当成恶意，也别把玩笑当作攻击，否则生活的负担就会越来越重。我们应该敞开自己的心扉，去接纳世间万事，将别人的每一句评价、每一个批评都当作是培养彼此情谊的动力。

不妨给别人留点儿面子

面子有关个人的荣誉，同时也会牵连到实际利益，所以许多人为了给自己争面子，面对不利的局面硬撑着，所以就有了"死要面子活受罪"的俗语。其实面子是最虚无缥缈的东西，有的人为了一时之争，将自己弄得筋疲力尽，到头来只获得了一个空的名头。虽然不能过分追求面子，为此失掉更重要的东西，但是，在平常的人际交往中，面子对每个人来说却是必不可少的。我们都不想在别人面前失了面子，所以推己及人地想，在遇到争执和矛盾时也不必咄咄逼人，而应该多给别人留点儿面子。

一家商场来了一位顾客，要求退换她给丈夫买的一套西装。她已经把衣服带回家并且穿过了，但她坚持说"绝没穿过"。

售货员检查了外衣，发现有明显干洗过的痕迹。但是，直截了当向顾客说明这一点，顾客是绝不会轻易承认的，双方可能会发生争执。于是，机敏的售货员说："我很想知道是否你们家的某位成员把这件新衣服错送到干洗店去洗过了。我记得不久前也有过同样的经历，我把一件刚买的衣服和其他衣服一起送到干洗店里干洗，回来后才发现这一点。"

顾客见售货员已经揭穿了谎言，并为她找好了台阶，就顺水推舟收起衣服走了，一切可能引发的争吵就这样巧妙化解了。

售货员正是给了顾客面子，才将一个即将爆发的争执巧妙地化解。生活中很多人都会犯各种各样的错误，为了掩饰这些错误，衍生出了种类繁多的借口、理由和谎言。即使我们看穿了这些借口和谎言，也不妨装一装糊涂，或者用一种更委婉的方式提醒对方。如果对方是因为一时冲动做错事、说错话、得罪人，就不要一味地以牙还牙，这样会让事情变得更加严重，最后甚至导致双方撕破脸皮，反目成仇。说话做事的时候要时刻顾忌对方的面子，有时候给犯错误的人留面子，还可以使其在内心上产生愧疚感，主动改正错误。

有一位老师曾遇到过这样一件事：有个女学生向老师反映，她的一支黑色派克钢笔不见了。老师发现坐在女生旁边的那个学生神情惊慌，面色苍白。钢笔十有八九就是他拿的。当面指出吧，不给这个学生面子，肯定会伤害学生脆弱的心灵。于是，老师想了一个办法："别着急，说不定哪个同学拿错了，等会儿她在自己的桌子里找到了，一定会悄悄地还给你。"

果然，下课以后，那个拿了钢笔的同学趁旁人不在的时候，赶紧把钢笔送还到那个女同学的笔盒里。

老师为了顾及学生的面子，通过委婉的方式让那个拿别人笔的学生主动承认错误。试想一下，如果老师当时声色俱厉地指出那个学生就是偷笔的贼，将对这位学生的自尊产生多么大的伤害，从此以后同班同学或许会对其侧目而视，这对他的成长也有很大的负面影响。

在面对别人的错误时，一味地责怪只会让其错上加错，因为很多时候，责怪造成的结果是无法挽回的，不仅使被责怪者产生抵触情绪，也会给别人留下蛮横、暴力的印象。多给别人一些面子，留下一些帮助别人改正错误的台阶，懂得尊重他人的自尊心，烦扰的矛盾自然而然就被轻易地化解了。

示弱不是懦弱，而是生存的艺术

有人说这是一个竞争激烈的社会，不论在哪方面人们都必须保持向上的状态，维持自己的强势地位，这是唯一的生存法则。而事实上，我们也可以偶尔显示自己的弱点，以此谋取生存发展的一席之地。

有的人将忍耐、宽容当作一种示弱的表现，认为在对方面前低下头，自己不单单失了面子，还会让别人看不起。其实适当的示弱其实不是一种懦弱的表现，而是一种懂得为人处世的生存艺术。面对强势的对方，示弱的姿态不仅可以将矛盾最快速、最大的弱化，也能为自己日后的反击赢得机会。

明朝正德年间，朱宸濠起兵反抗朝廷。王阳明率兵征伐，一举擒获了朱宸濠，为朝廷立了大功。但是当时受正德皇帝宠信的江彬十分嫉妒王阳明的功绩，以为他夺走了自己建功立业的机会。于是，就四处散布流言："最初王阳明和朱宸濠是同党，后来听说朝廷派兵征伐，才抓住朱宸濠自我解脱。"王阳明听到这个消息之后，就与总督张永商议道："如果退让一步，把擒获朱宸濠的功劳让出去，就可以避免不必要的麻烦。假如坚持下去，不作妥协，江彬等人很可能狗急跳墙，做出伤天害理的勾当。"为此，他将朱宸濠交给张永，使之重新报告皇帝：擒获了朱宸濠，是总督军门和士兵

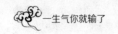

的功劳。如此一来，江彬等人也就无话可说了。

王阳明称病到净慈寺修养。张永回到朝廷之后，大力称颂王阳明的忠诚和让功避祸的高尚之举，正德皇帝终于明白了事情的始末，就免除了对王阳明的处罚。王阳明以退让的方法，避免了飞来的横祸。

王阳明向人示弱，以退为进，不仅澄清了与自己相关的谣言，还为自己赢得了声誉。古人"示弱"的例子不胜枚举，孔子的克己复礼是忍耐，这让他的思想至今散发着理性的光辉；刘邦在起义取得基本的胜利后并没有乘胜追击，而是放低自己的姿态，广积粮、高筑墙、缓称王；与之形成鲜明对比的是楚霸王项羽，他因为太过强势、张扬，最终败给了刘邦，最终自刎于乌江。像受胯下之辱的韩信、青梅煮酒的刘备等等，这些都是先"示弱"后"示强"的典范，看似"示弱"的表现其实是为了最大的胜利做好准备。

"示弱"，也就是忍道。当自己的实力还不够强大，学识还不够渊博的时候，就不要逞强，要将自己"弱"的一面展现出来，让别人看到，这样既有可能让对手轻视、放松警惕，也有可能因此而获得智者的点拨与教诲，从而增强自己的实力。在复杂的人生道路上，既要努力进取、坚持不懈，又要懂得退守示弱，将其演化成一种生存的艺术，使狭隘的人生路变得无限的广阔。

忍压傲气不是放下骨气

俗话说：人不能有傲气，但不能无骨气。骨气是一种人格力量，它出于对美好理想的执着追求和坚定信念，可以使一个人在面对任何情况的时候保持高尚的操守。骨气是一个人的"脊梁"，越是面对沉重的苦难，越是要挺起我们的脊梁。我们之所以崇拜那些流传千古的英雄，是因为他们都有不屈的"脊梁"，不会为了一些微不足道的利益而放弃自己的原则，不会为了功成名就而牺牲自己的尊严，不会为了名垂青史而剥夺别人的幸福。

1939年秋，圆瑛大师在上海圆明讲堂成立莲池念佛会，正在这时，忽然外面闯进几十个日本宪兵，把他抓进日本宪兵司令部。面对如狼似虎的宪兵，大师临危不惧，借三昧定力之功，摄心入静，一心念佛，并且进行绝食抗议。结果宪兵无奈，迫于社会舆论，只得释放了他。释放以后忽有一日僧来访，请他出任"中日佛教会长"，大师借病，婉言推辞，从此闭门敛心，开始了《楞严经讲义》的撰著。

新中国成立前夕，大师在中国香港、新加坡等地的弟子纷纷函电催他速离上海，飞往他国。有的还专程来劝说，对他说："不要舍不得圆明讲堂，到了南洋，我们给你造两三个比这还大的圆明讲堂。"可是，大师明确表示："我是中国人，生在中国，死在中国，绝不他往。"

大师坚贞不屈，坚持了民族的骨气，受到各方的钦仰；他以文弱之身抗强敌之勇气让众人折服。骨气作为完美人格的外在体现，其突出表现就是不堪忍受屈辱，不甘落后，锐意进取。庄子甘为"孤豚"、"牺牛"，甘愿逍遥物外，不愿到楚王膝前为相；屈原不忍亡国之痛，毅然投汨罗江，以身殉国。不论是庄周，还是屈原，他们的人格和骨气，都很值得称赞。

但是生活中，有些人却认为骨气就是时刻不妥协、不忍让。事实上，这些人身上体现的往往不是骨气而是傲气。他们取得了一点点成绩或是得到了一些夸奖之后就飘飘然起来，将自己的成绩无限放大，最后目空一切，瞧不起任何人，而最终的结果使他们失去了很多朋友和合作伙伴，在孤立无援的情况下惨败而归。

有一个圆滚滚的鸟蛋，不知为什么，忽然从灌木丛上的鸟窝里骨碌碌地滚了出来，跌在灌木丛下厚厚的落叶上。奇怪的是它居然没有跌破，一切完好如初。

鸟蛋得意了，对着鸟窝大声笑着说："哈哈，我是一只跌不破的鸟蛋！你们谁有我这样的本事，就跳下来比试比试看！"

窝里的鸟蛋们听了，一个个探出头来看了一眼，吓得忙缩进头说："我们害怕，不敢跳呀。我们谁也没有对你刚才的行为不服气，还要比试什么呢？"

"哼！我早就料到你们没有这个胆量！"地上的鸟蛋神气地向窝里的鸟蛋们大声嘲笑起来。这只鸟蛋在地上滚来滚去，一会儿滚到一棵小草边，向小草碰了碰，小草连忙仰起身子往后让；一会儿鸟蛋又滚到一株树苗边，向树苗撞一撞，树苗也仰着身子，给它让路。

鸟蛋更得意了。它认为自己力大无比、天下无敌，更加勇气十足地在山坡上滚过来、滚过去。

窝里的鸟蛋们劝告说："小哥，刚才你只是碰到一个偶然的机会，才没有跌破的，你仍然是一只容易破碎的鸟蛋呀！这点自知之明，你总该有吧？"鸟蛋仍然挺着肚皮，神气地说，"你们刚才没看到小草和树苗吗？它们对我都要让几分，不敢跟我碰撞，难道这山坡上还有什么我不能去碰撞的吗？哈哈！"鸟蛋一阵大笑，蹦跳翻滚，想到山坡下的路边去显显威风，谁知被山坡上一块小石头挡住了去路。

鸟蛋气愤地望了小石头一眼，厉声喝道："你是什么东西？居然敢挡我的去路？想找死吗？"

小石头昂着头说："嘿，今天的太阳是从西边出来的吗？一个鸟蛋对我也如此神气起来？告诉你吧，我是一块阻挡山坡上泥沙往下滑的小石头，这里是我的岗位，我站在这里是绝不会后退一步的，你看看怎么办吧？"

鸟蛋更气愤了，仰着头对小石头说："你知道我的脾气吗？我是一个勇气十足的鸟蛋，在这山坡上是颇有名气的。小草和树苗都已经领教过我的厉害，别人怕你小石头，我可不怕。到时候，你别说我不客气啊！"

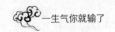

小石头也生起气来，大声说："你想对我干什么？还想打架吗？别不知天高地厚了，快滚回去吧！"

鸟蛋为了显示它的勇气，不听小石头的警告，鼓足劲，猛地一滚，向小石头冲去。只听"啪"的一声，鸟蛋碰得粉碎，流出一摊蛋汁。

这个鸟蛋因为一次侥幸的存生就以为自己是金刚不坏之身，开始骄傲起来，结果它根本上还是一个易碎的鸟蛋。其实生活中许多人和这个鸟蛋一样，因为一次偶然的成功自鸣得意，到处向人显示自己的强势，处处不退步，不忍让，凡事都想赢，却不知道这只是盲目的、目光短浅的傲气罢了。

梦想成功的人应该忍下和压住自己的傲气，放低姿态，谦虚谨慎，不能因为短暂的成功沾沾自喜，甚至高傲地打压别人。但压下傲气，并非让人凡事畏首畏尾，轻易妥协，而是说要将目光放长远，摒除傲气，用由内而发的骨气、志气坚持自己的梦想，迎战困难、接受挑战，具有不屈不挠、前仆后继、英勇奋斗的精神，获得最终的成功。

忍一时之辱，求全局之胜

一个拥有远大理想，并且为之坚持不懈的人，要能够忍辱负重，忍受对手带来的耻辱，这样才能获得全局的胜利。如果在遭受别人的辱骂、羞辱时，不能够忍耐，用燃烧的愤怒去回击他们，就很容易因小失大，因自己一时的怒火而失去做事的良机。倘若因为受不了羞辱而罢手不干，那就更是因噎废食，本末倒置了。

在面对屈辱的时候，不妨将其当作激励自己前行的精神食粮，不管别人向我们投来多么怪异的目光、提出多么令人难以忍受的指责和羞辱，我们都要昂着头，勇敢地面对一切，做到"难忍能忍，难行能行"。

月船禅师不仅是一位有名的禅师，而且是一位绘画高手。他的画气势磅礴，但却贵得出奇，并且他还有一个习惯，就是要先收钱再作画。

有一天，一位女子请月船禅师作画，月船禅师问："你能付多少酬劳？"女子回答："你要多少就付多少，但要在我家当众作画。"

月船禅师答应跟着前去，原来那女子家中正在宴请宾客。月船禅师当众作画之后，拿了酬劳正想离开。那女子却对客人说道："这位画家只知道要钱，画得虽好，但其中却透着金钱的污秽，这种画是不值得挂在客厅里的，它只能用来装饰我的一条裙子。"说着便将自己的一条裙子脱下，当众要月船禅师在上面作画。

月船禅师仍不动声色地问道："你出多少钱？"女子答道："随便你要。"月船禅师又要了一个高价，然后平心静气地在那女子裙子上作起画来，作完之后又若无其事地离开。

别人听说此事非常纳闷，月船禅师衣食无忧，为什么如此看重金钱？只要给钱，好像受任何侮辱都无所谓，真是不可思议。原来，月船禅师禅居之地常发生灾荒，而富人不肯出钱赈灾，因此他准备建造一座粮仓，以备不时之需。

同时，月船禅师之所以这样，也是想完成师父的遗愿——建造一座寺院，但他又不愿一味等待他人的布施，只好以作画筹集资金。此愿望完成之后，他便退隐山林，不再作画。

月船禅师明确地知道自己是为什么而作画，知道自己的行为对别人的意义，因而，即使那位请他作画的女子当众侮辱他，他依然不为所动，只是坚持着自己的理想。也许这是因为月船禅师的修养极好，能够容忍他人对自己的侮辱；也许是因为他认为自己的行为有意义，因而不在意别人的侮辱，总之，他这么做，无疑是以忍一时情绪上的怒气和不快为代价，守住并完成了自己最初的目标。做当做之事，而不去理会做事过程中必然要遭遇的挫败和侮辱，这是做大事之人必须有的器量。

周敬王二十七年，越国被吴国打败，吴王夫差同意了越国的求和，但提出要越王勾践夫妻去吴国做人质。为了生存，更为了日后的复国大计，勾践遵照夫差的要求，前往吴国当人质。

到了吴国以后，勾践住低矮的石屋，吃糠皮和野菜，穿着连身体都遮不住的粗布衣裳，每天像奴隶一样，勤勤恳恳地打柴、洗衣、养猪，且毫无怨言。

一天，勾践听说夫差生病了，就向太宰伯嚭请求探望。伯嚭奏请夫差，获得准许后，带着勾践来到了夫差的病榻前。勾践一见到夫差，就赶紧伏地而跪，说："听说大王病了，心中万分着急，特意奏请前来探望。大王对我恩宠有加，我略懂一些医术，可以为大王诊断病情，希望能得到大王的允许，也可借此表我的效忠之心。"这时，正赶上夫差如厕。勾践等人都退到屋外，再次回到屋内时，勾践拿起夫差的粪便，放进嘴里仔细品味。品尝后，勾践伏地称贺："大王的病就要痊愈了。我刚才尝出大王的粪便是苦味，这预示您的病情要好转了。"夫差很感动，当即表示：病好后便送勾践回国。

就这样，勾践以惊人的毅力和忍劲，忍耐了三年的屈辱折磨，尝尽了亡国之君的种种辛酸，终于得以返回故国。

勾践的忍辱负重的能力异于常人，但是他最后也实现了复国的伟业。忍一时之辱是一种坚持自己理想，不在乎他人非议的勇气。能够忍辱负重的人往往能够愈挫愈勇、百折不挠。一般这样的人抱负远大，拥有志在高远的胸襟，还拥有志在必得的自信。

一般人很少能够遇见像勾践那样的"大辱"，但是"小辱"还是时有发生，比如别人一个轻蔑的眼神、肆意的嘲笑等等，在面对这些的时候我们应该做到处乱不惊，不管对方的态度多么咄咄逼人，我们都要时刻做好自己该做的事，保持自己原本的姿态，否则就会陷入对方的节奏中，最终失去获得成功的机会。

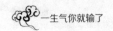

一时的忍耐，一世的快乐

生活中大大小小的事情，需要我们忍耐的有很多。忍耐并不是逆来顺受，屈服于生活的支配和调遣；更不是消极颓废，自信的缺失。它是信心与毅力的外延，是考验意志、检验成功的一种方式。面对生活的沟壑险阻，成功之人首先学会的便是忍耐，在忍耐中体会清心净欲的心境，学习与人相处，学会豁达开朗地生活。一个真正有修养的人在面对别人的讥讽毁谤和生活的坎坷琐碎时，不但不会气愤烦恼，反而会一笑置之，久而久之这种心境便会成为终身受用的良方。

星云大师曾经用"我就这样忍了一生"来形容自己。大师认为，忍耐是战胜困难的最强大力量，没有忍耐，也就没有大师这一生助益无数众生的成就，也就没有他这一世的欢喜。忍下了自己的喜怒，忍下了困苦、毁谤，忍下了欲望，也就免去了生活中的诸多纷争祸患，同时也给心灵创造了一个清静安然的空间，使自己能够一心一意地朝着目标努力，远离恶意、抱怨、烦恼，将人生过得欢喜、快乐。

佛陀住世时，舍卫城中住着一位名叫须赖的赤贫佛弟子。虽然他生活贫穷，但丝毫不把贫苦放在心上。

须赖坚苦卓绝、一心向道的愿行，使他善名远播。忉利天主释提桓因忌妒他的修行，恐怕他取代天主的位子，于是释提桓因以其神通力，化作一群人，向须赖住处走去。须赖在家突然听到门外有人谩骂嘲笑他。然而须赖丝毫不为所动，不发一语地继续禅修着。于是，这群人改以刀杖瓦石破坏须赖的住处，危害他的身体，但须赖仍然安忍于他们的迫害与侮辱，甚至对他们心怀悲悯。

两次试验都没办法动摇须赖的心志，于是释提桓化身成另外一个人威胁须赖："倘若他们要来杀害你了，看你怎么办！"

须赖平稳的口气回答："善有善报，恶有恶报。假若有人想要将我杀了，我对他既不愤恨，也不会想报复，反而十分同情他们。因为将来他们会自作自受，得到堕落恶道的果报。"

再次失败的忉利天主释提桓因决定采用利诱的方式，他变化成许多人与一座金光闪闪的七层宝塔，诱惑须赖收下那座金塔。

"谢谢你的好意，但我自知今生的贫困乃是过去生所种下的因。假若现在又轻易接受了这座金塔，来世恐怕会更加困苦了。"显然，财宝无法迷惑须赖的心。于是释提桓因又现另一个化人，试图以人情说服他收下价值连城的珍珠，无奈又被拒绝了；再派遣娇艳无比的天女下凡，以美貌来诱惑须赖放弃修行，同样是无功而返！

最后，释提桓因终于按捺不住了，亲自来到人间问须赖："请问究竟你所追求的目标是什么？是怎样的愿心，让你对修行如此坚定呢？忉利天主之位是大家所渴爱的，莫非你也想追求？"

须赖摇摇头说："我所衷心企求的，就只是令世间所有苦难的众生出离苦海而已，再没有别的了。"

忉利天主听到须赖的答复，深受感动，欢喜赞叹他能以无比的悲心愿力，难行能行，难忍能忍，即发愿带领诸天护持须赖的愿力及修行。

须赖修持忍辱是为了众生，而不是为自己，因此不论遭遇威逼杀害，或是名利财色，种种的顺逆境考验都无法动摇他的心志。因为对他而言，救度众生能够带来快乐欢喜，这比起他自己的尊严、欲望都更加重要。

缺少忍耐的精神，常常使人难以越过艰难险阻，达成目标，同时也让人深陷烦恼之中，无法自拔。其实，当我们没有能力改变现状时，如果能够忍耐、适应，静静等待一切都过去，剩下的就是美好了。面对生活的困境，我们不要有所畏惧，在微笑中忍耐，铸造自己的勇气和智慧，忍耐一时，快乐一世。

第十七章

不做"一根筋"，人生要适时变通

懂得变通，不通亦通

行走中的人，既要能够看到远处的山水，也要能够近看自己脚下的路。"不计较一时得失，基于全景考虑而决定的变通"，往往是抵达目的地的一条捷径。

穷则变，变则通。佛教说人生本是苦海，人生亦有妙境。生命的长途中既有平坦的大道，也有崎岖的小路，聪明的人既向往大道的四通八达，也憧憬小路上的美丽风景；生命的轮转中四季交替，既有姹紫嫣红、草长莺飞的明媚春光，也有银装素裹、万木凋零的凛凛冬日，万物生灵随着季节的轮转调整着自己的生存方式。

在生命的春天中，我们尽可以充分享受和煦的春风、温暖的阳光，而遭遇寒冬之时，要及时调整步速，不急不躁地把握住生命的脉搏。

人的一生，总要经历风雨，横冲直撞、一味拼杀的是莽士，运筹帷幄、懂得变通的才是智者。

从前有一个穷人，他有一个非常漂亮的女儿。穷人家境拮据，妻子又体弱多病，不得已向富人借了很多钱。年关将至，穷人实在还不上欠富人的钱，便来到富人家中请求他拖延一段时间。

富人不相信穷人家中困窘到了他所描述的地步，便要求到穷人家中看一看。

来到穷人家后，富人看到了穷人美丽的女儿，坏主意立刻就冒了出来。他对穷人说："我看你家中实在很困难，我也并非有意难为你。这样吧，我把两个石子放进一个黑罐子里，一黑一白，如果你摸到白色的，就不用还钱了，但是如果你摸到黑色的，就把女儿嫁给我抵债！"

穷人迫不得已只能答应。

富人把石子放进罐子里时，穷人的女儿恰好从他身边经过，只见富人把两个黑色石子放进了罐子里。穷人的女儿刹那间便明白了富人的险恶用心，但又苦于不能立刻当面拆穿他的把戏。她灵机一动，想出了一个好办法，悄悄地告诉了自己的父亲。

于是，当穷人摸到石子并从罐子里拿出时，他的手"不小心"抖了一下，富人还没来得及看清颜色，石子便已经掉在了地上，与地上的一堆石子混杂在一起，难以辨认。

富人说："我重新把两颗石子放进去，你再来摸一次吧！"

穷人的女儿在一旁说道："不用再来一次了吧！只要看看罐子里剩下的那颗石子的颜色，不就知道我父亲刚刚摸到的石子是黑色的还是白色的了吗？"说着，她把手伸进罐子里，摸出了剩下的那颗黑色石子，感叹道："看来我父亲刚才摸到的是白色的石子啊！"

富人顿时哑口无言。

穷人的女儿通过思维的转换成功地扭转了双方所处的形势。所以很多时候与其硬来，不如作出变通更有效果。当客观环境无法改变时，改变自己的观念，学会变通，才能在绝境中走出一条通往成功的路。

生活中许多事情往往都要转弯：路要转弯，事要转弯，命运有时也要转弯。转弯是变化与变通，转弯是调整状态，也是一种心灵的感悟。生命就像一条河流，不断回转蜿蜒，才能克服崇山峻岭，汇集百川，成为巨流。生命的真谛是实现，而不是追求；是面对现实环境，懂得转弯迂回和成长，而不是横冲直撞或逃避。

高山不语，自有巍峨；流水不止，自成灵动。沉稳大气，卓然挺拔，是山的特性；遇石则分，遇瀑则合，是水的个性。水可穿石，山能阻水，山有山的精彩，水有水的美丽，而山环水，水绕山，更是人间曼妙风景。

人生处处有死角，要懂得转弯

任何事物的发展都不是一条直线，聪明人能看到直中之曲和曲中之直，并不失时机地把握事物迂回发展的规律，通过迂回应变，达到既定的目标。

顺治元年（1644年），清王朝迁都北京以后，摄政王多尔衮便着手进行武力统一全国的战略部署。当时的军事形势是：农民军李自成部和张献忠部共有兵力40余万；刚建立起来的南明弘光政权，汇集江淮以南各镇兵力，也不下50万人，并雄踞长江天险；而清军不过20万人。如果在辽阔的中原腹地同诸多对手作战，清军兵力明显不足。况且迁都之初，人心不稳，弄不好会造成顾此失彼的局面。

多尔衮审时度势，机智灵活地采取了以迂为直的策略，先怀柔南明政权，集中力量打击农民军。南明当局果然放松了警惕，不但不再抵抗清兵，反而派使臣携带大量金银财物，到北京与清廷谈判，向清求和。这样一来，多尔衮在政治上、军事上都取得了主动地位。顺治元年七月，多尔衮对农民军的打击取得了很大进展，后方亦趋稳固。

此时，多尔衮认为最后消灭明朝的时机已经到来，于是，发起了对南明的进攻。当清军在南方的高压政策和暴行受阻时，多尔衮又施以迂为直之术，派明朝降将、汉人大学士洪承畴招抚江南。顺治五年（1648年），多尔衮以他的谋略和气魄，基本上实现了清朝在全国的统治。

绕圈的策略，十分讲究迂回的手段。特别是在与强劲的对手交锋时，迂回的手段高明、精到与否，往往是能否在较短的时间内由被动转为主动的关键。

美国著名企业家李·艾柯卡在担任克莱斯勒汽车公司总裁时，为了争取到10亿美元的国家贷款以解公司之困，他在正面进攻的同时，采用了迂回包抄的方法。一方面，他向政府提出了一个现实的问题，即如果克莱斯勒公司破产，将有60万左右的人失业，第一年政府就要为这些人支出27亿美元的失业保险金和社会福利开销，政府到底是愿意支出这27亿呢，还是愿意借出10亿极有可能收回的贷款？另一方面，对那些可能投反对票的国会议员们，艾柯卡吩咐手下为每个议员开列一份清单，清单上列出该议员所在选区所有同克莱斯勒有经济往来的代销商、供应商的名字，并附有一份万一克莱斯勒公司倒闭，将在其选区造成的经济后果的分析报告，以此暗示议员们，若他们投反对票，因克莱斯勒公司倒闭而失业的选民将怨恨他们，由此也将危及他们的地位。

这一招果然很灵，一些原先强烈反对给克莱斯勒公司提供贷款的议员闭了嘴。最后，国会通过了由政府支持克莱斯勒公司15亿美元的提案，比克莱斯勒公司原来要求的多了5亿美元。

俗话说："变则通，通则久。"在一些暂时没有办法解决的事情面前，我们应该学着变通，不能死钻牛角尖，此路不通就换另一条路。有更好的机会就赶快抓住，不能一条道走到黑。生活不是一成不变的，有时候我们转过身，就会发现，原来我们身后也藏着机遇，只是当时我们赶路太急，忽略了那些美好的事物。

变通，走出人生困境的锦囊妙计

变通是一种智慧，在善于变通的世界里，不存在困难这样的字眼。再顽固的荆棘，也会被他们用变通的方法铲除。他们相信，凡事必有方法去解决，而且能够解决得很完善。

一位姓刘的老总深有感触地讲述了自己的故事：

10多年前，他在一家电气公司当业务员。当时公司最大的问题是如何讨账。产品不错，销路也不错，但产品销出去后，总是无法及时收到款。

有一位客户，买了公司20万元产品，但总是以各种理由迟迟不肯付款，公司派了三批人去讨账，都没能拿到货款。当时他刚到公司上班不久，就和另外一位姓张的员工一起，被派去讨账。他们软磨硬泡，想尽了办法。最后，客户终于同意给钱，叫他们过两天来拿。

两天后他们赶去，对方给了一张 20 万元的现金支票。

他们高高兴兴地拿着支票到银行取钱，结果却被告知，账上只有 199900 元。很明显，对方又耍了个花招，他们给的是一张无法兑现的支票。第二天就要放春节假了，如果不及时拿到钱，不知又要拖延多久。

遇到这种情况，一般人可能一筹莫展了。但是他突然灵机一动，于是拿出 100 元钱，让同去的小张存到客户公司的账户里去。这一来，账户里就有了 20 万元。他立即将支票兑了现。

当他带着这 20 万元回到公司时，董事长对他大加赞赏。之后，他在公司不断发展，5 年之后当上了公司的副总经理，后来又当上了总经理。

显然，刘总为我们讲了一个精彩的故事，因为他的智慧，使一个看似难以解决的问题迎刃而解了，因为他的变通，才使他获得不凡的业绩，并得到公司的重用。可以说，变通就是一种智慧。

学会变通，懂得思考才会有"柳暗花明又一村"的惊喜。事实也一再证明，看似极其困难的事情，只要用心去寻找变通的方法，必定会有所突破。

委内瑞拉人拉菲尔·杜德拉也是凭借这种不断变通而发迹的。在不到 20 年的时间里，他就建立了投资额达 10 亿美元的事业。

在 20 世纪 60 年代中期，杜德拉在委内瑞拉的首都拥有一家很小的玻璃制造公司。可是，他并不满足于干这个行当，他学过石油工程，他认为石油是个赚大钱和更能施展自己才干的行业，他一心想跻身于石油界。

有一天，他从朋友那里得到一则信息，说是阿根廷打算从国际市场上采购价值 2000 万美元的丁烷气。得此信息，他充满了希望，认为跻身于石油界的良机已到，于是立即前往阿根廷，想争取到这笔合同。

去后，他才知道早已有英国石油公司和壳牌石油公司两个老牌大企业在频繁活动了。这是两家十分难以对付的竞争对手，更何况自己对经营石油业并不熟悉，资本又并不雄厚，要成交这笔生意难度很大。但他并没有就此罢休，他决定采取变通的迂回战术。

一天，他从一个朋友处了解到阿根廷的牛肉过剩，急于找门路出口外销。他灵机一动，感到幸运之神到来了，这等于给他提供了同英国石油公司及壳牌公司同等竞争的机会，对此他充满了必胜的信心。

他旋即去找阿根廷政府。当时他虽然还没有掌握丁烷气，但他确信自己能够弄到，他对阿根廷政府说："如果你们向我买 2000 万美元的丁烷气，我便买你 2000 万美元的牛肉。"当时，阿根廷政府想赶紧把牛肉推销出去，便把购买丁烷气的投标给了杜德拉，他终于战胜了两个强大的竞争对手。

投标争取到后，他立即筹办丁烷气。他立刻飞往西班牙。当时西班牙有一家大船厂，由于缺少订货而濒临倒闭。西班牙政府对这家船厂的命运十分关心，想挽救这家船厂。

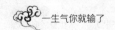

这一则消息，对杜德拉来说，又是一个可以把握的好机会。他便去找西班牙政府商谈，杜德拉说："假如你们向我买2000万美元的牛肉，我便向你们的船厂订制一艘价值2000万美元的超级油轮。"西班牙政府官员对此求之不得，当即拍板成交，马上通过西班牙驻阿根廷使馆，与阿根廷政府联络，请阿根廷政府将杜德拉所订购的2000万美元的牛肉，直接运到西班牙来。

杜德拉把2000万美元的牛肉转销出去之后，继续寻找丁烷气。他到了美国费城，找到太阳石油公司，他对太阳石油公司说："如果你们能出2000万美元租用我这条油轮，我就向你们购买2000万美元的丁烷气。"太阳石油公司接受了杜德拉的建议。从此，他便打进了石油业，实现了跻身于石油界的愿望。经过苦心经营，他终于成为委内瑞拉石油界的巨子。

杜德拉是具有大智慧、大胆魄的商业奇才。这样的人能够在困境中变通地寻找方法，创造机会，将难题转化为有利的条件，创造更多可以脱颖而出的资源。美国一位著名的商业人士在总结自己的成功经验时说，他的成功就在于他善于变通，他能根据不同的困难，采取不同的方法，最终克服困难。对于善于变通的人来说，世界上不存在困难，只存在暂时还没想到的方法。

掬一捧清泉，原来只需换个地方打井

生活有时就像打井，如果在一个地方总打不出水来，你是一味地坚持继续打下去，还是考虑可能是打井的位置不对，从而及时调整工作方案去寻找一个更容易出水的地方打井？

人生之中，每个人都具有独特的、与众不同的才能和心智，也总存在着一些更适合于他做的事业。在竭尽全力拼搏之后却仍旧不能如愿以偿时，我们应该这样想："上天告诉我，你转入另外一条发展道路上，一定能取得成功。"因为种种原因而不得不改变自己的发展方向时，也应告诉自己：原来是这样，自己一直认为这是很适合于自己的事，不过，一定还有比这个更适合自己的事。应该看到另外一条新的道路已展现在你的眼前了。

尝试着换个地方打井，也同样会觅到甘甜清冽的泉水。

有一位农民，从小便树立了当作家的理想。为此，他十年如一日地努力着，坚持每天写作。他将一篇篇改了又改的文章满怀希望地寄往远方的报社和杂志社。可是，好几年过去了，他从没有只字片言变成铅字，甚至连一封退稿信也没有收到过。

终于在29岁那年，他收到了第一封退稿信。那是一位他多年来一直坚持投稿的刊物的编辑寄来的，编辑写道："……看得出，你是一个很努力的青年。但我不得不遗憾地告诉你，你的知识面过于狭窄，生活经历也显得相对苍白。但我从你多年的来稿中却发现，你的钢笔字越来越出色……"

他叫张文举，现在是一位著名的硬笔书法家。

不管从事何种职业的人，都必须充分认识、挖掘自己的潜能，确定最适合自己的发展方向，否则有可能虚度了光阴，埋没了才能。

美国作家马克·吐温曾经经商，第一次他从事打字机的投资，因受人欺骗，赔进去 19 万美元；第二次办出版公司，因为是外行，不懂经营，又赔了 10 万美元。两次共赔将近 30 万美元，不仅把自己多年的积蓄赔个精光，还欠了一屁股债。

马克·吐温的妻子奥莉姬深知丈夫没有经商的才能，却有文学上的天赋，便帮助他鼓起勇气，振作精神，重新走创作之路。终于，马克·吐温很快摆脱了失败的痛苦，在文学创作上取得了辉煌的成就。

及时为人生掉个头，你会欣赏到另一种精彩绮丽的美景。

职场中，有人终日做着自己不大"感冒"的工作，牢骚满腹，却甘于如此，得过且过；有人痛下决心，果断地告别待遇不错的"铁饭碗"，去开创属于自己的天地。

据调查，有 28% 的人正是因为找到了自己最擅长的职业，才彻底地掌握了自己的命运，并把自己的优势发挥到淋漓尽致的程度。这些人自然都跨越了弱者的门槛，而迈进了成大事者之列；相反，有 72% 的人正是因为不知道自己的"对口职业"，而总是别别扭扭地做着不擅长的工作，却又不敢换个地方"打井"。因此，不能脱颖而出，更谈不上成大事了。

如果你用心去观察那些成功者，会发现他们几乎都有一个共同的特征：不论聪明才智高低与否，也不论他们从事哪一种行业，担任何种职务，他们都在做自己最擅长的事。

优秀的人在为自己的价值能够得到发挥而寻找途径的时候，所遵从的第一要务不是要求自己立即学习到新的本领，而是试图将自己身体内的原有的才能发挥到极致。这好比要使咖啡香甜，正确的做法不是一个劲儿地往杯子里面加入砂糖，而是将已经放人的砂糖搅拌均匀，让甜味完全散发出来。

当你执着于在一个地方打井的时候，却不知甘甜清冽的泉水就在你的身后。这时，为探寻真正的人生甘泉，我们需要时刻准备，去勇敢地换个地方"打井"。

从没有一艘船可以永不调整航向

许多人以为，学习只是青少年时代的事情，只有学校才是学习的场所，自己已经是成年人，并且早已走向社会了，因而再没有必要进行学习。剑桥大学的一位专家指出："这种看法乍一看，似乎很有道理，其实是不对的。在学校里自然要学习，难道走出校门就不必再学了吗？学校里学的那些东西，就已经够用了吗？"其实，学校里

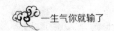

学的东西是十分有限的。工作中、生活中需要的相当多的知识和技能，课本上都没有，老师也没有教给我们，这些东西完全要靠我们在实践中边摸索边学习。

彼得·唐宁斯曾是美国广播公司（ABC）晚间新闻当红主播，他虽然连大学都没有毕业，但是却把事业作为他的教育课堂。在他当了3年主播后，毅然决定辞去人人艳美的职位，到新闻第一线去磨炼，干起记者的工作。他在美国国内报道了许多不同路线的新闻，并且成为美国电视网第一个常驻中东的特派员，后来他搬到伦敦，成为欧洲地区的特派员。经过这些历练后，他重又回到ABC主播的位置。此时，他已由一个初出茅庐的年轻小伙子成长为一名成熟稳健而又受欢迎的记者。

近10年来，人类的知识大约是以每3年增加一倍的速度向上提升。知识总量以爆炸式的速度急剧增长，知识就像产品一样频繁更新换代，使企业持续运行的期限和生命周期受到最严峻的挑战。据初步统计，世界上IT企业的平均寿命大约为5年，尤其是那些业务量快速增加而急功近利的企业，如果只顾及眼前的利益，不注重员工的培训、学习和知识更新，就会导致整个企业机制和功能老化，成立两三年就"关门大吉"！联想、TCL等企业成功的经验表明：培训和学习是企业强化"内功"和发展的主要原动力。只有通过有目的、有组织、有计划地培养企业每一位员工，不断调整整个企业人才的知识结构，才能应付这样的挑战。

在知识经济迅猛发展的今天，你有没有想过，你赖以生存的知识、技能时刻都在折旧。在风云变幻的职场中，脚步迟缓的人瞬间就会被甩到后面。根据剑桥大学的一项调查，半数的劳工技能在1～5年内就会变得一无所用，而以前这些技能的淘汰期是7～14年，特别是在工程界，毕业后所学还能派上用场的不足1/4。

这绝非危言耸听，美国职业专家指出，现在的职业半衰期越来越短，高薪者若不学习，无需5年就会变成低薪。就业竞争加剧是知识折旧的重要原因，据统计，25周岁以下的从业人员，职业更新周期是人均1年零4个月。当10个人中只有1个人拥有电脑初级证书时，他的优势是明显的，而当10个人中已有9个人拥有同一种证书时，那么原有的优势便不复存在。未来社会只会有两种人：一种是忙得不可开交的人，另外一种是找不到工作的人。

所以，从没有一艘船可以永不调整航向，活到老，学到老，及时变通才是百战百胜的利器。现在知识、技能的更新越来越快，不通过学习、培训进行更新，适应性将越来越差，而企业又时刻把目光盯向那些掌握新技能、能为企业带来经济效益的人。新世纪的发展已经表明，未来的社会竞争将不再只是知识与专业技能的竞争，而是学习能力的竞争，一个人如果善于学习，他的前途会一片光明，而一个良好的企业团队，要求每一个组织成员都是那种迫切要求进步、努力学习新知识的人。

不根据自己的需要随时调整航向的船，只会被风暴卷入失败的深渊，"活到老，学到老"不是一句空口号，只要我们认真去执行，才能及时调整自己前进的方向，不被社会淘汰。

与时俱进，随时进行自我更新

有时候，我们的想法往往会背叛我们的思维，想法和实际分离。"思维"这个词来自希腊文，最初是一个科学名词，目前多半用来指逻辑思维。不过广义而言，是指我们看待外在世界的观点。我们的所见所闻并非直接来自感官，而是透过主观的认识、感受与诠释。

无论是面对自我，还是面对世界，每个人都有一定的思维方式。例如说，在人类的思想行为中，有"5大基本问题"：

（1）我是谁？

（2）我如何成为今天的我？

（3）为什么我会有这样的思考、感受和行动？

（4）我能改变吗？

（5）最重要的问题是——怎么做？

延续这5大问题，我们的心灵告诉我们该怎么去认识世界、进行自我行动。所以说思维对一个人的发展来说，是至关重要的，它决定了我们对待自我、对待世界的态度。思维可以说是对于我们所能感知的世界的一个认知缩写，无论这个认知正确与否。

我们可以把思维比作地图。地图并不代表一个实际的地点，只是告诉我们有关地点的一些信息。思维也是这样，它不是实际的事物，而是对事物的诠释或理论。

很多人经常会遇到这样一种情况，到了一处陌生的地方，却发现带错了地图，结果寸步难行，感觉非常尴尬无助。同样，若想改掉缺点，但着力点不对，只会白费工夫，与初衷背道而驰。或许你并不在乎，因为你奉行"只问耕耘，不问收获"的人生哲学。但问题在于方向错误，"地图"不对，努力便等于浪费。唯有方向（地图）正确，努力才有意义。在这种情况下，"只问耕耘，不问收获"也才有可取之处。因此，关键仍在于手上的地图是否正确。我们常常嘲笑"南辕北辙"的人，却不知自己也会在错误的"心灵地图"的带领下，犯同样的错误。

在前面我们已经说过，思维不仅面对世界，还面对自我，那么"心灵地图"大致上也可分为两大类：一是关于现实世界的，这就是我们的世界观；一是有关个人价值判断的，这就是我们的价值观。我们以这些"心灵的地图"诠释所有的经验，但从不怀疑"地图"是否正确，甚至于不知道它们的存在。我们理所当然地以为，个人的所见所闻就是感官传来的信息，也就是外界的真实情况。我们的态度与行为又从这些假设中衍生而来，所以说，世界观和价值观决定一个人的思想与行为。

自我是在不断发展的，世界也是在不断进步的，所以我们行动的世界观和价值观也应该不断地完善与进步，要随时随地来完善我们的"心灵地图"。

打个比方，现在无数的城市旧貌换新颜，尤其是近几年来发生了翻天覆地的变化，如果有人使用3年前的地图，恐怕已经找不到原来的道路，不知道如何才能找到目标了。

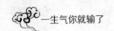

地理如此，时空如此，何况人心呢？许多人，他们之所以感到困惑、挫折，甚至感到迷失了自我，就在于他们仍然使用着过去的"心灵地图"，仍然按照旧有的生活轨道在向前走，他们不知道这幅地图已经需要修改了。

其实，我们的思维从童年就已开始发展，经过长期的艰苦努力形成了一个认识自我和世界的自我思维方式，形成了一幅表面上看来十分有用的"心灵地图"。我们要按这幅"地图"去应对生活中的各种坎坷，寻找自己前进的道路。

但是未必有了"心灵地图"就有了正确的行动。如果这幅地图画得很正确，也很准确，我们就知道自己在哪个位置上；如果我们打算去某个地方，就知道该怎么走。如果这幅地图画得不对、不准确，我们就无法判断怎么做才正确，怎样决定才明智，我们的头脑就会被假象所蒙蔽，因为这幅图是虚假的、错误的，我们将不可避免地迷失方向。

我们不能一辈子就带着这一幅"地图"，我们应该不断地描绘它、修改它，力求准确地反映客观现实，这样我们才不会在人间这个繁华的大都市里迷路。前人诗云："流水淘沙不暂停，前波未灭后波生。"我们必须要下工夫去观察客观现实，这样画出来的"地图"才准确。但是，很多人过早地停止了描绘"地图"的工作，他们不再汲取新的信息，而自以为自己的"心灵地图"完美无缺。这些人是不幸的、可怜的，所以他们多半有心理问题。只有幸运的少数人能自觉地探索现实，永远扩展、冶炼、筛选他们对世界的理解，他们的精神生活也丰富多彩。所以，我们要不断地修改这幅反映现实世界的"心灵地图"，要不断地获取世界的新信息。如果新信息表明，原先的"地图"已经过时，需要重画，就要不畏修改"地图"的艰难，勇敢地进行自我更新。

执着与固执只有一步之遥

中国人常说："人活一张脸，树活一层皮。""面子"的地位之重在我们的传统道德观念中可见一斑。可以说，中国社会对人的约束主要就是廉耻和脸面，然而若因此就固执地以面子为重，养成死要面子的人生态度却不是件好事。

有一个人做生意失败了，但是他仍然极力维持原有的排场，唯恐别人看出他的失意。为了能重新振兴起来，他经常请人吃饭，拉拢关系。宴会时，他租用私家车去接宾客，并请了两个钟点工扮作女佣，佳肴一道道地端上来，他以严厉的眼光制止自己久已不知肉味的孩子抢菜。

前一瓶酒尚未喝完，他已打开柜中最后一瓶 XO。当那些心里有数的客人酒足饭饱告辞离去时，每一个人都热情地致谢，并露出同情的眼光，却没有一个人主动提出帮助。

希望博得他人的认可是一种无可厚非的正常心理，然而，人们总是希望获得更多的认可。所以，人的一生就常常会掉进为寻求他人的认可而活的爱慕虚荣的牢笼里面，面子左右了他们的一切。

70多年前，林语堂先生在《吾国吾民》中认为，统治中国的"三女神"是"面子、命运和恩典"。"讲面子"是中国社会普遍存在的一种民族心理，面子观念的驱动，反映了中国人尊重与自尊的情感和需要，但过分地爱面子却得不偿失。

有一个博士分到一家研究所，成为学历最高的一个人。

有一天他到单位后面的小池塘去钓鱼，正好正、副所长在他的一左一右，也在钓鱼。他只是微微点了点头：这两个本科生，有啥好聊的呢。

不一会儿，正所长放下钓竿，伸伸懒腰，蹭蹭蹭从水面上箭步如飞地走到对面上厕所。博士眼睛睁得都快掉下来了。水上漂？不会吧！这可是一个池塘啊。正所长上完厕所回来的时候，同样也是蹭蹭蹭地从水上回来了。怎么回事？博士生又不好去问，自己是博士生哪！

过了一阵，副所长也站起来，走几步，蹭蹭蹭地掠过水面上厕所。这下子博士更是差点儿昏倒：不会吧，到了一个江湖高手云集的地方？博士生也内急了。这个池塘两边有围墙，要到对面厕所非得绕十分钟的路，而回单位上又太远，怎么办？博士生也不愿意问两位所长，憋了半天后，也起身往水里跨：我就不信本科生能过的水面，我博士生不能过。只听"咚"的一声，博士生栽到了水里。

两位所长将他拉了出来，问他为什么要下水，他问："为什么你们可以走过去呢？"两所长相视一笑："这池塘里有两排木桩子，由于这两天下雨涨水正好在水面下。我们都知道这木桩的位置，所以可以踩着桩子过去。你怎么不问一声呢？"

上面的这个例子再经典不过了，一个人过于爱惜面子，难免会流于迂腐。"面子"是"金玉在外，败絮其中"的虚浮表现，刻意地张扬面子，或让面子成为横亘在生活之路上的障碍，终有一天会吃到苦头。因此，无论是人际交往方面还是在事业上，我们都不要因为小小的面子，为自己的生活带来不必要的麻烦和隐患。其实"面子观"是一种死守面子、唯面子为尊的价值观念和行事思想。"面子观"对我们行事做人有很大的束缚。因此，在不利的环境下我们要勇于说"不"，千万别过多地考虑面子，使自己陷入"面子观"的怪圈之中。

事实上，我们没必要为了面子而固执地使自己显得处处比别人强，仿佛自己什么都能做到。每个人都有缺陷，不要试图每一方面都优秀。聪明的人，敢于承认自己不如人，也敢于对自己不会做的事说不，所以他们自然能赢得一份适意的人生。

执着，让我们赢得了通往成功的门票，而固执，让我们在死不认输时，输掉了整个人生。所以，正确剖析自己，敢于承认技不如人，放下不值钱的面子，走出面子围城，这不是软弱，而是人生的智慧。

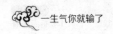

果敢放弃，不留丝毫犹豫和留恋

鲁迅曾说："其实世上本没有路，走的人多了，也便成了路。"生活中，只会盲从他人，不懂得另辟蹊径者，将很难赢取成功和荣耀。

人生的道路有千万条，条条大路都能通罗马，每条路都是我们的选择之一。所以一旦这条路行不通，不要犹豫，立即换一条路。行行出状元，在无力接受某一课程时，千万不要勉强自己，否则只会越来越糟，耽误时间不说，还误了美好的前程。

一位叫王丽的姑娘，长得端庄、秀丽，她表姐是外企职工，收入颇高，工作环境也很好，她对王丽的影响很大。王丽也想像表姐一样去外企工作，过上优越的生活。无奈她的外语水平太差，单词总是记不住，语法也总是弄不懂。马上就要高考了，她想报考外语专业，可越着急越学不好。她整天想着白领阶层的生活，不知不觉沉浸其中。

她一心学外语，其他科目全部放弃。由于只有一条路，她更担心考不上外语系。整天就想着考上以后的生活，或考不上又怎么办，全无心思学习。

"白日梦"是青春期男女常见的心理现象。整天沉醉于其中的人，都是些对现状不满意又无力改变的人。因为"白日梦"可以使人暂时忘记不如意的现实，摆脱某些烦恼，在幻想中满足自己被人尊敬、被人喜爱的需要，在"梦"中，"丑小鸭"变成了"白天鹅"。

做美好的梦，对智者来说是一生的动力，他们会由梦出发，立即行动，全力以赴朝着美梦发展，一步步使梦想成真。但对于弱者来说，"白日梦"是一个陷阱，他们在此处滑下深渊，无力自救。

如何走出深渊呢？首先，要有勇气正视不如意的现实，并学会管理自己。这里教给你一个简单而有效的方法，就是给自己制定时间表。先画一张周计划表，把一天至少分为上午、下午和晚上三格，然后把你在这一周中需要做的事统统写下来，再按轻重缓急排列一下，把它们填到表格里。每做完一件事情，就把它从表上划掉。到了周末总结一下，看看哪些计划完成了，哪些计划没有完成。这种时间表对整天不知道怎么过的人有独特的作用，因为当你发现有很多事情要做，做完一件事就有一种踏实的感觉时，就比较容易把幻想变为行动了。你用工作挤走了幻想，并在工作中重塑了自己，增强了自信。

其次要有敢于放弃的勇气和决心，梦再美好，也只是梦。与其在美梦中遐想，不如走出一条适合自己的路。因此该放弃的就放弃，千万不要有丝毫的犹豫和留恋，要迅速踏上另一条通向罗马的路。

失败时，我们不妨换个角度思考

人生总免不了要遭遇这样或者那样的失败。确切地说，我们几乎每天都在经受和体验各种失败。有时候，我们甚至会在毫不经意和不知不觉之间与失败不期而遇。面对失败，我们又往往会采取习惯的对待失败的措施和办法——或以紧急救火的方式扑救失败，或以被动补漏的办法延缓失败，或以收拾残局的方法打扫失败，或以引以为戒的思维总结失败……虽然这些都是失败之后十分需要甚至必不可少的，但却是在眼睁睁看着失败发生而又无法抢救的情况下采取的无奈之举。任凭失败一路前行而无力改变，实在是更大的失败和遗憾。

在美国西部的一个农场，有一个伐木工人叫刘易斯。一天，他独自一人开车到很远的地方去伐木。一棵被他用电锯锯断的大树倒下时，被对面的大树弹了回来，他躲闪不及，右腿被沉重的树干死死压住，顿时血流不止，疼痛难忍。面对自己伐木史上从未遇到过的失败和灾难，他的第一个反应就是："我该怎么办？"

他看到了这样一个严酷的现实：周围几十里没有村庄和居民，10小时以内不会有人来救他，他会因为流血过多而死亡。他不能等待，必须自己救自己。他用尽全身力气抽腿，可怎么也抽不出来。他摸到身边的斧子，开始砍树。但因为用力过猛，才砍了三四下，斧柄就断了。他真是觉得没有希望了，不禁叹了一口气，但他克制住了痛苦和失望。他向四周望了望，发现在不远的地方，放着他的电锯。他用断了的斧柄把电锯弄到手，想用电锯将压在腿上的树干锯掉。可是，他很快发现村干是斜着的，如果锯树，树干就会把锯条死死夹住，根本拉动不了。看来，死亡是不可避免了。

然而，正当他几乎绝望的时候，他忽然想到了另一条路，那就是不锯树而把自己被压住的大腿锯掉。这是唯一可以保住性命的办法！他当机立断，毅然决然地拿起电锯锯断了被压着的大腿。他终于用难以想象的决心和勇气，成功地拯救了自己！

失败时，我们不妨换一个角度去思考，也许就会走出所谓的失败，走向成功，所以说问题的关键不是失败，而是我们看待失败的心态。

古时候有一位国王，梦见山倒了、水枯了、花也谢了，便叫王后给他解梦。王后说："大事不好。山倒了指江山要倒；水枯了指民众离心，君是舟，民是水，水枯了，舟也不能行了；花谢了指好景不长了。"国王听后惊出一身冷汗，从此患病，且愈来愈重。一位大臣要参见国王，国王在病榻上说出了他的心事，哪知大臣一听，大笑说："太好了，山倒了指从此天下太平；水枯了指真龙现身，国王你是真龙天子；花谢了，花谢见果呀！"国王听后全身轻松，病也好了。

所以，当我们失败时，如果能够静下心来，坦然面对，那么在我们从另一个出口走出去时，就有可能看到另一番天地。在我们的生活中与工作中，遇到困难或是难以

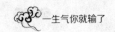

跨越的"坎"时，不妨尝试一下换一种思考的方式，你也许很快就会解决问题。人生的出口其实就是自己的人生蜕变，是自己坦然面对问题的勇气和决心，是洒脱后的平静，而这条路已经离你越来越近了，很快就能看到宽广的大道，从此，心将不在迷路。

跌倒后不急于站起来

一位成功人士曾这么说："人生是一个积累的过程，你总会摔倒，即使跌倒了也要懂得抓一把沙子在手里。"记得一定要抓一把沙子在手里，只有这样才有摔倒的意义。

田中光夫曾在东京的一所中学当校工，尽管周薪只有50日元，但他十分满足，很认真地干了几十年。就在他快要退休时，新上任的校长认为他"连字都不认识，却在校园工作，太不可思议了"，将他辞退了。

田中光夫苦恼地离开了校园。像往常一样，他去为自己的晚餐买半磅香肠，但快到山田太太的食品店门前时，他猛地一拍额头——他忘了，山田太太已经去世了，她的食品店也关门多日了。而不巧的是，附近街区竟然没有第二家卖香肠的。忽然，一个念头在他的心头闪过——为什么我不开一家专卖香肠的小店呢？他很快拿出自己仅有的一点儿积蓄接手了山田太太的食品店，专门卖起香肠来。

因为田中光夫灵活多变的经营，5年后，他成了声名赫赫的熟食加工公司的总裁，他的香肠连锁店遍及了东京的大街小巷，并且是产、供、销"一条龙"服务，颇有名气的"田中光夫香肠制作技术学校"也应运而生。

一天，当年辞退他的校长得知这位著名的董事长只会写不多的字时，便打来电话称赞他："田中光夫先生，您没有受过正规的学校教育，却拥有如此成功的事业，实在是太了不起了。"

田中光夫由衷地回答："十分感谢您当初辞退了我，让我摔了个跟头，从那之后我才认识到自己还能干更多的事情。否则，我现在肯定还是一位周薪50日元的校工。"

跌倒并不可怕，关键在于我们将如何面对跌倒。如果我们经受不住跌倒的打击，悲观沉沦，一蹶不振，那么跌倒便成了我们前进的障碍和精神的负荷。如果我们将跌倒看成是一笔精神财富，把跌倒的痛苦化作前进的动力，那么跌倒便是一种收获。

瑞典电影大师英格玛·伯格曼是最具影响力的电影导演之一，他同样也重重地跌倒过。

1947年，电影《开往印度的船》杀青后，出道不久的伯格曼自我感觉棒极了，认定这是一部杰作，"不准剪掉其中任何一尺"，甚至连试映都没有就匆忙首映。结果可想而知，糟透了！伯格曼在酒会上将自己灌得不省人事，次日在一幢公寓的台阶上醒来，看着报纸上的影评，惨不堪言。

这时，他的朋友幽默地说了一句话："明天照样会有报纸。"

此话让伯格曼深感安慰。明天照样会有报纸，冷嘲热讽很快都会过去的，你应该争取在明天的报纸上写下最新最美的内容。

伯格曼从失败中吸取了教训，在下一部电影的制作中，只要有空就去录音部门和冲印厂，学会了与录音、冲片、印片有关的一切，还学会了摄影机与镜头的知识。从此再也没有技术人员可以唬住他，他可以随心所欲地达到自己想要的效果。一代电影大师就这样成长起来了。

有时，我们虽然没有收获胜利，但我们收获到了经验和教训。失败让我们真正了解了世界，失败也让我们重新认识了自己。失败虽然给我们带来了痛苦和悲伤，但失败也给我们带来了深刻的反思和启迪。

在日益激烈的竞争压力下，公司每天都在面对着新的变化，每天都可能出现新的危机。如果一个公司不能积极应变，解决危机，将是很难立足于市场的。危机不仅会突如其来地降临在一家公司的身上，同样地，个人也每时每刻都有潜在的危机可能出现。人生有高潮，也就会有低潮。有时候危机会成为一种打击，将你击倒在地，但是你千万不要就此一蹶不振。相反，你应该勇敢地站起来，因为当你站起来之后，你会发现：危机已经走远。如果你站不起来的话，危机将永远压在你的身上。危机就像是闪电，它可以将你一时击晕，使你昏迷在地，但是醒来之后，你依旧可以顶天立地，而这时雷电早已消散无踪。

跌倒了也要抓一把沙子的人，便领会了重新站起走向成功的真谛。

不跟对手硬拼，绕个圈子寻其弱点

在生活中，我们难免会因为一些竞争而与对手针锋相对。矛盾也许不可避免，但是我们没有必要跟对手斗个你死我活。如果真的躲不过去，也不要跟对手硬拼，要懂得利用智慧和技巧，在方法上取胜。

聪明的人懂得在危险中保护自己，而愚蠢的人喜欢依靠蛮力，即便耗掉自己全部的精力也要与对手拼个高下，弄得自己没有回旋的余地。

一位搏击高手参加锦标赛，自以为一定可以夺得冠军。

但是，在最后的决赛中，他遇到一个实力相当的对手，双方竭尽全力出招攻击。中途，搏击高手意识到，自己竟然找不到对方招式中的破绽，对方的攻击却能够突破自己防守，有选择地打中自己。

比赛的结果可想而知，这个搏击高手败在对方手下，没有得到冠军的奖杯。

他愤愤不平地找到自己的师父，将对方和他搏击的过程演练给师父看，并请求师父都他找出对方招式中的破绽。他决心根据这些破绽，苦练出足以攻克对方的新招，

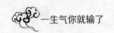 一生气你就输了

在下次比赛时，打倒对方，夺回冠军的奖杯。

师父笑而不语，在地上画了一条线，要他在不擦掉这道线的情况下，设法让这条线变短。

搏击高手思考不出，只得无可奈何地放弃，转向师父请教。

师父在原先那道线的旁边，又画了一条更长的线。两者相比较，原先的那条线，看来变得短了许多。

师父开口道："夺得冠军的关键，不仅仅在于如何攻击对方的弱点，正如地上的长短线一样，如果你不能在要求的情况下使这条线变短，你就要懂得放弃在这条线上做文章，寻找另一条更长的线。只要你自己变得更强，对方就如原先的那条线一样，在相比之下变得短了。如何使自己更强，才是你需要苦练的根本。"

搏击高手恍然大悟。

师父笑道："搏击要用脑，要学会选择，攻击其弱点。同时要懂得放弃，不跟对方硬拼，以自己之强攻对手之弱，这样你才能夺取冠军。"

在获得成功的道路上，有无数的坎坷与障碍，需要我们去跨越、去征服。

人们通常走的路有两条：一条路是找出对手的弱点，予以打击。正如故事中的那位搏击高手的对手，可找出搏击高手的破绽，并给予致命的一击。用最直接的方法，快速解决问题。另一条路是懂得放弃，不跟对方硬拼，全面增强自身实力，在人格上、知识上、智慧上、实力上使自己成长，变得更加成熟、更加强大，以己之强攻敌之弱，使许多问题迎刃而解。

不跟对手硬拼，是一种包容，也是一种智慧。绕开圈子，才能避开钉子。适当地给对手留有余地，也许可以将对方感化，从而化僵持为友好，将敌人变成朋友。适当地给自己留些余地，你才有机会东山再起，才能把握住更多的机遇。

过分执着无异于固步自封

世间万物不论是山川大地还是人的心境，都处在不断的变动之中，没有一样是永恒的。生命的过程，从小到老，最后一直到肉体灭亡为止，都在不停地变化，生理身体在变，人的观念也在变。有些变化一眼就能看出来，有的变化肉眼很难分辨，但总体而言，变化才是世间常态。

人的一生，外界的境遇，内心的想法，都不可能一成不变。既然如此，在心态、思想该改变的那一刻，就应该放手让它过去，而不应该执着于自认为对的观念，否则便会被这些观念拖住脚步。

过分为一些无谓的事情而执着是一件徒劳无功的事情，比如，错误已经犯下，再让自己为此而愧疚一生，并没有多大意义，不如想着如何弥补，如何改正，这样还会

对人对己多一点儿益处。

老比丘带着小沙弥一起出去化缘，师徒俩不知不觉越走越远，等他们想到要回去时，天已经快黑了。师父年纪大，走得很慢，徒弟就上前来搀着师父走。

天色越来越黑，当他们来到一片树林中时，天已经黑得伸手不见五指了，只能听见师徒俩行走的脚步声和树叶的沙沙声，还有从远方传来的各种野兽凄厉的叫声。

小沙弥知道树林中常有野兽出没，为了保护师父，就紧紧抱住师父的肩膀，连扶带推地快步向树林边缘走去。

师父年老力衰，又东奔西走了一整天，早就累得走不动了，加上看不清楚道路，一个踉跄跌倒在地，头刚好磕在硬石头上，一下子就死去了。

小沙弥看到师父倒在地上，赶忙把他拉起来，可是见他没什么反应，才发觉师父已经死了，不禁大吃一惊，痛哭失声！

天亮以后，小沙弥独自一人回到寺庙。

寺里的比丘们知道事情的经过后，纷纷谴责小沙弥：

"你看！都是你不小心，害死了自己的师父。"

"就是说嘛！竟然把自己的师父推去撞石头！"

小沙弥有口难辩，心中觉得很委屈，就去找佛陀诉苦。

佛陀让小沙弥坐下，说道："你要说的话我全都知道了，你师父的死不是你的错。"

话虽如此，但小沙弥还是眉头紧皱，无精打采的。

佛陀看了，微笑着继续说："我讲个故事给你听吧！从前有一个父亲生了重病，儿子很着急，到处求医问药。每天他服侍父亲吃过药后，就扶父亲上床躺下，让父亲睡个好觉。可是他们住的是一间茅草屋，地上又潮湿，引来许多蚊蝇，整天嗡嗡地飞来飞去，打扰父亲睡眠。儿子见父亲在床上睡不着，马上找来苍蝇拍到处追打蚊蝇，却怎么也打不完。

"儿子又急又气，转身抄起一根大棍子挥舞着，对着空中的蚊蝇拼命追打。恰巧有一只蚊蝇落在父亲的鼻子上，儿子一时没看清楚，慌忙一杖打去，父亲就这样被棍子重重揍了一下，连哼都来不及哼一声，就死去了。"

佛陀停了一会儿说："孝顺的儿子在无意中伤人性命，只能算是一个意外，不能因此指责儿子是杀人犯，否则可就冤枉他了。你使劲儿推你的师父，是怕师父遭到野兽的袭击，想赶快离开树林，并不是心存恶念，故意要伤害他的性命，是吗？"小沙弥点头称是。

佛陀说："我讲的故事和你所经历的事有些不同，但道理是一样的。佛法是慈悲的，你安心修行吧！"

小沙弥听了佛陀的话，心中获得了安慰，从此更加勤奋修行了。

小沙弥虽然犯了错误，但是他并非故意犯错，虽然做错了事情，却没有错心，所以佛陀宽慰他，希望他不要让心念一直停留在自己的错事上，整天郁郁寡欢，而是要

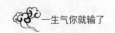

放下这样的心结，专心于修行。

这并不意味着任何人犯了错误都可以立刻放下，不必承担责任，而是说，不必过分执着于错误。为错误而愧疚、羞耻是应该的，为了错误而停留在原地，固步自封，甚至抛下自己本该做好的事，却是不应该的。

一个过于执着的人，往往也是一个完美主义者。他会希望自己的人生如同白玉一般，毫无瑕疵，一旦染上了什么污点，就会在意得不得了，只知道一味盯着污点，而忽略掉整块白玉的纯洁。实际上，人生本来就没有完美，一味地追求完美最后也只会落得不完美的结局。

从前有一个男人，他一辈子独身，因为他在寻找一个完美的女人。

当他70岁的时候，有人问他："你一直在到处旅行，从喀布尔到加德满都，从加德满都到果阿，你始终在寻找，难道你没能找到一个完美的女人，甚至连一个也没找到？"

那老人变得非常悲伤，他说："不，有一次我碰到了一个，一个完美的女人。"

那个发问者说："那么发生了什么，为什么你们不结婚呢？"

他变得非常非常伤心，他说："怎么办呢？她也在寻找一个完美的男人。"

这个男人执着于寻找完美的女人，到头来也只换来了一场空。每个人心中对完美的定义不同，如果世间人人都追求自己心中的完美，那么，所有的人生都不会完美，只能一次次白白错失机遇罢了。

不管做人还是做事，做到无愧于心即可，不必苛求完美。因为这个世界上的事情，不会全都顺着自己，有的时候即使花上一辈子的时间，也不一定能达到那种想象中的完美。

不管是执着于错误的饮恨还是执着于完美的空想，这些都是无法放下心中苛求的表现。如果我们能够使自己的内心归于平静，放下不必要的苛求，不被无谓的执着困住，便可洒脱地面对人生。

机心用尽，不如退步思量

生活中，我们总是有诸多痛苦，痛苦的原因之一就在于我们秉持着这样那样的机心。人的心里藏有势利的种子，想尽可能的"得"，避免"失"，由此便产生了"机心"。一有机心，心就会动荡不安，时刻想着如何以最小的代价得到最大的成果。有些人经常以势利之心去交朋友，去学习，对自己前途有益的朋友就交，不能在利益上给自己帮助的朋友便不交；看到研究生容易找工作就去考研，看见做IT赚钱就去学计算机，费尽心机想通过一些捷径获得成功，结果忘记了自己想学什么，想得到什么，最终落下个孤家寡人、痛苦遗憾的下场。

尧帝的老师是许由，许由的老师是啮缺。尧曾经请教许由说："啮缺可以担任天子吗？我想通过王倪邀请他。"许由回答说："这样恐怕会危害天下呀！啮缺这个人，为人聪明睿智、机警敏捷，天赋过人，又能以人力去成就天然。他懂得去防堵过失，但却不能知道过失从哪里产生。要他担任天子，他就会凭借人力而摒弃自然。他将会以人为本体而区分人我，将会看中智巧而急着使用，将会被小事所役使，被外物所牵绊，四处张望而应接不暇，事事苛求完美，随着外物的变幻而不能保持常态。他哪有资格担任天子呢   "

许由极其反对那些以机心去应对事务的做法，他坚持认为，一个人如果只知道用智巧的机心去面对世界，别说去治理天下了，做一个人都难。

许多人想得到更多的东西，却把现在所拥有的也失去了，这可以说是对得不偿失最好的诠释。人生许多痛苦都是因为得不到想要的东西。但实际上，辛辛苦苦地奔波劳碌，最终的结局也只剩下埋葬我们身体的那点土地。

与其费尽心机，不如退一步认真思量，哪些事情值得去做，哪些事情我们有能力做好，这样才会让自己的人生少一些痛苦。去除了机心，一个人就能保持内心的宁静，从而能够全神贯注地做好一件事情。

有一天，一个校长向学校请了三个月假，然后告诉自己的家人：不要问我去什么地方，去干什么，我每个星期都会给家里打来电话，报个平安。校长只身一人去了南部的农村，尝试着过另一种所谓的幸福生活。在农村，他到农场去打工，去饭店刷盘子。在田地做工时，连吸支烟或跟工友说句话都得偷偷地做。最让他难忘的是，最后他在一家餐厅找到一份刷盘子的工作，只干了4个小时，老板就把他叫来结账，并对他说："可怜的老头，你尽管很努力，可是刷盘子太慢了，你被解雇了。"被解雇后，他又重新回到了学校。回到了自己熟悉的工作环境后，觉得以往单调乏味的东西一下子变得新鲜有趣起来，工作成了一种全新的享受。这三个月的经历，像一个淘气的孩子搞了一次恶作剧一样，但他却真切地体验到另一种生活的不易。更重要的是，这次经历一下子清除了原来在心中积攒多年的"垃圾"。

校长通过改变自己墨守成规的生活方式，清除掉内心多余的"垃圾"，使自己可以相对轻松地重新进入到工作环境中。在功利的追求中生活太久之后，逐渐地，势利心就会越来越重，因此而衍生出苦恼、恐惧、忧虑等各种各样的情绪。为了"得不到"而苦恼、恐惧，而已经得到的却不能令自己幸福，同时还会忧虑于失去，心灵无法安宁，也就渐渐忘记了自己的来路和自己曾经的梦想和追求。驱除机心并不是要求你不再工作，不食人间烟火，而是让自己暂时与那些急功近利的势利心和欲望拉开距离，重新审视自己的生命。就像故事中的校长一样，如果能适时退一步思考人生，就能在现实中体验到自己工作和生活的快乐。

机心可以为一个人带来暂时的利益，更多时候带给我们的是痛苦。因此一个人决不能让势利的机心充斥着自己的心灵，在遇到事情的时候应该多思考，退后一步想想

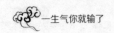

问题的症结所在，这样往往能够更加明了的看到问题的本质，寻找到合适的解决问题的办法。

灭却心头火，燃起佛前灯

现代社会在制造出效率和速度的同时，也使我们内心的清净在逐渐丧失，那种恬静如诗般的岁月对现代人来讲已成为最大的奢侈。物的欲望在慢慢吞噬人的性灵和光彩，内心对于平静的诉求，在这种繁忙与喧嚣中被淹没了。我们留给自己的内心空间被压榨到最小，所以遇到一点点小事就能产生情绪上的波动，发怒和抱怨似乎已经成为日常生活的一部分。

如果遇到不如意的事情就愤怒、仇视、怨恨他人，会对自己的身心健康产生很严重的影响。因为这种愤怒和怨恨就如同在内心燃起的一场大火，最后烧伤的仍是我们自己。要灭却这场心头的大火，就不能让生活为太多的欲望而周折，保持一份淡泊，心中自然会点亮一盏宁静之灯。

唐朝马祖道一禅师一生提倡"即心即佛"，他的弟子法常就是从这句话而契入悟机，彻悟后隐居大梅山。有一天，马祖派侍者去试探法常，对他说："法常，你领悟了老师的'即心即佛'，但是老师最近又说'非心非佛'呢！"法常听了，不为所动："别的我不管，我仍是'即心即佛'。"马祖禅师听了侍者的报告，欣然颔首道："梅子成熟了！"

古时的有道高僧说"竹影扫阶尘不动"，法常既悟了"即心即佛"的道理，就稳坐泰山，即便老师真的一百八十度地改成"非心非佛"，对他来说也不过是阶前的竹影因风摇曳，扫不动一点儿尘埃。

所谓"心不在焉，视而不见，听而不闻，食而不知其味"，世间不管如何差别动乱，在悟道的人看起来，千差万别仍然归于平等，动乱颠倒终亦归于寂静。心不轻易为外界所动，不被欲望和凡尘俗世所打扰，自然可以心平气和，怒气终消。

少一些妄念和对欲望的执着，心中是非自然遣散而去，心中多余的负累被掏空，那么苦从何来？怒又从何来？

有一个人非常有钱，拥有很大的产业，但不幸的是有一次他被人骗了，结果倾家荡产，妻子也离开了他。

在面临崩溃之际，他向一位朋友求助："我不知道我还能做什么？"朋友沉吟片刻后回答："你什么都能做，别忘了，当初我们都是从'零'开始的！"

这句话让他恍然大悟，也让他勇气再生："是啊！我们本来就是一无所有，既然如此，又有什么好怕的呢？"在历经了挫折之后，这个人体悟到人生"无常"的一面，费尽了力气去强求，虽然勉强得到，最后留也留不住；反而是一旦放空了，随之而来的是更大的能量。其实一个人需要的其实那么有限，许多附加的东西只是徒增无谓的负担而已。

就这样念头一转，这个人从零做起，一点一滴的积累，迎来自己人生的第二春。

这个破产的人先前心中有太多的杂念和欲望，所以一遇外界的动荡就心烦意乱，甚至想自绝余生。但是当他放下欲念，内心就回归到了难得的平静之中。

我们常常感到自己的脾气越来越坏，而且身心疲惫，但是仍觉得不满足，因为在我们看来，很多人比自己的生活更富足，很多人的权力比自己大。所以别无出路，只能硬着头皮往前冲，在无奈中透支着体力、精力与生命。这些因欲望而产生的怒火，因不必要的贪念累积起来的心火，支配着我们的生活。

当我们被欲望束缚的生活时精疲力竭、疲惫不堪时，不妨静下心来想一想：有什么目标真的非让我们实现不可，又有什么东西值得我们用宝贵的生命去换取？所有的追逐、疲惫、怒气都是因心不能静定而生，当这些"心头火"灭却的时候，心头的佛灯自会燃起。

放下身段就有机会

有一位哲人曾经说过："天地只有三尺，高于三尺的人要想长久立于天地之间，就要懂得低头。"

真正的大丈夫是能屈能伸的，我们需要在天地之间做一个堂堂正正、有尊严的人，也需要怀一颗谦卑的心认真做好每件事情，以一颗敬畏之心对待遇到的人和事。平日里我们为人做事要缩小自己，放下身段，以礼待人，这样才能行走顺利无阻碍。

有个工匠长得一表人才，高大俊秀，但技艺平平。一天，另一个身材矮小、其貌不扬的工匠找到他。这个工匠虽然身怀绝技，能制造各种兵器，熟读兵法，射箭等武艺也堪称一流，却因外貌感到十分自卑。于是他对长相俊秀的工匠说："我有个方法让你我共享荣华富贵。"工匠一听来了精神，便向他打听到底是什么办法。

相貌丑陋的工匠说："我们一起去见国王，你告诉国王你有一身绝技，我是你的助手。国王见你一表人才，一定能相信。"

工匠听了觉得有道理，一口答应了。二人到了皇宫，长相俊秀的工匠毛遂自荐一番，国王果然相信了他，并给他优厚的待遇，把他们两个人留在宫中。

过了一段时间，国王得知城中有怪兽危害人民，立即便想到了向他毛遂自荐的工匠，便让工匠去降服怪兽。工匠只得硬着头皮答应下来，不过心里却十分害怕。

助手看他愁眉不展，对他说："别怕，你只要保持冷静就可以了。"助手告诉他在降服怪兽之前先和大家约好时间，人们定手持弓箭来相助。到时候，工匠只要负责

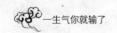

引出怪兽，怪兽将很容易被众人降服。等众人万箭齐发将怪兽射死后，就站出来说自己本想活捉怪兽献给国王的，大家一听肯定不敢说话。

等到降服怪兽那天，工匠按照助手的话去做，果然成功了。当他把怪兽送到国王面前的时候，国王很高兴，重重赏了他，对他更加信任了。

之后，获得国王器重和赏识的工匠变得越来越目中无人，他忘记了自己成功的方法都是助手教的，对助手越来越不尊重，还经常颐指气使地对他说："不要忘了，你只是我的助手、随从、一条狗罢了！"助手听了心里愤愤不平，但仍然忍下了。

又过了一些日子，邻国来犯，国王派工匠上阵杀敌。在战场上，工匠吓得屁滚尿流，很快败下阵来。而其貌不扬的助手挎刀上马，凭借超人的武艺和对兵法的灵活运动很快便打退了敌军，胜利凯旋。国王知道了真相以后，立即将工匠逐出了皇宫，而长相丑陋又懂得退让隐忍的"助手"则被封为大将军。

助手懂得放下身段，忍让他人，这才得以在皇宫中施展自己的才华，也因此获得了晋升的机会。而那个工匠虽然长相招人喜欢，但却忘恩负义，目中无人，猖狂自大，最终失去了一切。

其实，生命中更多的美好往往需要放下身段才能得到。因为放下身段，人便懂得谦卑之理，懂得不执着于外物，明白世界之大，人不过是沧海一粟；因为弯腰，一个人做事情时便不容易冒失激进，而是能够稳步前行。人生之路，尤其是通向成功的路上，很少会有宽阔的大门，大都需要弯腰侧身才可以进去。因此，在必要时，我们要能够学会弯曲，放下自己的身段，才可得到生活的通行证。

秦始皇陵兵马俑就属"跪射俑"保存最为完整，原因是它的低姿态，因为兵马俑坑是地下道式土木结构建筑，当棚顶塌陷时，高大的立姿俑首受其害，而跪射俑是蹲跪姿态，右膝、右足、左足三个支点呈等腰三角形，完全支撑着上体，整个身体重心在下，增加了它的稳固性，所以不容易倾倒。

赞许跪射俑其实是在赞扬一种"谦恭"的品质。跪射俑因为跪了下来，所以免遭碎裂的厄运。人生于世，如能领会跪射俑蕴含的"放低姿态，以退为进"的含义，便能以谦逊的姿态安然度过社会的大风大浪，从而自由发挥自己的所长。

藏拙是智慧，藏巧是修行

掩藏自己的弱点，才不会让对手有可乘之机；聪明却不外露，才能蓄势待发，给对手一个措手不及，这就是所谓"藏巧守拙，用晦如明"。无论是机巧奸猾之人还是忠直厚道之人，几乎都喜欢傻呵呵不会弄巧的人。所以，要达到自己的目标，装糊涂，藏巧守拙都是很好的方法。

俗话说："枪打出头鸟。"锋芒太露容易遭人嫉恨，更容易树敌。老子曾经说：

"良贾深藏若虚，君子盛德容貌若愚。"这就是说，表面上看着比较强悍、威风凛凛的人并不是最有能力的，而真正有本领的人懂得隐藏自己的实力，不轻易将才艺外露。因为喜好显摆的人，是最为肤浅的人，也是最容易遭人嫉妒的人，韬光养晦才是聪明人之所为。

在森林里，大象不断地被人类猎杀，但每次猎杀完人类并没有运走大象庞大的身躯，而是直接取走了象牙，因为那才是人们所需要的。所以有的大象们为了生存，每天都会很小心，它们见到人类后就东躲西藏，对待人类会时时提高警惕，但即使是这样，它们还是难逃厄运，一只接一只的大象倒在人类的枪口下。但奇怪的是，有一只公象从未受到人类的威胁，它每天都可以从容地到处转悠，有的时候甚至还可以到人类居住的村庄附近吃玉米，而且人类见了它，都没有想过猎杀他，有时甚至和它打招呼，人们对它表现得很友善，这让其他大象对此极为不解。

"你有什么秘诀吗？人类为什么从不伤害你，却总是把枪口对准我们呢？"大象族长问它。"你看我和你们有什么不同吗？"那只公象抬起头来看着族长和其他同类，大家惊奇地发现它的象牙不见了，于是大家问道："你　　　你　　　的牙？""是的，我没有牙齿。因为从很早以前起，我每天做的第一件事就是磨自己的牙，而正是因为没有牙齿，人类枪杀我就没有任何价值，所以我才能像这样从容、悠闲地生活着。"

象牙是公象吸引配偶的绝佳武器，哪只象的牙粗壮、美丽，它就会更加受青睐，所以公象们都以自己的象牙为荣。然而，正是这代表荣誉的象牙，受到人类的觊觎，为公象们引来了杀身之祸。此时，磨掉象牙、收敛自己的锋芒，才是保护自己的最好办法。

正所谓花要半开，酒要半醉，鲜花在盛开得太过娇艳的时候，往往会被人采摘，这就是衰败的开始。过于聪明的人，常常都会是别人猜忌的对象，而糊涂可以有效地保护自己，做到不露锋芒，不执着于自己的天赋和成功，才是聪明之举。在发挥自己的才华时，要低调处事，不要争强好胜，盲目骄傲自大，凡事不要太张狂，太咄咄逼人，而要随时随地要养成谦虚做人的美德。

世界上并不是缺少某个人就不能运转，所以还是收敛起自己的锋芒，实实在在地做人，将自己的智慧低调地保存于心，这样才能保全自己。

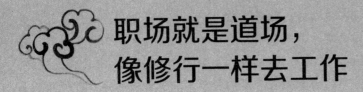

第十八章

职场就是道场，像修行一样去工作

让工作成为你的乐趣而非苦役

曾有人说过这样一句话："我们不能把工作看作为了五斗米折腰的事情，我们必须从工作中获得更多的意义才行。"不仅仅是为了糊口，而应从工作当中找到乐趣、尊严、成就感以及和谐的人际关系，这才是工作的意义。

人生最大的价值是从事自己热爱并感兴趣的工作。爱迪生说："在我的一生中，从未感觉是在工作，一切都是对我的安慰……"然而，在职场中，对自己所从事的事业充满热情的人并不多，他们不是把工作当作乐趣，而是视工作为苦役。早上一醒来，头脑里想的第一件事就是：痛苦的一天又开始了。于是，磨磨蹭蹭地挪到公司以后，无精打采地开始一天的工作，好不容易熬到下班，立刻就高兴起来，和朋友花天酒地之时总不忘诉说自己的工作有多乏味，有多无聊。如此这般周而复始。

其实，如果换一个角度去看，工作可以体现一个人的社会价值和人生价值，这应该是一种幸福的差事。从工作中找到快乐和满足，那么，工作就是你人生中的乐趣而不是苦役。

有个记者到去采访，这天是个集市日，当地人都拿着自己的物产到集市上交易。这位记者看见一个老太太在卖柠檬，5毛一个。

老太太的生意显然并不太好，一上午也没卖出去几个。这位记者动了恻隐之心，打算把老太太的柠檬全部买下来，以便使她能"高高兴兴地早些回家"。

当他把自己的想法告诉老太太的时候，她的话却使记者大吃一惊："都卖给你！那我下午卖什么？我享受的是卖东西的乐趣而已。"

像老太太这样将工作当作乐趣的人，亦会是一个有生活情趣的人。有些人抱怨工作本身太枯燥，但问题往往不是出在工作上，而是出现在我们自己身上。

如果不能热情地对待自己的工作，那么即使做喜欢的工作，一段时间后依然会觉得它乏味至极。如果把工作当作人生的使命，把它做得完美，我们的成就感和信心就会愈来愈强，工作也会愈来愈顺畅。当别人看到我们热情地、全力地把工作做好时，自然会有所感染。这也是我们工作的价值之一。

保持对工作的新鲜感是保证你工作热忱的有效方法。要想保持对工作恒久的新鲜感，首先必须改变"工作只是一种谋生手段"的认识，把自己的事业、成功和目前的工作联系起来。保持长久激情的秘诀，就是给自己不断树立新的目标，挖掘新鲜感，把曾经的梦想拣起来，找机会实现它。

大文豪高尔基说过："工作如果是快乐的，那么人生就是乐园；工作如果是强制的，那么人生就是地狱。"一个人，唯有在工作里，生命才有办法安住，活得才有意义。就像一台机器，长久不用就会生锈；而一个人不去工作的话，心志就会消沉，意志力也会磨损，久而久之就会变得衰弱不堪。

工作并不只是谋生的手段，当我们把它看作是人生的一种快乐并投入自己的热情时，上班就不再是一件苦差事，而会变成一种乐趣。工作是为了自己更快乐，做快乐而又成功的工作，会让生命变得更有意义。

选择职业不能赌气

颜回和子贡同为孔子的弟子，二人的遭遇却大不相同。

颜回是孔子最得意的弟子，他出身贫寒，自幼生活清苦，却能安贫乐道，不慕富贵；他性格恬静，聪明过人，长于深思。孔子所讲的许多高深道理，他能完全理解，且能"闻一知十"。颜回跟随孔子周游列国，过匡地遇乱及在陈、蔡间遇险时，子路等人都对孔子的学说产生了怀疑，而颜回始终坚持不渝。不幸的是颜回早逝，葬于鲁城东防山前。孔子对他的早逝感到极为悲痛，不禁哀叹说；"噫！天丧予！天丧予！"颜回一生没有做过官，也没有留下传世之作，他的只言片语，被收集在《论语》等书中，其思想与孔子的思想基本是一致的，后世尊其为"复圣"。孔子在颜回逝世之后感叹道："贤哉，回也，一箪食，一瓢饮，在陋巷，人不堪其忧，回也不改其乐。贤哉，回也！"

孔子的另一位弟子子贡也博学多才，洞察时势，能言善辩，在经商和社会活动方面都很有成就。《史记·货殖列传》共载17人，子贡列在第二。子贡善于掌握市场信息，并"与时转货赀"，在商业经营和国际贸易中取得巨大成功。他"常相鲁卫，家累千金"，"富可敌国"。子贡经商是与政治目的相联系的。他经常"结驷连骑，束帛之币以聘诸侯"，"所至，国君无不分庭抗礼"。越王勾践甚至"除道郊迎，身御至舍"。正因为经商致富，他才有显赫的政治地位和广泛的社会影响力。

同为孔子的弟子，但是不同的选择，其生活及成就也都不尽相同。从世俗名利的

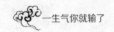 一生气你就输了

意义上来说，自然是子贡的成就更大；但是颜回在人生修养和生命境界上，却更受孔子及后人推崇。所以，做出什么样的人生选择，关键是看自己适合哪一种人生。找到了适合自己的那条路，然后在那条路上坚定前行，就一定会有属于自己的独特成就。

有人说："人生有不同的滋味，想要品尝到什么样的滋味，一切在于自己的选择。"人生有很多重要的选择，其中选择一份适合自己的理想职业更是重中之重。

职业在很大程度上决定了我们的工作态度。拥有一份喜欢的职业，工作起来会热情满怀；有一份适合自己的职业，工作起来会游刃有余，兴致勃勃；而做一份不适合自己的讨厌的职业，则会令人无精打采，满腹抱怨。

很多人在选择工作的时候会选择自己喜欢的事情来做，但也有些人一时赌气或者因为不能好好控制自己的情绪，选择了自己不喜欢或者不擅长的工作，对人生产生了不利的影响。有的人在工作中为了一点儿小小的利益与同事争破头皮，从来不肯吃一点儿小亏，这些工作中的小摩擦让他们对工作产生了厌倦，于是因为这些小事不断跳槽，不断选择新的职业。一个人到达一个新的领域，就是从零开始，这需要人们付出更多的心血和时间来熟悉新的工作环境和知识。这样一来，对自己的职业生涯来说，也会产生不好的影响。

所以，我们在选择职业的时候，要从自己的实际情况出发，看自己适合什么，找到一个自己喜欢且适合的工作。千万不能因为和别人攀比而去选择高薪却力不从心的工作，或者因为赌气而愤然抛弃现有的职业，选择并不适合自己的职业，这都是十分愚蠢的行为。

少管点儿事，多办成事

曾有人说，想"多管人"必须先"少管人"，想"多办成事"必须先"少管点儿事"。每个人的精力有限，能够处理和完成的事情也有限。所以我们在工作中要适当"剪掉"不适合自己干的事情，剩下的就是适合自己发展的园地。

如果工作时善于利用和集中自己的精力去做自己当做之事，不让它消耗在一些毫无意义的事情上，那么就有成功的希望。但是，很多人却偏偏喜欢工作的时候东做一点、西做一下，尽管很忙碌，却使事情做得越来越乱，到头来什么事情也没做。明智的人则懂得把全部的精力集中在一件事上，这样才能更容易专心做事，也会更容易成事。

一个富人家里有一片园林，想请一个花匠来打理。春天来了，很多树木上长出了新的枝条，还开了很多花苞，远远看去十分可爱。

这天早上，花匠一起床就走进园林，将树木上许多能开花结果的枝条剪去。富人见了，十分生气，责怪花匠不会照顾好树木，想要将花匠赶出去。

花匠说："如果想要让树木更快更专心的成长，为了让那些果实长得更加饱满，

324

就必须剪去这些旁枝，若要保留这些枝条，那么将来的总收成肯定要减少数倍。剪去其中的大部分花蕾后，可以使所有的养分都集中在剩下的少数花蕾上。等到这少数花蕾绽开时，一定可以成为那种罕见、珍贵、硕大无比的奇葩。"

富人不听，坚决把花匠赶了出去。

不久，园林的树木长大了，花也开了。富人发现，经花匠剪过的枝条生长地十分迅速，并且枝叶繁盛。那些没有修理过的，因为很多旁枝末叶的阻挡，看起来十分细小纤弱。

富人终于明白，不管做什么事情，只有剪去多余的东西，才能更集中地成长。

做人就像培植花木一样，与其把所有的精力消耗在许多毫无意义的事情上，还不如看准一项适合自己的重要事业，集中所有精力，埋头苦干，全力以赴，从而取得杰出的成绩。

在职场上，有些人不能够专注于自己的工作，而是习惯于去管别人的闲事，或者把精力花费在一些八卦消息等工作之外的事情上面。很多时候人之所以遭遇职业上的挫败，并不是因为才能不够，而是因为他们不能集中精力、不能全力以赴地去做适当的工作，他们使自己的精力在许多并无助益的事情上徒然消耗了。如果把心中的闲事一一"剪掉"，使生命中的所有养料都集中到一个方面，那么自己的事业亦能够结出那么美丽丰硕的果实。

现代社会的竞争日趋激烈，专心一致，少管点儿事，对自己的工作全力以赴，这样才能做到得心应手，有出色的工作成果。

满罐水不响，做事不急不争利

俗话说：洪钟无声，满瓶不响。有大智慧的人，心态平和，很少动气，他们不显山露水，不卖弄聪明，表面上看起来很愚笨，其实却很聪明。古人说"大巧若拙，大辩若讷"，意思是最聪明的人，往往看起来很笨拙；真正有本事的人，虽然满腹经纶，但平时看起来却像个呆子，并不自作聪明；虽然能言善辩，但看起来就好像不会讲话一样。

无论是初涉世事，还是位居高官，无论是做大事，还是处理一般的人际关系，我们都有必要做一瓶满罐的水，不声不响，不争不抢，安心做好手头上的事情。即使受到委屈也不生气，不计较，适当地掩一掩自己的智慧和辩才。有了才华固然很好，但如果过分地展示自己的才华，难免被人嫉恨，惹人嫌恶。懂得满罐水不响的道理，适当地藏起自己的锋芒，避免功高盖主，这才是更大的智慧。

东魏孝静帝时，和安在宫中侍奉孝静帝，他恭敬小心，脑筋灵活，善于逢迎别人的意思，很得孝静帝的喜欢。

一天，孝静帝深夜在宫中和几位有学问的大臣研究天文，便让和安出去看看北斗

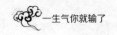

的斗柄指向何方。

和安出去装模作样地观望了一番，回来后忐忑不安地说："陛下恕罪，微臣不识北斗。"

孝静帝和几位大臣听了，既感到惊讶，又为他的无知感到害臊。

要知道，北斗七星是所有星座中最耀眼，也最易辨认的，稍有学识的人都会知道，和安却不知道，也实在够丢人现眼的了。

然而身为中书舍人的和安当真是无知到了这种地步吗？当然不是！

当时朝廷大权握在丞相高欢手中，孝静帝不过是个傀儡而已。而古人认为天象对应着人事，从天象的变化便可查知人事的变迁，所以一般人研究天文，妄谈休咎都是触犯忌讳的。

孝静帝和大臣闲着没事，研究天文自娱，也算不上大事，但权臣高欢却认为此举大有深意，说不定是借北斗斗柄所指的方向暗示大臣们尊王权、废臣权。因为在古代天文的说法中，北斗代表着丞相这个位置。当然孝静帝未必有此意，和安却马上想到更深一层，知道此举触犯高欢忌讳，宁可因为"无知"遭人耻笑，也不能因为卖弄聪明招惹杀身之祸。结果他非但无事，反而令高欢觉得他淳朴厚道，提他当了仪州刺史。

"要比别人聪明，但不要让他们知道。"外露的聪明远不如深藏的智慧更有实际意义。和安更懂得满灌水不响的智慧，在残酷的政治倾轧中，正是他的"不响"保全了他的性命。

我们在生活中，也要懂得满灌水不响的生存法则。一个人懂得一点儿知识就到处吹嘘，炫耀自己的才华，只会得到他人的反感。相反，一个冷静的倾听者，不但受人欢迎，而且能在沉潜中打磨自己。

子贡曾问孔子："我怎么样呢？"孔子说："你呀，好比一个器具。"子贡又问："是什么器具呢？"孔子说："好比是瑚琏吧。"

"瑚琏"是古代的玉器，是用来供于庙堂之上的，是"高"、"贵"、"清"的象征。平时，瑚琏都是被锁在柜子里藏起来，保护起来的，只有在国家大典的时候，才被请出来。人对于好的东西往往深藏不露，保护起来。子贡正是深藏不露的人，孔子在这里就是赞赏他的品格，说他如瑚琏般懂得藏锋。

孔子的这句话正应了老子的那句"君子盛德，容貌若愚"。这里的盛德是指"卓越的才能"。整句话的意思是，那些才华横溢的人，外表上看与愚鲁笨拙的普通人毫无差别。这样的人会令人安心，并乐意与之相处。相反，一个聪明而富于洞察力的人身上经常隐藏着危险，那是因为他喜欢批评别人。雄辩而学识渊博的人也会遭遇相同的命运，那是因为他暴露了别人的缺点。因此，一个人不可处处占上风，而应采取谨慎的处世态度。

一个人不自我表现，反而显得与众不同；一个不自以为是的人，会超出众人；一个不自夸的人会赢得成功；一个不自负的人会不断进步。相反地，如果一个人锋芒毕露，一定会遭到别人的嫉恨和非议，甚至引来大祸。

有人说："枪打出头鸟"，过于张扬最终会害人害己。我们在生活中，要学会做一个沉静、内敛、藏锋的人。一个人如果过于张扬自己的才华，觉得自己的才华比他人更胜一筹，处处显露傲气，事事争名夺利，并认为自己获得的荣誉与名利和本身具有的才华不符，常常因此抱怨、不满，最终害的还是自己。

心境清凉，忙碌也是欢喜

曾有人说："人越是独立，就越不会受到外界的干扰，内心也就越平静祥和。"言下之意即是指，只要心境清凉，即便有三千烦恼丝缠身，亦能恬静自如。

现代生活节奏越来越快，人人都为了生计忙碌着，忙碌似乎成了一种常见的生活状态。人们在忙碌之中想到的更多是金钱、权势，而丢弃了一颗清凉干净的初心。忙碌虽然是生活的常态，但不应该成为心灵的常态。若只能从忙碌中体会到烦恼与纷扰，便很难拥有游刃有余、自由洒脱的心境。在忙碌的世俗生活中，保持一颗平常心，将忙碌的劳累与不快沉淀到心底，才是在工作中获得快乐的方法。

我们经常看到，同样多的事情，有人为世事所烦扰，忙得焦头烂额，有人却能泰然自若地悉数处理完毕。生活的智者总是懂得在忙碌的生活之外存一颗闲静淡泊之心，虽因忙碌而身体劳累，却因为时时有着一颗清静、洒脱而无求的心，很容易找到自己的快乐。

身在俗世操劳一生，却能心安身安，这着实是一件不容易实现的事。做到心安身安，需要我们转换对生活的态度，持一颗清静的心。那么怎样才能保持心境澄明、清凉呢？

释迦牟尼身为太子时即聪慧过人，孔武有力，并完成了语言、文学、哲学、数学、天文、技艺、军事等学科的学习，成绩优异。以后为了追求人生真理与生死解脱，毅然舍弃王位的尊荣，冲出五欲享乐的牢笼，出家参学，甚而赴雪山历经六年苦行。

当发现印度盛行的苦行并非解脱之道时，遂下山于菩提树下立下誓愿：若不悟道不起于座。七日后终于悟道成佛。

成佛后他不是自图清宁，而是悲悯沉溺于生老病死苦海和贪、嗔、痴三毒炽盛、陷于邪知邪见迷雾之中的芸芸众生。他不辞艰辛游化五印，广泛接触、化导社会各阶层人士。

其弟子不仅有王公、大臣、后妃，也有屠户、妓女、土匪与奴隶；不仅有博学之士，也有数月学不会一偈的文盲；不仅有德高望重的老人，也有顽皮的童子。他组建起一千多人的庞大僧团，虽深受弟子们的推尊敬礼，却从不以统摄者自居，说"我亦在僧数"、"我不摄受众"。

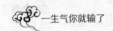

他不仅给弟子们以言教，还予以身教。如服侍病比丘洗涤；给盲比丘穿针；为弟子裁衣；向小比丘忏摩（意思是说请你容恕我）；或扫地或汲水或修房，完全将修行与人间生活有机地结合起来。

释迦牟尼为了实现自己信仰，不怕苦，也不计繁杂劳碌的各种修行苦役，虔诚地投入忙碌的生活中，就是因为他的心中有清静的力量。他用这种力量去享受生活，放慢了自己心灵的脚步，把生活当成了一门艺术来细细品味，因此就算生活的外在是忙，可心灵始终是丰盈的，内心也是平静而安详的。

修佛先修心，要让心灵得到净化，心境变得清净，心中就不能有任何杂念，少一些欲望，无欲也无求，平日里该做什么就做什么，放下攀比、计较的心，那么我们就不会再抱怨工作的劳累与忙碌。再忙碌、再劳累，心中清凉、澄明也自然满心欢喜。

我们的心灵就是一方广袤的天空，它包容着世间的一切；心灵是一片皑皑的雪原，它辉映出一个缤纷的世界。心中有青山，就算是忙，也永远是"气定神闲的忙"。

有人一旦受到外界的影响就心境烦恼，就像是处在水深火热之中；有人处在糟乱之中依然心境清凉，则像是生活在乐土中。所以，人心安定，环境即太平，便见世外桃源，工作中的忙碌便为欢喜。

用悠闲的态度去做急事

人活在世上，往往有两种状态，一种是常常觉得时间紧迫，光阴像细沙一样从指缝间滑落，越是急切地想要抓住它，它流逝得越快；另一种是看破了生命的无常后归于淡定与从容，美与丑、乐与忧于他们而言都是一触即破的气泡，并不能对生活带来什么实质的影响，云烟过眼，他们却往往能够从中明白生命的真谛。

这种悠然自适的生活态度并不意味什么也不干，而是说在做事时知道如何保持淡定轻松的步伐。工作是忙不完的，所以要"赶"，但不要"急"，用悠闲的态度去做急事，而不要紧张兮兮地抢时间。与其被忙不完的生活状态所驱使，不如在自己的能力范围之内坦然面对，做得到的就去做，做不到的不强求。保持悠闲的态度将节奏放慢的人，亦能够将手头的工作理出大小、轻重、缓急，从而有次序地一件一件解决，这样做既可以保证工作速度，又能保持从容不迫的心态。

急于求成，不仅很难尽快达成目的，反而容易浪费时间。工作亦是如此，积极与速度并非同义词，速度与效率也往往不成正比，与其在手忙脚乱中浪费时间，不如张弛有度，井然有序地设计好每一步要踏出的距离。一味求快，往往会造成恶果。

有一个小和尚，在树林中坐禅时看到草丛中有一只蛹，蛹已经出现了一条裂痕，似乎就能看见正在其中挣扎的蝴蝶了。

小和尚静静地观察了很久，只见蝴蝶在蛹中拼命挣扎，却怎么也没有办法从里面挣脱出来，几个小时过去了，小和尚依然坐在那里静静地看着。

这时候，护林人家的孩子跑了过来，看到地上挣扎的蛹，不由分说地捡起来将蛹上的裂痕撕得更大了，小和尚甚至来不及阻止。

小孩子数落着和尚："师父，你是出家人，怎么连点儿慈悲心也没有呢？"

小和尚无奈地叹了口气，说道："你为何这般性急呢？蝴蝶还没有着急，你为什么这么鲁莽地改变它的生命呢？"

果然，当蝴蝶出来之后，因为翅膀不够有力，变得很臃肿，飞不起来，只能在地上爬。

孩子本想帮蝴蝶的忙，结果反而害了蝴蝶，正是"欲速则不达"。由此不难看出，急于求成只会导致最终的失败。

放慢心态，不用急躁的心态去做急事，错误率会低很多。我们并不是高速运转的现代机器，如果一味地追求快速的生存方式，生活状态也会处在紧张中。一心求快的人，将自己的状态绷得紧紧的，生活也会一团糟。所以，我们不论是在工作，还是在生活中，都不妨在纷乱中保持一种美丽的心情，在紧张的忙碌中提升自我的同时，也不忘张弛有度地安排自己的工作和生活，如此自然会水到渠成，实现自己的目标。

用禅坐的心态来打理工作

有一天，奕尚禅师从禅房中出来就听到了阵阵悠扬的钟声，禅师立刻被那种与众不同的钟声吸引了，他仔细聆听，神态极其专注。钟声停了以后，他向弟子询问道："今天早上撞钟的是谁呢？"

侍者回答道："他是新来的，才来了没几天。"

奕尚禅师说："你去把他找来，我有话要问他。"

那个和尚来后，奕尚禅师问道："今天早上你是怀着怎样的心情在敲钟呢？"

他回答道："没有什么特别的心情，只是为了当一天和尚撞一天钟。"

奕尚禅师道："我看不是这样的，你撞钟的时候，一定是想着什么，否则，你不会撞出这样的钟声。我仔细听过了，今天的钟声格外响亮，只有真心向佛的人才能撞出这样的声音来。"

新来的和尚想了想，然后说道："我没有刻意想什么，在我还没出家以前，师父告诉我说，'做什么事都要用心'，我撞钟的时候想到的只是钟，因为钟即是佛，只有虔诚、斋戒，敬钟如佛，才配去撞钟。"

奕尚禅师面露喜色，提醒他道："撞钟是这样的，做任何事都是这样的。只要保有今天早上撞钟的禅心，以后你的前途一定不可限量。"

"当一天和尚撞一天钟"说的是用消极敷衍的心态对待工作，能过一天算一天，不懂得积极进取。但是，在这个小和尚身上，这句话却有了禅意。小和尚的工作虽然

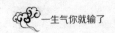

十分枯燥，但他敬重自己的撞钟职业如同敬重佛祖，以禅心来对待平凡甚至有些枯燥的工作，自得其所，自然能得到奕尚禅师的赞赏。

在现代化大都市里，生活节奏非常快，走慢一点儿，都会被挤出人流之外。大家的脚步都像上了发条一样，分秒必争地向前奔，生怕一不小心就被社会所淘汰。繁忙的生活节奏让很多都市人失去了自我，面对工作，也全然失去了兴趣，只是抱着"当一天和尚撞一天钟"的态度，麻木地去做。

在繁忙的生活中，我们常常会忘了停下脚步来考虑这个根本的问题——我们到底在为什么而工作。为了赚钱养家糊口，还是因为自己热爱并且敬重这份工作？如果你是后者，你会发现工作中有很多被人们忽视了的乐趣，如在职业中实现和成就自我的快乐，创造价值的快乐，和同事一起相处的快乐，等等。如果是前者，那么很可能忙来忙去，到头来还是一场空。

很多人都在忙着用生命去赚钱，却很少有人在赚钱的过程中规划一个值得拥有的生命。一味地向前冲，只是在透支生命，因为内心的焦躁和急迫会让你失去持续努力的动力，以及生活和工作中本该拥有的乐趣和喜悦。让心静一点儿，慢一点儿，才有更多的快乐。

星云大师说："慢不等于就是低效，而是人间万事的平衡之道。"用坐禅的心态来处理自己的工作，慢的不是我们的动作，而是我们平和、安稳的心态。在工作中的"慢"并不是散漫，而是说对待工作要像坐禅一样有修行的耐心。在工作中"慢"的心态，并不是因为对工作毫不在乎，没有计划，而是胸有成竹，按部就班，不急不缓，不计较名利得失。用这样的信念和心态来工作，把工作当成是一种人生修行，耐心地坚持，无论工作还是人生都将越来越顺利。

忙要忙得快乐，累要累得欢喜

忙碌的生活常常会让人觉得劳累，有时候会让人痛苦，开始厌恶生活，鲜有人会在忙碌中寻找到快乐，在劳累中得到欢喜。随着经济的发展，都市生活的节奏越来越快。人们忙着赚钱买车买房，或者满足自己不断膨胀的欲望，反而忽视了生活的乐趣，更加忽视了工作的乐趣。

繁忙的生活使人迷失自我，失去享受生活乐趣的能力。一个人静下来独处的时候，很少有人认真想一想自己为什么而生活、忙碌，又得到了什么回报。据一项调查显示，约有93%的人不清楚自己的价值观是什么，甚至不知道自己这样整日忙忙碌碌为的是什么，整天糊里糊涂地过日子。

对于那些沉迷于繁忙的工作中无法脱身的人而言，工作毫无乐趣，显然成为了生活的累赘，甚至会让生活变得一团糟糕。而沉浸在工作中，享受工作的乐趣则将全部的时间用来享受工作和生活，根本没有时间想不开心的事情。

佛光禅师门下弟子大智，出外参学二十年后归来，正在法堂里向佛光禅师述说此次在外参学的种种见闻。佛光禅师以慰勉的笑容倾听着，最后大智问道："老师！这二十年来，您老一个人还好吗？"

"好！很好！讲学、说法、著作、写经，每天在法海里泛游，世上没有比这更欣悦的生活，每天，我忙得很快乐。"

大智关心地说："老师，你应该多一些时间休息！"

夜深了，佛光禅师对大智说道："你休息吧！有话我们以后慢慢谈。"

清晨，还在睡梦中，大智隐隐听到佛光禅师禅房传出阵阵诵经的木鱼声。

白天，佛光禅师总不厌其烦地对一批批来礼佛的信众开示，讲说佛法；夜晚禅师不是批阅学僧心得报告，便是拟定信徒的教材，每天总有忙不完的事。

好不容易看到佛光禅师刚与信徒谈话告一段落，大智争取这一空当，抢着问佛光禅师道："老师，分别这二十年来，您每天的生活仍然这么忙着，怎么都不觉得您老了呢？"

佛光禅师道："我没有时间觉得老呀！"

繁忙的生活常常会压得人们喘不过气来，时间久了就会失去对生活的乐趣。佛光禅师却把忙碌的生活过得有滋有味，虽然每天重复着"讲学、说法、著作、写经"这样忙碌而劳累的生活，但他乐在其中，丝毫不觉得岁月使自己变得苍老。

人生苦短，一辈子也是一晃眼的时光。与其花时间来抱怨忙碌而劳累的生活，不如享受这种忙碌和劳累，让生活充实起来，并在其中寻找自己的人生价值。

诸葛亮为了报答刘备的知遇之恩，甘愿"鞠躬尽瘁，死而后已"。他一生为帮刘备实现振兴大汉倾尽心血，但没有一句怨言。虽然一生操劳辛苦，但是他的自我人生价值也得到了实现。

美国石油大王洛克菲勒也是由衷地热爱自己的事业，他曾这样说："我永远也忘不了我做的第一份工作——簿记员的经历。那时，我虽然每天天刚蒙蒙亮就得去上班，而办公室里点着的鲸油灯又很昏暗，但那份工作从未让我感到枯燥乏味，反而很令我着迷喜欢，连办公室里的一切繁文缛节都不能让我对它失去热心。而结果是雇主总在不断地为我加薪。"他还说："我从未尝过失业的滋味，这并非我的运气好，而在于我从不把工作视为毫无乐趣的苦役，我能从工作中找到无限的快乐。"

在生活中，如何看待工作，其实就是一种人生价值的反映。积极向上，努力进取的人，通常对待工作乐在其中，工作会让他们活得坚实、自信。相反，消极萎靡的人常会视工作为痛苦，工作会让这些人变得脆弱不堪，神经敏感，不负重压。

若想人生不变成地狱，就请牢记这句话：视工作为一种乐趣，在忙碌而劳累的工作中寻找人生的意义，实现自我价值。当然，在工作的同时，还要学会享受生活，把生活当做一门艺术来看，不管为什么而忙碌，身在其中，沉浸其中，即使累也觉得心甘情愿，满心欢喜。

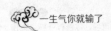

别把脾气和眼泪寄存在办公室里

在工作中，有些人好像从来就没有过顺心的事或顺利的时候，我们总是在办公室里听到一些人的抱怨，他们把每一件不顺心、不如意的小事都堆积在心里、挂在嘴上，搞得自己的心态和情绪都很糟。在这样一种状态下，自己很烦躁，办公室的其他人也很厌烦。

的确，充满竞争和压力的职场上，人们所面对的总是一些不尽完美的事情。但是，我们虽不可能保证事事顺遂，但也可以做到坦然面对，该放则放，不把一些负面情绪堆积在办公室中。把乌云挂在脸上，把牢骚挂在嘴上，我们就会变成最不受欢迎的人。

一家大型公司的分公司要进行人事调动，主管对一个年轻人说："你把手头的工作安排一下，到销售部去报到，我觉得那里更适合你，你有什么意见吗？"年轻人嘴巴动了动，心想："我有意见有什么用，你是主管，还不是你说了算？"不过他并没有将这样的话说出来，而是默默地离开了。

当时销售部的工作也不太好做，年轻人背地里想："这一次把我调到最糟的销售部，一定是主管在搞鬼，见我这边工作出色嫉妒我，怕我抢他的位置。哼，我们以后走着瞧！"到了销售部后，年轻人整天板着脸，对所有新同事都是爱理不理，工作也不热心。慢慢地，同事们逐渐疏远他了。

有一次，一个重要的客户打电话来，让他转告曾经的主管，让主管第二天到客户那里参加一个洽谈会，因为关系到一大笔业务，所以要求主管第二天必须按时赶到。年轻人听后，认为这是一个绝好的报复机遇，于是装作不知道这件事，也没告诉主管。

第二天，主管将年轻人叫到自己的办公室，非常严肃地告诉他："客户那么重要的事情你为什么不告诉我？如果不是客户今天早晨又打电话催我，我们几乎失去了一笔上千万的生意。我本来以为你平时工作表现好，只是为人欠历练，所以把你调到销售部，考察磨炼你一下，看你是否能在以后担当重任。可你却对此心生怨恨，还故意报复，我们整个部门的前途差点儿就毁在你的手上。对于你的这种表现，我非常失望。我不得不告诉你，你被解雇了。"

年轻人因为没有和自己的主管及时沟通，将对主管的怨恨情绪攒积在心里，终于做出了不理智的举动，结果也毁掉了自己的前途。整天抱怨的人总是受累于情绪，当烦恼、压抑、失落甚至痛苦接二连三地袭来时，他们就会频频抱怨生活对自己不公平，因而一直生活在抱怨的世界中，带着情绪去做事，自然会对工作产生坏的影响。

除了无谓的抱怨之外，我们也不必将"眼泪"留在办公室中，许多人在刚步入工作时，都会犯这样那样的错误，有时候一点儿小错误就会让人非常沮丧，对自己失去信心，其实这大可不必。每个人都有这样一个过程，每一次错误其实都是成长的机会，如果因为一点点的障碍就产生负面情绪，那么这个人就很难在工作中有什么成就。

一个刚进公司没多久的女孩因为自己的一个失误造成整个团队的计划搁浅，女孩心怀愧疚，趴在自己的办公桌上哭了，她感觉此时身边同事看她的眼神都变了，而且她这一整天都变得神经兮兮，好像公司里的每一个人都在怪罪她，甚至因为连门口的清洁工在经过时没有和她打招呼，弄得她心里很不是滋味。这种负面情绪一直困扰了女孩好几天，使得她的工作效率十分低。

公司主管看到了这个情况，在一次午饭的时候主动坐到了女孩身边，对女孩说："你这几天的心情都写在了脸上，我知道因为什么，其实没关系，那个项目只是暂时搁浅，还没有毙掉。你的那个错误我知道不是故意犯，谁还没有个犯错的时候，所以没必要情绪一直低落。其实，我在上一个公司的时候，因为我自己的一个疏忽，造成了很大的损失，我不仅被解雇，还承担了相应的经济赔偿。我当时的感觉和你现在一样，整天在家里郁郁寡欢，觉得自己很没用，但是后来我一想，这样下去可不行，我不能因为犯了这一个错误就失落一辈子。所以从此之后，我做任何事情都会经过缜密的安排，有条不紊地进行。其实失败并不可怕，关键是有一个好的心态。"

听了主管的话，女孩的情绪好了很多。没过几天，整个团队成员为女孩举办了一个生日聚会，在聚会上团队成员都表明当时并没有怪罪女孩，都觉得她还是一个小妹妹，犯了错误也没什么。后来，女孩重新找到了工作状态，并通过自己出色的努力弥补了那个错误，结果这个项目起死回生，获得了公司高层的通过。

一个哲学家曾经说过："做情绪的主人，驾驭和把握自己的方向。"人生在世，总会遇到很多悲伤与痛苦，如果不能掌控自己的情绪，就会成为情绪的奴隶。相反，若能做情绪的主人，就等于驾驭和把握住了自己行动和生活的方向。

办公室不是堆积"垃圾情绪"的地方，必须及时清空自己的坏情绪，否则这些坏情绪就会在同事之间蔓延，影响到所有人的工作，同时也给自己的工作状态和人际关系带来危害。无论是你的领导，还是同事，都不会喜欢与一个成天坏脾气缠身，郁郁寡欢的人一起工作，所以，放开那些错误、放下心头的不满和抱怨，抛下让你难过的挫败，将情绪的控制权完全收归在自己手中，做一个积极主动、快乐开朗的人，这样一来，你也可以成为职场上的"明星"。

收起棱角，化解周围的敌意

中国有句古话"木秀于林，风必摧之"，说的是为人处世要懂得谦逊，不要太锋芒毕露，想要在复杂的世间保护好自己，就要做到与大多数人保持一致。个性太强、棱角分明的人，往往容易树敌，进而被明枪暗箭所伤。在处理各种社会关系时，锋芒毕露的人通常会遭受更多风风雨雨，直到吃尽苦头后，才学会渐渐收起棱角，而懂得圆融处世的人，则往往更得人心。

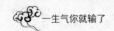

《红楼梦》里的宝钗便是深谙圆融处世之道的人："行为豁达，随分从时，不比黛玉孤高自许，目无下尘，故比黛玉大得下人之心。便是那些小丫头子们，亦多喜与宝钗去顽。"黛玉和宝钗同作为才貌双全的姑娘，宝钗却显然比黛玉更得人心，在贾府上上下下都有很好的口碑。原因很简单，黛玉说话做事更为张扬，经常要小性子。和黛玉相比，宝钗为人处世却圆融许多。

锋芒毕露的人在言语上容易冒犯别人，让别人觉得你不尊重自己。而收起棱角，圆融处事，则会受到周围人的欢迎。

莫里斯是美国奥美广告公司的一名设计师，有一次被公司总部安排前往日本工作。与美国轻松、自由的工作氛围相比，日本的工作环境显得更紧张、严肃和有紧迫感。莫里斯工作能力很强，又是个性非常强的人，在日本他感觉压力很大，经常向周围的同事发脾气。

"这边简直糟透了，我就像一条放在死海里的鱼，连呼吸都困难！"莫里斯向上司抱怨。

上司是一位在日本工作多年的美国人，他完全能理解莫里斯的感受。

"我教你一个简单的方法，试着心态平和一些，收起个性和棱角。每天至少说40遍'我很感激'或者'谢谢你'，记住，要面带微笑，发自内心。"

莫里斯抱着试试看的态度，一开始还觉得很别扭，要知道"刻意地发自内心"可不是件容易的事情。可是几天下来，莫里斯觉得周围的同事似乎友善了许多，周围的事情也并不像自己原来想象的那么糟糕。

身为美国人的莫里斯个性更为张扬，但日本人更加推崇集体主义，这些都让莫里斯感觉到压抑。但是当他改变了生活态度，收起了棱角，使强硬的个性趋于缓和，怀着感恩的心态对待自己的工作和同事时，一切都发生了改变。

收起棱角，怀着感恩的心情去工作，去生活，友善地对待自己周围的人，无疑会给生命增添更多乐趣，人生态度也会因此变得积极上进。相反，那些锋芒毕露的人在生活中不顺心的事往往更多一点儿。

张小云是一个个性张扬、爱恨分明的人，说话办事也总是"刀子嘴，豆腐心"，这些都使她在公司的人际关系并不是很好，同事们也不怎么喜欢她。有一次，一位同事过来问她要份资料，见同事站在自己身边唠唠叨叨，她没好气地说："催什么催？等几分钟天就会塌下来？！"她的同事只好悻悻地走开，走开之前白了她一眼："神经病！"这样，她在公司树敌越来越多，自己也渐渐开始厌烦自己的工作环境。

处理好同事关系，这对我们今后的工作和升迁都有至关重要的作用。对待同事，尤其要注意收敛个性，收起棱角。亲人和朋友在大多数时候，会因为对你的了解和珍惜，包容你在言语上的冲突，尽管你会在无意间刺伤他们。但是，在竞争激烈的办公室同事间，一个你并不在意的错误会被同事看得很重要，甚至会放大。你的锋芒太露，棱角太多，脾气太坏，往往会使他人感觉不舒服；你的成就太盛，态度又太傲，就会使别人对你心存敌意。即使你并没有刺伤他人，但一句并不友善的话，一种并不谦逊的态度，就可能引起别人的反感。

所以，收起自己的棱角，才能更好地融入大集体中，与周围的同事平和共处，也利于缓解自己易燥的情绪。收起棱角，并不是要压抑人的个性，而是要求你在人际关系里更加为别人着想，少一点儿自私的想法和行为，少一些虚荣心和炫耀之意。与同事的关系和谐了，工作才会更顺畅。

在别人的批评面前保持沉默

有位老师发现一位学生上课时常常低着头画些什么。有一天他走过去拿起学生的画，发现画中的人物正是龇牙咧嘴的自己。老师没有发火，只是沉默地微笑。而自此那位学生上课时再没有画画，各门课都学得不错，后来成为颇有造诣的漫画家。

学生用漫画的形式表示对老师的不满，并对其进行调侃。而老师并没有生气地当场责骂学生，而是用沉默的微笑铸就了一位漫画家。

面对批评时，生气只能使自己失去理智，不能做出正确的判断，同时也会暴露自己的虚弱。保持沉默才是更好的选择。很多时候，我们的沉默不仅可以成全别人也会成全自己。一方面，沉默可以平息事态，缓解对方的敌意；另一方面，沉默也意味着沉潜，对于聪明人来说，工作中任何人无礼的攻击都不足以让他心灰意冷，相反更加能鼓舞他的士气，激发起他一定要做成事情的野心和动力。

在成大事的过程中，一个人难免会受到别人的非难，这个时候，沉默是最好的应对方式。在别人的攻击面前保持沉默，这固然需要勇气和毅力，需要一个人拥有良好的宽容与忍让。但是，也唯有如此，才能避免不必要的纷扰，赢得人心，从而真正让自己沉下心来努力，成就一番事业。

在对待别人的批评时，及时按捺住立即升起的怒火，不让自己被情绪操纵，以沉默来应对，往往能够化解很多矛盾。当然，这种"沉默"并不仅仅指言语上的沉默，更指情绪上的沉默。如果只是保持言语上的沉默，心里却迟迟放不下，暗暗怨恨对方，那么，这种沉默就只是徒具形式。有时，在放下情绪上的对抗时，如果能够进一步对别人的批评表示感激，就更能赢得别人的欣赏和帮助。

有一位教师因为个人原因到了别的地方，他会好几国语言，希望能够找到一份进出口公司的秘书工作。但是大多数公司都回绝了他，只有一家大型跨国公司给他写了一封信："你对我生意的了解完全错误。你既蠢又笨，我根本不需要任何替我写信的秘书。即使我需要，也不会请你，因为你的信里全是错字。"

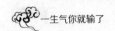

这个教师看到这封信后气得发疯，于是他当时就写了一封回信，目的就是使那个人大发脾气，后来他停下了，对自己说："等一等，我怎么知道他说的不是对的？也许我确实犯了很多我并不知道的错误。如果是那样的话，那么我想要得到一份工作，就必须继续努力学习。这个人可能帮了我一个大忙。应该写封信给他，在信上感谢他一番。"

教师撕掉了他刚刚写过的那封骂人的信，转而写了另一封信说："很感谢您不辞辛苦地写信告诉我我的错误。对于我把贵公司的业务弄错的事我觉得非常抱歉，我之所以写信给你，是因为我向别人打听，而别人把你介绍给我，说你是这一行的领导人物。我并不知道我的信上有很多文法上的错误，我觉得很惭愧，也很难过。我现在打算更努力地去学习，以改正我的错误，谢谢你帮助我走上改进之路。"

没想到几天后这家公司打电话通知这位教师，他被录取了。过后，负责人解释说，这样一封严厉批评应聘者的回信其实是公司考验应聘者品行的测试题，其目的正在于检验应聘者能否接受他人的批评，反思自己。

这位教师被批评为"又蠢又笨"的人，他非常生气，也写了一封信回去责骂对方。但他却适时地停下了，他及时地反思了自己，并以感恩的心态回了一封"感谢信"，最后获得了这次难得的工作机会。

面对别人的批评或攻击时，将怒火点燃只能给双方带来痛苦和战争，能够接受批评，反思自己的工作，才能不断提高自己的工作能力。就像一位哲学家说："不能宽容的人损坏了他自己必须过去的桥。"能够容忍对方的攻击可以使给予者和接受者都受益。当真正的宽容产生时，没有疮疤留下，没有伤害，没有复仇的念头，只有愈合。

丢掉事业的副产品

事业需要自己去经营，既然是经营就要有所选择有所放弃，将那些没有用的副产品丢掉。简单点儿说，事业和人生都是相辅相成的，人生需要加减法，事业也是一样。在我们为事业的成功添砖加瓦、丰富自己的同时，也要注意不要被事业的副产品，如名利、金钱、欲望等束缚住了，从而使人生陷入沉重、拥挤、忙乱的境地。

在社会上，人们不论对物质还是精神，历来提倡不懈地追求、去得到、去积累，只有用加法积累起的人生才会富有，但失去实质应用意义的获得却会变成拥塞、愁闷和负担，这时，学会减法，往往能使自己的人生更轻松，更快乐。

有一位富翁毫不犹豫地拿出大半部分资产，为家乡建起一所大学，余下的全部捐给了社会福利基金会。人们对他的举动大惑不解，他说："这笔钱对我已没有实质意义，减去它就是减去了我生命中的负担。"

他永远没有愁眉苦脸的时候，即使有因为一次自然灾害给公司造成了巨大的损失，他也依然在会议上谈笑风生。他说："即使我损失了上亿元，我还是比别人的公司富有十倍。"

后来这位富翁活到了八十五岁，悄然谢世，他在自己的墓碑上给自己留下这样一行字："我最欣慰的是用好了人生的减法！"

学会在工作中做减法，让生活尽量简单，让生活尽量快乐。不要做加法，事情就不会复杂了，千头万绪，会是件很累人的事情，简单就是幸福。

学会减法，就不会在忙碌的工作里没顶，在事业的拼搏里失去生活，就会多一些时间，多一些好心情，甚至多一个梦想，可以更多的和自己的家人在一起，读自己喜欢的书，听自己喜欢的音乐，享受自由自在、多姿多彩的快乐生活。

生命之舟需要轻载。当你觉得生活中不堪重负时不妨学会"卸载"：将自己的烦恼和包袱一一勾销，让自己的心态"归零"。

年轻的时候，李丽比较贪心，什么都追求最好的，拼了命想抓住每一个机会。有一段时间，她手上同时拥有十三个广播节目，每天忙得昏天暗地。事情都是双方面的，所谓有一利必有一弊，事业愈做愈大，相应地压力也愈来愈大。到了后来，李丽发觉拥有更多、更大的不是乐趣，反而是一种沉重的负担。她的内心始终有一种强烈的不安全感笼罩着。

但是后来，她学会了给自己减压，将事业上那些无谓的副产品丢弃。为了简化生活，她谢绝应酬，搬离了一百五十平方米的房子。索性以单位为家，在一个十平不到的空间里，淘汰不必要的家当，只留下一张床、一张小茶几，还有两只作伴的狗儿。李丽忽然发现，原来一个人需要的其实那么有限，许多附加的东西只是徒增无谓的负担而已。朋友不解地问她："你为什么都不爱自己？"她回答："我现在正是从内心在爱自己。"

一个人在自己觉得不堪重负的时候，应当学会做"减法"，减去自己一些不需要的东西，有时候简单一点儿，人生反而会觉得更踏实。减去人生旅途中不必要的行李，我们能够有更多的工夫去欣赏沿途的风景，能够更轻松地享受旅程的乐趣。

丢掉事业的副产品正如摒弃服饰上多余的配饰，正如一位服装设计师所言："加上一个扣子或设计一套粉色的裙子是简单的，因为这一目了然。但是，对简约主义来说，品质需要从内部来体现。"她认为，简单不仅仅是摒除多余的、花哨的部分，避免喧嚣的色彩和烦琐的花纹，更重要的是体现清纯、质朴、毫不造作。

在事业上，摒弃那些多余的事，重点在于重新评估、重新发现、重新安排、重新决定工作的优先顺序。这是一个浅显的道理，任何事物都是由简至真，只有先让自己明了、让自己轻松，才会有更充足的精力去和别人合作，共同完成一项事业。

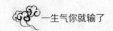

如何战胜职业倦怠

有很多人经常说，工作起来越来越没有干劲，面对电脑和文案，根本就打不起精神，完全是依靠着惯性来工作。根据一项调查显示，这类人包含了工作五年以上的职场精英，当然也包括了一些职场新人。

对于前者来讲，产生这种职业倦怠感的原因是低水平的重复工作，而对于职场新人来讲，这种倦怠感则是由于对职业抱有过高期望造成的。所以，我们在日常工作中，不要一味地将精神完全寄托在工作上，这样容易使自己疲惫不堪，导致效率低下，而要保持正确的心态，以客观、平和的心态来看待自己的工作，感觉累了就放松一下精神，哪怕请几天假出去游玩，对于接下来的工作也是有好处的。

小黄是人人羡慕的高薪族，但是最近他心情不好，常嚷着要休假，甚至考虑放弃这份不错的工作。小黄觉得生活没有了中心，每一天都失去了意义。他现在想去西藏当义工，重新寻找人生的价值。他果断地向公司领导请求了假期，飞到拉萨在一家客栈里做了一个多月的义工。这让小黄很满足，精神也变得十分振奋。重新回到工作岗位的小黄让领导大吃一惊，因为他的精神状态和办公室其他的同事比起来简直是天壤之别。从这之后，公司给每个员工每年半个月的假期，让员工调整心情，以更好的精神投入工作之中。

很多人认为一份好的工作是有趣、有价值并且待遇丰厚，但是实际情况是没有一份工作能够同时满足这三点要求。对于刚踏入工作不久的新人来讲，能力还十分有限，对公司的议价能力还比较弱，所以只能从执行性的工作干起。这样的工作往往是重复性、枯燥无味的，所以要想克服职业倦怠，首先就要有心理准备迎接枯燥无味的工作。

但是对于职场老手来说，产生职业倦怠的原因可能是目前的工作与自己的性格特点不太相符。其实，我们和工作的关系其实和谈恋爱没什么两样，不能只看表面，性格上的契合也是十分重要的。

刘刚大学毕业后分配到一家国企从事文秘工作，收入稳定，工作相对轻松。

可是几年后，他时常觉得工作提不起兴趣，回到家也是懒洋洋的。妻子看他这个样子，决定利用一个假期陪他到海南游玩一趟，给他充充"氧气"。

在海南的几天时间里，刘刚表现得极为活跃，有时会撇下妻子和同学到各企业游游逛逛，热衷于结交各式各样的朋友。

回到家后，刘刚的情绪倒是好了不少，可工作热情仅仅维持了两个星期就又冷却下来了。妻子和他促膝长谈，认为他的性格不适应干这个工作，可是这工作其他人想干都干不上。掂量来掂量去，刘刚最后决定找领导要求换个活动范围大一点儿的岗位。

领导用人所长，把他放到了业务部门，遂了他的心愿。现在刘刚每天夹着公文包走南闯北地和客户谈业务。虽然工作压力大，可他还是干劲十足，忙得"不亦乐乎"。

原来，刘刚天生就是个交际型人格，喜欢和陌生人打交道，是个"自来熟"，以前天天面对几张熟面孔和生硬的卷宗，哪有不倦怠之理。

刘刚对原来的工作缺乏热情的状态就是一种典型的职业倦怠心理。解决这种心理有很多种方法：首先要降低自己对工作的美好幻想，要以现实为根基一步一步接近它；第二要尝试用不同的方法来做这份工作，从中发现一些乐趣；第三是及时地发现我们在这份工作中获得的成果。这对增强我们的自信心、增加对工作的热情是大有裨益的。

很多时候，我们认为只要跳槽，换一份工作就可以解除这种职业倦怠感。从短期来看，这可能有一定的效果，但是将眼光放长远，频繁地换工作会让人不能安心于某个领域，对自身工作经验的积累和事业的发展都是不利的。每个人都希望自己找一个真正喜欢、值得为之付出的工作。但是理想与现实之间总有一条鸿沟，要想越过这个鸿沟，就要求我们提高自己的能力，用自己的智慧去挖掘工作的乐趣，保持淡然的心态，只要修炼好自己的心态，我们定然会扫去一脸倦容，用饱满的精神迎接每一天。

工作之余，尝试放松和回味

在某种程度上，生活质量的好坏取决于我们是否拥有良好的生活习惯，作为社会的一分子，每个人都可以通过自己的双手为社会作出最大的贡献，每个人都可以在成功的路上奋力前行。但是现如今大多数人都在过度地奋进，功名利禄、对外物的痴迷已经让很多人忘记了如何休息。有的人在下班之后，还提了满皮箱的公文回到家里，继续在家中工作。对他们来说，工作并不是他们生活的一部分，他们的生活就是工作。

泰戈尔在《飞鸟集》中写道："休息之隶属于工作，正如眼睑之隶属于眼睛。"不会休息的人就不会工作，只有休息好了，才能更好地工作，才会有更好的生活。如果一味地、盲目地去忙，连工作的本钱都搞垮了，那人生也就没有忙的意义了。

在一个春光明媚的早晨，有一只漂亮的鸟儿，站在摆动的树枝上放声歌唱，树林里到处回荡着它甜美的歌声。一只田鼠正在树底下的草皮里掘洞，它把鼻子从草皮底下伸出来，大声喊道："鸟儿，闭上你的嘴，为什么要发出这种可怕的声音！"这只歌唱的鸟儿回答说："哦，先生，我总是忍不住要歌唱。你看，空气是多么新鲜，春天是多么美好，树叶绿得多么可爱，阳光是多么灿烂，世界是多么可爱，我的心中充满了甜蜜的歌儿，我无法不歌唱。"

"是吗？"田鼠睁大眼睛不解地问道，"这个世界美丽可爱吗？这根本不可能，你完全是胡扯！世界上的任何事情都是毫无意义的。我已经在这儿生活了这么多年，我了解得很清楚。我曾经从各个方向挖掘，我不停地挖啊挖啊，但是，我可以告诉你，我只发现了两样东西，也就是草根和蚯蚓。除此之外，再没有发现过其他东西，真的，

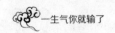

没有任何可爱的东西。"

快活的鸟儿反驳说："田鼠先生，你自己上来看看吧。从草皮底下爬上来，到阳光中来吧。你上来看看太阳，看看森林，看看这美丽可爱的世界，呼吸一下新鲜空气，要是这样，你也会忍不住流泪的。上来吧，让我们一起放声歌唱！"

现实中，许多人何尝不是和田鼠一样忙碌、烦躁，因而无法看到生活里处处都有的美景。

适当的放松、休息是做好工作的基础。工作与放松应该搭配得当，不能忙时累个半死，闲时又闲得让人受不了。可以隔三岔五地安排一个小节目，比如雨中散步、周末郊游等。适时的忙里偷闲，可以让人从烦躁、疲惫中及时摆脱，从而获得内心的平静和安详。

其实，人生就像登山，不是为了登山而登山，而应着重于攀登中的观赏、感受与回味，如果忽略了沿途风光，也就体会不到其中的乐趣。人们最美的理想、最大的希望便是过上幸福生活，而幸福生活是一个过程，不是忙碌一生后才能到达的一个顶点。

俗话说："磨刀不误砍柴工。"悠闲与工作并不矛盾。处理好二者的关系，最重要的是要能拿得起、放得下。工作时就全身心投入，高效运转；放松时就彻底放松，把工作完全放在一边，不要总是牵肠挂肚，否则两者皆空。

村里有一位骑术好的、箭法好的猎人。一次，他看到一件有趣的事情。那一天，他偶然发现村里一位十分严肃的老人与一只小鸡在说话游戏。猎人好生奇怪，为什么一个生活严谨、不苟言笑的人会在没人时像一个小孩那样快乐呢？

他带着疑问去问老人，老人说："你为什么不把弓带在身边，并且时刻把弦扣上？"猎人说："天天把弦扣上，那么弦就失去弹性了。"老人便说："我和小鸡游戏，理由也是一样的。"

人生应该有张有弛，也应该忙中有闲。记得有一位网球运动员，每次比赛前别人都会好好睡一觉，然后去练球，他却一个人去打篮球。有人问他，为什么你不练网球？他说，打篮球我没有丝毫压力，觉得十分愉快。对于他来说，换一种心态，好好放松，就是最好的练习。

当今社会人们的生活节奏不断加快，超负荷的工作给人带来一系列不可避免的疾患，人们的生活起居没了规律，易患职业病、情绪不稳、心理失衡甚至猝死等一系列情况时有发生，这些都给人们的生活、工作及心理造成无形的压力。

其实每个人的生命就像条弓弦，太松了，无法射出利箭；太紧了，容易断，只有松紧结合，张弛有度，才能发挥出最大的作用。工作久了，我们就要换一种心情，轻松一下，放下工作，哪怕是回味一下曾经美好的事情，以偷得片刻休闲，消去心中烦闷，也能使自己放松身心，积蓄能量，以饱满的热情继续投入工作之中。

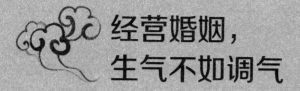

第十九章

经营婚姻，生气不如调气

相互尊重是夫妻建立亲密关系的基石

尊重，是产生爱情的根源，是爱情存在的基础。恋人间没有相互尊重就不可能拥有真正的爱情，夫妻间没有相互尊重也就无法建立幸福美满的家庭。相互尊重，是幸福婚姻中不能忽视也不可忽视的因素，要想使家庭幸福、婚姻美满，夫妻之间就必须学会互相尊重，不能气势凌人，更不能轻视对方。

张香是一个端庄娴雅、温柔沉静的传统女子，她10年前就读于某市的重点大学，知识分子的家庭培养了她书达理的气质。她的同班同学李义是一个来自农村、学习刻苦、品学兼优的男孩子，正是被她恬静内秀的气质深深吸引，并萌发了爱情，对她穷追不舍。毕业后，在张香父母的帮助下，李义留在了本市工作，并抱得美人归。

李义刚开始对妻子十分关心和爱护，寻找一切机会陪妻子上街购物，参加各种聚会，出门旅游，为妻子购置高档服装、化妆品，在家里抢着做家务。

李义的仕途也是一帆风顺，他在单位不仅工作出色，而且很会"来事儿"，人缘极好，深得领导赏识，刚30岁就被提拔为处长，成为管理人员中的后起之秀。但是，随着地位的变化和社会圈子的扩大，李义的心理也发生了变化，家务活做得越来越少，对妻子、女儿也逐渐失去了耐心，处长的派头时不时地带进了家中。

一次，单位来了一个检察团视察工作，领导指名让李义带家属一同作陪。酒席上，李义逢迎周旋，很得客人欢心，领导也非常满意。这样的场合让张香感到说不上话，要么冲客人笑笑，要么静静地坐着。回家后，李义埋怨张香："这么重要的场合，你怎么一声不吭？""跟他们又不熟，我想说话也不知该说什么。"张香淡淡回道。

李义勃然大怒，手指头几乎指到了妻子的脸上："女人是男人的门面。你那样傻乎乎的，能给我挣什么门面？该说什么说什么，你长的是猪脑袋啊！"张香不再答话，

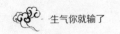

忍气吞声地照顾女儿上床睡觉。

一次，张香陪着女儿练电子琴，女儿缺乏兴趣和耐心，与张香讨价还价。李义坐在一旁冷言冷语地说："教孩子练琴也不会，你还能干什么？"张香正在气头上，听丈夫这么说，狠狠地抽了女儿一巴掌，女儿哇哇地大哭起来。李义一下站了起来，冲过来挥了妻子一个大嘴巴，指着门大吼道："教不了孩子就给我滚蛋，大不了我再找一个！"张香痛哭失声，冲出家门，回到了娘家，抱着被子哭了大半宿。第二天，在岳父母的劝说下，两个人又和好了。

但李义的心理并没有改变，不是说张香靠他养活，就是骂张香拿不出手。张香矜持内向，生性不会斗嘴，面对各种委屈、不平，只是泪往肚里流，为此苦恼不堪。闹到最后，张香只好与李义离了婚。

只有当你以一种平等的眼光看待爱人，把自己和对方摆在同等的位置上，不轻视、不压迫、不伤害、不利用爱人时，才能说你给了对方基本的尊重。尊重，是爱的体现，只有尊重才能还原爱的本质。

那么，怎样才能够做到尊重对方呢？你需要从以下3个方面着手做起：

1. 尊重对方的工作

目前，夫妻俩在一起工作的不少，但也有很多是不在一起工作的，有的可能是妻子的工作好一点儿而丈夫的工作差一些，也有的是丈夫的工作好一些而妻子的工作差一点儿，这种情况下，有时就会产生不尊重对方工作的现象。这种做法是极其错误的，无论职业怎样，每个人都是平等的人，夫妻间切不可因为其所从事的职业而不尊重对方，真正的夫妻应该是彼此尊重对方的职业和工作的。

2. 尊重对方的爱好

夫妻之间，有很多的兴趣爱好都存在着很大的差异，不可能完全相同。这时候，就需要夫妻间互相尊重、支持和配合，努力使两个人的爱好向一起靠拢，以使矛盾尽可能少地发生，切不可根据自己所需，鄙视对方的爱好，强迫对方服从自己，这样只会使夫妻之间的共同语言逐渐减少，到最后导致感情破裂。

3. 尊重对方的劳动

现在的女性不同于以往，每个人都拥有一份自己的职业，在外面忙碌了一天，回到家里还要忙着做家务，这在如今提倡男女平等的社会中，本身就是一个不平等，但大部分妻子并没有说什么，仍然无怨无悔地做。可是却有很多做丈夫的不能很好地体谅妻子，反而认为做家务是妻子理所当然的分内之事，因此就不太尊重妻子的劳动，经常是这不对那也不对，总是挑剔衣服没有洗干净，饭做得不好吃等。想一想，妻子每天为做家务付出了很大的代价，却得不到丝毫尊重，这是一种多么大的伤害，对于夫妻感情的发展也是极为不利的。只有互相尊重，互相体谅对方，婚姻关系才能长久发展。

用智慧度过婚后磨合期

热恋与婚姻是有很大差别的，从潇洒的单身贵族进入两人世界，由无忧无虑的浪漫跌进琐碎操劳、油盐酱醋的现实生活，许多新婚夫妻，尤其是妻子，很容易产生心理不适。

新婚不久的孙小姐本该是幸福的，但她却是满肚子的委屈。她向朋友抱怨：恋爱时，男朋友总是主动请求约会，送到家门口；会牢牢记住自己的生日和情人节，并送上精心挑选的红玫瑰，为自己唱歌跳舞，大献殷勤；闹矛盾的时候，不管谁对谁错，他也总是小心翼翼地赔不是。可结婚后，他却像变了个人似的，不像以前那么好了，一直都在骗人。

恋爱时双方都注意给对方以良好的印象，较少显露出弱点和不足。婚后，随着生活的深入和时间的推移，双方各自的性格弱点逐渐暴露出来，也容易出现感情的摩擦，引起心理不适。因此，新婚夫妻一定要在结婚初期将双方的性格差异磨合好，这样才能使夫妻间的"吸引力"永不衰退。

1. 明确家务分工

在你家里，谁倒垃圾？谁洗碗？谁做财务决策？谁做饭？谁安排度假？谁给孩子换尿布？谁洗衣服？谁参加家长会？如果你们不商量这些事情，并且得出明确、一致的解决办法，它们很可能会成为夫妻之间产生不满或矛盾的源头。

在夫妻之间，未经讨论的职责通常会落到我们所谓的"传统"角色上。但是，传统是什么？如果你生长在一个父亲管账的家庭，而你的配偶却生长在一个母亲管账的家庭，问题就可能变得非常棘手。如果夫妻双方都忙于工作，没有时间谈，有些"传统"的角色却不再明确时，事情就会更加复杂。因此，你们必须交流，必须阐明你们的预期。你们有必要对谁做什么、什么时候做达成一个明确的共识。

2. 尊重对方的个性特征

一对夫妇，即使是青梅竹马，仍有各自的性格特征。一个善解人意的妻子或丈夫，应该尊重对方的个性特征。这样，婚姻就不是一种禁锢，而是既能充分发挥各自的个性特征，又能互相依恋的温馨之家。

3. 学会包容

夫妻双方要学会相互包容，尽量站在对方的角度去看问题，在欣赏对方优点的同时也接纳对方的缺点。不要太固执，要学会容忍、变通，就像富兰克林所说："结婚以前睁大你的双眼，结婚以后闭上你的一只眼睛。"说的就是在婚后要包容对方。

4. 经常交流

夫妻间要经常交换意见，沟通思想，把自己心中的欢乐与苦衷倾诉出来。特别是在逆境的时候，最需要的就是亲人的慰藉。

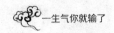

5. 学会忍耐

夫妻间要学会忍耐,当对方发脾气或发出挑衅信号时,最好采取忍耐和避开的方式,应设身处地了解其原因,以帮助解决,而不要受对方情绪的影响,使自己处于情绪恶劣的状态。

6. 坦诚相处

爱是一种使人奋发向上的力量。因此,夫妻间应坦诚相处,做到互敬互爱,相互关照,这样比赠送礼物更令人高兴。

7. 适时来点儿幽默

在适当的时候,恰到好处地开个玩笑,很自然地做个滑稽动作,用笑声打破紧张气氛,转移不良情绪。

婚后磨合期与婚前磨合期一样,都是一个必经阶段,应以平和的心态正视这个阶段,用智慧为未来的婚姻赢得保障。

婚姻必修课:学会倾听

善于倾听的人,能够给自己的另一半以最大的安慰和宽心,也最容易在社会上获得成功,不只在对方的好友群里得到认可,在他自己的好友群里也会广受欢迎。

下面是一个发生在美国芝加哥的真实故事。

许多年前的一天,一个名叫比尔·琼斯的人从五楼楼顶跳了下去。他跳楼是因为他的事业遇到了危机,因为他扩展太快而造成资金周转不灵,债权人催逼他还债,而他的支票在银行里却无法立刻兑现。最糟的是,他没有勇气告知自己的太太这场突如其来的灾难。一直以来,他都是太太的荣耀和骄傲,他害怕太太知道他的窘境和尴尬,担心太太会难以承受这一残酷的现实。

就这样,他被自己联想到的困境逼上了绝路。他爬上自家仓库的屋顶,几乎没有迟疑,便跳向空中。结果,他从五楼跌下,穿过底楼窗上的遮阳篷而掉落在人行道上。从地心引力和常识来判断,他是死定了,但是,令人难以置信的是,他只是摔破了大拇指的指甲!更好笑的是,他所穿破的遮阳篷,是他唯一一件完全付清款项的东西。

当他发觉自己还奇迹般地活着时,他感到十分兴奋。和这个奇迹比起来,他从前的麻烦简直没有一件是重要的了。5分钟前,他还觉得生命是一种毫无用处的垃圾,但现在他因为活着而感到激动。他急切地赶回家把整个事情说给太太听。听完他的诉说,他太太似乎慌乱了一会儿,但这只是因为他以前从没有把自己的麻烦告诉她而已,但不久,她平静地坐下来,开始考虑为他想办法解决困难。比尔·琼斯也第一次放松心情,开始进行一些正确而有用的思考,而这是近几个月来从没有过的。

后来,比尔·琼斯在从容稳定的步骤下,开始重建以往的事业,慢慢地,他还清了所有的欠款。更重要的是，他已经学会如何和他的太太一起分享困难，就像一起分享成功那样。然而之前，比尔·琼斯不相信自己的太太能和自己一起渡过难关，甚至还差一点儿丧失了自己宝贵的生命。

比尔·琼斯的故事告诉我们，如果丈夫不信任自己的太太，不能完全算是太太的错。生活中，有不少男人，往往也和比尔·琼斯一样，对于用事业上的忧虑来麻烦自己的太太有个错误的看法，他们认为，让温柔而美丽的太太为自己事业上的挫折和失败操心、忧虑，有伤男人的自尊。他们都想成为这样一类的大男人：永远只带给太太美好的东西，他们只愿把成功的荣誉、上等的毛皮大衣带回家。一旦事业进展不顺利的时候，他们便想方设法瞒住太太，唯恐她的小脑袋里装满害怕与不安。他们耻于承认自己也会有弱点和失败；他们从未想过真正幸福的婚姻是，无论福祸，都要与太太共同分享和承受。

但是，生活中也常常见到另一种现象：一些男人很想把他的烦恼说给太太听，但是太太却不想听或者是不知道如何去听。

《福星》杂志曾刊出了一篇对公司员工的妻子所做的调查报告。他们引述一位心理学家的话说："一个男人的妻子所能做的最重要的一件事情，就是让她的先生把他在办公室里无法发泄的苦恼都说给她听。"

能够尽到这个职责的妻子，被赋予"安定剂"、"防哭墙"、"共鸣器"和"加油站"等称号。这个调查报告同时也指出，男人需要的是主动、机敏地倾听，他们通常都不想听什么劝告。

任何一个曾经在外面工作过的女人都可以了解到，如果家里有个人可以谈谈这一天所发生的事情，不管是好是坏，都是很令人欣慰的。因为，在办公室里，常常没有机会对所发生的事情表示意见。如果事情进展得特别顺利，我们也不能在那儿开怀高歌；而如果碰到了困难，最好的同事也不愿意听那些麻烦事，他们自己已经有够多的烦恼了。于是，当辛苦工作了一天回到家里时，人们往往会有一种一吐为快的迫切心情。

要实现夫妻间心平气和、有效的沟通，就一定要注意倾听。倾听对方的心声，是沟通中极为重要的组成部分。没有专心倾听对方说话，是导致婚姻陷入困境的一个重要原因。年轻人一定不能忽视了倾听的重要性。

改造对方不如"管理"对方

世界上没有十全十美的人——正像你也不是完人一样。对于爱人在婚后生活中呈现出来的缺点，应当冷静地进行分析，耐心地帮助他克服。不能整天口角不断，那样不利于夫妻感情的培养；不能有意识地去"改造"对方，这样的努力十之八九会失败。只有通过婚后生活的潜移默化，才能使他的个性自然而然地发生变化。

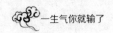

乔治·沃克·布什是美国第43任总统，然而年轻时的他，却是一个放荡不羁、追求享乐的花花公子，是他的妻子劳拉用耐心与真爱感化了这位流连于灯红酒绿的"坏男孩"，并用贤惠与温柔使丈夫戒掉了嗜酒的恶习，这正是她的成功之处。

小布什曾经是有名的"酒鬼"，经常因酗酒而误事。每次在晚餐会上，他总会喝很多酒。有时候劳拉不得不悄悄用肘推一推他，提醒他不要再喝下去了，但布什很少会听劳拉的劝告。于是，她开始恳求他戒酒。最后在劳拉的"循循善诱"下，布什一咬牙，真的把酒戒了。这也是劳拉·布什值得人们尊敬的一点，她以个人的力量帮助布什改掉了恶习，为丈夫成为美国总统打下了良好的基础。

每个人都是有缺点的，当你发现自己另一半的缺点时，如何避开口舌之争，还能让他心甘情愿地为你做出改变呢？劳拉告诉我们，关键在于言语方式。婚姻中光有爱是不够的，还要学会如何表达你的爱意。比如当你想引导你的另一半改掉某些恶习时，最好以柔制刚，温柔地说出来，这样才能掌握主动，让婚姻在磨合的过程中更亲密、更融洽、更快乐。

很多女人，也许都曾经爱上过这样一个男人，他有像偶像剧男主角一样多的优点，阳光、俊朗、多情、幽默……可是，当我们带着无穷无尽的幸福幻想走进婚姻的殿堂时，才发现，原来，他和偶像剧里的男主角还有那么多的不一样——霸道、蛮横、任性、自私……一瞬间，所有的美梦都变成泡影，尽数破灭，残酷的现实让我们开始躲在角落里暗自神伤：这样一个"缺点丈夫"，是该"改造"还是该"放弃"呢？有必要继续爱下去吗？

其实，"缺点丈夫"可以变成"好男人"，关键是，作为女主角的你，如何使用自己的方法将他改造。如果真的无法改造，再离弃也是一种选择。

言妍和孙宇是大学同学，孙宇内敛沉稳，是慢性子，而言妍则心直口快，是个急性子。言妍看中的就是孙宇的踏实、稳重，所以孙宇追求她没多久，他们就在一起了。谈恋爱后，言妍才发现男友身上有太多让她不满意的地方。男友很不爱干净，并且做事很拖拉，有时约好了7点去看电影，他7点半才慢悠悠地跑来。为了这个，她不知和男友吵过多少次，可每次吵完没多久男友又依然如故。好几次，言妍都想放弃。可是，除了这些，男友别的方面都很好，对她也很细心，什么事都依着她。所以言妍相信，如果两个人真心相爱，是会为对方做改变的。于是，她想到了"男友改造计划"。不是说温柔是对男人最厉害的武器吗？于是，每次当男友约会迟到的时候，她就撒着娇说已经等他很久了，并且一个人站在等候的地方很害怕　还有每次男友工作方面拖拉的时候，她也极尽温柔地提醒他。慢慢地，经过言妍的细心改造，男友也被她的急性子感染了，做事也不像以前那样拖拉了，并且不爱干净的毛病也在她的"调教"下改变了很多。

从言妍改造男友的经验，我们可以看出，要想改造男友，切记要有耐心、有分寸，以柔克刚，缓慢渗透，对他的小进步要及时鼓励，对他的大自尊要小心维护，要相信好男人是可以改造出来的。

这个道理同样也适用于婚姻中，有技巧的"管理"对方的缺点，在潜移默化中，缺点也会变成优点。

夫妻是伙伴，不是上下级

平等是一种态度、一种心理状态，是伴侣之间的了解。夫妇之间如果能像朋友那样一起工作、游玩和成长，共同分担两个人的责任、报酬和权利，帮助对方追求自我意识，同时又因为共同的给予、分享、信任和互爱而合为一体，达到上述所说的这样平等的关系，才能形成夫妻间新的结合关系，才能超乎单纯的"成对结合"，成为真正的伴侣。

行为科学家雷密博士认为"成对结合"是两个人平等开放的关系，有发展个人的自由。他们是朋友、也是爱侣，共同思想、共同感觉，互相评价却又共同享受，他们之间的爱是建立在无条件地承认对方平等地位的基础上的。

当男女双方在感觉及个人发展上完全平等，并成为伴侣后，两人之间的结合才是发自内心的，不再受旧合约的束缚，是真正的结合，而不是枷锁。

杨茜和王鹏是一对年轻夫妇，他们之间的爱是无条件的，是平等的。王鹏对朋友说："杨茜和我平等，是一个人，一个成人。在做男人的决定时，比方说我的职业，一般认为那是男人的特权，但我也会征求她的意见。因为我尊重她，她的意见对我十分重要。她有她不同的，甚至可以说比较公正的看法。大多数的事情我们都共同商量决定。究竟什么是男人的决定？决定就是决定，不管是谁做的。为什么不两个人一起商量决定呢？"

王鹏和杨茜都在外面工作。王鹏是职业摄影家，而杨茜自己开了一家商店，专卖外国精巧的小玩意儿。两人都生活忙碌，在城里不同的地方工作。有时会因生意上的需要到外地去，或远到国外订货。提到这种共同生活的充实感时，王鹏说："我认为平等关系的真正好处是，开放一道门户，朝向更充实、更富创造性、获益更大的生活。"杨茜补充道："但不只一道门，是两道。如果女人有自己的事业，就有两条路，两种发展个人的机会。男人不一定永远做火车头，女人也不一定永远是挂在后头的车厢，永远仰赖男人的推动力。"

很显然，王鹏和杨茜已经摒除旧式男女刻板的角色，能够意见一致地做决定。因为随着平等而来的就是一致。当两个人一致的时候，或地位和个人发展平等的时候，就无所谓"服从"了，意见可以彼此自由沟通。如果有人高你一等（比方说是职位上），有意见时你就会犹豫不敢说，就会压制下来。他渐渐不再高人一等了，因为他不能把思想、经验和他人沟通，只是停留在自己狭隘的见识里。有了平等，由于相互的尊重和讨论使双方有更好的解决问题的能力，不是由交易来的，目标的达成和问题的解决成为两个人共同的努力，而不是相互的冲突。

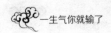

夫妻两人都能够走出那道门，开始过新的生活。不管在任何地方，也不论他们的创造能力如何，他们彼此之间都是平等的，不互相依赖、不彼此束缚。因为彼此开放、平等，他们能不断共同创造自己的世界——完全属于他们自己的生活方式。

平等建立在做人之上，建立在个人自我的体认上，这是经由双方允许，对方保有独处、开放的交往和免于固定角色的束缚而发展起来的。导向开放的婚姻是指相互交织的形成，它带来的满足源源不断，因为这些指引相互交织，在某一方面的进步必然连带使另一方面也有所进步。如果一方的自我感觉加强，就更容易承认双方的平等，而抛开封闭婚姻不平等的权势观念。

家不是一个讲理的地方

家，是讲情的地方，不是说理的地方；家是讲"爱"的地方，家最需要的是宽容和理解。夫妻之间若要论理，则家无宁日。

有这样一对老夫妻，当他们得知女儿要结婚时，心里非常高兴，夫妇俩送给女儿一个锦囊，里面有封信，把他们自己多年的婚姻生活体验告诉了孩子，信中说："这就算祝福你的新婚礼物。"

他们在信中告诉女儿："家不是个讲道理的地方。"他们说："这句话乍听没有道理，但却是真理，是多少夫妇，用多少岁月、尝了多少辛酸，在纠缠不清、难解难分的爱恨是非的混乱中，总结出来的一个结论。当夫妇开始据理力争时，婚姻便开始蒙上阴霾。表面上是讲道理，其实两人都不自觉地抱着满脑子自以为是的歪理，相互敌视、互相伤害，讲理讲到最后，只落得个两败俱伤、分道扬镳的结局。"

有人说，世上有3种人可以不讲理：一是疯子，二是病人，三是情人。情人为什么可以不讲理呢！因为两人之间有感情、有依赖和信任等，不是可以用道理说清楚的。既然用道理无法说清楚，讲道理自然就行不通了。

谈恋爱的时候，男人似乎很能容忍女人的不讲理。有时候，女友的蛮横、赌气、吵吵闹闹反而是爱情中的小插曲，能把爱情点缀得更甜蜜。可是，女友一旦成为妻子，男人的好脾气一下子就消失了，因为他们已转换成丈夫，变成了一家之主。但女人的角色转换比较慢，她们大都还在做梦，隔三岔五还想跟丈夫赌赌气，要要大小姐脾气，还想让丈夫哄着她、让着她。不幸的是，丈夫早已不是那个恋爱时处处让着她的男孩子了，他们会生气，会开始要求老婆"做事说话讲道理"。而这个"讲道理"，免不了就要伤害夫妻间的感情。

有人说，男女两性的感情历程不同，男人是从百花齐放的春天很快进入炎热的夏季，而炽热的情火燃烧之后就迅速地进入成熟的秋天，不久，寒冷的冬季就来临了。女人不一样，她们长久地在春日里徘徊，很久后才进入燃烧的夏季，接着，她们并不马上步入秋日的成熟，而是缓缓地再度转回春季，继续徜徉在温暖的春光里。所以，有很多女人，包括一些十分优秀的女人，在自己的爱人面前，感情都脆弱得很，是禁不住打击的。

于筠是一位中年职业妇女，在公司里当主管，她平时待人谦和，处理公事有条有理，对待亲朋好友周周到到。可是在家里，尤其是在丈夫面前，却常发脾气，有时还会莫名其妙地和丈夫赌气。

刚开始，丈夫很不能谅解，对她说："你是个明理的人，怎么偏偏跟我在一起时会这么不讲理呢？"于筠想了想，回答说："我只能跟你发脾气，跟别人发脾气，谁理我呀？"虽然这个回答蛮不讲理，但从妻子的口里说出来却很自然。这时候，做丈夫的能跟妻子争辩吗？争辩又有什么用呢？不过是浪费体力、破坏感情而已。

一个秋日微凉的黄昏，她刚跟丈夫赌过气，披散着一头湿淋淋的乱发，站在阳台上，任风阵阵地吹着。丈夫突然拿着吹风机走过来，向她说："好了！坏女孩！快进来把头发吹干。"一头湿气渐渐散尽时，丈夫有感而发地说："或许，几十年后的某个黄昏，你一个人独坐的时候，会忽然想起眼前的这一刻，而我那时已经先你而去了。"

听了这话，于筠感觉自己刹那间体会到丈夫心中那份疼惜她的心情。

佛语说："十年修得同船渡，百年修得共枕眠。"而千年之后又能相守几时？在于筠的回忆里，丈夫在争吵之后帮她吹头发时说的话，深深地打动了她，让爱耍脾气的她领略到，夫妻间的感情有多珍贵。

不要试图同你的配偶讲道理，因为家庭本来就不是一个讲理的地方。宽容与体贴是增进夫妻感情的良药。事实上，如果每个男人都能学会如何与妻子和谐相处，多多注意她的优点，并且适时地称赞她，她便会很满足，家庭也会更和睦。

可以吵架，但不可较真

关于夫妻之间的争吵，普遍认为这是一件正常的事情——哪能没有马勺碰锅边的事？甚至还有人认为：打是亲，骂是爱，不打不骂是祸害。

十全十美的婚姻不是没有，只是极少，所以身处婚姻中的男女没有必要将生活中的吵架当成一件多么了不得的事情，甚至因此认为你们的婚姻进入危机，应以一颗平常心对待彼此的分歧和争吵。要知道，和谐的婚姻，并不在于两个人完全没有争吵，而在于争吵发生后，彼此如何处理与面对，这是婚姻生活中很重要的一门学问。

聪明的人在处理夫妻吵架时，不会"较真"，而是会用些小计策，平息双方的怒火，言归于好。一般而言，夫妻之间争吵时应遵循以下3个原则：

1. 在争吵时先调整心情，再处理事情

夫妻吵架往往不在于是谁的对错，而在于双方的心情好坏。心情好，能把坏事看

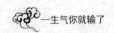

成好事；心情不好，能把好事看成坏事。一些夫妻往往把对方的优点、长处忽略不计，或看做理所当然，而斤斤计较对方的缺点、毛病，总是将这些看在眼里、烦在心里，就会挑剔、指责不断，吵架不止。夫妻间如果一方长期被挑剔、被否定、被指责，一定会感到不快，导致心情沮丧，夫妻吵架就在所难免，而且会由小吵到大吵，由善意转变成恶意。

2. 夫妻争吵时不求胜利，只求沟通

夫妻吵架不必争谁输谁赢，只要在吵架中把自己心中的不满"吵"给对方就够了。有时大家说，吵架是一种强烈的沟通形式，因为通过吵架，即使对方没有完全接受你的观点、想法或意见，也已起到了交流感受、想法、意见的作用。尽管吵架是一种被动的沟通，但是，它比夫妻间有气不发出来而闷在心里要好得多。

3. 不要企图改变对方，而要先努力改变自己

夫妻在一起共同生活，但是二人的兴趣、爱好、性格以及思维模式和行为习惯很少有完全相同的，所以，各自对待生活的态度、处理事情的思想和方法也会有很多不同之处。恩爱夫妻都有的共同特点就是，都能互相包容和顺应，而不企图抹杀或改变，更不企图把自己的兴趣、爱好、思维模式及行为习惯强加给对方。

夫妻吵架为的是沟通的另一个方面，即"不讲道理"才是真道理。因为夫妻吵架，很少是由原则问题引起的，不必较真。如果凡事都较真，非要争出个谁对谁错的道理来，那"较真"本身就已经错了。

夫妻吵架时，彼此都处在不冷静的状态，脑子一热，什么事都干得出来，什么话也都说得出来。双方却不愿意去考虑：有些事做了，有些话说了，也许是自讨没趣，也许是劳民伤财，也许是无法收场，也许会给对方的心灵造成永远无法弥补的创伤。

在夫妻吵架的过程中，有一些话是属于争吵中的"忌语"。比如：窝囊废（真没用）；跟你结婚真是倒了八辈子霉；人家好，你就跟人家过去吧；当初我真是瞎了眼，竟然嫁给你；要不是看在孩子的分儿上，告诉你，我早和你离婚了，我一分钟都不想在你们家多待；等等。这些话最容易伤害夫妻之间的感情。如果你希望自己的爱情能够天长地久，夫妻能够白头偕老，不管怎样生气与动怒，都不能将这样的话说出口。

夫妻交流，避开 4 个误区

俗话说，良言一句三冬暖，恶语伤人六月寒。在社会上的人际交往中是这样，在家庭成员的相处中也是如此。遗憾的是，现实生活中，不少夫妻在语言交流的问题上还存在着一些不正确的看法，生活在误区中。

总体来说，夫妻在平时的交流中，应避开以下 4 个误区：

误区一：夫妻之间的语言交流，仅限于谈家事，而不谈单位的事

这些夫妻认为，夫妻之间的交流就应该是夫妻之间的事、家庭的事，而不应该谈及家庭之外的事。他们觉得，和对方谈自己单位的事没有必要，说不定还会惹麻烦。对方不在自己的单位工作，因而对自己单位的情况不了解，要向对方讲清一件事并不容易，还是不说的好。

这种看法似乎有道理，但仔细分析一下就会发现这样是不对的。我们爱一个人是爱他的人格、智慧、才能，等等，没有全面的了解，怎么会有全面的爱呢？

相互间谈谈单位的事，谈谈自己对这些事的看法，交流一下工作心得，这本身就是一种学习、一种研讨、一种提高。有高兴的事，说出来共同分享；有不顺心的事，说出来请对方帮助指点，诉说衷肠，减轻压力和烦恼。这本来就是夫妻间相互支持、相互信任的体现。

误区二：结婚就是两个人在一起过，没有什么好交流的，话说多了就是在浪费时间

这类夫妻认为，结了婚，双方的关系已经牢固，就不需要再花太多的时间来谈情说爱和交流思想了。事实上，夫妻之间的感情并不是固定不变的，而是经常变化的。因为，任何感情都是时间和具体条件的产物，不存在永恒不变的情感，夫妻之间只有不断地创造情感生活的新内容、新形式，才能保持爱情之树常青。而语言交流，就是创造的重要内容和形式。

夫妻间没有了交流，便没有了理解，没有理解便没有共识，更难有相互的忠诚和支持，所谓的"海枯石烂、天长地久"便很难实现。回到家少说话或不说话，夫妻之间就是一起吃饭、睡觉，这样的夫妻生活，怎会有高质量？怎会不令人感到乏味？

误区三：既然结婚了，就是一家人，说话就不用再谨慎了

在谈恋爱时，年轻人很注意自己的语言表达，包括有声的和无声的、有形的和无形的，说话总是"想着讲"，生怕自己的话讲得不得体使对方不愉快。"想着讲"就是对方怎么愉快，自己就怎么讲。可以说，甜蜜的爱情，是通过对自己语言和行动的自觉限制而实现的，倘若没有限制，既没有爱情，也没有甜蜜。

于是，结婚之后，他们便认为大功告成了，该松口气了，说话不再讲究艺术和技巧，而是变得放任自流、无所禁忌。例如，谈恋爱时，他说："亲爱的，请把门关上好吗？"而结婚后，他却说："喂，关门！"特别"简洁"，不愿多说一个字，还带着一种令人不愉快的语气。

这样一来，原先爱情的甜蜜，便让位给了不愉快的信息刺激，家庭的矛盾、婚姻的裂缝自然也就产生了。如果不及时调整、修正，婚姻就会向更坏的方向发展，直至离婚。

大量的事实表明，婚后不注意语言交流艺术，不创造语言交流的形式，是绝大多数家庭成员之间产生误会、矛盾，以致反目的极其重要的原因之一。

误区四：夫妻之间没有什么好顾忌的，什么都可以谈，而且越多越好

按理说，夫妻之间确实没有什么顾忌的，应该是什么都可以谈的。因为既然真诚相爱，就应该明白实在，有什么话就痛痛快快说出来，不必吞吞吐吐，瞻前顾后。

但是，事情并非真是这样。因为信口开河讲些没根据的话，或口不择言讲些不在理的话都会给"爱情"罩上一层阴影。

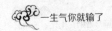

夫妻之间，大事小事、家事外事，最好多商量，避免风险，减少损失，让对方有"同呼吸、共命运"的感觉。这样，婚姻才能和谐、长久。

尽量挽救颠覆的婚姻之舟

这个世界上恐怕没有谁是为了仇恨而相爱、为了离婚而结婚的，但是，走入围城的年轻朋友们总是会发出"相爱容易相处难"的感叹。有时，家似乎变成了一个没有硝烟的战场，夫妻如对垒的两军。婚姻不是"保险箱"，当有一天，你的婚姻之舟颠覆的时候，你是选择留守还是突围？

这个时候，虽然是你最有理由崩溃和放任自己的时候，但是请务必冷静地控制住自己的人生轨迹。不要忘记，婚姻之舟还有挽救的机会。

凤丹是一位普通的中年女人，她所遇到的问题在社会上相当普遍，听听她的故事，你或许能有更多的体会。

凤丹和丈夫都是公司的普通职员，日子过得平稳而富足。最近几年，丈夫有了变化，经常找借口很晚才回家，夫妻之间能谈的话越来越少。后来，听朋友说丈夫在外面有了情人，她自己也曾在商场看到丈夫和别的女人亲密的样子。她质问丈夫，可丈夫却一口否认，说她是没事找事，自寻烦恼。以后他们之间的交流更多的是在吵闹，丈夫甚至说："你有本事也去找相好的，我不干涉，你也不用管我。"她真的没想到同甘共苦近20年的夫妻，日子刚刚好过了，就要面对丈夫的移情别恋，她不知该怎么办。如果离婚，没有自己的房子可以住，女儿要高考，怕她的情绪受影响，再说，明明是他的过错，为什么自己要承担离婚后的经济压力？有20年的感情基础，她仍寄希望于他回心转意，家庭稳定；但是如果不离婚，心理和感情上又不能接受。她说她的仇恨在增长，两人见面，不是视而不见，就是冷嘲热讽，有时她觉得如果丈夫出了意外而死掉她都不会伤心。对她来讲，婚姻更多的是一种生存需要，她无法放弃，忍耐已成为一种习惯。

生活中还有很多像凤丹这样的女性，为了房子、孩子等实际问题，宁可心碎，也不舍得家庭破碎，守着徒有虚名的婚姻，在争斗和吵闹中度日。

有的女性不愿意"只共苦，不同甘"，不服气离婚后将丈夫这个"成熟的桃子"便宜了别人，便努力降低对丈夫的期望值，重新对待自己的生活，等他迷途知返的一天；有的女性以其人之道，还治其人之身，丈夫怎么做，她也怎么做，婚姻似乎给了他们彼此伤害的权利；有的人对前途有信心，坚决不能忍受背叛的感情，重新选择生活……

或许，只有婚姻走到尽头的时候，我们才会去回味、反思，面对婚姻、感情、生活、房子、孩子、金钱等问题，虽然人都会有各自的考虑和选择，但种种不幸并不完全是由生活开始变得相对富裕而带来的，更大的原因是我们还没有学会在日子越来越好之后如何心平气和地面对感情和婚姻。

选择婚姻就像是射箭，无论你感觉自己瞄得有多准，在箭射出去之后，它能否正中靶心，谁也不敢肯定——如果当时起了一阵微风，或者箭本身有些小故障，总之，一些不可预知的小意外，都常常会令结果扑朔迷离。婚姻也充满了意外，相信大多数男女在互赠钻戒的那一刻，心中一定都欣喜不已，以为自己的婚姻肯定会美满的。但后来，对方可能变心了、失业了、性格变恶劣了，这些在结婚前没有预想过的意外，一样样地凸现出来，让人措手不及。

其实，婚姻本来就是一种有缺陷的生活，完美无缺的婚姻只存在于恋爱时的遐想里，当然，那些婚姻屡败者也许还固守着这个残破的理想。上帝总有些苛刻，或者说是公平，他不会把所有的幸运和幸福都降在一个人身上，有爱情的不一定有金钱，有金钱的不一定有快乐，有快乐的不一定有健康，有健康的不一定有激情。向往和追求美满精致的婚姻，就像希望花园里的玫瑰全在一个清晨怒放一样，那是跟自己过不去。

许多被大家看好的婚姻因为当事人的漫不经心、吹毛求疵、急不可耐，可能很快就被破坏了；而那些在别人眼里不被看好的婚姻，因为两个人用心、细致地经营，就如一棵纤弱的树，后来居然能枝繁叶茂，郁郁葱葱。可忍或可过的婚姻大抵也是如此，当事人稍一怠慢，它可能就会很快枯萎、凋零，而双方用一种更积极的心态去修补、保养、维护，也许奇迹就会出现。

所以，当你们的婚姻之舟面临颠覆的时候，不要放任自己的感情，理智永远可以赐给你重新生活的可能，用你的智慧和理智尽量去挽救颠覆的婚姻之舟吧！

捍卫婚姻，不轻言离婚

夫妻之间应相互体贴，有了误会及时解释，发生了矛盾相互忍让，对对方有什么要求不妨直接提出来，千万不要轻易就用离婚来威胁对方。

夫妻之间产生了激烈的矛盾或很深的误会，导致感情不和，于是一方就有可能提出离婚。离婚自由是婚姻自由不可分割的组成部分。保障离婚自由，既是婚姻法赋予夫妇双方的正当权利，也是婚姻家庭道德的重要内容。但是离婚毕竟意味着一个家庭的解体，是一个极其复杂的社会问题，对男女双方都是一件大事，绝不能轻率。

马克思曾说："离婚仅仅是对下面这一事实的确定：某一婚姻已经死亡，它的存在仅仅是一种外表和骗局。"这种已经死亡的婚姻，再勉强维持下去，对于双方乃至子女及家庭的其他成员，都是一种不幸，没有感情的婚姻确实是一种痛苦的折磨。为了结束这种家庭的悲剧，只能让其解体。但是，在婚姻还能被挽救的情况下，夫妻双方应该相互忍让，有了矛盾及时解决，而不能轻率地把"离婚"二字说出口。

海兰和夏华就是轻率离婚的。有天晚上海兰和朋友聚会回家晚了，敲了好久的门，

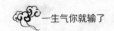

丈夫夏华才起来开门。海兰问："为什么不开门？"夏华说："睡着了没听见，真的。"
这一夜两人谁也没再说话，海兰感觉到夏华对她有点儿不像以前那样热情了，心中闷
闷不乐。

第二天，海兰把昨晚的事对女友说了。女友一听，说："你还蒙在鼓里呀，这是
他不高兴你回家晚了，故意不开门，给你点儿颜色看的。你要是不挫一挫他的威风，
日后有你受的！"海兰觉得女友说的话有道理。

几天后，夏华在单位加班回来晚了，海兰也把房门插上，夏华回来时敲门没人应，
便用拳头捶，海兰这才开了门。夏华质问："为什么不开门？"她说："睡着了没听见。"
夏华看她的眼睛没有睡意，说她是故意的。两人吵了一会儿，熄了灯，双方又是一晚
的不愉快。

夏华的同学生日，请他去喝酒，夏华闷闷不乐，同学问他为什么心烦，他就把和
妻子吵架的事说了。同学一听就给他出主意。其他同学也你一句他一句地帮腔，说男
人绝不能做女人的奴隶。

夏华喝酒回来，进房往床上一躺，就喊海兰帮他脱鞋。海兰见他喝醉了，给他把
鞋袜脱下来。夏华又说想喝茶，让海兰给他泡一杯，海兰又去泡了。夏华又让她帮自
己洗脚。海兰一听，心想：一定是夏华装醉来整治我，出那晚不开门的气。于是，她
赌气地抱起枕头进了小客房，"砰"的一声甩上门再也没出来。

海兰的女友得知夏华装醉要她洗脚时，吃惊地说："海兰，你不是奴隶，干吗要
你帮他洗脚？这样的男人也太不像话了，干脆和他离婚！"这一夜，海兰就在女友家住
了，打电话给夏华说了离婚的事，女友在旁边用手语给她提示当参谋，态度十分坚决。
恰好夏华的同学来他家，从始至终知道这事，夏华挂了电话后，同学鼓动他说："离，
她说离就离，不然，以后你还有什么面子！"

第二天，海兰回家和夏华写了离婚协议，当天就办了手续。当他们拿着离婚证书
在街上碰到各自的女友和同学时，女友和同学都大吃一惊说："啊，我是要你用离婚
来威胁他（她）的，谁叫你真离啊？"

一个好端端的家庭就这样说散就散了。其实他们大可不必用离婚来解决问题。国
外有一位社会学家这样说："在这种离婚案中，男女主角可能都说不上是什么受害者，
最可怜的倒是那些不幸被卷入这场'买卖'的下一代。"一个家庭的解体，不仅关系
到两个人，也会给子女造成心理创伤，给老人及其他亲属带来忧虑和不安，给社会带
来一系列拖累，是不容忽视的，其中给子女带来的不幸，更值得引起重视。我们千万
不能抱着幸福主义的天真观点，仅仅只看到两个人，而忘记家庭离散所造成的后果。

所以，凡是可以不解体的家庭，都应该主张通过调节，尽可能地加以弥合。倘若
原来夫妻关系尚好，只是在一些枝节问题上意见不一致，或者一方脾气不太好，常常
为一两件事情发生激烈的争吵，一时影响了感情，一方在一气之下提出了离婚，这时，
另一方千万要冷静，切不可感情冲动，导致感情的破裂。只要不属于道德败坏、屡教不改，
而是偶然失足，并有悔改之意，就应通过严肃的批评，晓以利害，促其认真吸取教训，

不一定非走离婚这条路。

虽然感情的弥合是一个痛苦多于喜悦的过程，但这一时的痛苦，有可能换来多方面的长久喜悦，何不为此作出努力呢？婚姻不仅是感情的沟通，更是一种责任，请好好经营你们的感情，经营你们的家庭，在婚姻还没有走上"绝路"之前，千万不要轻言"离婚"二字。

用真心和痴心换回对方的心

有不少对于爱情是无怨无悔、尽力追求的，但真心未必收获真意，也就有了古今历史上，不少人付出越多却伤得越重的故事。不知道现在的年轻人还记不记得当年苏有朋的一首歌——《用真心痴心换你的心》。有时候，你的爱人免不了会做出些惹恼或伤害你的事情，无论是粗心之举、违约，还是违反你们共同的道德标准的行为，你选择怎样处理将决定你们的感情关系是沿着真诚的道路继续前进，还是翻车结束。这种时刻你将面临选择：是心怀不满，坚持消极情绪，从而在你和伴侣间制造分裂，还是通过宽容将它们一笔勾销？

男人有了外遇，要和妻子离婚。妻子不同意，男人就整天发脾气。没有办法，妻子只好答应丈夫的要求。不过，离婚前，她想见见丈夫的女朋友。丈夫满口答应。第二天一大早，男人便把一个长得很漂亮的年轻女人带回家来了。

男人本以为妻子一见到自己的女朋友必定气势汹汹地讨伐。可妻子没有，她很有礼貌地和年轻女人握了握手。然后，她说她很想和他女朋友交谈一下，希望丈夫回避一下。男人只得听从妻子的建议。站在门外，男人心里七上八下，生怕两个女人在屋内打起来。然而结果证明，他的担心完全是多余的。几分钟后，两个女人相安无事地走了出来。

送女友回家的路上，男人忍不住问："我妻子和你谈了些什么？是不是说我的坏话。"年轻女人一听，停下了脚步，惋惜地摇摇头说："你太不了解你妻子了，就像我不了解你一样！"男人听完，连忙申辩道："我怎么不了解她，她木讷，缺少情趣，家庭保姆似的，简直不像个女人。"

"你既然这么了解她，就应该知道她跟我说了些什么。"

"说了些什么？"男人非常想知道妻子说的话。

"她说你心脏不好，但易暴易怒，结婚后，叫我凡事顺着你；她说你胃不好，但又喜欢吃辣椒，叮嘱我今后劝你少吃一点儿辣椒。"

"就这些？"男人有点儿吃惊。

"就这些，没别的。"

听完，男人慢慢低下了头。年轻女人语重心长地说："你妻子是个好女人，她比我心胸开阔。回去吧，她才是真正值得你依恋的人，她比我和其他女人更懂得怎样爱你。"

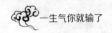

说完，年轻女人转过身，毅然离去。

自从这次风波过后，男人再也没提过离婚二字，因为他已经明白，他拥有的这份爱，就是世界上最好的那份。

例子里的女人就是用自己的宽容赢回了对方的心。

真爱他，就该选择宽容，用一颗真心守护你们的情感，用一颗痴心去引领他心的方向。即使他改变方向的翅膀已经起飞，你也可以用痴心的脚步把他追回。

反省自己，重构幸福

平淡的婚姻中，如果有一方经不起诱惑去寻找刺激，离婚并不是解决问题唯一的出路。聪明的人要学会保持理智，反省自己，重新构建家庭的幸福。

有人说过"外遇是预谋而非一时兴起"、"苍蝇不叮没缝的蛋"。只有当一方有了轻视另一方、不在乎另一方的心理时，外遇才会乘虚而入。其实，离婚不是解决外遇问题唯一的出路，如果你们仍然相爱，你们又都有诚意使婚姻重现生机，那么就可以共同努力，一起走出困境。

对于已经发生的事情，伤心和失望改变不了事实，此刻要做的是谅解对方、理解对方。其实，换个角度体验一下对方的心情，你也许会发现一切都在情理之中，什么问题都可以解决，只要你放开心胸，接受对方。

姚雪是在一次大学同学聚会上认识丈夫李彬的。婚后俩人同甘共苦，感情非常好。可是，生活慢慢好了以后，两人的关系却不像先前那么亲密了。

有一天，姚雪下班回家，路过一家网吧时，无意中发现丈夫正和一个女孩子一人手里举着一只冰淇淋，两人说说笑笑地向网吧走去。姚雪一下子惊呆了，她简直不敢相信自己的眼睛，本能地向前走了两步，恨不得向那个女的挥几拳，但她的双脚却像灌了铅，无论如何也迈不动步了。姚雪努力压抑住内心的怒火，回到家里，扑倒在床上痛哭起来。

晚上，李彬回到家，姚雪便发疯似的和他吵了起来。李彬从来没见过妻子发这么大的火，不由得惊呆了，半天才低低地说："我把一切告诉你。"他向妻子讲述了事情的经过，神情既紧张又痛苦。最后，他坦承自己会痛改前非，并请求妻子的原谅。姚雪原谅了丈夫，并向他提出了"约法三章"，丈夫都一一点头答应了。

虽然姚雪表面上原谅了丈夫，但心里还是对丈夫不放心。她把他看得紧紧的，管得严严的，给他安排了许多家务劳动；他下班晚回来几分钟，她就盘问不休；他休假在家，她宁可请假一天在家看住他；她甚至经常提前下班，来个突然袭击。她的脾气也越来越暴躁，一交谈就争吵，因一点儿小事也要哭闹一番。孩子也站在她一边，和父亲疏远起来。

一天，李彬下班后很久都没回来，姚雪不放心了。等到丈夫回来又是一顿争吵。后来，姚雪知道，原来丈夫是在半路上自行车坏了才回来晚了。姚雪虽然明知错怪了丈夫，但她还是一肚子火气。姚雪原以为这样做会把丈夫拉回来，没想到，他们反而更加疏远了，两人都陷入了痛苦之中。李彬难过地说："你这样折磨我，干脆让我去死算了。"

夜深人静之时，姚雪翻来覆去睡不着觉，怎么办呢？离婚吗？又还爱着对方，更重要的是舍不得孩子。不离呢？就这样下去也不行。如何摆脱眼前的困境呢？她冷静下来，从头到尾把问题想了一遍，觉得丈夫还是爱她、爱这个家的，从丈夫日益消瘦的面庞和轻轻的叹息声中，她也能看出来。

想到这里，姚雪的心逐渐平静下来，她决定心平气和、开诚布公地和丈夫长谈一次。她先和丈夫一起回忆了以前的幸福生活，然后向他诉说了她的苦闷和伤痛："你可知道，晚上为了等你回家，我常常饭凉了不吃，夜深了不睡，你不愿意和我一起去看电影，我只好忍住泪把票撕掉，我生病了没人照顾，但我从来没埋怨过你……"李彬的抽泣声打断了妻子的谈话，他伤心地哭着说："我从来不知道你对我爱得那样深，而我却欺骗你……"他顿了顿，接着说："这些日子，我有多少心里话想跟你说，可你总是多心，总是板着面孔，像个检察官。"

姚雪从此一改过去的做法。生活上，她仍像以前那样体贴他；交谈中，则注意心平气和；行动上，也不再盘问了。此后，他们一家三口又幸福如初。

姚雪由于能够及时反省自己，懂得及时拉丈夫一把，所以，她又重新找到了属于自己的幸福。

婚姻生活并不总是春光明媚、鸟语花香的，有时也会出现肃杀的晚秋、严寒的隆冬。所以，当你的婚姻出现问题的时候，不要只是大吵大闹，好好地反省一下自己，要善于积蓄春天的温馨、夏日的热力，以抵抗秋日的萧瑟和冬天霜雪的袭击。这样，婚姻才会长久和幸福。

给低温的婚姻加加热

所谓"低温婚姻"就是伴侣双方无论是在生活中还是在事业上都是各过各的，生活的轨迹不存在交集。夫妻二人不吵不打不闹，也互不沟通、互不关心，仅仅为了维系婚姻而生活在同一屋檐下。低温婚姻表面看相安无事，但在少言寡语的冷漠中，夫妻感情渐渐变淡，甚至可能导致爱情消亡、家庭破裂。

婚姻中低温症状刚出现时表现得并不明显，但时间一长却能给家庭和婚姻带来严重的伤害，比如外遇就是低温婚姻引起的伤害之一。如何给低温婚姻加热，已成为一个迫在眉睫的家庭问题。

低温现象 1：神经质

这种情况的出现主要是因为婚姻里有一方正值事业有成时，而且性格外貌也不错，因此另一方便心生顾虑，对对方不信任，担心对方有外遇。

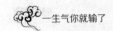 一生气你就输了

出现这种情况，需要调整心情，不要受"假想敌"的主宰，拿出一份积极主动的攻略，让爱走出低谷。一是认真地与对方谈一次，将顾虑全盘托出，根据对方的反应对症下药。二是撰写一份心灵与外表的美丽方案，调节情绪，找回自信，保持年轻心态，显示自己的魅力，吸引住爱人的眼球。三是做一个时尚扫描，拿出忧虑与烦恼的时间，用于自我爱好与运动。四是远离假想敌，完善自己，在完善自己的过程中发现新的生活乐趣。

低温现象 2：情感失调

情感失调的婚姻指有一方几乎把所有的心思都放在了工作上，进而冷落了与另一半的感情生活。两人间虽然有夫妻的感情，但却没有真正的夫妻生活。

出现这样的情况，引起问题的那一方需要做以下几点：一是摆正婚姻与工作的位置。工作是做不完的，钱也是赚不完的，如果把所有的精力放在赚钱和工作上，没有精力和时间经营婚姻，原本滚烫的婚姻也会慢慢变凉，最终在低温状态下死亡。二是用做工作的那种温度去温暖婚姻。做工作需要热情，与爱人相处需要的是激情，而婚姻生活中欲望的满足往往又会刺激人的精力更加旺盛。三是学会享受生活。时常与爱人一起散步、逛街、出游等，既深化了夫妻感情，又释放了压力。四是带着微笑回家。情绪是很容易受感染的，不管你在外边多疲惫，一定要学会在进家门之前打理好心情，带给爱人一张笑脸，就等于给婚姻加热了。

低温现象 3：挑剔攀比

就如字面上的意思，挑剔攀比一般是拿自己的爱人与身边朋友的爱人进行比较，如果见人家条件优越，就心生不满与不平，甚至把这种不平迁怒于自己的爱人，认为是因为对方没出息才造成如今的局面。

清除这种现象的当务之急，就是要做好自己的心理工作，融化掉积聚在心中的冰层。以平和的心态面对生活，态度决定一切，对生活感恩，珍惜所拥有的，不断提升生活的质量。二是多看爱人的长处和优点，这样便会发现自己的幸福。三是走出自己的小圈子，与另一方一起去听音乐会、去爬山，你便会找到许多快乐。

当婚姻出现问题时，调整好自己的心态，然后才能找准症结所在，对症下药，能让低温的婚姻再次燃起激情。

给危机一个喘息的机会

据统计，夫妻间较为激烈的冲突常常发生在婚姻生活的前三年。因此曾有人开玩笑地说，第一年新鲜，第二年不新鲜，第三年要新鲜。也就是说，第一年两人恩恩爱爱，靠的是一种新鲜感；第二年两人相互抱怨，是失去了新鲜感；第三年谁都想改变对方，两人陷入冷战。在这种时候，如果两人把握不准，就可能分道扬镳。

冷静地说，如果两个人在一起生活真的不合适，分手或许也是正确的选择。然而，

夫妻矛盾真的到了无法调和的程度了吗？为了避免因一时冲动而犯下大错，当婚姻亮起红灯时，有人尝试了一种挽救婚姻的新办法：试离婚。

所谓试离婚，也就是在两个人都同意离婚的情况下，不急于办理离婚手续，而是先在生活上分开一段时间，给婚姻一个缓冲区，使双方在远离婚姻生活的各种内容的环境下，体验没有"另一半"的生活，同时也使双方能够冷静地对婚姻进行反思，或对自己的另一半进行再认识。

王礼和何书慧结婚几年后，日子过得一天比一天平淡。直到两个人都觉得索然无味了，于是谁看谁都不顺眼，吵闹也就随之而来了，其实两人都没有太大的矛盾。在连番的争吵之后，两个人决定试离婚，约定双方如果在分开的日子里都觉得比在一起要好，那就直接离婚。

王礼带着一些随身物品搬到了朋友家去住，两个人终于迎来了向往已久的单身生活。开始的几天，两个人都感觉轻松极了，何书慧下班后逛街一直逛到深夜才回家，王礼则和朋友一直喝酒到天亮。这种无拘无束的感觉让两人都很开心。

可是这种自由、刺激的单身生活没有维持多长时间，一种不安就涌上心头。王礼常常会想："煤气罐该换了，也不知她是否知道客厅第一个抽屉里就有换气的电话；她应该不会又把钥匙锁到屋里了吧……"何书慧有时也会望着窗外发呆："天冷了，也不知道他有没有添衣服；走的时候连刮胡刀都没带……"

结果试离婚的时间还没结束，王礼和何书慧就又自动地走回到了一起。分开的这段时间，两个人更清楚地了解到自己对对方的惦记和牵挂。两个人都很庆幸，没有因为一时头脑发热就选择真的离婚。重归于好之后，两个人约定，下次再有矛盾千万不能一时冲动到民政局或者法院，还是采取"试离婚"比较妥当。

关于"试离婚"现象，很多专家都认为："试离婚"是婚姻存续与婚姻解体之间的移行阶段，是一种准备性离婚。"试离婚"是对离婚的一种主动适应而不是单纯地被动接受离婚。"试离婚"毫无例外都是双方自愿，尽管配偶中有一方很可能只是被动地自愿。"试离婚"是解决婚姻困扰的一种相对理性的方式，有助于试离婚双方婚姻解体后的生活适应和心理调适。专家认为，以"试离婚"的方式处理婚姻问题，有以下4种好处：

1. 可以重新审视情感

"试离婚"可以让夫妻双方远距离审视对方、审视情感。在婚姻咨询中，由于感受不到对方的爱而引起的婚姻解体占很大比例。真的是不爱对方了吗？其实不是，这多半是由于自我意识而认为感情已经破裂了。而"试离婚"恰好可以帮助这样的夫妻看到自己真正的情感，另外，也使你有时间拜访心理医生，请医生帮你分析一下，你的婚姻是否真正死亡，还有没有挽救的可能。

2. 给心理一个适应期

离婚是婚姻中除了丧偶以外对心理刺激最大的事，人们往往会产生痛苦、沮丧、忧伤、自卑、安全感丧失等情绪。在临床上，因离婚引发的各类心理障碍及精神疾病

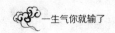

也逐年呈上升趋势，而"试离婚"正好可以让夫妻的心理有一个逐渐适应的过程。

3. 减少草率离婚造成的不幸

人们对婚姻、配偶往往存在着又恨又爱的矛盾情结，拥有时不知珍惜，一旦失去才知道他（她）的可贵，而"试离婚"正好可以让双方冷静下来，想想对方的好处，使夫妻双方看到自己的感情是否真正破裂。

4. 增加夫妻的责任感

"试离婚"可以增加夫妻的责任感。特别是现在，我国第一代独生子女已经进入婚育年龄，由于特殊的成长环境造成的娇气、生活能力差、强调自我等特点，他们的婚姻磨合期可能较长，婚后产生的矛盾也会较多。"试离婚"可以让这些小夫妻有一个缓冲时间。它比较适用于性格比较急躁，因为生活琐事或"审美疲倦"导致的离婚。时间和空间的距离既可以增进情感，也可以淡化情感，所以在实际操作中，不要过于极端。

"试离婚"是给陷入危机的婚姻一个喘息的机会，可以减少因草率离婚带来的伤害。

挽救婚姻中的"夜生活"

结束了一天忙碌的工作，只有夜晚才是完全属于夫妻两个人的时间。可是，你有精彩的夜生活吗？

这里的"夜生活"并不只指夫妻间的性事，更多的是指夫妻间的互动，增加感情的沟通或行为。

曾有人做过这样一个调查，夜晚在街头漫步的男女都是哪一个年龄层次的人。调查的结果令人吃惊：青年恋人占46%，中老年夫妇占39%，父母、同事、同学等占8%，而青年夫妇仅占7%。

那么青年夫妇在晚上都做什么呢？一部分丈夫晚上不在家，不是单位有应酬，就是与朋友在一起吃喝玩乐；有一部分丈夫在家，也不愿陪妻子出去散步，而是懒洋洋地躺在沙发上看电视，或者埋头做自己的事情。

相信很多夫妻都会有这样的体会，夜晚街上美丽的霓虹只属于那些热恋中的男女。但同样是曾经热恋的人，在结婚之后，突然变得忙了起来，忙得没有时间、没有精力。当初两个人夜间散步、聊天、看电影，那么多简单又浪漫的场景都成了奢求。婚姻专家把这一现象称为"夜生活死亡症"。

有很多的家庭，已经习惯了忽略婚姻里的夜生活。而真正刻意要去在乎的，却是女人大大地多过男人。女人在感情上的投入和依赖，导致她们更需要一个有丈夫相陪的夜生活。当婚姻患上"夜生活死亡症"的时候，对女人的影响往往会比男人更大。

于燕和丈夫结婚后，两人便很少在一起过夜生活。就算丈夫出去玩，也不会像以前一样带上她。她都得自己安排自己的生活。于燕在一家公司做会计，忙的时候经常加班到很晚，但闲的时候又很闲，在单位无所事事，回到家还是无所事事。于是，她学会了上网，刚开始那阵很是迷恋，后来很快就倦了，所以她需要做一些琐碎的家务来填充。她有时也就是放着歌，坐着发呆，一坐就两三个钟头。

对于这样的生活，她也挺无奈的："有什么办法呢，我不能坐在床上发呆，也不能满屋子游荡，是吧？"

局外人永远看不到丧失了夜生活的婚姻中的无奈。人们会觉得，结了婚之后，有爱、有家，还有什么不满足的呢？可是他们不知道的是，彻底失去激情的婚姻有多么沉闷，失去激情的夜晚有多么难熬。

夜生活在婚姻中流失，只是缘于没有想法。结婚的日子久了，淡忘了相恋时的感动，觉得再去学做小男女的姿态未免太过幼稚，于是对此很不屑。然后，这样的想法和做法成了习惯，最终导致了夜生活的死亡，但当事人却仍不自知，表面上并没有什么问题的婚姻已经亮起了红灯。

也有的夫妻并非就愿意过这样平淡无味的夜晚，但是不知道应该去做什么。其实两个人在一起能做的事情很多。试想一下，你们有多久没有牵着手在街头散步了？有多久没有捧着爆米花依偎着看完一部影片了？有多久没有在夜市买给她一件便宜又精致的小饰品了？而且，夜生活的意义并不一定限于室外，最重要的是感情的沟通和交融。在家里泡杯浓茶，进行一次轻松的谈话，你会发现，最近的沟通真的太少了。

挽救婚姻的夜生活，只要你认识到了，就不算太晚。恋人一起有激情的夜晚，朋友一起有放纵的夜晚，夫妻一起为什么就不能拥有一个又一个温馨而幸福的夜晚呢？

将感情"点石成金"

爱情之内，所有的心思在于谈情说爱；婚姻之内，目的在于细水长流过日子。如果你没有对婚姻做好足够的思想准备，或是还不了解婚姻的真面目，请不要一时冲动就迈进围墙。婚姻不是儿戏，它牵涉太多的责任，一不小心就可能会两败俱伤。

太多的人，没看清婚姻的真面目就茫然走进，结果大失所望。轻则影响生活质量，重则引发婚外恋、离婚，留下种种社会问题。婚姻幸福的根本在于对对方的包容和一颗不离不弃的心。如果因为婚姻生活的平淡无奇而失去激情，最终对家庭和爱人都感到厌倦，那么，受到影响的绝对不止是一个人。

婚姻有一种把两个人捆绑在一起的趋势，两个人老在一起，朝夕相处，时间一久，就容易产生厌倦情绪。这是不容否认的，这就是所谓的审美疲劳。但是如果认为两人朝夕相处就不用再珍惜了，这种想法就大错特错了。还有人认为求爱的时候，因为要得到他（她），所以要用各种方法讨他（她）欢心，结婚以后就不需要了。

婚姻生活的平淡是很正常的现象，居家过日子本来就不会天天有什么惊天大事。

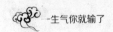

但是甘于让日子平淡如水，就是婚姻中两个人的问题了。其实人们都是需要感情的，只需要一点儿小花招，就能将感情"点石成金"。我们身边很多恩爱的夫妻，成功维持婚姻的秘诀就在于如何互相调适，让沉默的感情在婚姻中重新奏起和谐的乐章。

刘雅莉服务于一家外企银行，她活泼大方，身边始终不乏追求者，然而爱情过尽千帆，却一直没有固定的归宿。28岁那年，她在同事介绍下认识了现在的另一半，对方是一位电脑工程师，个性内敛沉稳，长相斯文且有书卷气。

他们的感情发展得很迅速，但刘雅莉心中却始终有一个隐约的缺憾：对方由于性格原因，始终没有亲口向她说过"我爱你"。为此，她经常会有点儿小暗示，可他却依然不曾开口。曾经有一度，她甚至怀疑过他的真心，可是她不愿就这样屈服。

于是她决定换一种委婉的方式。"我告诉他，如果你觉得那3个字真的很难启齿，那么以后当你想说我爱你时，只需要说1—2—3，我就明白了。"事后她回忆，"每当'1'的音节送出他的嘴唇时，对我来说，简直比任何悦耳的音乐都更动听。"婚后，她的活力逐渐感染了他，他闭塞保守的个性逐渐开放，生活圈也扩大不少，"1、2、3"成了他们之间甜蜜的密码。

"有一天，他忽然反问我：3、2、1吗？那一刻我惊讶地发现——他终于学会幽默了！"

有一句汽车广告词说："我是做爸爸以后，才开始学做爸爸的。"其实在婚姻里，没有人是真正的行家，许多时候，你必须从零开始，点滴累积、学习，幸福的婚姻需要你自己创造。

其实，婚姻就像喝一杯咖啡，是甜还是苦，全看喝它的人的心情。即使是婚姻出现了问题，这时候如果你细心地多加调理，也会让其走上正确的轨道的。

去除冷漠的"隐时炸弹"

一家社会研究机构对北京、上海和长沙等城市进行婚姻调查后得出结论，有22%的婚姻属于低质量婚姻，这其中就包括"亚婚姻"。所谓的"亚婚姻"就是指，某类人群有着法律意义上的婚姻，却没有正常的夫妻关系和完整的家庭生活，他们游离于已婚者和未婚者之间。他们有家，但好像又没有……

感情冷漠往往会使婚姻进入一种不健康的亚婚姻状态，而感情冷漠又往往来源于婚后情感的降温。专家认为婚后的情感降温从一定角度来看，是正常的。但如果是降温到冰点，就会导致严重的后果，如婚外情、婚姻关系破裂之类的问题，对此，应该加以修补和改善。

罗拉·艾伦曾深情地讲述了她祖父母的爱情故事：

我的祖父母已经结婚半个世纪了。自从相遇的那刻起，他们一直玩着属于自己的游戏。他们的游戏是将"shmily"写在一个特别的地方，让对方在不经意时突然看见。我的祖父母轮流在房子里制造"shmily"，发现的人就另想一个留下"shmily"的地方。

有时他们用手指沾着糖或面粉，将"shmily"写在糖罐或面粉罐上，等到准备下一餐的人发现。又有时他们用窗户上的雾气写下"shmily"，等下一个站在窗边往外望去的人发现。"shmily"有可能是泡热澡后，留在镜子上的水汽。有一次，我的祖母更是费尽力气将整卷卫生纸卷到最底处，只为了将"shmily"写在最后一节卫生纸上。

他们的游戏永没有尽头，"shmily"随时会出现。在车内仪表板、座位，或方向盘上也都可以瞧见小小的便条纸上草草地写着"shmily"，或塞在鞋内，或留在枕头底下。"shmily"这神奇的字眼已成为祖父母家中家具摆设的一部分了。

我一开始并不能理解他们的游戏。经过好长一段时间，我才开始明白且欣赏他们的游戏。虽然，对真爱一直存疑的我，无法相信世上真有纯真、永久的爱，但我从未怀疑过祖父母间的情感。他们的感情不仅仅是打情骂俏的小游戏，更是一种生活方式。他们的关系建立在相互的付出与热切的情感上，然而，这不是每个人都可以如此幸运地经历到的。

他们不放过每个可以牵对方手的机会。碍于厨房的空间不够大，如果两个人都在厨房里，相互的碰撞总是难免的，然而他们却抓住每次相撞的机会偷吻对方。他们帮彼此讲完对方想说的话；分享每日报上猜字游戏的答案。我的祖母老是悄悄地跟我说我的祖父有多么可爱、多么英俊。每次用餐前，他们彼此鞠躬，互表谢意，感谢上帝让他们拥有彼此、可爱的家人及足够的金钱，赐给他们这样的好福气。

然而，不幸的是我祖母患了乳腺癌。最后，我们害怕的事终究还是发生了——祖母走了。我知道祖母去世的悲伤将随时间淡去，但我永远无法忘记他们的爱，他们的爱是永恒的。

s-h-m-i-l-y（see how much I love you），即指"让你知道我有多爱你"。

使用"爱的语言"，是给情感加温的一个好方法，正如这个例子里的"shmily"。你曾经对那个深爱的人说"我爱你"了吗？如果没有，请从现在起，大声对她说"我爱你"。

每对夫妻都希望常陶醉在"爱意绵绵"、"此情终不悔"的婚姻当中，但是婚前所梦想的美满幸福的天上人间的生活，将会在蜜月旅行结束后，掉入真实的世界里。

现实的生活已经告诉我们，若是在结婚之后，仍每时每刻憧憬于飘飘欲仙的爱情与热恋中，婚姻将会亮起红灯。因为根据统计，浪漫恋情的平均寿命是两年。时间是个既现实又无情的杀手，爱需要经过理智的选择，爱会要求努力与纪律来经营，结婚以后的爱，更需要努力为对方的好处而活，夫妻应经常地彼此诉说适当的"爱的语言"，婚姻的气氛才会改善。

大胆说出你"爱的语言"，相信你的所爱不会错过，你的平淡婚姻生活会从此更精彩！

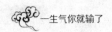

给婚姻减减"压"

很多陷入第三者危机的婚姻，其实是因为一方给了另一方太大的压力，而这样的压力来源于一方对婚姻过高的期望。

婚姻就像一场马拉松，到中途，大家没有了先前的激情与兴奋，渐渐就都疲倦了。觉得日子过得平淡如水，毫无激情，和婚前向往的美好生活落差太大。渐渐地，两个人之间的话越来越少，每天都会觉得很累、很倦。如果你也有这样的感觉，那么，你的婚姻已经需要减减压了。

吴女士结婚已有8个年头了，虽然过了七年之痒，但她却觉得自己过得越来越不顺心。她觉得自己的日子过得像一台老掉牙的唱片机，吱吱呀呀的音色越来越不入耳。她常常想自己的婚姻是不是出了问题。每天晚上回到家里，毫无生气，让她觉得不像回到了家，倒像是走入了一个陌生的环境。晚上做出热乎乎的饭也只有自己一个人吃，再香的饭也觉得食之无味。她甚至懒得去问老公为什么总是回来得很晚，反正回答肯定是为了应酬。

她总是觉得很郁闷，在丈夫不起眼的时候，她嫁给了他，给他鼓励，给他无私的照顾，到头来自己却成了他手中的一块抹布，可以随意扔在角落里。

吴女士犯了一个每个人都有可能犯的错，对婚姻的期望太高。她以为婚后男人还会像婚前那样和她花前月下，事事顺着她。其实，婚姻的实体就是过日子，但这日子怎么过，火候如何把握，还得看自己的应变能力。婚后，女人最大的问题就是总觉得自己委屈，变得牢骚满腹。长此下来，整个家庭气氛就会在无形中变得越来越紧张，加大彼此的压力。因此，一旦发现婚姻出现问题，就要先找自身的原因，想办法为婚姻减压。女人对婚姻不能太严格，要摒弃那些想当然的怨妇心理，这样，对自身的心理和生理都会有好处。

给婚姻减压，最重要的是把自己的心态调整好。不要把生活中的过错都推到另一半身上，应先从自身寻找问题，并把唠叨和抱怨的时间用在解决问题上。

期望值过高，是造成婚姻压力大的重要原因之一，也是婚姻出现出轨的原因之一。因为期望值太高，一旦出现不如意的事，心理落差就会很大。不要总拿婚前和婚后的事进行对比，这样只会加大心里的烦恼。

谈话是减压最好的方式，夫妻之间应该保持良好的沟通，分享彼此的心事和烦恼。夫妻沟通时要保持平和的心态，言语不能太激烈，这样只会带来反作用。

同时，给婚姻减压还有一点很重要，就是别把自己逼得太紧，也不要把对方逼得太紧，给双方留一个喘息的时间。闲暇时可以适当放慢生活的脚步，和朋友一起出去玩，让你的生活除了爱情，还有更多的东西。

给婚姻减压，也是给自己减压，更是给自己的心灵减压。美好的婚姻在于自己的把握，一定要好好守住。

给幸福找一个榜样

想要自己的婚姻幸福，就要为婚姻找一个榜样，对于出轨的婚姻来说更为重要。因为幸福的家庭都是相似的，当看到别人家庭中的那种和谐和恩爱、夫妻间的忠贞与定力时，便能看到自己在经营婚姻生活时有哪些不足，这对于挽救一段破裂的婚姻或营造一个温馨的婚姻家庭来说，都会起到很大的帮助。

一天下班后，金娜和同事罗华一边等车一边闲聊着。正在这时，罗华的老公来了，罗华雀跃着迎上去挽住了他的手，罗华的老公说因为到附近办点儿事，就顺便来接她。人潮汹涌的街上，他们亲密相依甜蜜不已，更令人"嫉妒"的是，他们并不是热恋中的情侣，而是已经结婚七年了。

金娜不禁感叹，为什么罗华和她老公的感情就这么好呢？而她和老公结婚两年就已经有像室友看齐的趋势了。

回家后，金娜一边做饭，一边感叹着。正在这时，传来了开门的声音。金娜知道是丈夫回来了，于是高声地喊了一声。她一抬头，在碗橱的镜面中看到自己的投影：一张无动于衷、漠不关心的脸。金娜不禁心中一动，想着罗华看到老公时那张充满阳光的笑脸，于是也学着让自己学得灿烂点儿，然后走到门厅，用同样雀跃的声音说："你回来了。"老公愣了一下，问："有什么事吗？""没，"金娜说，"只是看到你高兴嘛。"老公看着金娜，他的神情似乎少了一分疲惫，多了一分愉悦。

此后，每天老公下班回家，哪怕再忙，金娜都会停下手边的活，一脸笑意地迎上去，挽着他的手给他一个拥抱或来个见面吻。如果他先到家，金娜进门后的第一件事就是给他一个大大的拥抱，说上几句话，然后再换衣洗脸。

幸福婚姻其实也有其规律的，只要掌握了这个规律，也自然就掌握了人生的幸福。但是，因为生活经验的多面性和多变性，没有一个万能的规律能适用于所有的婚姻，所以就需要我们为自己的婚姻找一个榜样。找出幸福婚姻的共同点，与你的理想婚姻家庭相匹配，你也就找到了自己幸福婚姻的规律。

如果一个人只看到灰暗的事情，那么他的生活也会渐渐被灰暗笼罩。正如现在社会上有不少人喜欢把目光放在别人家庭的不幸上，这会让我们误以为大多数家庭都是不幸福的。其实，幸福的家庭还是占大多数的。所以，我们要为幸福婚姻找一个榜样，加强我们追求幸福婚姻的决心。

要为婚姻寻找榜样，就需要我们具有一颗发现幸福的眼睛。有的幸福来自于浓烈的爱情，所以我们羡慕；有的幸福来自于患难的忠实，所以我们钦佩；有的幸福来自于携手的永恒，所以我们敬慕。我们可以把从这些幸福中学到的事情运用到我们的生活中。学着像别人一样在窗台上摆上一盆鲜花，学着像别人一样牵着爱人的手在街头漫步，学着像别人一样在出门前给爱人一个亲吻。渐渐地，你会发现，原来幸福是如此简单。

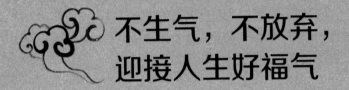

第二十章

不生气，不放弃，
迎接人生好福气

敞开你的心窗

人的心灵往往在过去和未来之间摆荡，不是对已发生的事耿耿于怀，就是对尚未发生的事忧心忡忡，浑然不识"当下"的滋味。结果是，过去的包袱无法丢弃，而未来的重担又把自己弄得喘不过气来，永远在过去和未来之间游移。主动地去迎接美好的阳光吧，忘记以前的昏暗和阴雨，打开窗户，看看外面已经是大好的晴天。

阿加莎一直和丈夫过着拮据的生活，他们有两个孩子。可是，丈夫忽然患了癌症，昂贵的治疗费用不仅耗光了家里仅有的一点儿存款，而且还借了许多外债，可是最终仍然没能挽回丈夫的生命。丈夫去世后，家里已经是一贫如洗，阿加莎不得不努力赚钱养活自己和两个孩子。她以分期付款的方式买了一部旧车，去为一家出版公司推销图书，没有固定薪水，全靠业务提成，收入毫无保障。

阿加莎觉得孤独、沮丧，每天有一百个担心：怕付不起购车贷款、怕交不起房租、怕没有足够的东西吃、怕付不起孩子的学杂费、怕突然生病而无钱看医生……她觉得生活毫无希望，她想自杀来解脱自己，又怕孩子沦为可怜的孤儿，她真不知道如何打发每天了无生趣的日子。

有一天，阿加莎在一本书上看到了后来改变她命运的一句话："对一个聪明人来说，主动打开窗让阳光进来，那么每天都会是一个新的生命。"她忽然醒悟，才发现自己一直活在昨天的不幸和明天的恐惧中，反而忽略了今天。

阿加莎因为这句话激动了半天，她将这句话打印出来，贴在床头一份，贴在车子前面的挡风玻璃上一份。每天起床的时候，她就对自己说："今天又是一个新的生命！"每天开车上路的时候，她也会对自己说："今天是多么美好的一天。"然后满怀希望地上路。

渐渐地，阿加莎学会了忘记过去，不想未来，只想如何干好眼前的每一件事情。她的心情逐渐开朗起来，她的笑容和乐观也感染了她的客户，销售业绩和个人收入成倍增长。她还了债，经济状况得到了很好的改善。后来，她还遇到了一个好男人，重新披上婚纱，过上了幸福的生活。

不要哀叹过去，勇敢地面对现实，生活中没有人天天如意，脚下的路还等着我们去开辟，心灰意冷只是在折磨自己。

把自己先前疲倦、无力的状态全都抛却，随时打开你的窗户，让阳光照进来吧！你会发现温暖属于自己。让阳光进来，你就会发现增加的不仅仅是前进的动力，更重要的是增加了你对生命的热爱。生活需要阳光！请把窗户打开！

换个角度看自己

一样的人生，异样的心态，看待事情的角度也截然不同。苛责的人看待问题很容易偏激，我们应能跳出来看自己，以乐观、豁达、体谅的心态来观照自己、认识自己；不苛求自己，更重要的是超越自己、突破自己。

跳出来看自己，不妨换个角度，你就会认识到生活的苦、累或开心、舒坦，这取决于人的一种心境，牵涉到人对生活的态度、对事物的感受。勇敢地面对多舛的人生，在忧伤的瘠土上寻找痛苦的成因、教训及战胜痛苦的方法，让灵魂在布满荆棘的心灵上做出勇敢的抉择。

人的一生总免不了磕磕碰碰，遇到不快而生气，或遇到天灾人祸而痛不欲生，每当这个时候，我们是怎样去处理的呢？

记得有位哲人曾说："我们的痛苦不是问题的本身带来的，而是我们对这些问题的看法而产生的。"这话很有哲理，它引导我们要学会解脱。

从另一个角度看自己，从而看到一种生的曙光。很多时候，我们所有的苦难与烦恼都是自己依靠过去生活中所得到"经验"做出的错误判断，这时，我们不妨跳出来，换个角度看自己，就不会为职场失败、商场失手、情场失意而颓唐，也不会为名利加身、赞誉四起而得意忘形。换个角度看待自己是一种突破、一种解脱、一种超越、一种高层次的淡泊宁静，从而获得自由自在的乐趣。

当人生的理想和追求不能实现时，不妨换个角度来看待人生。换个角度，便会产生另一种哲学，另一种处世观。

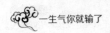

看开，想开，烦恼就会走开

你可否有过这样的经历：当理想与现实发生冲突，期望的未必能够获得，获得的却未必是所期望的，于是，我们就陷入了"看不开"、"想不明白"的旋涡中，被搅得头昏脑涨、昏天黑地，找不到生活的方向与快乐。

克利斯朵夫·利瓦伊曾是一位杰出的演员，深受观众的喜爱。然而一场意外却让他成为一个高位截瘫者。克利斯朵夫·利瓦伊再也无法继续他的演员梦了，这让他备受煎熬。

出院后的克利斯朵夫·利瓦伊只能坐在轮椅上，再也无法行走了。他以为自己的一生将就此枯萎，一想到自己再也没有机会回到电影行业，他的内心就会袭来一股巨大的悲伤。

一次，克利斯朵夫·利瓦伊和家人一起外出散心，汽车在蜿蜒的盘山公路上穿行。克利斯朵夫·利瓦伊目光呆滞地望着窗外，他忽然发现，每当车子即将行驶到无路的关头时，路边都会出现一块"前方转弯"的交通指示牌。而转弯之后，前方的路依然开阔。

当"前方转弯"几个大字一次次进入他的眼球的时候，猛然间，他恍然大悟：原来，不是路已到尽头，而是该转弯了。从此，克利斯朵夫·利瓦伊以轮椅代步，当起了导演。他再一次回到了深爱的影视行业，努力和付出让他首次执导的影片就荣获了金球奖。不仅如此，他还用牙咬着笔，创作出了他的书稿。

如果我们认为自己失去了一切，就会意志消沉，把人生过得灰暗颓废。但你身上的潜力还在，擅于抓住利用，你就能将失去的重新弥补回来。人生起起浮浮，跌到谷底之后就会上升，只要我们不放弃，就能乘胜追击，迎来又一个繁荣。所以忘记你现在的失去，要知道路没有走到尽头的那天，一切都还有机会，而一切的机会又都在我们手中。聪明的人会把失去的当成一种成功前所投资的资本。

失去并不糟糕，糟糕的是你以为自己失去了一切。

"看不开"，是因为别人得到的他没有得到，或者是他根本不可能得到，因此转不过弯来。其实，转不过弯来的时候，你不妨这样想：生活就是这样，不是你的，无论你怎么努力地去追寻，它还是会从你手中溜走；如果是属于你的，就算你不去找，顺其自然，总有一天它还是会掌握在你的手中。那么，何不把心态放宽松一些？遇事多往开处想，没有必要与自己过不去。

遇事"看得开"、"想得开"的人有一些值得得我们借鉴的地方：就是朝前看、朝好处看，绕开眼前的悲伤和失意，忘掉令我们失望的人和事。

我们要常常提醒自己：暗淡的日子会过去，总有一天，生活会呈现出明媚和动人的时刻，明天定会比今日美好。

乐观的人看到希望，悲观的人只能看到绝望

乐观与悲观是两种截然不同的人生态度。乐观的人对自己、对他人、对世界、对未来充满信心，凡事总能从积极的、正面的角度去考虑，因而能在困境中看到希望，找到出路；悲观的人对自己、对他人、对世界、对未来缺乏信心，凡事总从消极的、负面的角度去考虑，因而在光明中总能看到阴暗，感到绝望。

面对同样的启明星，乐观者会说，虽然摘不到，却永远在前头；而悲观者则会说，虽然在前头，却永远摘不到。面对燃烧的蜡烛，乐观者会说，虽然燃烧了自己，却照亮了别人，真值得；而悲观者会说，虽然照亮了别人，却毁灭了自己，太可悲。乐观与悲观决定着一个人对事物的看法，决定着一个人心情的快乐与郁闷，决定着一个人行为的积极与消极，决定着一个人前途的光明与暗淡。

悲观者说，希望是地平线，就算看得见，也永远走不到；

乐观者说，希望是启明星，即使摘不到，也能告诉人们曙光就在前头。

乐观的人习惯用积极的方式解释问题，悲观的人会把问题做负面解释。

乐观的人会把差别抛诸脑后、拒绝停留在问题上，悲观的人认为问题是他们的短处或是他们产品服务不良的证明。乐观的人会不断地去思考如何做才能做得更好，而悲观的人往往停留在自己做错的地方，变得堕落沮丧。

悲观的想法很少落空，假如你预期某事会有不妙的结果，结果也许会真的不妙；相反，乐观主义也会如此，假如预期会有好事发生，通常它就会发生。乐观和成功似乎存在着一种自然的因果关系。

乐观和悲观都具有强大的力量，我们每个人都必须从中做出选择以塑造我们的人生观与未来。每个人的生命中都有足够的好坏——充足的悲喜、哀乐——来达到乐观或悲观的理性基础。我们可以选择笑也可以选择哭，可以选择祝福也可以选择诅咒。该从哪个角度看待我们的人生，是满怀希望还是悲观失望，那是我们的选择。

乐观主义把我们的注意力从悲观主义中转移，并引向积极、有建设性的想法。如果你是一个乐观主义者，你会更关心问题的解决，而不是无谓地吹毛求疵。

让自己在最深的绝望里，遇见最美丽的惊喜

所谓绝境，不过是成功前的一个热身、蹲下身、屈起臂膀、起跳……这一个个动作，都是为最后那完美的冲刺所做的精心准备。因此，不管你现在顺利与否、灰心与否，让我们共同记住：天无绝人之路，更无绝人之境。面对人生接踵而至的绝境，要坚定地告诉自己：我一定能在最深的绝望里，遇见最美丽的惊喜。

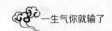

当你被命运无情捉弄，当你的生活一无所有，当你失去亲人和朋友，当你的肢体变得残缺，请不要绝望，因为你还有人最宝贵的东西——生命。所以就算遭受了多么大的打击，也不要放弃活下去的念头，每个人都是造物主的杰作，父母赐予我们生命，我们就该好好珍惜。看看那些为了生存苦苦挣扎的人，他们都在为生存而努力勇敢地走下去。

跌倒了爬起来继续往前走，放弃堕落和脆弱，只要活着，就有希望。

也许你以为自己深陷绝路，你认为所有的努力都是徒劳的，其实，再坚持一会儿，再试一下，就有可能看到胜利的曙光。很多时候，打败你的不是对手，也不是外部的环境，而是你自己的脆弱。并不是生活把你逼上了绝路，而是你自己把自己拉向了深渊。不管身处什么样的境地，都不要用绝望代替希望，只要有希望与你同在，总会出现柳暗花明又一村的转机。

相信自己没有什么不能做到，如果抱着巨大的热情和坚强的意志去改变现实，你就能掌控自己的命运。

只有多吃一点儿苦，才能磨炼出我们克服困难的勇气。只要我们有突破困境的信心，就不会惧怕黎明前的黑暗。只要我们能再坚持一下，再努力一回，迈出自己自信的步伐，完成这最后也是最关键的一步，我们就一定能进入成功的殿堂。

失去什么都不能失去希望

天空不会一直晴朗，阳光不会一直灿烂。生命之树不能常青，总会有老去的一天；生命之旅不会一帆风顺，总会有羁绊出现。如果你遇到悲伤的事情，放弃希望就此沉沦，那么你的生活注定会枯萎。

人生中最不能失去的就是希望。

桑兰，原国家女子体操队队员，1993年进入国家体操队，1997年在全国体操锦标赛上获得跳马第一名，1998年代表中国在美国参加国际体操比赛，获得个人跳马第二名。然而桑兰的辉煌之路没有继续，就在1998年代表中国参加在纽约市长岛举办的友好运动会上，桑兰遭受了沉重的一击。

当桑兰满怀希望、准备摘下金牌的时候，迎来的却是那狠狠的一摔。这一摔，把她的梦想、把她的心都摔碎了。医生宣布，因为脊髓严重挫伤，桑兰很可能从此瘫痪。老天爷就是这么残忍，桑兰真的没有逃脱厄运，她瘫痪了。有人说，作为一个运动员，她已失去了一切，再也没有任何希望了。

于几秒间由矫健身手变成了瘫痪，桑兰可以选择悲伤，意志消沉地躺在病床上，在亲人的照顾下度日。但是她告诉自己："不行！"她选择了放下悲伤，坦然地接受命运的挑战，继续踏上生命的征程。坚强驱散了她心头的阴霾，照亮了她前方的路。

于是我们看到，桑兰用她的坚强做拐杖，走下了病床，带着微笑，在我们的眼前发亮发光。

人一生会遇到很多逆境，但经历挫折一次，对生活的认识就会更成熟一点；痛苦一次，对幸福的体会就会深刻一些；不幸一次，对快乐的感受就会上升一层。学会给悲伤一个台阶、给快乐一种珍视、给绝境一个退路，希望之花就会开得灿烂。

日本作家中岛薰曾说：“认为自己做不到，只是一种错觉。”只有当你放下悲伤，以积极的心态去面对生活的挑战时，你的生命才会有无限的可能。

被绊倒了，站起来，拍拍尘土继续前进。人需要朝前看，一直回头观望那个绊倒自己的坎毫无意义。人生在世，对以前的事耿耿于怀是无济于事的，就算再怎么责备自己，悔不当初，也只能是徒劳。最容易被激发出无限可能的时机，正是我们最沮丧、困顿的时候。绝望的那一刻，往往是希望的开始，只要不沉溺于悲伤，我们还可以从跌倒的地方再爬起来。

时刻保持精神的愉悦

现在，我们很容易听到周围人的抱怨，无论是糟糕的天气还是拥堵的交通，工作压力或是人际关系，以及有人插队这种小事，都能让我们心里不痛快，很少有人觉得自己是幸福的。但是精神愉快并不是一件复杂的事情。精神健康是一种自然状态，要实现这一点是我们每个人力所能及的。

人们常常会陷入自己给自己制造的误区，包括无法接受自己的缺点，沉溺于寻求他人的赞许，经常悔恨和担忧，总是拖延时间，依赖他人和不愿自我成长等一系列经常让我们精神不愉快的事情。其实，这些行为我们可以看成是生活中埋伏的各式各样的“陷阱”，一不小心我们可能就会陷入其中。

那我们怎样做才能避免掉入这些陷阱或是让自己精神愉快呢？自主做出选择和从现在做起是最重要的。

我们每个人所面临的生活斗争几乎是一样的，因为任何人只要同其他人进行社会交往，就会遇到相似的问题。你可以选择精神愉快地去面对它们，也可以选择一蹶不振。你可能认为，是外界事物或其他人使你精神不愉快。然而，使你精神不愉快的正是你自己，因为你对生活中的人或事有着消极的看法。因为所有的情绪是思想的生理反应，思想是可以选择的，那么你完全可以主宰自己的思想。

我们总喜欢给自己贴一些标签，“我英语不好”、“我身材太差了”、“我太过于自由散漫了”等等。

这么多的借口都在为自己保持现状、做一个完美的旧的自我起着负面催化剂的作用。这些日常的误区观点之所以如此坚固以及人们为何反复掉入“陷阱”的原因是它

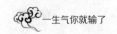

们是有好处的，因为它们可以帮助我们回避现实，而回避比实际解决问题要容易得多。

所以，从现在做起，要下决心使自己精神愉快，并且要为此做些实事。

因为，我们每一个人都在生活，今天过去了，就变成了昨天；而明天来了，又可以变成今天，从而再变成昨天。我们总是在不断地悔恨过去曾做过的种种事情，同时也总是在不断地忧虑明天还没有发生的事情。

而今天呢？今天就是在充斥着悔恨和忧虑中度过了。如果悔恨可以让你改变过去所做的错误行为或者不好的事情那也无妨，可是过去已经不可能改变了，所以，我们所能改变的只有今天和明天。

我们要帮助自己建立起为自己感情负责的能力，热爱生活的每一个内容，享受生活的所有乐趣，而不要浪费时间去埋怨或幻想，最重要的是我们要热爱自己，帮助自己找到精神寄托，时刻保持精神的愉悦。

心往宽处想，境界两重天

《庄子》说，樗树的小枝弯弯曲曲，树干结疤又多，是无用之材，但正因为如此，谁也不去砍它，结果它存活了下来，长成了参天大树。当有事让你烦恼时，别丧气懊悔，也许它会在另一个场合对你有所帮助；当有事让你苦恼时，应该多往好处想一想，说不定换个角度你就能把它利用起来；当你发现事物有缺陷时，你不妨想想，也许它在别的场合还能派得上用场。快乐是自己选的，烦恼是自己找的。悲观和乐观都在于你看问题的方式方法、角度。

凡事多往好处想，自然会豁然开朗。如果只盯着事情不好的一面，自己就会永远陷入泥潭。朝上看，天空自然宽广，心胸也将宽大。

苏联科学家列奥诺夫有一天在吃饭时，不小心把葡萄酒洒在了桌布上，事后无论他怎么用力搓洗，都洗不掉葡萄酒的污渍。正当他为此烦恼时，忽然灵光一现：葡萄汁很难洗掉，不是做染料的绝佳选择吗？于是，他发明了用盐酸溶液做添加剂，着色更加稳定的"葡萄染料"。

世间许多事情本身并无所谓好坏，全在于你怎么看。很多时候，我们之所以感到生活枯燥乏味，是因为我们的心态是枯燥乏味的。如果想使生活变得有滋有味，就要改变心态——变消极心态为积极心态。只有这样，我们才能改变自己的生活。

京剧大师马连良早年因病嗓子变得沙哑，这对京剧演员来说，不亚于一场灾难！可他却充分运用了这种嗓子，独创出迂回婉转、回味悠长的马派风格，在京剧界独树一帜。

一件事总是有正反两面，一切都是相对而言的，缺点可能成为优点，害处可以成为益处，缺陷可能正好成为特色。如果年过半百的你坐公交车的时候没有人给让位，你可以这样想："我还没有老，我还年轻。假如我老态龙钟的话，别人早就给我让座了。"于是，你心里乐滋滋的，仿佛又年轻了许多！所以说好日子都是自己过出来的。

凡事多往好处想，你会发现事情远远没有想象的那么糟糕，只要换个角度，那么生命中的每一天都会是快乐的。决定快乐的不是环境，而是心境。很多事情都是有利有弊，凡事只要往好处想，幸福快乐就会常伴你左右。

信念是溺水时的救生圈，只要不松手，希望就在

如果没有信念，那我们的一生只能沦于平庸。

信念其实不高，不过是困境中的一种心理寄托。就像是饥渴时的一个苹果，就算不吃只是看着，也足以让自己度过难耐的时刻；就像是溺水后的一个救生圈，只要牢牢抓住不放，坚定活下去的信心，就一定能看见生的希望。一个坚持自己信念的人，永远也不会被困难桎梏，因为信念是打开枷锁的钥匙，它可以将你从恶劣的现状中解救出来，还你意料之外的圆满结局。

正因为有美好的追求才诞生了无数斑斓的梦想，正因为有坚强的信念才催生了无数坚挺的身影。信念的力量是伟大的，它支持着人们生活，催促着人们奋斗，推动着人们进步，正是它，创造了世界上一个又一个的奇迹。在生命最脆弱的危急时刻，信念能让你爆发出超乎自己想象的力量。

天才小提琴家马莎患有癫痫症，一直以服药控制病情。直到有一天药物都不起作用了，医生无奈之下割除了她一部分脑叶。之后她动过许多次手术，但奇怪的是，每一次手术都没有影响她的演奏能力。后来医生才发现，原来在马莎很小的时候，她的大脑就已遭到破坏，原脑叶的演奏能力神奇地被其他脑叶所取代。

一个大脑遭到破坏的人竟有如此非凡的成就简直就是一个奇迹，而这个奇迹的创造不能不说是由马莎坚强的信念所支撑而产生的。信念的力量是惊人的，它可以改变恶劣的现状，带给人们无限的希望，缔造令人难以置信的神话。一个没有信念，或者不坚持信念的人，只能平庸地过一生；而一个坚持信念的人，永远也不会被困难击倒。信念是推动一个人走向成功的动力，拥有信念的人永远不会被眼前的困难吓倒，也不会迷失前进的方向，因为他们的心里只有永不放弃的目标。

著名的胡达·克鲁斯老太太在70岁高龄之际才开始学习登山，别人都认为她的举动只不过是闹着玩玩，她那老迈的身体根本不可能登上多高的山峰。但老太太始终坚信一个人能做什么事不在于年龄的大小，而在于怎么做。她凭着自己坚定的信念，一次次突破生命的极限，最后她成功地登上了几座世界上有名的高山。而且她还在95岁那年，成功登上了日本的富士山，打破了攀登此山年龄的最高纪录。

影响我们人生命运的绝不是环境，而是我们持有什么样的信念。当信念开始在心

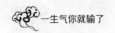

中蠢立起来时，我们离成功的目标就越来越近了。

事实上，生活中谁都难免遭遇"溺水"的困境。无论遭受多少艰难，无论经历多少困苦，只要一个人的心中不失信念的力量，总有一天，他会突出重围，让生命之花绽放得更加灿烂。

修炼你的心境

一位少妇已多日夜不成眠，茶饭不思，身体乏力，日渐消瘦，因此她到老中医那里求医。

老中医给她把过脉，观过舌象，便说："你心中有太多的烦恼事，没什么大病，只是虚火上升。"这话正说中了少妇的心事，她便把心中的许多烦恼都对老中医说了出来。老中医又问起她的另外一些情况："丈夫对你感情如何？"少妇脸上有了笑容，说："结婚10年我们从未红过脸，他很疼爱我。"老中医又问："是否有孩子？"少妇眼里闪出光彩，说："有一个女孩，很聪明，也很懂事。"老中医又问："工作是否不顺利？"少妇点点头说："就是工作不太顺心。"

老中医边问边写，然后把写满字的两张纸放到少妇面前。一张写着她的苦恼事，一张写着她的快乐事，他对少妇说："这两张纸就是治病的药方，你忽视了身边的快乐，把苦恼事看得太重了。"说完，老中医让徒弟取来一盆水，一只猪苦胆，把胆汁滴入水盆中，那浓绿色的胆汁在水中散开，很快便不见了踪影。老中医说："胆汁入水，苦味变淡，人生何尝不是这样？"

生活的滋味便是如此，看你怎么想，如何看待。面对相同的夕阳，有人低叹："夕阳无限好，只是近黄昏"，这是一种消极心态的写照；有人反对说："但得夕阳无限好，何须惆怅近黄昏"，这是一种积极的心态；更有人高歌："老夫喜作黄昏颂，满目青山夕照明"，这又全然是另一番心灵境界了。

快乐的人并不是没有烦恼，而是擅于排除烦恼，化消极心态为积极心态，尽可能保持快乐的心情；烦恼的人并不是命运不好、家庭不好，而是自己的心态不好，快乐的事到了他那里也会变成烦恼。

昆明西山华亭寺内，存有唐代一副秘方，是治疗心病的灵丹妙药，此药方相传是唐代法号为天际大师的和尚为普度众生而开的。据说凡诚心求治者，无不灵验。药方如下：

药有十味：好肚肠一根，慈悲心一片，温柔半两，道理三分，信用要全，忠直一块，孝顺十分，老实一个，阴阳全用，方便不拘多少。

用药的方法是：宽心锅内炒，不要焦不要躁。

用药的忌讳是：言清行浊，利己损人，暗箭中伤，肠中毒，笑里刀，两头蛇，平地起风波。

快乐无所不在，关键要有一个快乐的心情，自得其乐是最保险和最恒久的快乐。在很多时候，除了我们自己的心情，我们真的一无所有。凡事多往好处想，你会发现事情远远没有想象的那么糟糕，只要换个角度，那么生命中的每一天你都会是快乐的。决定快乐的不是环境，而是心境。

用微笑面对人生

世界上有一种不会凋谢的花朵，那就是微笑。它不分四季，不分南北，只要有人群的地方就会开放。

微笑是发自我们内心深处真情的不愠不火的流露，它让生活充满了和谐与温馨，令人感到轻松和愉快，足以打动每一颗憧憬美好的心灵。焦躁与微笑无缘，愁闷与微笑绝缘，失衡与微笑无关……心烦意乱时，别人一个鼓励的微笑，会使你心平气和地走出颓废的低谷；发生矛盾时，彼此一笑就能化干戈为玉帛；临别时，彼此赠送一份恋恋不舍的微笑就蕴含了美好的祝愿与悠长的牵挂；与陌生人同行，对方一个真诚的微笑就会消泯拘束……微笑，也是开在人们脸上的一朵花，时刻散发着芬芳。懂得对别人微笑，别人也会对你微笑，舒缓僵持的面孔，别人也就愿意接近你，让两颗本来陌然的心温暖在真挚的微笑里，一切心锁将释然……得到微笑的人会因此而富足，施予者也不会因此而贫穷，微笑是短暂的，但留下的却是永恒的记忆。

微笑像阳光，给大地带来温暖；微笑像雨露，滋润着大地。微笑拥有和爱心一样的魔力，可以使饥寒交迫的人感受到人间的温暖；可以使走入绝境的人重新看到生活的希望；可以使孤苦无依的人获得心灵的慰藉；还可以使心灵枯萎的人感到情感的滋润。俗话说得好：笑一笑，十年少。永远微笑的人是快乐的，永远微笑的面孔是年轻的。

微笑不受岁月的侵蚀，每一次微笑都有新的感觉，将这种感觉传染给他人，会印在别人的心里。真的，人生真正能够记住的，有时也只不过是一个刹那间的微笑而已，因为，那个时刻才是心与心之间距离最短的时刻。

人生中有成功就有失败，失败不意味着你是一个失败者，失败表明你尚未成功；失败不意味着你没有努力，失败表明你的努力还不够；失败不意味着你必须忏悔，失败表明你还要吸取教训；失败不意味着你一事无成，失败表明你得到了经验；失败不意味着你无法成功，失败表明你还需要一些时间；失败不意味着你会被打倒，失败表明你要微笑面对。

每个人的一生都会经历沧海桑田，而我们还要生活。生、老、病、死乃人生之必然，痛过、哭过才能更好地体验生活，所以只有用微笑面对生活，困难才能迎刃而解。

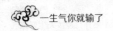

有个好心态，才会有个好人生

生活中，经常看到互不相让的争吵场面，也经常听到有人怨声载道地抱怨，要么是工作方面，要么是福利方面，要么是朋友、同事、邻里、婆媳关系方面，其实这些争吵与抱怨完全可以避免。这就涉及到一个心态和心境的问题。

拥有好心境的人，看别人、看自己都是美丽的；拥有好心境的人，宽容、耐心、细心；拥有好心境的人，有良心、善心、爱心；拥有好心境的人，有好人缘、好运气、好前程；拥有好心境的人，积极、乐观、长寿。

世界上所有的事情都是客观的，不以人的情绪为转移，就算你再痛苦、再难过，也改变不了已经发生的事情。所谓坏，也不过是自己的心对它下的定义。好的程度、坏的程度，都是你的心衡量出来的，事情对你的影响程度也是你自己用心臆造出来的。你的心的判断，决定了你的态度，决定了你的心情，你的心情又决定了你的生活，决定了你以后做事情的质量。

世间任何事情，你都可以用两种态度去看它，一种是阳光的，另一种是幽暗的。这就像钱币，存在正反两面，这一正一反，就是心态，它完全取决于你的态度。

有不少人，当自己经过一段时间的努力而没有达到预定目标时，便灰心丧气，认为这件事自己永远都办不到，从而忽视了自身力量的壮大和外界条件的改变，于是放弃了实现目标的努力。久而久之，形成了思维定式，套在失败的教训中爬不出来，以致丧失唾手可得的机会，最终一事无成。

好的心态会使人快乐向上、充满希望、有朝气；幽暗的心态则使人失落、难过，失去快乐感。你认为自己是什么样的人，你就会成为什么样的人。喜与悲，成和败，仅系于一念之间，这一念即是心态，心态决定命运。既然心态如此重要，那么怎样才能保持一种积极向上的心态呢？

想拥有一个好的心态，关键要学会调节自己。

最简单有效的做法是：用积极的心理暗示替代消极的心理暗示。当你想说"我不行，我太差劲儿"的时候，要马上替换成"不，我还有希望，我一定能行"。

唯有你自己觉得你能行的时候，一切才会有"行"的可能。

找对快乐的角度，生活再苦也可以笑着面对

经常听很多人说活得很累，过得很不快乐。其实，人只要生活在这个世界上，就难免会遇到诸多烦恼。如果你不能战胜痛苦，就会成为痛苦的俘虏。生活的担子既然已经挑在了肩上，我们就没有任何退路可以选择，笑着也是要挑，哭着也是挑；那何

不选择前者？再不顺的生活，微笑着撑过去了，就是胜利。

史铁生摔了一跤，便造成了双腿残疾，这对任何人来说都是沉重的打击，但他没有因此对生活失去信心，而是用自己的大脑和双手去表达对生活的无限热爱；贝多芬双目失明且耳聋，但他依然写出了《英雄》、《命运》等大量音乐作品，在人生的不幸中，他顽强地扼住了"命运的咽喉"。这些人的成功之路走得难道说不比我们更为艰难吗？可他们都选择了接受风雨的洗礼，坚强地与命运、与不幸抗争。所以，请相信自己，没有什么不可能，有一天彩虹定会为你而绽放光彩。

所以，当苦难、挫折摆在我们眼前时，不妨笑着告诉自己：暂时的困难不过是黎明前的黑暗，事实远没有想象中的那么糟糕，一切都会好起来的。当你站在乐观的角度去审视所发生的一切时，你会发现美好的未来已经在不远的前方向你招手。

1989年，刚刚大学毕业的史玉柱凭着借来的4000元开始下海创业。靠着开发排版软件，只几个月就赚了100万。两年后史玉柱创立了一个自己的公司，仅仅用了6年的时间，史玉柱就从一个穷大学生成为排名第8的大陆富豪，他创造了一个许多人都无法想象的神话。

然而，可能是心随着财富的增多而日益浮躁起来，史玉柱盲目扩张和投资导致失败一步步袭来，最后他破产了。一夜之间，史玉柱不仅一无所有，而且还背负了25亿元的债务。大家听到此消息后无不扼腕叹息，觉得史玉柱完了。然而，面对这个沉重的打击，史玉柱并没有认输，而是在众人惊异的目光中，顽强地又站了起来。

2007年11月1日，史玉柱的"巨人网络"成功在美国纽约证券交易所上市，此举使得"巨人"成为国内最大的网游公司，也成为在美国上市股票发行量最大的中国民营企业。

没有人能随随便便成功，一个真正有作为的人，肯定是在经历无数次的跌倒后又重新站起来才取得了今日的成就。破茧成蝶并不是每一个人都能做到的，有的人中途就放弃了自己的梦想，有的人却逆风行走，且步伐越走越坚定。

有时候，态度决定了你一生的高度。你认为自己不幸，那么你的一生将会在颓废失意中度过；如果你认为所有的不幸都是暂时的，那么生活一定会在不远的将来呈现出幸福的景象。只要你积极、主动地改变现时的窘境，你的生活就会向好的方向发展。乐观的心态决定了我们的生活质量，你有什么样的心态，你就是什么样的人。

转个弯，生活依然美好

常常听到有人抱怨自己工作不顺利、抱怨今天天气太糟糕了、抱怨自己容貌不是国色天香、抱怨自己总不能事事顺心……刚一听，还真认为上天对他太不公了，但仔细一想，为什么不能换个角度看问题呢？有时候，不是路已走到了尽头，而是该转弯了。

次贷危机的阴霾最终演变成金融危机，在全球掀起了一浪高过一浪的金融风暴。美国联邦储备委员会前主席格林斯潘感慨地说："美国正陷入百年一遇的金融危机，是我此生所见到的最糟的一次。"其他专家则预测，金融风暴可能导致1930年的经济大萧条的历史重演，甚至有过之而无不及。

这场金融灾难把许多人逼上了绝境。有人选择在家靠救济金度日，有人选择结束生命，人们似乎都看不到希望的曙光。但正如硬币有正反两面一样，事情也有两面性。

如果换个角度看待这场金融风暴，说不定那个幸运的绝处逢生的人就是你。

小时候的邓普顿就经历过一次金融危机，那就是20世纪二三十年代的美国经济大萧条。经济大萧条让许多农场倒闭，一些濒临倒闭的农场主为了尽量减少损失，用拍卖农场来清偿抵押品。

邓普顿的父亲是一位精明的人，危机期间，他总是站在二楼窗前，观看拍卖进度和拍卖现场状况。他从不轻易出手，每次都是等到一些农场无人出价时，才会冲下楼去，以十分低廉的价格买下别人的农场。

数十年之后，他父亲把这些资产出售给商业和住宅开发商，以当时所付出的微薄的资金，创造了如今巨额的财富。

凭着父亲对自己的影响以及自身的总结，约翰·邓普顿成为"全球投资之父"、历史上最成功的基金经理和邓普顿基金集团创始人。

他最著名的一句话就是：行情总在绝望中诞生，在半信半疑中成长，在憧憬中成熟。

其实，我们每个人的心中都有一位严厉的法官，他无时无刻不在批判自己、批判别人，对生活也是毫不留情地批判。这种批判多了，我们的内心就会时常陷入悲观，而让自己不开心、不快乐，时间长了，这种不快乐就会成为惯性。有一句话说得很好："当你的眼中只看到海时，就会认为没有陆地的存在，那样，你就不会成为一个优秀的探险家。"我们用什么样的眼光看世界，世界就会用什么样的方式回报我们。换个角度，换种心态，一切烦恼就会烟消云散，所谓的愁苦不过是我们的眼光只盯在自以为是的一点上了，在心里不断加大生气、烦闷的结，甚至不可自拔，做出傻事。

心态决定你是否快乐，只要我们能够以乐观的态度对待命运，再抱怨命运之前能够跳出来看待问题，你就会发现你所绝望的事情也就不是那么可怕的了。很多时候是我们的心灵导致我们绝望，只要我们放弃绝望的思想，换一个角度想问题，把一切都看开些，就不会死钻牛角尖，就会豁达起来。

乐观是用"心"为自己制造幸福的天堂

威廉姆·拉尔夫·英奇曾说过："最幸福的似乎是那些并无特别原因而快乐的人，他们仅仅因快乐而快乐。"其实，到底幸福不幸福只是在于自己的心，当你乐观地去看待生活时，幸福就不需要费劲千辛万苦去获得，只需用一颗乐观的心去创造。

在英国，有一个天性乐观的人，他从不拜神，令神非常生气，因为神的权威受到了挑战。

他死后，神为了惩罚他，便把他关在很热的房间里。7天后，神去看望这位乐观的人，看见他非常开心。神便问："身处如此闷热的房间7天，难道你一点儿也不辛苦？"乐观的人说："待在这间房子里，我便想起在公园里晒太阳，当然十分开心了！英国难得有放晴的日子，在这里更舒服啊。"

神非常不开心，便把这位快乐的人关在一间寒冷的房里。7天过去了，神看到这位快乐的人依然很开心，便问他："这次你为什么开心呢？"这位快乐的人回答说："待在这寒冷的房间，便让我联想起圣诞节快到了，又要放假了，还要收到很多圣诞礼物，能不开心吗？"

神很不开心，便把他关在一间阴暗又潮湿的房里。7天又过去了，这位快乐的人仍然很高兴，这时神有点儿困惑不解，便说："这次你能说出一个让我信服的理由，我便不为难你。"这位快乐的人说："我是一个足球迷，但我喜欢的足球队很少有机会赢，有一次赢了，当时就是这样的天气。所以每遇到这样的天气，我都会高兴，因为这会让我联想起我喜欢的足球队赢了。"

最后，神无话可说，只得给了这位快乐的人自由。

拥有乐观的态度的人，不会畏惧环境的艰苦，因为乐观的心态会让他们联想到快乐的事而非悲伤的事。即便他们身处逆境，也总能找到快乐的理由，而悲观的人却总是在遇到困难时更加垂头丧气。

悲观主义者和乐观主义者在对待同一件事情，往往会有不同的结果。其实事物是客观存在、不会改变的，改变的是人的心境，所谓"境由心生"便是这个道理。乐观的人会在危难之际拿出自己积极的心态，许多问题也会迎刃而解。

拿破仑在一次与敌军作战时，遭遇敌军顽强的抵抗，队伍损失惨重，形势非常危急。拿破仑也因一时不慎掉入泥潭中，被弄得满身泥巴，狼狈不堪。

可是，在这个危急时刻，拿破仑浑然不顾满身的泥巴，他内心只有一个信念，那就是无论如何也要打赢这场仗。只听他大吼一声："冲啊！"他手下的士兵见到他那副滑稽模样，忍不住都哈哈大笑起来，但同时也被拿破仑的乐观自信所鼓舞。一时间，战士们群情激昂，奋勇当先，终于取得了战斗的最后胜利。

人生无论在任何危急的困境中，都要保持乐观积极的心态。乐观自信的态度有时会直接影响到一件事的成败。即使不幸降临到你身上，你也可以用乐观的心态主宰自己的快乐，用乐观的"心"铸造一个属于自己的幸福天堂。

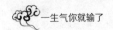

击败逆境，你就能笑到最后

人生在世，与命运抗争几个回合后，便臣服于逆境、挫折，你将输掉整个一生的幸福。

1997年12月，英国报纸刊登了一张英国皇室查尔斯王子与一位街头游民合影的照片。这是一段戏剧性的相逢！原来，查尔斯王子在寒冷的冬天拜访伦敦穷人时，意外遇见了以前的校友。这位游民克鲁伯·哈鲁多说："殿下，我们曾经就读同一所学校。"王子反问在什么时候。他说，在山丘小屋的高等小学，俩人还曾经互相取笑彼此的大耳朵。

曾经，哈鲁多出生于金融世家、就读于贵族学校，后来成为作家。老天爷送给他两把金钥匙——"家世"与"学历"，让他可以很快进入成功者的俱乐部。但是，在两度婚姻失败后，哈鲁多开始酗酒，最后由一名作家变成了街头游民。

我们不禁要问，打败哈鲁多的是婚姻的两度失败吗？不是，而是他的态度。从他放弃正面的态度那刻起，他就输掉了一生。

法国伟大的批判现实主义作家巴尔扎克，一生创作了96部长、中、短篇小说和随笔，他的作品传遍了全世界，对世界文学的发展和人类进步产生了巨大的影响。他曾被马克思、恩格斯称赞为"是超群的小说家"、"现实主义大师"。在成名之前，巴尔扎克曾经过着困顿和狼狈的日子，很少有人能够想象得出，那种窘迫与艰辛曾经是怎么折磨过他。

巴尔扎克的父亲一心希望儿子可以当律师，将来在法律界有所作为。但巴尔扎克根本不听父亲的忠告，学完四年的法律课程后，他偏偏想当做家，为此把父子关系弄得相当紧张。盛怒之下，父亲断绝了巴尔扎克的经济来源。而此时，巴尔扎克投给报社、杂志社的各种稿件被源源不断地退回来。他陷入了困境，开始负债累累。

然而，他丝毫没有向父亲屈服的意思。有时候，他甚至只能就着一杯白开水吃点儿干面包。但他依然那么乐观，对文学的热爱已经深深地种植在他的内心，他觉得没有什么困难可以阻挡自己向缪斯女神膜拜的脚步。他想出一个对抗饥饿与困窘的办法，每天用餐，他随手在桌子上画上一只只盘子，上面写上"香肠"、"火腿"、"奶酪"、"牛排"等字样，在想象的欢乐中，他开始狼吞虎咽。

为了激励自己，穷困潦倒的巴尔扎克还花费700法郎买了一根镶着玛瑙石的粗大的手杖，并在手杖上刻了一行字：我将粉碎一切障碍。正是手杖上这句气壮山河的名言支持着他。他夜以继日，不断地向创作高峰攀登。最终，他获得了巨大的成功。

哲人尼采曾放言："那些能将我杀死的事物，会使我变得更有力。"在逆境中挣扎奋斗过，你终会窥见幸福的真谛。成功人士并不是天生的强者，他们的坚强、韧性并非与生俱来，而是在后天的奋斗中逐渐形成。

弱者有自己生存的方式，只要相信弱者不弱，勇敢面对人生的诸多大敌，我们同样能笑到最后。